甘肃宁夏古建筑地图

古代建筑知识普及与传承系列丛书·中国古建筑地图
HISTORICAL ARCHITECTURAL MAP OF GANSU AND NINGXIA

赵娜冬　段智钧　郑丽夏　罗前
朱仁杰　张重琪　张敬怡
编著

清华大学出版社
北京

版权所有，侵权必究。举报：010-62782989，beiqinquan@tup.tsinghua.edu.cn。

图书在版编目 (CIP) 数据

甘肃宁夏古建筑地图 / 赵娜冬等编著 . -- 北京：清华大学出版社，2025.6.
(中国古代建筑知识普及与传承系列丛书). -- ISBN 978-7-302-69182-2

Ⅰ . K928.714.2；K928.714.3

中国国家版本馆 CIP 数据核字第 2025GH7495 号

责任编辑：张　阳
装帧设计：谢晓翠
责任校对：王淑云
责任印制：杨　艳

出版发行：清华大学出版社
　　　网　　　址：https://www.tup.com.cn，https://www.wqxuetang.com
　　　地　　　址：北京清华大学学研大厦 A 座　　邮　　编：100084
　　　社 总 机：010-83470000　　　　　　　　　　邮　　购：010-62786544
　　　投稿与读者服务：010-62776969，c-service@tup.tsinghua.edu.cn
　　　质量反馈：010-62772015，zhiliang@tup.tsinghua.edu.cn
印 装 者：小森印刷（北京）有限公司
经　　销：全国新华书店
开　　本：180mm×260mm　　　印　张：33.5　　　字　数：1036 千字
版　　次：2025 年 7 月第 1 版　　印　次：2025 年 7 月第 1 次印刷
定　　价：269.00 元

产品编号：092494-01

献给关注中国古代建筑文化的人们

策　划：华润雪花啤酒（中国）有限公司
　　　　清华大学建筑学院
统　筹：王　群　朱文一
主　持：王贵祥　曾申平
执　行：清华大学建筑学院
资　助：华润雪花啤酒（中国）有限公司

参赞：
廖慧农　李　菁　马冬梅　张　弦
刘　敏　毕朝娇　张　巍　韩晓菲
刘　旭　张宜坤

总序一

2008年年初，我们总算和清华大学完成了谈判，召开了一个小小的新闻发布会。面对一脸茫然的记者和不着边际的提问，我心里想，和清华大学的这项合作，真是很有必要。

在"大国""崛起"街谈巷议的背后，中国人不乏智慧、不乏决心、不乏激情，甚至不乏财力。但关键的是，我们缺少一点"独立性"，无论是我们的"产品"，还是我们的"思想"。没有"独立性"，就不会有"独特性"；没有"独特性"，连"识别"都无法建立。

我们最独特的东西，就是自己的文化了。学术界有一句话："建筑是一个民族文化的结晶。"梁思成先生说得稍客气一些："雄峙已数百年的古建筑，充沛艺术趣味的街市，为一民族文化之显著表现者。"当然我是在"断章取义"，把逗号改成了句号。这句话的结尾是："亦常在'改善'的旗帜之下完全牺牲。"

我们的初衷，是想为中国古建筑知识的普及做一点事情。通过专家给大众写书的方式，使中国古建筑知识得以普及和传承。当我们开始行动时，由于我们自己的无知产生了两个惊奇：一是在这片天地里，有这么多的前辈和新秀在努力并富有成果地工作着；二是这个领域的研究经费是如此的窘迫，令我们瞠目结舌。

希望"中国古代建筑知识普及与传承系列丛书"的出版，能为中国古建筑知识的普及贡献一点力量；能让从事中国古建筑研究的前辈、新秀们的研究成果得到更多的宣扬；能为读者了解和认识中国古建筑提供一点工具；能为我们的"独立性"添砖加瓦。

王群
华润雪花啤酒（中国）有限公司总经理
2009年1月1日于北京

总序二

2008年的一天，王贵祥教授告知有一项大合作正在谈判之中。华润雪花啤酒（中国）有限公司准备资助清华大学开展中国建筑研究与普及。资助总经费达1000万元之巨！这对于像中国传统建筑研究这样的纯理论领域而言，无异于天文数字。身为院长的我不敢怠慢，随即跟着王教授奔赴雪花总部，在公司的大会议室见到了王群总经理。他留给我的印象是慈眉善目，始终面带微笑。

从知道这项合作那天起，我就一直在琢磨一个问题：中国传统建筑还能与源自西方的啤酒产生关联？王总的微笑似乎给出了答案：建筑与啤酒之间似乎并无关联，但在雪花与清华联手之后，情况将会发生改变，中国传统建筑研究领域将会带有雪花啤酒深深的印记。

其后不久，签约仪式在清华大学隆重举行，我有机会再次见到王总。有一个场景令我记忆至今，王总在象征合作的揭幕牌上按下印章后，发现印上的墨色较浅，当即遗憾地一声叹息。我刹那间感悟到王总的性格。这是一位做事一丝不苟、追求完美的人。

对自己有严格要求的人，代表的是一个锐意进取的企业。这样一个企业，必然对合作者有同样严格的要求。而他的合作者也是这样的一个集体。清华大学建筑学院建筑历史与文物保护研究所，这个不大的集体，其背后的积累却可以一直追溯到80年前，在爱国志士朱启钤先生资助下创办的"中国营造学社"。60年前，梁思成先生把这份事业带到清华，第一次系统地写出了中国人自己的建筑史。而今天，在王贵祥教授和他的年长或年轻的同事们，以及整个建筑史界的同人们的辛勤耕耘下，中国传统建筑研究领域硕果累累。又一股强大的力量！强强联合一定能出精品！

王群总经理与王贵祥教授，企业家与建筑家十指紧扣，成就了一次企业与文化的成功联姻，一次企业与教育的无间合作。今天这次联手，一定能开创中国传统建筑研究与普及的新局面！

朱文一
清华大学建筑学院院长
2009年1月22日凌晨于清华园

总序三

清华大学建筑学院与华润雪花啤酒（中国）有限公司在中国古代建筑知识普及与传承方面的合作，已经进入了第二个阶段。在第一个阶段的合作中，在华润雪花啤酒（中国）有限公司的大力支持下，清华大学建筑学院建筑历史与文物保护研究所的教师与研究生，投入了极大的努力，先后完成了"北京古建筑五书"（2009年）、"中国民居五书"（2010年）、"中国古建筑装饰五书"（2011年）、"中国古都五书"（2012年）和"中国园林五书"（2013年）共5个系列25部中国古代建筑普及性读物。这其实只是有关中国古代建筑知识普及与传承工作的开始，按照这样一种模式，很可能还会有"中国古代宫殿建筑五书""中国古代佛教建筑五书""中国古代军事防卫建筑五书"，如此等等，因为延续了5000年之久的中国古代建筑，是一个十分庞大复杂的体系。关于古代建筑的知识，类似普及性读物的写作与出版，还可以继续许多年。然而，这又是一个几乎难以完成的目标，因为，随着研究的深入，相关的知识，还会处在一个不断增加的过程之中。正是在这样一种成功与困惑的两难之中，清华大学建筑学院与华润雪花啤酒（中国）有限公司，开启了双方合作进行中国古代建筑知识普及与传承出版工作的第二阶段。

第二阶段的工作应该如何开展，究竟怎样才能既最有效，又最全面地向社会普及中国古代建筑的基本知识？华润雪花啤酒（中国）有限公司针对这个问题，做了大量的市场调查与分析，在充分的市场第一手数据的支持下，华润雪花啤酒（中国）有限公司的决策者们提出了一个全新的思路，即为全国范围，包括港、澳、台地区的古代建筑遗存，做一个全面而系统的梳理，完成一套以各省、自治区、直辖市及港、澳、台为单位的中国古建筑地图集。把我们的老祖宗留给我们的那些古建筑家底，做一个系统的梳理，并以简单、明快、便捷的语言与图形模式，做出既具学术性，又通俗易懂的说明。这其实既是一套科普性读物，同时也是一套实用性的工具书。

这确实是一个有魄力的决定，同时也是一个庞大、复杂的系统工程。为了完成这样一套具有全面覆盖性的中国古建筑通俗性、工具性读物，不仅需要有能够覆盖全国尚存古代建筑的详细资料与相应建筑史知识体系，而且要对这些建筑所在的准确位置、保存状况、交通信息、联系信息等读者可能需要的资料，一一搜集、梳理，并以一种适当的方式在书中表达出来，以方便读者学习或前往参观、考察。

既然是一本古建筑地图集，就不仅要有翔实而准确的古代建筑知识，以及这些古代建筑遗存的相关信息，还要有直观、明了的地图表达模式。这同样是一个十分复杂的工程。我们地图集的作者们，不仅要仔细斟酌每一座古建筑的历史、艺术诸方面的价值，要认真整理、提炼与这座古建筑相关的种种信息，而且要搜集并提供与这些建筑直接相关的图片资料。此外，更重要的，是要将每一座古建筑的空间定位，准确地表达在一张清晰而简练的地图上。

这就需要我们这些参与写作的古建筑专家们，不仅要仔细而缜密地以一种恰当方式，来描绘每一个省、自治区、直辖市、地级市、区县的地图，而且，要在这些地图上，将这些古建筑准确地标识出来。这样一个烦琐而细密的工作，其中包含了多少具体而微的繁杂文字、图形与数据工作，又有多少细致而准确的科学定位工作，是可以想见的。这对于那些本来主要是从事古代建筑历史研究与保护的古建筑学者们来说，是一个不小的挑战。

困难是现实的，工作内容是庞杂而繁细的，但既然社会有这样一个需求，既然华润雪花啤酒（中国）有限公司的领导们，从民族文化与大众需求的角度，向我们提出了这个要求，我们的老师和博士、硕士研究生们，就必须迎难而上，必须实实在在、一丝不苟地为读者们打造出一套合格的中国古代建筑地图集，这不仅是华润雪花啤酒（中国）有限公司对中国古代建筑研究与教学多方位支持的一个回报，更是向社会大众普及中华民族传统建筑文化的责任所在。

这是一个需要连续五年的漫长工作周期，每一年都需要完成5部，覆盖五个省、自治区、直辖市或地区的重要古代建筑地图集。随着每年5本地图集的问世，一套简略、快速而概要地学习与了解中国古代建筑历史知识的丛书，就会展现在我们读者们的面前。希望我们的读者，无论是为了学习古代建筑知识，抑或是为了休闲旅游的实用功能，都能够喜欢这套丛书，很好地利用这套丛书，同时，在阅读与使用中，如果发现我们的丛书中，还有哪些不尽如人意之处，也希望有识方家与广大读者不吝赐教，及时给我们提出来，我们将认真对待每一位读者的意见和建议，不仅要在后续的地图集编写工作中汲取大家的意见，而且还会在今后可能的再版中加以修正与完善。

王贵祥
于清华大学建筑学院

作者简介

赵娜冬
Zhao Nadong

天津大学建筑学院副教授,清华大学建筑学院建筑历史与理论专业博士毕业。2012—2013年美国宾夕法尼亚大学东亚系访问学者。

段智钧
Duan Zhijun

清华大学建筑学院建筑历史与理论专业博士毕业。长期从事建筑历史、理论、设计以及文化遗产保护研究。任教于北京工业大学建筑与城市规划学院,北京市历史建筑保护工程技术研究中心。

郑丽夏
Zheng Lixia

硕士毕业于北京工业大学建筑与城市规划学院,主要从事建筑设计相关工作。

罗前
Luo Qian

硕士毕业于北京工业大学建筑与城市规划学院,主要从事建筑设计相关工作。

朱仁杰
Zhu Renjie

硕士毕业于天津大学建筑学院，本科毕业于北京工业大学建筑与城市规划学院，主要从事建筑设计工作。

张重瑱
Zhang Chongzhen

硕士毕业于天津大学建筑学院，本科毕业于北京工业大学建筑与城市规划学院，主要从事建筑设计工作。

张敬怡
Zhang Jingyi

硕士毕业于天津大学建筑学院，本科毕业于北京工业大学建筑与城市规划学院，现就职于中国航空规划设计研究总院，主要从事建筑设计工作。

目录 | Contents

| 凡例 | XIII |

甘肃省　001

甘肃省分片索引　002

甘肃省概述　004

陇中地区　007

1　兰州市　011

建置沿革　014

城关区　015

1 兰州黄河铁桥　2 兰州府城隍庙　3 五泉山建筑群　4 白塔山建筑群　5 白衣寺塔及白衣菩萨殿　6 白云观　7 兰州府文庙大成殿　8 甘肃举院　9 铁柱宫　10 兰州禅院　11 天齐庙

七里河区　034

12 金天观　13 柳合山堂

西固区　038

14 河口古民居

安宁区　041

15 皋兰县文庙

永登县　042

16 鲁土司衙门旧址　17 显教寺和雷坛　18 红城感恩寺　19 海德寺

榆中县　049

20 青城古民居　21 金崖古建筑群　22 兴隆山卧桥

兰州市其他文物保护单位列表　054

2　白银市　057

建置沿革　060

平川区　061

1 红山寺石窟

靖远县　062

2 仁和张氏民居　3 寺儿湾石窟　4 法泉寺石窟　5 靖远钟鼓楼　6 屈吴山朝云寺

景泰县　069

7 五佛沿寺石窟

会宁县　069

8 关川道堂

白银市其他文物保护单位列表　070

3　定西市　073

建置沿革　076

陇西县　077

1 威远楼　2 头天门牌坊　3 李家龙宫　4 巩昌府文庙大成殿　5 普陀寺大殿　6 保昌楼　7 文峰塔

渭源县　085

8 灞陵桥

临洮县　086

9 临洮文庙大成殿　10 临洮城隍庙大殿及寝宫

岷县　088

11 大崇教寺　12 清水关帝庙　13 前川寺

定西市其他文物保护单位列表　092

4　临夏回族自治州　095

建置沿革　098

临夏市　099

1 临夏东公馆与蝴蝶楼　2 临夏北寺照壁　3 八坊十三巷80号院

永靖县　103

4 炳灵寺石窟

东乡族自治县　105

5 黄家清真寺

临夏回族自治州其他文物保护单位列表　106

河西走廊地区   109

5   酒泉市   113

建置沿革   116

肃州区   117

1 酒泉鼓楼   2 酒泉古城门   3 药王宫

敦煌市   121

4 莫高窟   5 玉门关及长城烽燧遗址（包括大方盘、小方盘）   6 白马塔   7 敦煌南仓   8 阳关遗址   9 西云观

玉门市   132

10 昌马石窟

瓜州县   132

11 东千佛洞石窟   12 榆林窟   13 道德楼

金塔县   135

14 塔院寺金塔

肃北蒙古族自治县   137

15 五个庙石窟   16 明水要塞遗址

酒泉市其他文物保护单位列表   140

6   嘉峪关市   145

建置沿革   148

万里长城—嘉峪关

嘉峪关市其他文物保护单位列表   151

7   张掖市   153

建置沿革   156

甘州区   158

1 张掖大佛寺   2 张掖山西会馆   3 西来寺   4 张掖鼓楼   5 张掖东仓   6 张掖高总兵宅院   7 吉祥寺砖塔   8 甘州古城墙   9 东古城楼   10 张掖民勤会馆   11 万寿寺

民乐县   171

12 圆通寺塔   13 童子寺石窟   14 四家魁星楼   15 上花园戏台

肃南裕固族自治县   174

16 马蹄寺石窟群   17 文殊山石窟   18 卯来泉城堡   19 景耀寺石窟

高台县   178

20 红山魁星楼

山丹县   179

21 靳氏民居   22 圣经楼   23 马寨无量殿

张掖市其他文物保护单位列表   184

8   金昌市   187

建置沿革   190

永昌县   191

1 圣容寺塔   2 永昌钟鼓楼   3 永昌北海子塔   4 三沟魁星阁

金昌市其他文物保护单位列表   193

9   武威市   195

建置沿革   198

凉州区   200

1 雷台汉墓   2 武威文庙   3 海藏寺   4 天梯山石窟   5 罗什寺塔   6 王城堡魁星阁   7 大云寺及唐钟   8 贾坛故居   9 陆氏民居   10 雷台观   11 秦氏民居   12 莲花山塔   13 下双大庙及魁星阁

民勤县   216

14 圣容寺   15 瑞安堡   16 东镇大庙   17 二分大庙双楼   18 镇国塔

古浪县   222

19 火庙大殿   20 马神庙   21 财神阁   22 三义殿   23 罗汉楼   24 山陕会馆

天祝藏族自治县   228

25 天祝东大寺   26 天堂寺

武威市其他文物保护单位列表   230

陇南地区   233

10   甘南藏族自治州   237

建置沿革   240

1 明长城及沿线城障烽燧   2 汉长城及沿线城障烽燧

夏河县   243

3 拉卜楞寺

卓尼县   244

4 禅定寺

临潭县   247

5 洮州卫城　6 西道堂　7 红堡子　8 临潭一中大门　9 千家寨堡子

迭部县　253

10 俄界会议旧址　11 多儿水磨群

舟曲县　255

12 杰迪寺

玛曲县　256

13 察干外香寺

碌曲县　257

14 郎木寺

甘南藏族自治州其他文物保护单位列表　259

陇东南地区　261

11 陇南市　265

建置沿革　268

武都区　269

1 福津广严院　2 险崖栈道

宕昌县　272

3 理川泰山庙　4 梓潼文昌帝君庙

西和县　274

5 八峰崖石窟　6 象龟寺

徽县　276

7 栗川砖塔　8 徽县文庙大成殿

两当县　278

9 两当文庙大殿　10 两当兵变旧址　11 杨店古建筑群

康县　282

12 黎氏民居　13 谈家院　14 平洛龙凤桥

文县　286

15 合作化桥　16 文县文昌楼

陇南市其他文物保护单位列表　288

12 天水市　291

建置沿革　294

秦州区　295

1 胡氏古民居建筑　2 后街清真寺　3 伏羲庙　4 天水纪信祠
5 玉泉观　6 连腾霄宅院　7 哈锐宅院　8 张庆麟宅院
9 石作瑞宅院　10 秦州文庙　11 冯国瑞宅院　12 秦州关帝庙　13 贾家公馆　14 山陕会馆　15 汪氏民居

麦积区　316

16 麦积山石窟　17 仙人崖石窟　18 石门山古建筑群

武山县　322

19 木梯寺石窟　20 水帘洞—大像山石窟　21 风云雷雨坛
22 武山官寺

甘谷县　327

23 贯寺李家祠堂　24 华盖寺石窟　25 甘谷文庙大成殿
26 蔡家寺

秦安县　333

27 兴国寺　28 秦安文庙　29 秦安泰山庙　30 秦州张氏民居
31 人民街古建筑群　32 南下关清真寺

张家川回族自治县　340

33 宣化冈

天水市其他文物保护单位列表　342

陇东地区　345

13 平凉市　349

建置沿革　352

崆峒区　353

1 延恩寺塔　2 崆峒山古建筑群　3 平凉隍庙　4 崆峒山塔群

华亭市　359

5 石拱寺石窟　6 华亭盘龙寺塔

崇信县　362

7 武康王庙

泾川县　364

8 南石窟寺　9 王母宫石窟　10 泾川隍庙　11 泾州古城

灵台县　369

12 灵台文庙

庄浪县　370

13 云崖寺和陈家洞石窟　14 关帝庙戏楼

静宁县　373

15 静宁文庙　16 静宁清真寺

平凉市其他文物保护单位列表　375

14 庆阳市　　　　　　　　　　　　　379

建置沿革　　　　　　　　　　　382

西峰区　　　　　　　　　　　　383

1 北石窟寺　2 肖金塔

镇原县　　　　　　　　　　　　386

3 石空寺石窟　4 玉山寺石窟

环县　　　　　　　　　　　　　388

5 环县塔　6 兴隆山古建筑群　7 何家寺窑洞庙宇

华池县　　　　　　　　　　　　393

8 白马造像塔　9 东华池塔　10 脚扎川万佛塔　11 双塔寺造像塔　12 新堡庙

庆城县　　　　　　　　　　　　399

13 周旧邦木坊　14 普照寺大殿

合水县　　　　　　　　　　　　402

15 塔儿湾造像塔　16 保全寺—张家沟门石窟　17 莲花寺石窟

宁县　　　　　　　　　　　　　405

18 塔儿庄塔　19 湘乐砖塔　20 凝寿寺塔　21 辑宁楼　22 政平书房

正宁县　　　　　　　　　　　　412

23 正宁文庙　24 罗川赵氏石坊

庆阳市其他文物保护单位列表　　415

宁夏回族自治区

宁夏回族自治区分片索引	420
宁夏回族自治区概述	422

1 银川市　　　　　　　　　　　　　429

建置沿革　　　　　　　　　　　432

兴庆区　　　　　　　　　　　　434

1 海宝塔　2 银川玉皇阁　3 承天寺塔　4 银川钟鼓楼　5 南门楼

西夏区　　　　　　　　　　　　440

6 镇北堡古城址

贺兰县　　　　　　　　　　　　442

7 贺兰山岩画（贺兰口）　8 西夏王陵　9 拜寺口双塔　10 宏佛塔

永宁县　　　　　　　　　　　　448

11 纳家户清真寺

灵武市　　　　　　　　　　　　450

12 镇河塔

银川市其他文物保护单位列表　　451

2 石嘴山市　　　　　　　　　　　　453

建置沿革　　　　　　　　　　　456

大武口区　　　　　　　　　　　457

1 武当庙

平罗县　　　　　　　　　　　　458

2 平罗玉皇阁　3 田州塔　4 平罗钟鼓楼

石嘴山市其他文物保护单位列表　463

3 吴忠市　　　　　　　　　　　　　465

建置沿革　　　　　　　　　　　468

利通区　　　　　　　　　　　　469

1 董府

青铜峡市　　　　　　　　　　　470

2 一百零八塔　3 牛首山寺庙群

同心县　　　　　　　　　　　　473

4 同心清真大寺　5 康济寺塔　6 明王陵　7 韦州古城　8 元代喇嘛教塔

吴忠市其他文物保护单位列表　　479

4 固原市　　　　　　　　　　　　　481

建置沿革　　　　　　　　　　　484

原州区　　　　　　　　　　　　486

1 开城遗址　2 须弥山石窟　3 文澜阁　4 财神楼　5 城隍庙

彭阳县　　　　　　　　　　　　490

6 无量山石窟

西吉县　　　　　　　　　　　　492

7 火石寨石窟

固原市其他文物保护单位列表　　493

5 中卫市 — 495

建置沿革 — 498

沙坡头区 — 500
1 中卫高庙　2 中卫鼓楼

中宁县 — 503
3 鸣沙洲塔　4 石空寺石窟　5 华严塔

海原县 — 507
6 天都山石窟

中卫市其他文物保护单位列表 — 508

参考文献 — 509

图片来源 — 513

后记 — 519

XIII

凡例
How To Use This Book

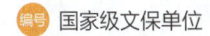

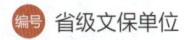

- 编号 国家级文保单位
- 编号 省级文保单位
- 编号 其他建筑
- 编号 世界遗产

政区名称
编号 ▶ 编号 页码 下级图指向标签

1 兰州黄河铁桥		
Lanzhou Yellow River Iron Bridge		
级　　别	国家级	
年　　代	清	
地　　址	城关区白塔山下	
看　　点	黄河上游第一座铁桥，近代造桥技术	
开放方式	可参观	

- 古建筑编号及名称
- 英译名
- 文物级别
- 对于多次重修或改建的古建筑，指现存部分的年代范围
- 地址
- 看点
- 开放方式 / 现况

- 古建筑图片

铁桥及周边环境 — 图名

甘肃省
GANSU

甘肃省分片索引
Map Index of Gansu

- ① 兰州市 / 011
- ② 白银市 / 057
- ③ 定西市 / 073
- ④ 临夏回族自治州 / 095
- ⑤ 酒泉市 / 113
- ⑥ 嘉峪关市 / 145
- ⑦ 张掖市 / 153
- ⑧ 金昌市 / 187
- ⑨ 武威市 / 195
- ⑩ 甘南藏族自治州 / 237
- ⑪ 陇南市 / 265
- ⑫ 天水市 / 291
- ⑬ 平凉市 / 349
- ⑭ 庆阳市 / 379

审图号：甘S（2023）14号

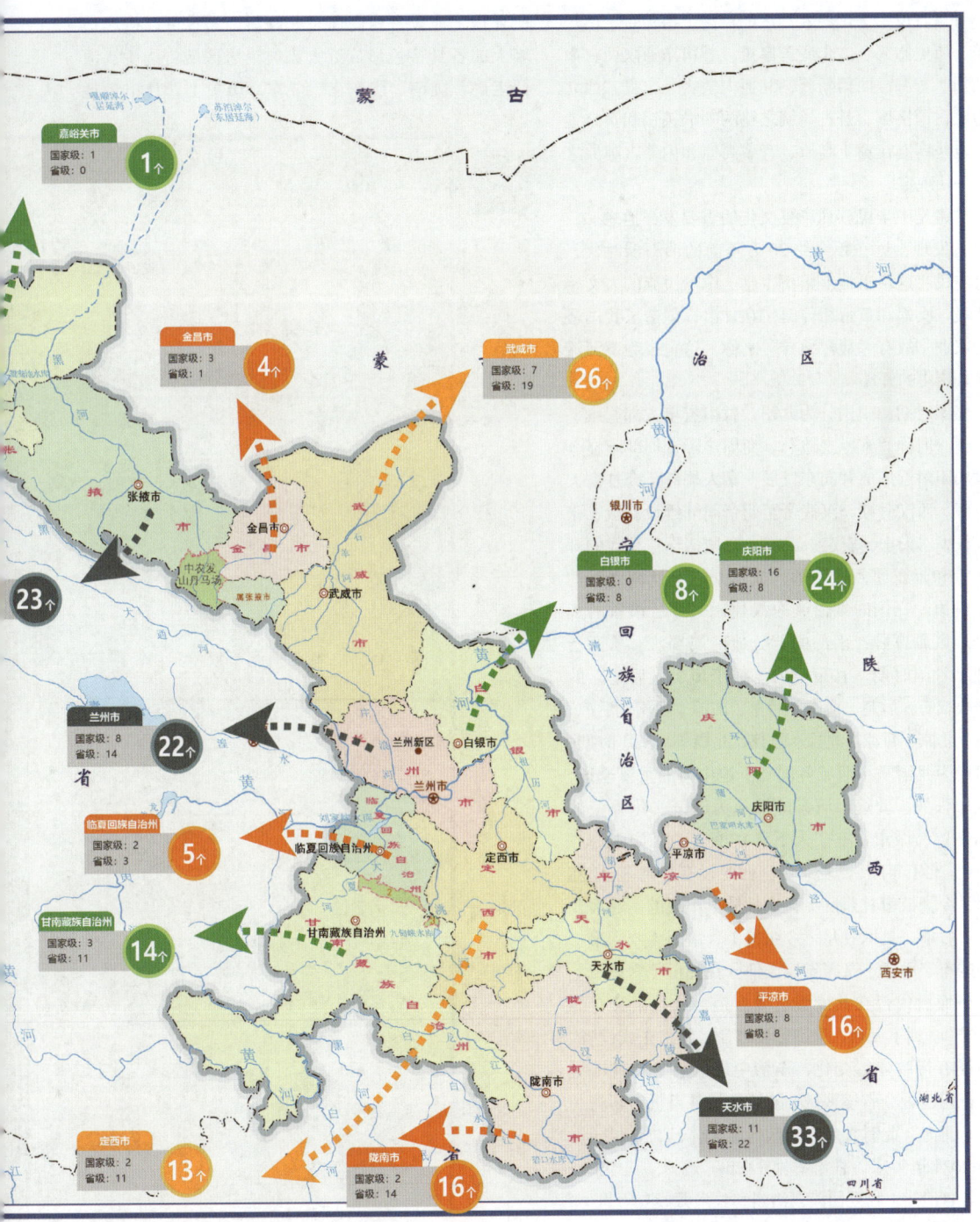

地区	国家级	省级	合计
嘉峪关市	1	0	1个
金昌市	3	1	4个
武威市	7	19	26个
张掖市	—	—	23个
白银市	0	8	8个
庆阳市	16	8	24个
兰州市	8	14	22个
临夏回族自治州	2	3	5个
甘南藏族自治州	3	11	14个
平凉市	8	8	16个
天水市	11	22	33个
定西市	2	11	13个
陇南市	2	14	16个

甘肃省自然资源厅监制　甘肃省基础地理信息中心编制

甘肃省概述

甘肃省位于中国西北地区的黄河上游地带，山川壮美、历史悠久、文化底蕴厚重。甘肃东通陕西，南控四川、青海，西倚新疆，北扼内蒙古、宁夏，西北端与蒙古国接壤，是古丝绸之路的咽喉锁钥和黄金地段，也是镶嵌在黄土高原、青藏高原和内蒙古高原之间的一块瑰宝。

甘肃是中华民族和华夏文化的重要发祥地之一，据考古发现，远在距今约 20 万年前的旧石器时代，就有先民在这块土地上繁衍生息。中华民族的人文始祖伏羲、女娲和黄帝相传诞生在甘肃，创造了我国最早的农业，故有"羲轩桑梓"之称，这也成为黄河流域悠久历史的开端。

先秦时期，中国分为九州，甘肃省境大部属雍、凉二州，旧称"雍凉之地"。商周之际，周部族在今甘肃庆阳附近形成并向东发展，秦人崛起于今甘肃天水地区。西汉时期，汉武帝至昭帝间陆续设武威、张掖、敦煌、天水、安定、武都、金城诸郡，汉代的开边政策和张骞通西域之举，成功开启了丝绸之路的千年辉煌。三国时期沿袭东汉建制，今甘肃省的大部分地区属曹魏，南部的部分地区属蜀汉。从西晋末到十六国时期，甘肃境内（或跨境）先后建立的割据政权有：后赵、前秦、后秦、前凉、西秦、后凉、南凉、北凉、西凉、北魏、西魏、北周等。隋唐时期，甘肃成为我国联系西域各国乃至地中海的重要通道，武威、张掖、敦煌、酒泉陆续成为经济文化繁荣的国际性贸易城市，有"天下称富庶者，无如陇右"之声望。北宋年间，西夏统治河西时设有甘肃军司（驻甘州，今张掖市甘州区），这是最早出现的"甘肃"之名。甘肃，是取甘州（今张掖）、肃州（今酒泉）二地的首字而成，又因省境大部分在陇山（六盘山）以西，而唐代曾在此设置过陇右道，故甘肃又有简称"陇"。到了元代，全国创设省制，甘肃正式设省。明清屡有行政建置变化，至清中期以后，甘肃辖区逐步稳定包含今省境区域，陆续又从甘肃析出新疆、宁夏、青海，此时甘肃省行政区域大体已与今相同。截至 2024 年年末，甘肃省辖 14 市（州），其中有 2 个民族自治州（临夏回族自治州和甘南藏族自治州）。

甘肃地形呈狭长状，地貌复杂多样，包括山地、高原、平川、河谷、沙漠、戈壁，四周为群山峻岭所环抱，地势自西南向东北倾斜，大致可以按照地貌上的各具特色形成五大人类聚居区域：陇中、河西走廊、陇南、陇东南、陇东。历史上，甘肃大地

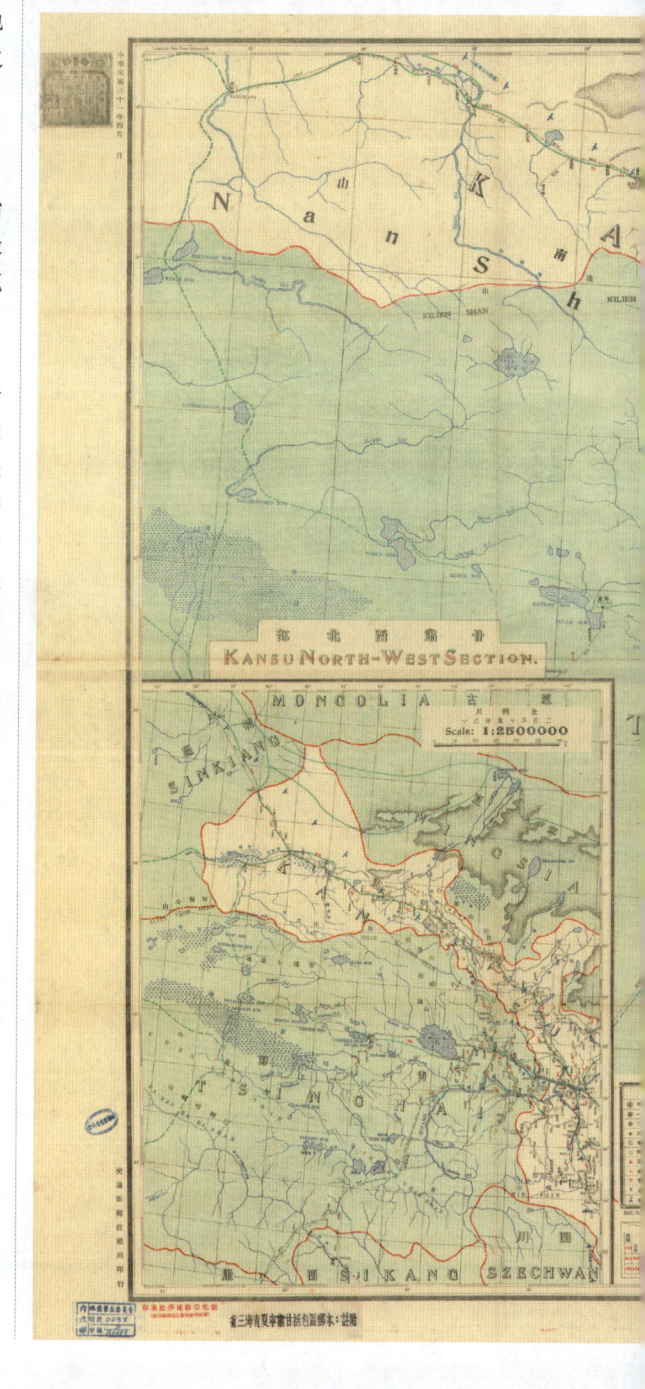

一直是众多民族大迁徙、大融合的舞台。各民族人民长期的艰苦奋斗,共同开拓,创造了光辉灿烂的甘肃古代文明;而不同习俗、生活方式的汇聚,也使甘肃的古代文明具有独特的地区特征,遍布甘肃各地的古迹文物和古建筑名胜,则是这源远流长的古代文明的实物见证。

甘肃邮区舆图(1942)

陇中地区 >>>

在甘肃全省这样狭长的行政辖区内，陇中地区的这个"中"不仅是指其空间位置大致处于甘肃省省域范围的中心，而且也指其是联系河西走廊、陇南、陇东、陇东南四个区域的交通枢纽，同时省会兰州市也恰在其中。为了编目上的方便，本书所说的"陇中地区"比一般历史地理范畴所指的稍小一些，也就是说，包括兰州市、白银市、临夏回族自治州、定西市四个市域、州域行政辖区，而不包括平凉的庄浪县、静宁县与天水的秦安县、张家川回族自治县、清水县。

自然与人文背景

陇中地区位于祁连山东延、六盘山以西，甘南高原与陇南山地以北，以黄土高原的丘陵沟壑地貌为主，适应旱地农耕经济，但是土地较为贫瘠，自然资源并不丰富，因此，整体经济发展水平较为落后。另一方面，黄河从此转道北上，这里是中华民族的发祥地之一，新石器晚期的马家窑文化遗址与青铜时期的寺洼文化遗址都说明在史前文化时期，先民们在此的生活繁衍活动与黄河中游的仰韶文化、黄河上游的古羌文化有着千丝万缕的联系。

聚落与建筑群体

陇中地区在建筑气候分区中属于寒冷地区，而且大部分为丘陵沟壑，平原较少，且植被分布稀疏。并不优越的地理与气候条件使得这里的建筑聚落更积极地适应自然现状，比如民居建筑以合院形态为主，基于生土材料的夯筑或土坯砖砌也是当地的营建特色。此外，这里在历史上也多为兵家必争之地，所以，现存古代建筑遗存也多可以在类型与布局方面看出基于军事防御的考虑。目前，原始风貌保存较好的几处聚落，如河口民居、青城民居，均为扼守要道、背山面水，顺应山河的走势，因地制宜。一方面，通过多道城门与城墙的设置迎合军事防御的需求，并结合内部经济运作的需求，划分居住与农耕用地。另一方面，由于河道增加了商贾往来的交流，这些聚落同时也发展出繁荣的商贸活动，民用的公共建筑类型丰富，街巷布置尺度适宜，民居院落别有洞天。

建筑类型与风格

从建筑功能方面来看，陇中地区现存古建筑主要包括宗教建筑、居住建筑、交通建筑、教育建筑及城池建筑等类型，从建造特征来看，除了单层与楼阁式的木构建筑，还有相当一部分的石窟、塔。就本书编入的古建筑来看，宗教建筑近半数，按照祭祀内容的不同，分别以佛教、道教、民间祭祀、伊斯兰教建筑为主。此外，官方建造的祭祀孔子的文庙建筑数量也不少。

结合前述对于陇中地区自然与人文背景的分析可知，陇中地区的建筑类型较为全面，比如现存于兰州

甘肃省陇中地区古建筑类型统计

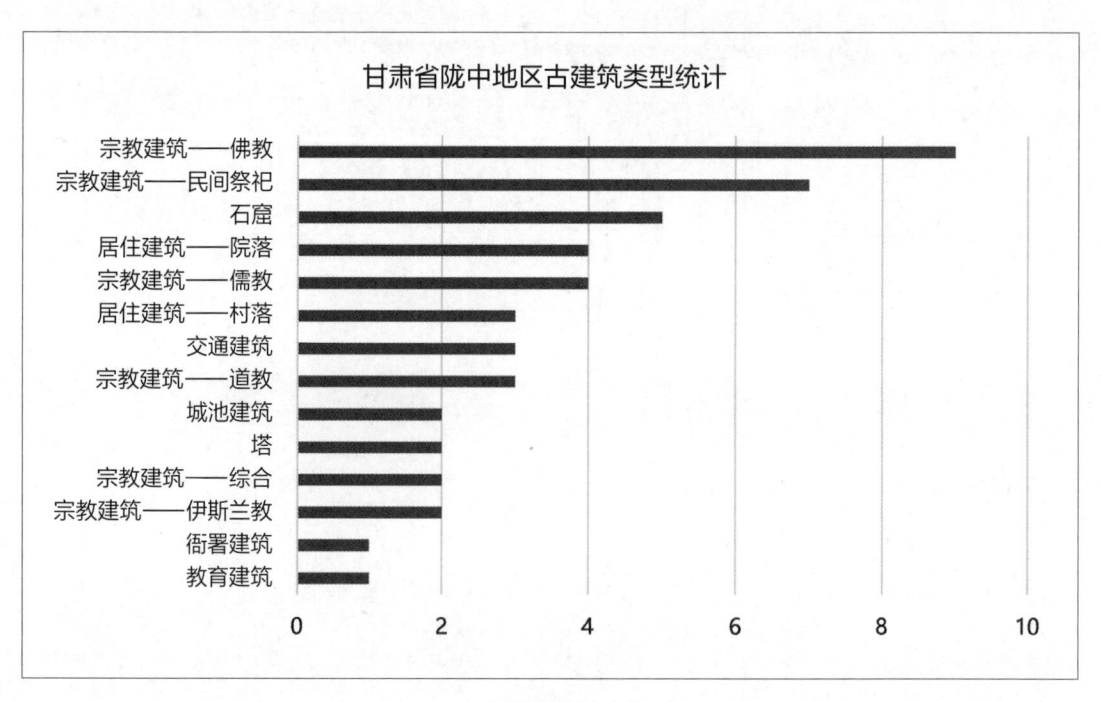

类型	数量
宗教建筑——佛教	9
宗教建筑——民间祭祀	7
石窟	5
居住建筑——院落	4
宗教建筑——儒教	4
居住建筑——村落	3
交通建筑	3
宗教建筑——道教	3
城池建筑	2
塔	2
宗教建筑——综合	2
宗教建筑——伊斯兰教	2
衙署建筑	1
教育建筑	1

古建筑数量/处

的甘肃举院，是甘肃全境唯一一处体现当时科举考试制度的建筑遗存，为还原科举考试制度的现场执行程序提供了一定的场景载体。此外，整体建筑风格较为稳定，体现出对自然地形与气候条件因地制宜的适应策略，比如建筑群与院落的组织较为灵活，不拘泥于中轴对称；民居院落通常内向且敞阔，既可以在一定程度上防止冬季冷风侵袭，又尽可能地利用了阳光带来的热量。结构与材料的选择也充分体现出就地取材的特点，以生土与木构、砖石与木构，以及砖石与生土的混合结构居多。

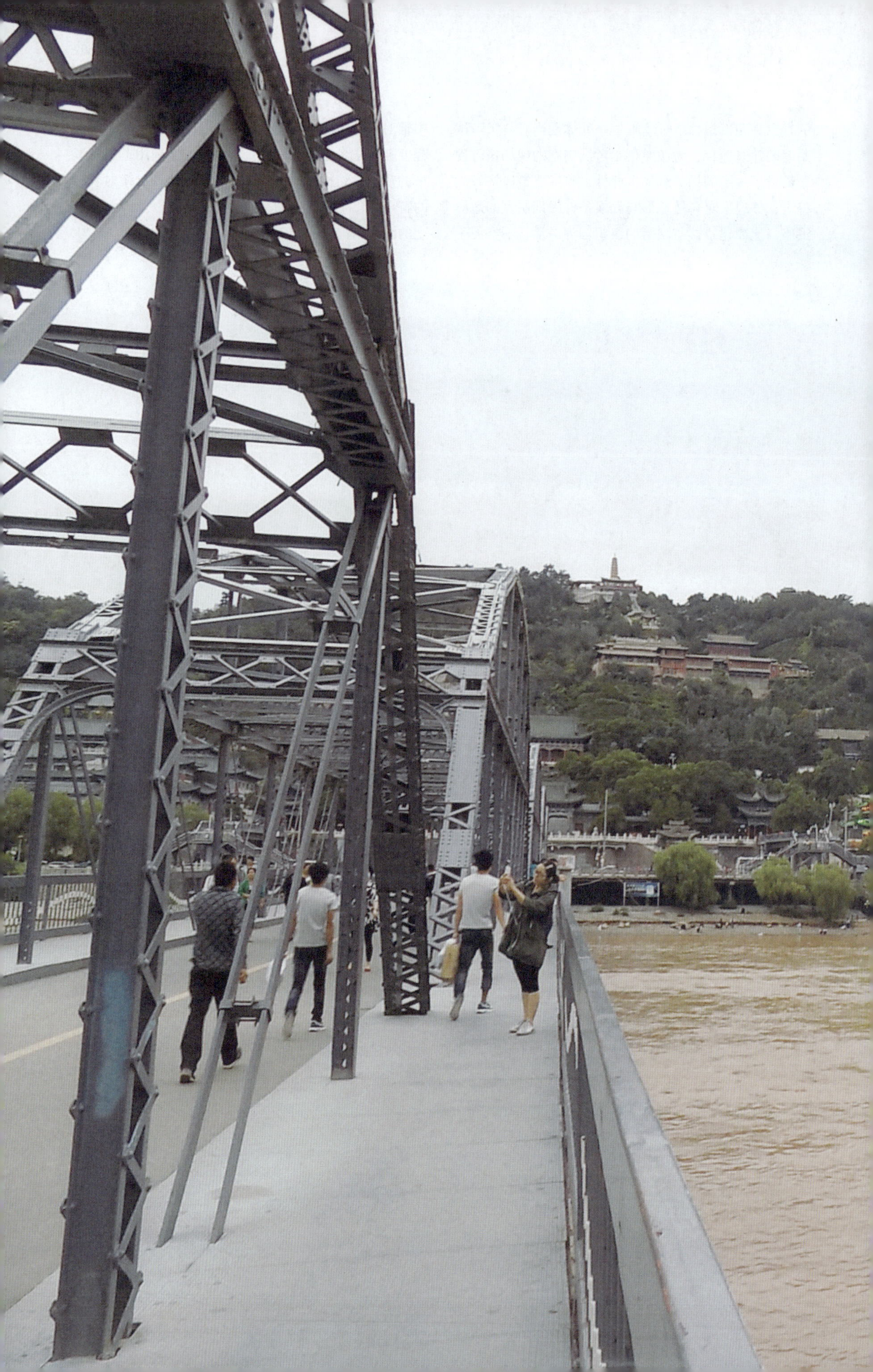

1
兰州市
LANZHOU

兰州市古建筑分布图
Historical Architectural Map of Lanzhou

1. 兰州黄河铁桥
2. 兰州府城隍庙
3. 五泉山建筑群
4. 白塔山建筑群
5. 白衣寺塔及白衣菩萨殿
6. 白云观
7. 兰州府文庙大成殿
8. 甘肃举院
9. 铁柱宫
10. 兰州禅院
11. 天齐庙
12. 金天观
13. 柳合山堂
14. 河口古民居
15. 皋兰县文庙
16. 鲁土司衙门旧址
17. 显教寺和雷坛
18. 红城感恩寺
19. 海德寺
20. 青城古民居
21. 金崖古建筑群
22. 兴隆山卧桥

兰州市地图

图 例
省政府驻地　　　　市(州)界
市(州)政府驻地　　县(区、市)界
兰州新区　　　　　河流　水库
县(区、市)政府驻地　干渠
省界

比例尺　1:650 000
附注：1.属青海省

审图号：甘S（2024）11号

兰州市

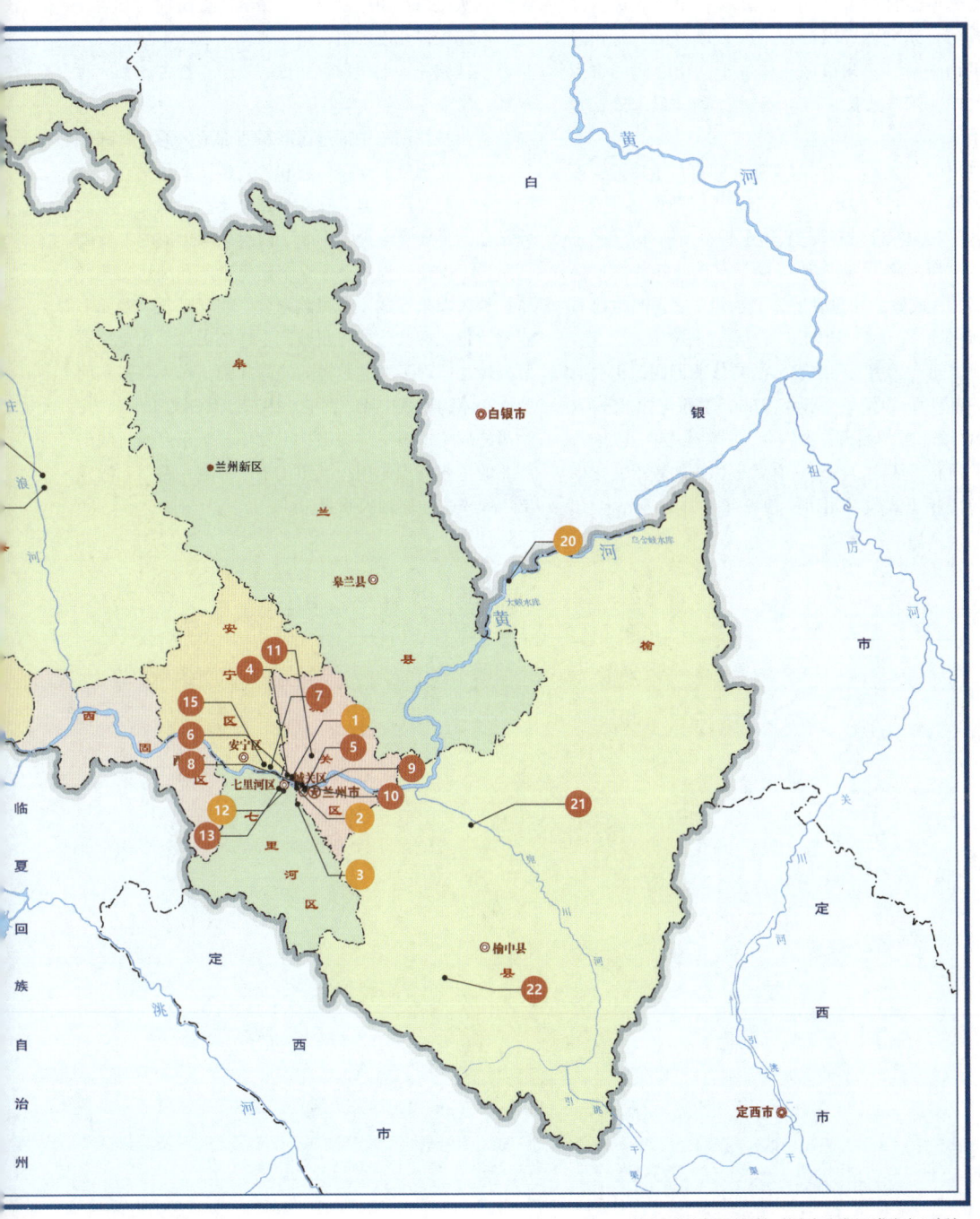

建置沿革

兰州市是甘肃省会，地处甘肃省中部的黄土高原，黄河自东向西穿城而过。由于皋兰山、九州台南北两山夹峙，兰州市区主体位于两山之间的带形盆地之中，东西狭长，约40千米，南北最窄处，宽约5千米。

兰州历史悠久，秦汉时期在此即有城市建置，西汉昭帝始元六年（前81），置金城郡时即设立县治，距今已有2000余年的建城史，这也是兰州别称之一"金城"的来历。隋开皇三年（583），在此间"取皋兰山为名"，改置兰州总管府，"兰州"之得名也已有近1400多年的历史。唐宋以来，建置名称屡有更替；至元明之间，又承兰州之名。清初依明旧制，仍为府辖州并隶卫所，至清康熙五年（1666）陕西与甘肃分治，设甘肃行省，兰州始为甘肃省会，清乾隆三年（1738），改称兰州府，从此，兰州一直就是甘肃的政治文化中心。1941年正式设兰州市；1949年8月26日，兰州解放；从此，兰州进入了一个新的历史时期。其后，兰州市建置曾几度变更，市区所辖区域基本稳定。兰州市现辖城关、七里河、西固、安宁、红古5个区和永登、榆中、皋兰3个县。

兰州是我国东中部地区联系西部地区的桥梁和纽带，是西北重要的交通枢纽和科技经济文化中心。长期以来，兰州是黄河文化、丝路文化、中原文化与西域文化的重要交会地。不晚于西汉以来形成的古丝绸之路，不仅在这里留下了众多建筑遗产和灿烂文化，而且长久以来形成了多民族融合、相互吸收、多元一体的特色地域文化。兰州城市主体依山傍水而建，层峦叠嶂，体现了西北重镇的雄浑壮阔。作为我国东西合作交流和通往中亚、西亚、中东、欧洲的重要通道，兰州的战略地位更加突出，正发挥着承东启西、联南济北的重要支点作用。兰州正是"一带一路"上散发出璀璨光芒的那颗闪耀明珠。

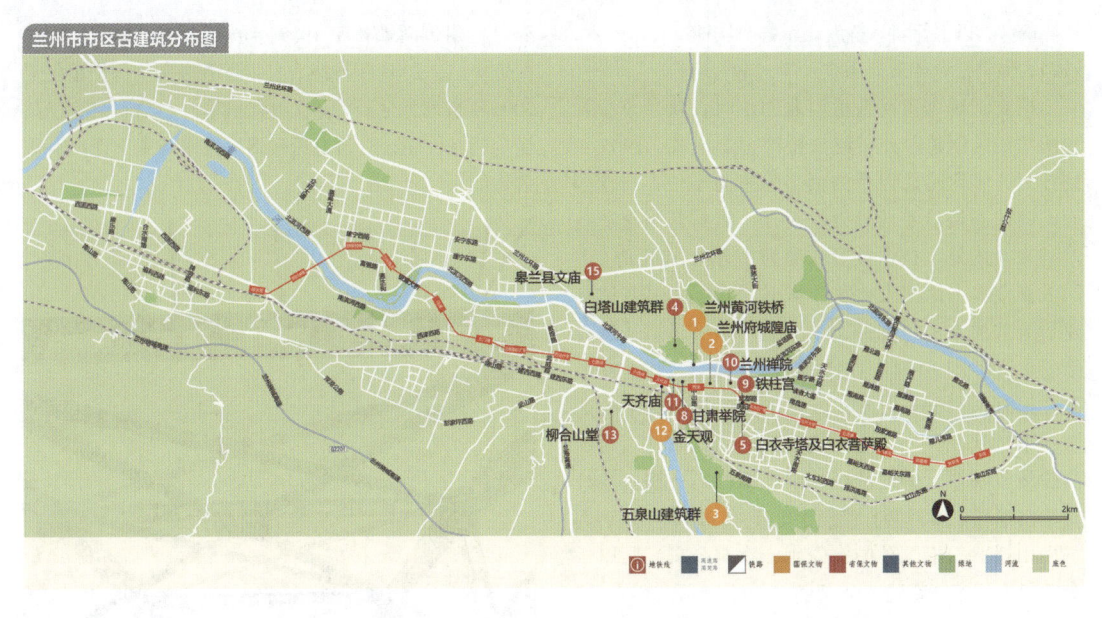

兰州市市区古建筑分布图

①	兰州黄河铁桥	④	白塔山建筑群	⑨	铁柱宫	⑫ 金天观
②	兰州府城隍庙	⑤	白衣寺塔及白衣菩萨殿	⑩	兰州禅院	⑬ 柳合山堂
③	五泉山建筑群	⑧	甘肃举院	⑪	天齐庙	⑮ 皋兰县文庙

城关区

1 兰州黄河铁桥

Lanzhou Yellow River Iron Bridge

级　别	国家级
年　代	清
地　址	城关区白塔山下
看　点	黄河上游第一座铁桥，近代造桥技术
开放方式	可参观

兰州黄河铁桥位于甘肃省兰州市城关区白塔山下，横跨黄河南北两岸，正对白塔山公园正门，是黄河上游第一座铁桥，被誉为"天下黄河第一桥"，亦是兰州市内的地标性建筑物。

古往今来，作为沟通东西部的交通枢纽城市之一，兰州是往来中原与西域的必经之地，然而，由西向东横亘其间的黄河堪称这一交通要道上的一道天然障碍。不晚于明代洪武年间，人们在此处设置浮桥以横渡黄河，并以"镇远"名之。即为现今兰州黄河铁桥前身。

明代谪戍兰州卫的浙江开化进士徐兰所撰《河桥记》大约是关于兰州镇远浮桥的最早史料。可知浮桥曾几经异址重建。最早的浮桥建于明洪武五年（1372），宋国公冯胜在兰州卫城以西七里为大军迁徙之便临时搭设，随即拆除；明洪武八年（1375），卫国公邓愈为保障西凉、西宁、庄浪等卫所的后勤补给于兰州卫城以西十里复建，于次年建成并命名为"镇远"，至今尚存一根镇远桥铁柱（又名"将军柱"），其上铭文记有"洪武九年岁次丙辰"字样；及至明洪武十八年（1385），兰州卫指挥佥事杨廉多方征询后将浮桥迁建于现在中山桥的位置，即古金城关。徐兰在《河桥记》中还详细记载了杨廉修建浮桥的细节："造舟二十有八，常用二十有五，河涨则用其余以广之；每舟相去一丈五尺，上流定以石鳖如舟之数。舟上加板，

铁桥及周边环境

栏盾两旁,以卫行者。桥南北岸各要铁柱一,木柱六,铁锁大绳贯桥令相属,随波升降,帖若坦途。"[1]

据立于现今黄河铁桥西北的由时任陕甘总督昇允所写的《创建兰州黄河铁桥碑记》记载,1905年到任后,昇允感念浮桥的诸多隐患与不便,与德国商人喀佑斯接洽签约建设铁桥,所需材料与建造技术均来自国外,技术负责人亦为中外共同组成(美国人满宝本、德国人德罗、华工刘永起),其他与建桥有关的人员也在碑文中一一列出。工期从清光绪三十三年(1907)一直延续至清宣统元年(1909),碑文记载:"桥长七十丈,宽二丈二尺零,架桥四墩,中竖铁柱,外以塞门德土参合石子成之,桥面两边翼以扶栏,旁便徒行,中驰舆马"。铁桥共计花费白银三十多万两。民国十七年(1928),更名为"中山桥"以纪念孙中山先生,直至今日,两岸桥头铁架上仍然立着这三个大字。

兰州黄河铁桥于1989年被列为兰州市市级文物保护单位,2005年升级为甘肃省省级文物保护单位,2006年被列为全国重点文物保护单位。该桥保持完好,至今仍在使用,对研究近代造桥技术与工业遗产有重大价值。

铁桥近景

弧型钢架拱梁

铁桥夜景

---

1. http://www.dxbei.com/x/20140210/111866.html.

2 兰州府城隍庙

Lanzhou City God's temple

级　　别	国家级
年　　代	清
地　　址	城关区张掖路步行街中段
看　　点	清代民间祭祀建筑
开放方式	可参观

兰州府城隍庙创建于北宋，金、元、明、清屡有维修，现存古建筑群为清代建筑。城隍是汉族宗教文化中普遍崇祀的重要神祇，多由有功于地方民众的名臣英雄充当，是汉族民间和道教信奉守护城池之神。兰州府城隍庙（也称"纪信庙"）祭祀的城隍为楚汉之争中"荥阳误楚，身殉汉皇"的"忠烈侯"纪信，明代重修后改易现名。原为道教正一派活动场所，现作为"兰州市第一工人俱乐部"。

兰州府城隍庙占地1.2公顷，建筑面积约4700平方米。整个建筑群坐北朝南，共有五进院落。《皋兰县志》记载如下："清乾隆三十二年（1736）弗戒于火，通省官绅捐资重葺，后二年始成，前为忠烈候坊，大门三间，二门上为戏楼，内有享殿五间，又内为正殿五间，又内为寝宫三间，最后为客堂三间，左右附眼光、痘症二祠，享殿左右为钟鼓楼，正殿左右为六属城隍，又左右长廊列曹官祠四、山神土地祠二，其余长廊空壁画荥阳捐躯事。"其记载与现在情况基本相符。主体建筑沿中轴线纵深展开，由南至北依次为大门牌坊、戏楼、献殿、正殿、寝宫等。其中，大门牌坊为四柱三楼形制，单层屋顶为北方牌坊式建筑较少采用的歇山顶，斗拱结构具有典型的清代斗拱特点。献殿为面阔与进深均为五间的单檐卷棚歇山顶建筑，檐下周匝围廊，实际室内围合空间为三开间，两侧为钟鼓楼等。正殿为重檐歇山顶，面阔五间，进深四间，两侧厢房供奉兰州府六县城隍（狄道州、河州、皋兰县、金县、渭源县、靖远县），长廊绘有壁画。寝宫面阔五间，单檐歇山顶，前檐出单坡抱厦，背面两侧各有一座六角攒尖亭。

兰州府城隍庙是甘肃省保存较好的古建筑群之一，建筑群布局结构清晰，院落关系完整，单体建筑形制明确，琉璃装饰与砖雕也很有价值。1993年被列为甘肃省省级文物保护单位，2013年被列为全国重点文物保护单位。

大门牌坊

享殿

寝殿

客堂

正殿

3 五泉山建筑群

Wuquan Mountain Complex

级　别	国家级
年　代	元—民国
地　址	城南皋兰山北麓五泉山公园景区内
看　点	儒释道建筑群，山地建筑布局
开放方式	可参观

　　五泉山建筑群位于兰州市城南皋兰山北麓五泉山公园景区内，范围北起兰州市五泉广场，南至其最高建筑三教洞，东至塔子坪，西接二郎岗，北距黄河约2800米。五泉山古建筑群自元仁宗皇庆年间开始营建，至今已有700多年的历史，历代的增建、扩建与重建，形成了现在的格局，是兰州地区历史最悠久的古代群体性建筑。

　　五泉山古建筑群按照其所属宗教主要可分为佛教建筑、道教建筑、儒家建筑三类。其中，浚源寺、大悲殿、嘛呢寺、地藏寺、卧佛殿、千佛阁等均属于佛教建筑；清虚府、酒仙祠、三教洞则为道教建筑；儒家祠庙亦有太昊宫、武侯祠、秦公祠、段氏祠堂、万源阁、文昌宫等。整个建筑群共22组建筑，总建筑面积约1万平方米。

　　五泉山建筑群依山而建，以中麓牌坊至文昌宫为主轴，并有东西两翼。除山门、浚源寺大雄宝殿面阔五间外，其余建筑面阔均为三间，进深一间或两间，根据所需建筑规模和所处台地的大小决定殿堂平面总进深与总面阔的比例。此外，现存建筑组团依山就势，形成颇具特色的"吊脚楼"式结构，有的与一般石窟的窟前建筑那般依山壁而建，如酒仙祠、清虚府、地藏寺、卧佛殿等古建筑；有的与

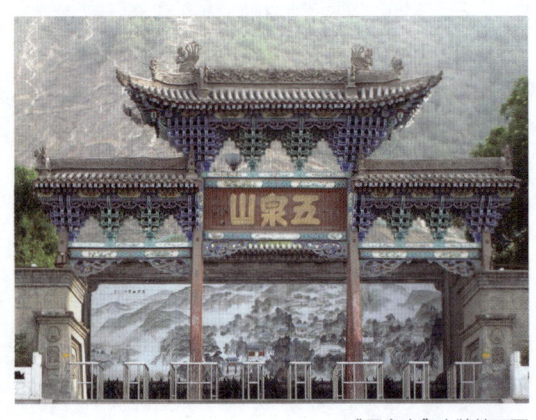

"五泉山"木牌坊正面

山门

悬空寺类似，直接从崖壁悬挑而出，如千佛阁、三教洞、武侯祠等。

五泉山建筑群作为文化的载体，承载着兰州地区历史文化的诸多信息。五泉山建筑群汇聚了寺庙、景园、民居、桥梁等不同功用的建筑群组，包括歇山、悬山、硬山、卷棚、攒尖等不同屋顶形式的建筑单体，是一处充分体现我国传统建筑文化多样性的建筑群，亦是体现儒、释、道、民俗多元文化融合的西北地区建筑遗产，对于研究当地建筑形制、建筑技艺、建筑文化、建筑美学等有重要价值。同时，五泉山古建筑群的空间营造方法多样，也是中国传统园林空间营造设计手法的集中体现。

（1）庄严寺

庄严寺初建于唐代，旧址位于兰州旧城中心鼓楼西侧，即兰州市城关区张掖路西段《兰州晚报》社院内，于20世纪末本着"修旧如旧"的原则迁建于五泉山公园西南隅二郎岗兰州市动物园内。

庄严寺现存建筑群仍然保留了迁建前的三重院落的布局结构，从外至内分别由山门、前殿、中殿（大雄宝殿）、后殿（五佛殿）四座主要建筑形成中轴线，在迁建前亦经历元、明、清等多次修缮。其中，前殿建于清代，重檐歇山顶，面阔三间，平面方形，四明厅式，可供通行，亦有"过殿"之称。中殿为兰州市区现存唯一一座明代建筑，内有明代壁画，原悬"大雄宝殿"匾额，殿内被称为塑绝、书绝、

庄严寺前殿

画绝的"三绝"清初即已著称于世。后殿于清道光三年（1823）重修，面阔五间，悬山顶。

（2）浚源寺

浚源寺始建于元代，称皇庆寺，经历代重修。主体包括寺门、金刚殿、大雄宝殿。浚源寺位于五泉山中麓，南为万源阁，北为五泉山山门，东临莲花坞，西接酒仙祠，现为由坐南朝北的两进院落组成的建筑群，南北长约100米，东西宽约90米。第一进院落自五开间青砖砌筑的牌坊寺院山门起，中为正门，题额"浚源寺"，正殿为过庭式，是面阔三间、歇山顶的金刚殿，门南北两开。两侧建单坡两层厢房，金刚殿东西两侧有便门联系后院。第二进院落以歇山顶与卷棚顶组合式结构、面阔五间的大雄宝殿为正殿，两侧建硬山顶配殿。

浚源寺金刚殿

（3）大悲殿

大悲殿位于五泉山中麓，南为文昌宫，北为青云梯，西接武侯祠。大殿坐南朝北，面阔三间，进深两间，台基为条石，高9米，悬山顶，檐下采用了甘肃临夏地区典型的"花牵代拱"的做法。

大悲殿

（4）嘛呢寺

嘛呢寺位于五泉山西麓边缘山岗上，坐南朝北，为三进院落藏传佛教寺院。第一进院落，以山门及两侧为悬楼，东为曲曲亭，西为巧巧斋；第二进院落由正殿观音殿和西侧厢房组成；第三进院落为僧舍。院落南北长约73米，东西宽约28米，正殿观音殿面阔三间，进深两间，设前廊，台基为水泥砌筑，歇山顶，檐下设甘肃临夏地区典型的倒四棱锥形的"旋风斗踩"。

嘛呢寺局部彩绘

（5）千佛阁

千佛阁始建于明天顺六年（1462），是五泉山东岩顶端的悬楼，下临悬崖，以木柱支撑，类似吊脚楼。千佛阁位于东龙口山岩上，西为卧佛寺，为依山就势建造的兰州地区特有的悬楼。阁坐南朝北，分为三层，一二两层为敞廊，第三层为正殿，内以木梯连通。一层敞廊由二十二间敞廊与西端送子菩萨殿组成，送子菩萨殿面阔三间，进深一间，悬山顶，无斗拱。二层敞廊由十二间敞廊与西端的菩萨殿组成，菩萨殿面阔三间，进深一间，悬山顶，无斗拱。三层正殿面阔三间，进深一间，有前廊，悬山顶，无斗拱。

嘛呢寺山门正面

千佛阁正面

千佛阁佛龛

（6）卧佛寺

　　卧佛寺位于五泉山中麓，北临地藏寺，东接千佛阁，西眺文昌宫。坐南朝北，为东西向一进院落，东西两侧各设一门，南有依山殿宇三座。中为正殿，面阔三间，悬山顶，檐下为甘肃临夏地区典型的倒四棱锥形的"旋风斗踩"。内塑佛祖释迦牟尼涅槃像，两旁塑十八罗汉像。西殿面阔三间，供观音，称观音殿。东殿面阔三间，供关羽，称关圣殿，悬山顶，檐下为"花牵代拱"的做法。北为九间悬楼，卷棚顶，无斗拱。

卧佛寺寺门

卧佛寺正殿

（7）地藏寺

　　地藏寺位于五泉山中麓，西邻文昌宫，南临卧佛寺。坐南朝北，东接东长廊，为东西向一进院落，东西两侧各设一门，院南依山为大殿三座，中殿供地藏王菩萨，东殿供送子将军，西殿供观音菩萨，皆为三开间硬山顶。檐下为"花牵代拱"的做法。院北为硬山悬楼，面阔三间，东西各为面阔两间与四间的卷棚敞廊，悬楼下为摸子泉。

地藏寺正殿

（8）三教洞

　　三教洞位于五泉山西龙口之上，为全山最高处建筑。三教洞坐南朝北，为东西向一进院落，东西两侧各设一出入口，院南依山有大殿两座，正殿面阔三间，对应后壁三孔石洞，正殿东西两侧各设面阔一间的耳房，配殿面阔三间，皆悬山顶，檐下为"花牵代拱"的做法。院北为悬楼两座，东西坐落，东端为住持住房，面阔三间；西端为散福厅，面阔三间，皆为卷棚顶，无斗拱。

三教洞正殿

（9）清虚府

　　清虚府位于五泉山中麓，东邻文昌宫，坐南朝北，为东西向三进院落,东西两侧各设一出入口,东门对文昌宫西侧,西门通西龙口,院西南角为甘露泉。以正殿及两侧厢房形成主要院落,东西各为跨院。西跨院为花圃,东跨院为居住用房。院南依山为大殿一座,正殿面阔三间,约13米,进深约7米,高约12米,歇山顶,檐下为"旋风斗踩"。院北新建歇山顶卷棚接待厅一座,面阔五间,约16米,高7米。东西两侧为五开间偏殿,长16米,高约6米,改为休息室。外围以面阔十六间卷棚长廊相连。

清虚府正殿

(10) 酒仙祠

酒仙祠位于五泉山中麓,坐南朝北,南接太昊宫,东邻浚源寺,西为西山涧,为东西向两进院落,东西两侧各设一出入口,东门对浚源寺西侧,西门通西山涧。以院中间一座开敞的三开间厅,将一院隔为东西两进。西院为酒仙殿,南面为正殿三开间歇山顶,檐下为"花牵代拱"的做法。供吕洞宾、刘伶。北为三开间悬楼,西为三开间配殿,东院为三圣殿,南面正殿三开间硬山顶,供刘备、关羽、张飞,无斗拱,北为五开间悬楼。除酒仙殿和三圣殿之外,其他建筑皆为卷棚顶。

酒仙祠三圣殿

(11) 文昌宫

文昌宫位于五泉山中麓,坐南朝北,北临青云梯,东邻地藏寺,西为清虚府,为南北向两进院落,分布在两个台地上。第一进院落为两层,东向、西向、北向三面敞楼围合,为卷棚顶。第二进由文昌殿及配殿组成,殿东侧有一跨院。文昌殿面阔三间,供文昌帝君,悬山顶,檐下为"花牵代拱"的做法。殿东跨院为皋兰乡贤祠,面阔三间,悬山顶,无斗拱,跨院南有殿配两座,院东北为悬楼,皆为卷棚顶。

文昌宫

文昌宫大殿

(12) 武侯祠

武侯祠位于五泉山中麓,坐南朝北,南临清虚府,东邻大悲殿,由东西向两进院落组成。第一进院落由主殿,配殿组成;第二进院落由敞廊围合。主殿面阔三间,硬山顶,檐下为"花牵代拱"的做法。殿前为悬楼三间,卷棚顶,无斗拱。

2013年,五泉山建筑群被列为全国重点文物保护单位。

武侯祠 　　　　　　　　　　　　　　　　　　　　　　太昊宫砖门

万源阁 　　　　　　　　　　　　　　　　　　　　　　子午亭

企桥 　　　　　　　　　　　　　　　　　　　　　　　猛醒亭

青云梯

4 白塔山建筑群

White Pagoda Hill Complex

级　　别	省级
年　　代	明、清
地　　址	城关区白塔山公园内
看　　点	白塔，山地建筑群
开放方式	可参观

白塔山建筑群位于兰州市城关区白塔山公园内，位于黄河北岸，俯瞰兰州市中心。因旧时有金城、玉迭二关即在山下，故而白塔山堪称护佑兰州北面的天然屏障，而"白塔层峦"被列为兰州八景之一。

宋末元初，现今白塔山一带为西夏占据，当时吐蕃乌斯藏地区的萨迦派法王为了迎合成吉思汗和平统一藏区的愿望，派出一名喇嘛出使蒙古，途经兰州时不幸病逝。及至蒙古灭西夏国后，为纪念这位死去的喇嘛，于约1228年在白塔山山巅建一座白色佛塔，并因此而建白塔寺，白塔山由此得名。清

入口

康熙五十四年（1715），白塔寺经扩建后改名为慈恩寺。之后至民国400余年间，依山就势，又陆续建起三星殿等建筑（其中金山寺等已不存）。1958年，兰州市政府将旧城改造中拆除的部分特色建筑迁至白塔山一、二、三台等处，并筹资对白塔山古建筑进行了整体维修，奠定了白塔山建筑群错落有致的布局。现存白塔寺、三星殿、法雨寺、三官殿、"凤林香袅"牌坊、云月寺6处明、清建筑和1958年迁建、新建的一台"九曲安澜"敞厅（包括与敞厅相连的一、

白塔山建筑群全景

二台的亭、廊）、二台牌坊、三台大厅，以及凸起于峰峦之上的百花亭、迎旭阁、喜雨亭、驻春亭、五角亭、六角亭、东风亭、金山大殿等10组建筑，建筑面积约为3021.3平方米，占地面积约为7826.2平方米。白塔山宗教建筑布局为玉皇阁在山下、十王殿在山腰、白塔寺地藏殿在山巅，据清代扩建为慈恩寺时由巡抚绰奇所撰的《修建北山慈恩寺碑记》记载，"昔有白塔禅院，……上塑地藏像，下建玉皇阁，盖取《易》地天泰之义也"。可能这种建筑布局暗合《易经》的泰卦意象。

白塔上着绿顶，各面雕有佛像，檐角系有铁马铃；塔外通涂白浆，如白玉砌成。《兰州市志·文物志》对白塔的形制有所描述，"白塔八面七级，高17米，形制奇特，由塔基、须弥座、覆钵塔身、阁楼塔身、塔刹等几部分组成"，应是借鉴了覆钵形式的实心密檐式砖塔。

白塔山建筑群极具地方特色，具有较高的历史、艺术和科研价值。其中白塔山白塔已于1963年被列为甘肃省省级文物保护单位，三星殿等6处建筑于1984年被列为兰州市市级文物保护单位。

"地天泰"牌坊

"九曲安澜"敞厅

白塔

白塔寺

金城关

5 白衣寺塔及白衣菩萨殿

White Clothes Temple Pagoda and White Clothes Bodhisattva Hall

级　别	省级
年　代	明、清
地　址	城关区庆阳路
看　点	明清砖塔
开放方式	可参观

白衣寺塔又称白衣庵塔，因塔建在白衣寺中而得名。白衣寺坐北朝南，有两进院落。前院为白衣菩萨殿，原有白衣观音像，故名白衣寺。殿东为伽蓝祠，西为土地祠，后院中有白衣寺塔，塔前有清代改建的大殿，后为新建仿古式三层楼，现为兰州市博物馆。

白衣寺塔为实心砖塔，通高约30米。塔基呈错牙式方形，长、宽各7米，高2.8米，四面镌刻花卉图案。塔基分三部分，下为正方形台基，中为须弥座，上为古瓶形塔座。塔身为八角十三级楼阁式实心砖塔，正面设眼光门，塔身通高25.3米。塔身下部呈覆钵状，高约8米，最大处直径为6米。正南与塔基连接处开一佛龛，原龛内供有3尊佛像，现已无存。塔身上半部为八角形锥体，高18.5米，共有密檐12层，层数为偶数，在国内罕见，每层每面各开佛龛1个，内各塑佛像1尊，共96尊。塔刹高约1米，形若宝瓶，以外镀铜的金属做成。寺初建于明崇祯四年（1631），后经多次战乱，只有寺塔保存到今天。

据寺内清咸丰十年（1860）立《重修白衣寺塔记碑》载："白衣寺为前明肃藩王所建。相传乃王妃之功德，至今四百余年。"白衣寺塔正南塔基连接处有一佛龛，外嵌有对联一副，现已模糊不清，据民国时期报纸记载，对联为："玉柱玲珑通帝座，金城保障永皇恩。"题款是："太华道人崇祯辛未孟夏之吉。"据考证，从题款来看，对联作者为明肃王朱识𫓯，他崇尚道教，"太华道人"是他的号。白衣寺现为省级文物保护单位。

全景

隐于白衣菩萨殿屋檐之后的白衣寺塔

6 白云观

Baiyunguan Temple

级　别	省级
年　代	清
地　址	城关区滨河东路987号
看　点	道教建筑与园林
开放方式	可参观

白云观坐落于黄河南岸，与白塔山公园隔河遥望。白云观原有上观、下观两处，皆为道教全真道士修持活动的场所。上观始建于清道光十七年（1837），原址在兰州市郊区崔家崖极寿山，20世纪50年代已毁。现在的白云观专指下观，始建于清道光十六年（1836）。据史料记载，白云观是为祭祀道教八仙之一的吕洞宾祖师而建，又称吕祖庙。现为甘肃省道教协会和兰州市道教协会所在地。

白云观内古木参天，林木繁茂的园林与庄严肃穆的建筑相映成趣。建筑群整体按照中轴对称的原则进行布局，西侧另有一处偏院。中轴上由北向南依次以山门、灵官殿、元君殿、戏楼、祈福消灾阁、藏经楼、祖师殿、钟鼓楼、玉皇宝殿、药王庙等划分为三进院落。中轴主体建筑的庄重古朴与边路亭台楼阁的灵动典雅相得益彰，飞檐参差、斗拱重叠，回廊曲折，绿树成荫。现存文物建筑面积约3240平方米，占地面积约6495平方米。

山门中门洞上方有砖雕"升云得路"四字，门楣悬挂邓宝珊所题"白云观"匾额，钟楼下层墙体上嵌有《白云观捐言》碑，戏楼东侧立《白云观香火老社碑记》石碑一通，西侧立《白云观住持党公碑记》石碑一通。另外，观内尚存2株市政府挂牌保护的国槐。现在建筑保护较为完好，对研究兰州地区明清风格古建筑有一定的价值。2011年，白云观被列为甘肃省省级文物保护单位。

藏经楼戏台藻井

山门全景

祖师殿

钟楼

灵官殿

7 兰州府文庙大成殿

Dacheng Hall, Lanzhou Confucian Temple

级　　别	省级
年　　代	明、清
地　　址	城关区兰州二中的校园内
看　　点	文庙建筑，孔子祭祀
开放方式	不开放

兰州府文庙坐落于兰州城的南门内，亦即现在兰州二中的校园内，是甘肃省境内最大的一座文庙。兰州府文庙又称兰州孔庙、圣庙，又因清乾隆三年（1738）设立兰州府而被称为"府文庙"。

关于兰州府文庙，《甘肃新通志》记载了它的建立年代，如下："文庙在府治东南，元顺帝至正五年（1345）知州姚谅建，为州学。明洪武二年（1369）李进重修；嘉靖三十八年（1559）兵部副使彭灿、万历二十九年（1601）兵部副使荆州俊屡修。国朝康熙六年（1667）巡抚刘斗补修，乾隆四年（1739）改建府学。"[1] 也就是说，兰州府文庙已有近700年的历史。

兰州府文庙原有建筑群包括大成殿、东西两庑、尊经阁、崇圣祠、敬一庭、明伦堂、典诗和立礼二斋，以及棂星门、泮池等建筑物。当时的格局应是大成殿前为棂星门，门前是泮池（即旧时兰州二中校门前的水池），池上有功名桥。桥南是宫墙，在桥与宫墙间竖有木制牌坊，上书"青霄直上"四字。大成殿前左右竖有康熙"御制"的"平定朔漠碑""平定青海碑""平定准噶尔碑""平定回部碑"。大成殿再稍东一点，有尊经阁。

现今，兰州府文庙只有大成殿还存在。现存大成殿坐北朝南，面宽七间，总宽度达32米，进深7.5米，单檐歇山黄色琉璃顶，是兰州市内体量最大的古建筑。大殿虽然规模宏大，但鲜有雕刻彩绘等装饰，这也是中国古代文庙的一般特性，有师道尊严、儒学崇高之意。如今，殿内供奉孔子手持笏板的坐像。大殿内悬挂有9块匾额，进门第一匾额为"万世师表"，其背北向匾额为"德齐畴载"，孔子像正上方为"生民未有，兴天地参"，对面北向为"圣协时中，圣集大成"，孔子像西匾额为"斯文在兹"，孔子像东匾额为"圣神天纵，中和位育"。此即清代由康熙至宣统9位皇帝御笔亲题的对孔子的赞语。

1981年，兰州府文庙大成殿被列为甘肃省省级文物保护单位。

大成殿全景

---

1. 昇允，长庚：甘肃新通志，清宣统元年（1909），据中国国家数字图书馆（刻本暨石印本）：卷二十六·祠祀志·坛庙。

大成殿正面

大成殿背面

大成殿翼角

8 甘肃举院

Gansu Juyuan

级　　别	省级
年　　代	清
地　　址	城关区临夏路北翠英门
看　　点	古代科举建筑
开放方式	可参观

甘肃举院位于兰州市城关区临夏路北翠英门，藉由陕甘总督左宗棠奏准陕甘分闱，为解决甘肃乡试场地问题而由兰州翰林曹炯募银修建，并于清光绪元年（1875）建成。甘肃举院原占地13万平方米，坐东朝西，这一点与一般坐北朝南的贡院布局很不同。

据《甘肃新通志》所记，"外基纵四十丈，横九十丈，外筑城垣，内建棘闱，中为至公堂，堂前为明远楼，楼左右为南北号舍，西为龙门，为连三门，为大门，均有穿廊。大门左右有雨廊，有点名厅，有搜检厅，左廊尽处有土地祠，前为闱墙，有南文场门、北文场门，门内俱有点名厅，门外迤南为外官厅，为外供给所。至公堂后有牌房、栅栏。栏内南为执事委员厅，北为受卷所，所后为观成堂，堂前有水池，池有桥，左右有公宇过厅，南为监临总督署，为提调道署、监临署，后为内供给所。署东为对读所，为弥封所，北为监试道署，署东为各场科，为誊录所，为收掌所。堂后左右为走廊，中为穿廊，接内簾门，门左右为官厅，门内左为内监试署，右为内收掌署，中为衡鉴堂，堂左为南文衡署，右为被文衡署，后为雍门，门内左为南五房，右为北五房，东为录榜所"。[1] 可见甘肃举院原本的建筑布局完全遵照科举考试的管理制度，在中轴线上依次排列大门、龙门、明远楼、至公堂、牌房、水池、观成堂、内簾门、衡鉴堂、雍门、录榜所。大门外迤南有外官厅、外供给所。南北有点名厅、搜检厅。明远楼南北两侧建号舍，称南文场、北文场，有各自独立的点名、搜检、进场路线。内簾门以东，南北两侧亦建对称的厅所，为考官办公及住宿之地。

---

1. 昇允，长庚：甘肃新通志，清宣统元年（1909），据中国国家数字图书馆（刻本暨石印本）：卷二十六·祠祀志·坛庙。

现存至公堂和观成堂。至公堂位于举院的中心位置，是从考场区（号舍）进入考务区的第一座建筑。坐东朝西，面阔七间，进深三间，十六檩四步廊悬山式，高15米，青瓦顶，前檐用一翘一升斗拱，不用座斗。门楣悬左宗棠书"至公堂"木匾。"至公"出自《吕氏春秋·卷一·去私》："舜有子九人，不与其子而授禹，至公也。"至公堂是监临和外帘官的办公处所。观成堂是第二座建筑，占地323平方米，坐东朝西，是一座硬山顶大殿，观成堂典出桓宽《盐铁论·卷八》："故民可与观成，不可与图始。"此堂也是外帘官办公之所。

2003年，甘肃举院被列为甘肃省省级文物保护单位。

至公堂侧面

至公堂

整修前至公堂的檐下彩画

至公堂铺作

远观观成堂

观成堂

9 铁柱宫
Lron-column Palace

级　别	省级
年　代	清
地　址	城关区庆阳路 240 号
看　点	非官式清代建筑与装饰
开放方式	可参观

铁柱宫现在被用作兰州博物馆入口建筑，本来是兰州江西会馆中的铁柱宫享殿，用以祭祀晋代著名的江西籍道士许逊。许逊的祭祀传统，大约兴起于唐代，宋代时被官封为"神功妙济真君"后更加兴盛，在江西南昌民间更有保护神之称。因此，及至明清，祭祀许逊的殿阁俨然已经成为遍布全国的"江西会馆"的标配，兰州"江西会馆"也不例外。原位于兰州市城关区金塔巷 118 号的江西会馆始建于清乾隆年间，有"铁柱宫"之称。清道光八年（1828），兰州江西商馆将许逊真人的祭祀正式迁入会馆中的享殿；1992 年，享殿被整体迁至城关区庆阳路 240 号，形成了现在兰州博物馆的中轴线序列。

现存的铁柱宫享殿为单檐歇山顶门屋式建筑，面阔三间，通长 10.6 米，进深二间，通宽 9.2 米，具有典型的明清建筑特色。斗拱尺度与排布、彩绘配色与纹样，甚至砖雕的做法与组合，都生动地展现出当时非官式建筑简朴但不简陋、传统且不失繁丽的匠心。

2016 年，铁柱宫被列为甘肃省省级文物保护单位，并入白衣寺塔及白衣菩萨殿。

维修中的铁柱宫

铁柱宫屋顶山面

铁柱宫檐下梁架

铁柱宫梁架

10 兰州禅院	
Lanzhou Zen Garden	
级　　别	省级
年　　代	清
地　　址	城关区山字石中街 21 号
看　　点	清代佛教建筑
开放方式	可参观

兰州禅院又称左营庙，清乾隆年间始建，清道光二十六年（1846）左营督标重建，主要供奉关帝、火神和马王诸神。清代光绪年间，兰州高僧洛桑慈成喇嘛住持多年，成为兰州的藏传佛教寺院之一。整个建筑群占地约 600 平方米，坐北朝南，现存大殿和过殿两座建筑。大殿面阔三间 13 米，进深三间 12.5 米，单檐歇山顶，屋面覆琉璃瓦，十一架梁，外檐施五踩双翘斗拱，通高 7 米。过殿面阔三间 10.7 米，进深二间 8.7 米，卷棚顶，高 6 米。

兰州禅院是兰州市现存较完整、建筑价值较高的一座古代寺院。由于年代较久，兰州禅院的建筑和里面的壁画都已陈旧。2003 年，兰州禅院被列为甘肃省省级文物保护单位。2004 年的整体修缮对原有的壁画、木雕、砖雕均进行了修复，目前所呈现的状态基本可以较为清晰地反映出盛期的特征与氛围。

兰州市

入口远景 　　　　　　　　　　　　　　　　　　　　山门

完整中轴序列 　　　　　　　　　　　　　　　　　　过殿背面

大殿 　　　　　　　　　　　　　　　　　　　　　　大殿前廊梁架彩画

11 天齐庙

Tian Qi Temple

级　别	省级
年　代	明
地　址	城关区盐场堡徐家山森林公园内
看　点	泰山信仰类的祭祀建筑
开放方式	可参观

　　天齐庙，又名东狱庙，始建于明洪武年间（1368—1398），为祀奉泰山神东狱天齐大帝而建，明崇祯年间一度使用"泽兰宫"一名，明嘉靖十二年（1533）重修。

　　天齐庙原址位于城关区张掖路山字石，1949年后一度被兰州市口腔病门诊部等单位征用。后经过清退、修缮等抢救式保护活动，于1988年迁建于现址。现存天齐庙依原布局分布，占地面积为1200平方米，坐北朝南，由山门、中殿、后殿组成。其中，后殿面阔三间，进深二间，悬山顶，前抱厦勾连搭。比例适宜，造型美观，气势宏伟，保留了明清建筑特征。

　　1984年，天齐庙被列为兰州市市级文物保护单位，2016年，被列入甘肃省省级文物保护单位。

正面

山门

侧面

七里河区

12 金天观

Jin Tian Guan

级　别	国家级
年　代	明、清
地　址	七里河区西津东路1号
看　点	道教建筑群
开放方式	可参观

　　金天观，亦称雷坛，是兰州地区最大的道教宫观，现为兰州市工人文化宫。唐代称云峰寺，宋改为九阳观。朱元璋第十四子肃王朱楧将王府从甘州迁至兰县（今兰州）后，于惠帝建文二年（1400）将其重建为道观，因地处兰州城西，五行中西方属金，故名金天观。后经明清屡次修建，基本形成了坐北朝南，东、中、西三列并置的建筑格局，但是现在需从东北角的北大门进入。

　　金天观现存建筑单体42座。其中，中轴线上有老子殿、玉皇阁、三清殿、雷祖殿、九天门；东轴线上有大门、魁星阁、文昌宫、云水堂、望河楼；西轴线上有三公祠、华佗殿、慈母宫等。除玉皇阁为重檐歇山顶以外，其他主要殿阁大多以双坡悬山顶建筑为主，厢房则有双坡和单坡以及少量的卷棚顶。建筑举架较缓，门窗木雕精美，墀头砖雕生动。此外，观内还有"碧血碑"等石碑11通，唐槐、汉柏等古树名木17株。

金天观是甘青地区目前保存最完好、规模最大的道教建筑群之一，对研究明清西北地区政治、经济、文化均具有较高价值。2013年，金天观被列为全国重点文物保护单位。

云水堂檐下梁架

北大门

东门

魁星阁

过廊

文昌宫

雷祖殿正面

九天门正面

三公祠一侧

玉皇阁

13 柳合山堂
Liuhe Hill Hall

级　　别	省级
年　　代	清
地　　址	七里河区西园街道五星坪
看　　点	古代民居
开放方式	不开放

柳合山堂始建于清光绪三十三年（1907），原位于城关区柏树巷，是甘肃著名的老字号"祥泰公"大掌柜柳鼎臣的私宅，是兰州仅存的"山陕帮"儒商大宅院，也是兰州市目前保存最为完好的古民居之一。20世纪50年代迁建现址，仍由其后裔居住。

柳合山堂为典型的四合院布局，坐东朝西，由堂屋、耳房、厢房、倒座、门厅组成，占地面积为490平方米。院内随处可见砖的砖雕、木雕题材丰富，技艺精湛，也都保存完好。

"祥泰公"木厂原是兰州"安泰堂"药店总店于清乾隆年间在兰州开设的一个小型木厂，后来发展壮大，成为兰州历史上规模较大的木材行之一，且一直延续到20世纪50年代初成为公私合营的"甘肃省木材公司"。陕西儒商字号"祥泰公"的兴衰大致贯穿了从清乾隆年间到20世纪50年代初的兰州商贸史，为研究兰州本土经济史提供了十分珍贵的史料。当代著名学者、书法家欧阳中石为"柳合山堂"亲笔题写了"柳家大院"的匾额。

柳合山堂对研究晚清时期兰州的商贸史、民居建筑特征、建筑文化及工艺技术有重要价值。2016年，柳合山堂被列为甘肃省省级文物保护单位。

宅门

过厅外景

过厅

内院

正房门套　　　　　　　　　　　　　　　　　　葫芦门

西固区

14 河口古民居
Hekou Ancient Folk House

级　别	省级
年　代	明、清
地　址	西固区河口镇河口村
看　点	明清传统民居群落
开放方式	可参观

河口古村落位于兰州市西固区河口镇河口村，保留较完整的明清时期传统民居风貌，由40余处挂牌保护的建筑物组成，其中包括祠堂5处，商铺3处，大车院1处，民居院落26处，建筑单体按照功能可分为民居建筑、公共建筑和祠堂建筑三大类。

河口古村落传统民居建筑的建造年代集中在清代康熙至道光年间，且大部分归属河口古镇望族张氏。就形制而言，河口民居以三合院、四合院的单进院落为主，少量遗存为多进的组合形式。院落多为方形，且整体格局呈现封闭、内向的特征，不仅与当地气候特征相契合，在一定程度上降低了春秋风沙大、冬季寒风侵袭、夏季太阳辐射强的不利影响，而且进一步突显了河口古镇整体规划与建造的军事特性，将民居的安全性与防御性落实在建筑建造层面。建筑材料以土、木、石材为主，多为抬梁式建筑，屋面坡度平缓，装饰以前廊或檐下木雕为主。

据《重修皋兰县志》记载的"喀啰川名今张家河口即古喀啰川地，有古城遗址"，大致可以推测在宋徽宗时期，出于军事目的在庄浪河与黄河的交汇处筑城屯守，即现存的河口古镇的起源，时称庄浪河堡，至元明时期又称庄浪堡。结合河口古镇现存道路系统与建筑分布可知，相对于当时中原普通城镇的里坊制规划，古镇内的民居与公共建筑的配置突显其军事防御功能。现存城墙系统主要是因袭元代创建的城址由清代重修后的面貌。街中心建有钟鼓楼、卧桥；西街建有功名牌坊；北街建有贞节牌坊；东门外台子建有张氏祠堂；南街建有张公祠、张氏大二三房祠，以及南门的龙王庙；1956年以后，因拓宽道路，古城墙陆续被拆除。

河口古民居建筑群是西北地区保存较好的明清时期传统民居群落，体现了先民对河口地区独特自然地理条件的适应与利用，是传承地域文化与民俗工艺的重要载体，与青城、金崖民居共同构成了兰州古民居体系。河口古民居 2008 年被列为县级文物保护单位，2016 年被列为甘肃省省级文物保护单位。

"甘肃第一海关"门廊

坊门

街景

"甘肃第一海关"门屋

过街楼

"甘肃第一海关"内院

举人府　　　　　　　　　　　　　　　　　　　　　　　　　偶园

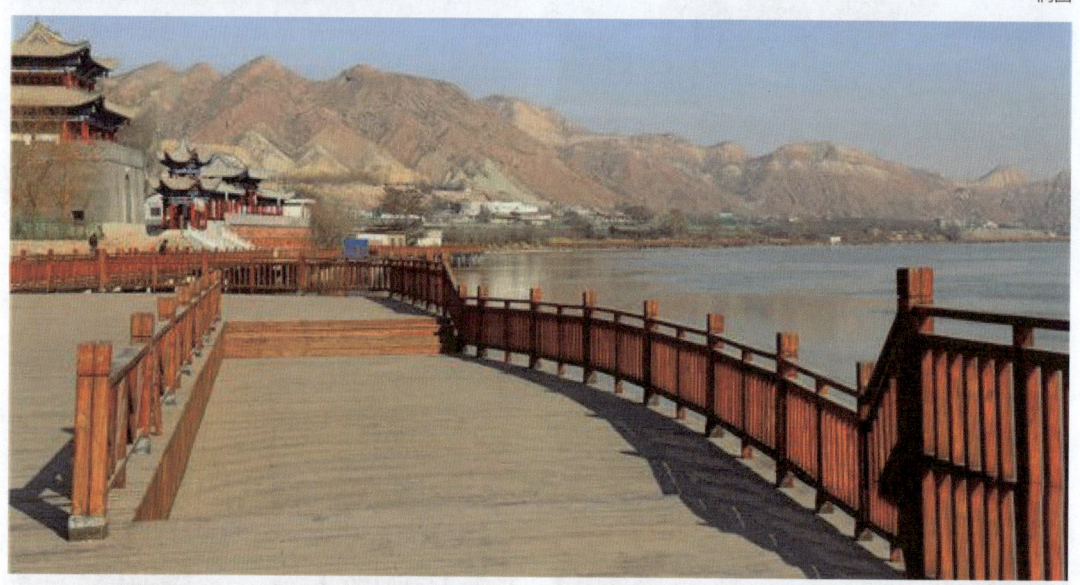

沿河景观

72号古民宅　　　　　　　　　　　　　　　　　　　　72号古民宅内廊

安宁区

15 皋兰县文庙
Gaolan County Confucian Temple

级　　别	省级
年　　代	清
地　　址	安宁区九州台前山树木园
看　　点	文庙建筑，孔子祭祀
开放方式	可参观

　　皋兰县文庙又名兴文社，原本位于兰州市城关区张掖路中段南侧延寿巷，清康熙时为靖逆侯张勇宅，清乾隆五年（1740）改为皋兰县文庙，清乾隆四十一年（1776）设兴文社。2002年，迁至兰州市安宁区九州台前山树木园。2010年，改建为国学馆。

　　文庙建筑群坐北朝南，沿中轴线由南向北依次排列着棂星门、泮池、泮桥、戟门、明伦堂、大成殿、尊经阁、崇圣祠、后门。明伦堂和大成殿之间东西两侧为东西配殿，大成殿和尊经阁之间两侧建有礼、乐亭及曲廊。东围墙向院内悬挑出檐，院墙上嵌有"孔子圣迹图"线雕石刻。主要建筑明伦堂面阔五间，进深二间，琉璃瓦悬山顶，前出三间卷棚顶抱厦，前檐柱间及后金柱明间装置隔扇。大成殿面阔五间，进深三间，前檐柱间装置隔扇，歇山琉璃顶。檐下明、次间各施平身科五彩斗拱两攒，梢间一攒。尊经阁为两层单檐歇山顶，下层通面阔五间，通进深四间，周围廊，前金柱装置隔扇；二层通面阔五间，通进深四间，四周金柱间装置隔扇，檐柱间装置栏杆。崇圣祠面阔三间，进深三间，前檐柱间装置隔扇，歇山琉璃顶，檐下明次间各施平身科异形单拱二攒。

　　文庙主体建筑保存完好，是研究清代兰州地区儒学的重要实物遗存。皋兰县文庙1984年被列为兰州市市级文物保护单位，2011年被列为甘肃省省级文物保护单位。

棂星门

大成殿

明伦堂

尊经阁

崇圣祠

永登县

16 鲁土司衙门旧址

The Old Yamen Site of Lu Tusi

级　别	国家级
年　代	明、清
地　址	永登县连城镇连城村
看　点	集衙署、庙宇、民宅为一体的建筑群
开放方式	可参观

　　鲁土司衙门旧址距永登县城约 65 千米，是甘肃省境内保存比较完整的一座宫殿式古建筑群。鲁土司衙门始建于明洪武十一年（1378），后多次修葺，形成现今的建筑格局。

　　鲁土司衙门旧址集衙署、庙宇、民宅为一体，整体建筑群坐北朝南，由中路衙署、西路妙因寺、东路宅园组成。中路衙署由大照壁和木牌坊围合的入口广场开始，由南到北依次排列着三间四柱木牌坊（六扇门）、生门与绝门、仪门（提督军门）、衙署大堂、如意门、燕喜堂、朝阳门、祖先堂（土司家庙）等建筑组成的四进院落，祖先堂后有一个库房院，疑似后期加建。其中，牌坊、朝阳门、祖先堂为歇山顶，生门、绝门与如意门为悬山顶，其他建筑均为硬山屋顶，大堂前出三开间勾连搭、悬山卷棚顶的抱厦。东路宅园现存六组院落，由书院、二堂、寝院、佣人院、灶房院、官园等多重院落及花园组成。西路妙因寺为鲁土司家寺，是甘肃境内影响最大、塑像最多、壁画最精美的一处喇嘛寺院，由南到北依次有鹰王殿、金刚殿、塔尔殿、古隆官殿、万岁殿、禅僧殿、德尔经堂、大经堂八座主要建筑。其中，山门、鹰王殿为单檐硬山顶，万岁殿与大经堂为重檐歇山顶，其他建筑均为单檐歇山顶。三组建筑各司其职，错落有致，疏朗大气，具有典型的甘青地区风格，是我国衙署建筑中的典型代表遗存。

　　对照陈显寰对四川渡口普济州土司世袭衙门的考察，并结合《明会典》记载的王府与公侯宅第的条目，可以发现两处土司衙署与宅院的布局情况基本相同，或许可以推测它们的建造都是基于当时的等级制度而定的。而家庙的设置，又暗示了土司这类建制与一般地方官员、诸王公侯之间的差别。

一世土司名叫脱欢，原为元代高官，后于明洪武三年（1370）降明，被安置在连城。三世土司什伽，骁勇善战，屡立战功，被赐姓"鲁"，其世系由此被称为鲁土司。直至1932年"改土归流"，鲁土司共延续19世22代，达561年之久。鲁土司衙门旧址为研究中国土司制度以及西北民族史提供了极其完备的实物资料，具有十分重要的意义。1996年，鲁土司衙门旧址被列为全国重点文物保护单位。

仪门

一进院

提督军门

燕喜堂院落

17 显教寺和雷坛

Xian-jiao Temple and The Altar of Thunder

级　别	国家级
年　代	明—清
地　址	永登县连城镇连城村
看　点	明清藏传佛寺与道教建筑
开放方式	可参观

显教寺位于鲁土司衙门建筑群东南，与之隔街相望。据《鲁氏家谱》记载，显教寺建于明永乐九年（1411），是连城地区最早的寺院，当地有"先有显教寺，后有连城城"的民谚。经明成化七年至十七年（1471—1481）的扩建后，格局基本定型，明成化十八年（1482），宪宗皇帝敕名"显教寺"。

显教寺原占地面积1325平方米，沿中轴线从南向北依次有山门、金刚殿、大雄宝殿以及东西厢房10余间。今仅存大殿一座，面阔三间，进深4.5米，歇山顶，重昂五踩斗拱，内为八角形藻井，天花板绘有佛像、花瓣纹图案。1984年，在天花板内发现有明、清唐卡99件及许多散乱的藏文佛经。另有僧房五间，每间面阔2.5米，进深3米。保存较好，对研究甘肃省明清建筑的特征和建筑史有重要价值。

雷坛位于鲁土司衙门建筑群西北侧，为六世土司鲁经及其子鲁东于明嘉靖三十四年（1555）修建，用以供奉道教龙门派雷部尊神，是我国西北地区修建年代较早的道教遗存之一。雷坛原有山门、过殿、大殿和厢房等建筑群，与院内的花园组合恰似一"雷"字，占地面积1617平方米，现仅存过殿和大殿两座建筑。过殿面阔三间，进深一间，硬山卷棚顶，前后出廊。大殿为单檐歇山顶，面阔三间约5米，进深一间约6米。檐下补间及转角铺作施五朵斗拱，山面施六朵斗拱，斗拱均为五铺作重拱出双杪。殿内现存7尊木胎泥塑立像，堪称西北地区的明代道教塑像精品。此外，大殿内梁枋上还保存着以明代风格为主的官式彩画。

显教寺和雷坛于1985年被列为永登县县级文物保护单位，2006年被列为全国重点文物保护单位，并入鲁土司衙门旧址。

显教寺山门

雷坛概貌

显教寺大殿

雷坛过殿

显教寺萨迦派上师像唐卡

雷坛过殿壁画

18 红城感恩寺

Thanksgiving Temple in the Red City

级　　别	国家级
年　　代	明—清
地　　址	永登县红城镇永安村内
看　　点	汉地藏传佛寺
开放方式	可参观

　　红城感恩寺位于永登县城南红城镇西南隅的永安村内，当地人称"大佛寺"，是一座汉地建筑风格的藏传佛教寺院。红城感恩寺总体布局强调中轴线，门殿序列居中，两侧配殿对称。由五世土司鲁麟于明弘治五年至七年（1492—1494）修建，明弘治八年（1495）由弘治帝敕名"感恩寺"。

　　红城感恩寺占地面积约1.5万平方米，坐北朝南，主体建筑自南向北有山门、碑亭、东西僧房、力士殿、天王殿、东护法殿、西菩萨殿和大殿，其中牌坊、山门为清代重建，其余为明代建筑，清代曾做局部维修。

山门，为四柱三间楼阁式牌坊。

碑亭，面阔三间，进深一间，歇山顶。内置《敕赐感恩寺碑记》碑。碑正面是汉文，背面为同样内容的藏文。

哼哈二将殿，面阔三间，进深二间，悬山顶，额曰"大明"，内塑二力士。

钟鼓楼，据寺碑载，哼哈二将殿和天王殿之间有钟鼓楼，现已毁不存。

天王殿，面阔三间，进深二间，歇山顶，内塑四大天王——东方持国天王，南方增长天王，西方广目天王，北方多闻天王。殿内四壁原有贴壁小影塑天王。

菩萨殿及护法殿，面阔一间，进深一间，歇山顶。寺碑载"左廊护法，右厢菩萨"，即东侧为护法殿，西侧为菩萨殿。

大雄宝殿，面阔三间，进深三间，平面呈方形，歇山顶。殿内是前拜殿后回廊的结构，殿内顶部施平阇，正中有一小藻井。当心间前部为拜殿，正壁塑三世佛及二弟子，左右壁（东西壁）各立十一面观音一，四菩萨及一护法。次间及当心间后半部用作礼拜道，礼敬者可巡道绕行殿内。

《敕赐感恩寺碑记》载："正堂金垒诸像，左廊护法，右厢菩萨，中前天王，两壁钟鼓，三门，僧舍庶可具备。"这是建寺时的基本布局，目前寺院主体建筑仍然保持着始建时期的格局和风貌，各个殿堂内保存着包括拱眼壁画、天顶彩画和其他壁画在内的大量绘画，以及种类繁多、精美异常的彩塑作品，其中相当一部分为始建时期的原物，具有非常重要的艺术和历史价值。同时，寺内亦保存有完好的建寺碑刻和大量汉藏文对照题记，也是研究明代汉藏文化艺术交流与融合的重要资料。2006年，红城感恩寺被列为全国重点文物保护单位。

牌坊山门全景

碑亭殿

碑亭殿背面

碑亭殿铺作

天王殿院落

哼哈二将殿

主院

地藏殿

药师殿

大雄宝殿

大雄宝殿铺作

19 海德寺

Haide Temple

级　　别	省级
年　　代	明
地　　址	永登县城关镇东北角新仓巷
看　　点	庄浪河流域最早的藏传佛寺
开放方式	可参观

　　海德寺位于永登县城关镇东北角新仓巷，西临大街，东靠城墙，南邻民宅，北邻面粉厂。寺内中轴线上依次为山门、天王殿、大殿、两侧为配殿。寺内除大殿保护尚完好外，其余建筑因被面粉厂作仓库之用，对原来建筑面貌有改动。《永登县志》载："始建于明成祖永乐十六年（1418）。"现存大殿正梁上的题记为"大明正统拾贰年岁次丁卯陆月拾伍日辰时建"，可知其寺始建于明永乐十六年（1418），而主要建筑大殿为明正统十二年（1447）修建或重修，是庄浪河流域最早的藏传佛寺。

　　现存大殿坐东向西，砖木结构，占地1000平方米。面阔三间14.2米，进深9.6米，通高23米，灰瓦歇山顶，飞檐下施双下昂铺作斗拱，内檐施单杪四铺作斗拱，前檐柱被毁，门面犹存。大殿保存较好，对研究明代建筑风格和建筑史有重要价值。该殿的总体造像为三世佛并胁侍二弟子二菩萨、八大菩萨、十六罗汉的组合。

　　大殿前院内有石碑一通，碑面着地，高约1.5米左右。大殿前院内有一棵树，皆称为菩提树。20世纪60年代之前，海德寺即已被列为甘肃省省级文物保护单位。

山门

一进院

大殿

二进院

大殿角部铺作（修复后）

榆中县

20 青城古民居
Ancient Folk Houses in Qingcheng

级　别	国家级
年　代	明—民国
地　址	榆中县青城镇青城、城河、新民、瓦窑村
看　点	黄河古镇水岸民居
开放方式	可参观

兰州市榆中县青城镇有"黄河第一古镇"之称，包括青城、城河、新民、瓦窑村，位于甘肃省兰州市东北60千米的崇兰山下迤西，龙沟口迤东，整体处于背山、面水的一块平坦谷地中，自明代以来即以盛产优质水烟而闻名。由于水陆交通均很发达，青城镇自古以来就是兰州通往北方的交通要道和商品集散地。

中国古代村落选址强调主山龙脉和布局的完整，认为村落所倚之山应来脉悠远，起伏蜿蜒，成为一村"生气"的来源。青城古镇"南屏崇兰，北带大河，为皋榆之奥区，实兰垣之外蔽"（杨楫舟《青城记》），是上乘的"藏风、聚气"之地。

青城古镇的街巷依城为界，形成传统的棋盘式格局，整齐有序，主次分明。主街以粮店、药店等商铺、餐馆、铁木加工铺等公共用房为主，民宅则顺小巷而建。但由于青城的特殊区位，其街巷走向多数垂直于黄河的河岸线而呈南北走向，所以向这些街巷开设大门的四合院，均按东西向轴线对称地布置房屋和院落，由此形成了与"坐北朝南"的院落格局相左的房屋排列形式。

青城古镇的传统建筑分为公共建筑、宗教建筑和民居建筑三类：公共建筑包括青城书院和东滩戏楼；宗教建筑包括高家祠堂和青城城隍庙；民居建筑共45处，其中明代1处、清代33处，民国11处。民居院落避风向阳、背山面水，以院落式布局为主，多为三堂三厦、三堂五厦、三堂七厦等形式。采用单面坡或人字梁架形式、单檐硬山顶前出廊结构等建筑工艺。门楼有砖雕门楼、六柱门楼、垂花门楼，有的还建有木制大车门。当年，经济的繁荣使得全国各地的客商、文人等纷纷来此定居，并带来了不同的文化风格。晋中南、京津地区的建筑装饰风格都对青城古民居产生了很大的影响。青城古民居最主要的装饰形式是木雕、砖雕、石雕三种雕刻艺术，它们被广泛应用于建筑的墀头、照壁、门楼、撑拱等部位。另外，在色彩方面，以大面积素雅的青灰色墙面和屋顶为主要色调，穿插使用少量的白灰墙或者是黄土夯土墙的本色。

青城古民居尽管地处西北，但依山傍河，构成一个黄河古镇水岸形态的聚落系统，是中国传统社会形态的实物证据，对研究地方乡土建筑具有独特的科学价值。2007年，青城古民居被原建设部、国家文物局评选为第三批中国历史文化名镇。2013年，青城古民居被列为全国重点文物保护单位。

罗家大院外景

罗家大院

罗家的水烟作坊

古门楼1

兰州市

古门楼 2

古民居 1

古民居 2

临街铺面

抱鼓石

"渔樵耕读"砖雕图案

"孔雀戏牡丹"砖雕图案

21 金崖古建筑群
Jinya Ancient Buildings

级　　别	省级
年　　代	清—民国
地　　址	榆中县金崖镇
看　　点	清代民居聚落
开放方式	可参观

金崖古建筑群分布于兰州市榆中县金崖镇境内，位于黄河一级支流苑川河中下游。根据2008年春对金崖镇古建筑的普查，金崖镇共有家祠6处（周家祠堂、郑家祠堂、金崖村金氏家祠、永丰村金氏家祠、张氏家祠、岳氏家祠），驿站1处（金崖驿站），水烟手工作坊1处（榆中水烟厂），寺庙4处（金崖三圣庙、白马庙、雷祖庙、关帝庙），古建筑四合院49处。金崖古建筑群中的四合院建筑大多呈三堂三厦格局，且坐北朝南，建筑单体主要为单坡硬山顶。建筑装饰以砖雕和木雕保护价值最高，题材丰富、构图精巧、技艺精湛。

明清以后，由于与兰州的地缘优势，金崖逐渐成为兰州水烟的主产区和集散地，继而成为苑川流域政治、经济、文化的中心，随着人员频繁流动，形成了商贸活动繁荣的聚居地，各种类型的建筑也应运而生。现存金崖古建筑群具有保存完整、分布集中、内涵丰富、历史文化价值较高的特点，较为全面地体现了千年丝路古镇所特有的多元文化融合的特征，具有极高的历史、艺术、科研价值和景观价值。

三圣庙及周家祠堂于1993年被列为县级文物保护单位，其他古建筑于2008年被列为县级文物保护单位。2011年，金崖古建筑群被列为甘肃省省级文物保护单位。

金崖邴家湾村84号宅院正房

金崖三圣庙戏楼

金崖周家祠堂大殿

22 兴隆山卧桥

Xinglong Mountain Lying Bridge

级　　别	省级
年　　代	清
地　　址	榆中县兴隆山
看　　点	古代造桥工艺
开放方式	可参观

兴隆山卧桥位于榆中县兴隆山峡谷。桥全长23.6米,跨度为9米,桥面宽3米,为13踏步斜坡式。桥上建廊9间,桥头各建南、北桥亭一座,为歇山顶四角飞檐结构,东、西两侧带耳房,顶部均布琉璃瓦。此桥保存较好,对于建桥史和建桥技术的研究有重要价值。

兴隆山卧桥于清乾隆二十八年(1763)由知县唐鸣钟创建,故称"唐公桥"。屡毁屡修。清嘉庆八年(1803),知县李醇和建为木结构拱桥,名"迎善桥"。清光绪二十六年(1900)重建,称"云龙桥"。兴隆山卧桥是大峡河上唯一的建筑,也是登山的必经之路,1981年被列为甘肃省省级文物保护单位。1981年改为混凝土结构,并维修了桥廊和桥亭。

兴隆山卧桥全景

桥亭

兰州市其他文物保护单位列表

区县	名称	年代	级别	地址	类别
城关区	八路军兰州办事处旧址	1937—1943 年	国家级	两处，分别位于兰州市城关区酒泉路和甘南路	近现代重要史迹及代表性建筑
城关区	兰州战役旧址	1949 年	省级	兰州市城关区皋兰山乡三营子村	近现代重要史迹及代表性建筑
七里河区	二十里铺大坪遗址	新石器时代	省级	兰州市七里河区八里镇二十里铺村	古遗址
七里河区	华林坪革命烈士纪念塔	1959 年	省级	兰州市七里河区华林路南	近现代重要史迹及代表性建筑
七里河区	黄河母亲塑像	1986 年	省级	兰州市七里河区黄河南岸的滨河路中段	其他
七里河区	西坡圿遗址	新石器时代	省级	兰州市七里河区黄峪乡陆家沟村	古遗址
七里河区	曹家咀遗址	新石器时代—青铜时代	省级	兰州市七里河区西果园乡曹家嘴村	古遗址
西固区	兰州水厂	20 世纪 50 年代	省级	兰州市西固区西柳沟街道西柳沟社区蛤蟆滩黄河南岸	近现代重要史迹及代表性建筑

续表

区县	名称	年代	级别	地址	类别
西固区	三家山遗址	新石器时代	省级	兰州市西固区西固乡三家山村	古遗址
西固区	下川水车	清	省级	兰州市西固区新城乡下川村	其他
红古区	茅道岭坪遗址	新石器时代	省级	兰州市七里河区黄峪乡陆家沟村南80米	古遗址
红古区	山城台遗址	新石器时代	省级	兰州市红古区红古乡镟子村	古遗址
红古区	红山大坪遗址	新石器时代	省级	兰州市红古区窑街镇红山村东	古遗址
皋兰县	魏家庄墓群	汉	省级	兰州市皋兰县石洞乡魏家庄村	古墓葬
永登县	引大入秦工程	20世纪末	省级	兰州市秦王川地区	其他
永登县	团庄遗址	新石器时代	省级	兰州市永登县河桥镇独山村团庄南侧	古遗址
永登县	蒋家坪遗址	新石器时代	省级	兰州市永登县河桥镇蒋家坪村	古遗址
永登县	李家坪遗址	新石器时代	省级	兰州市永登县龙泉寺乡杨家营村刘家湾社西北约1千米的李家坪	古遗址
永登县	把家坪遗址	新石器时代	省级	兰州市永登县红城镇凤山村	古遗址
永登县	杜家坪遗址	新石器时代	省级	兰州市永登县连城镇明家庄村	古遗址
永登县	大沙沟遗址	新石器时代	省级	兰州市永登县中堡镇	古遗址
永登县	汪家湾墓群	汉	省级	兰州市永登县中堡镇汪家湾村	古墓葬
永登县	将军山墓群	汉	省级	兰州市永登县中堡镇邢家湾村	古墓葬
榆中县	郭家湾遗址	新石器时代	省级	兰州市榆中县甘草店乡郭家湾村	古遗址
榆中县	马家岘遗址	新石器时代—青铜时代	省级	兰州市榆中县连搭乡马家岘村	古遗址
榆中县	方家沟遗址	新石器时代	省级	兰州市榆中县清水驿乡方家沟村	古遗址
榆中县	夏官营城址	宋	省级	兰州市榆中县夏官营镇上堡子村	古遗址
榆中县	红寺遗址	新石器时代—青铜时代	省级	兰州市榆中小康营乡红寺村	古遗址

豐高琴勝

驚天動地

變化福基堂宗

比亦天福象星環然

2 白银市
BAIYIN

白银市古建筑分布图
Historical Architectural Map of Baiyin

1. 红山寺石窟
2. 仁和张氏民居
3. 寺儿湾石窟
4. 法泉寺石窟
5. 靖远钟鼓楼
6. 屈吴山朝云寺
7. 五佛沿寺石窟
8. 关川道堂

白银市地图

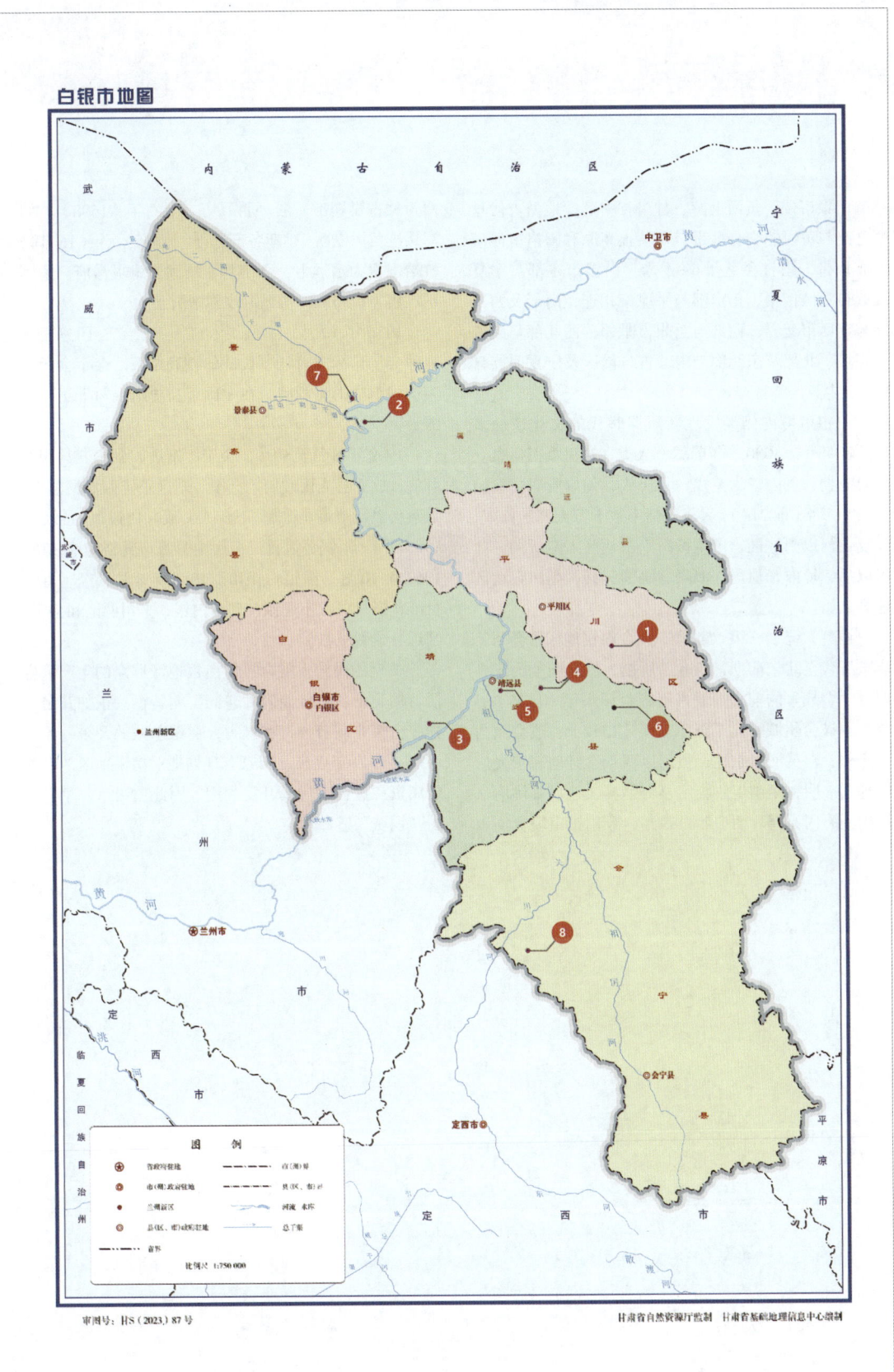

建置沿革

白银市位于黄河上游、甘肃省中部，地处古代丝绸之路与黄河的交会地带，及黄土高原和腾格里沙漠过渡地带，距省会兰州69千米。白银市东部与宁夏回族自治区接壤，东南部与平凉市相连，南部及西南部与定西市交界，西部与兰州市毗邻，西北部与武威市相接，北部及东北部与内蒙古自治区及宁夏回族自治区连接。

白银市境内已经发现新石器时代的文化遗址多处，表明距今4000多年前就有人类在这里繁衍生息。先秦时期，境内曾为羌戎、月氏族、匈奴所居。秦始皇三十三年（前214），大将蒙恬率数十万人北击匈奴，收复黄河以南地区，市境黄河以东地区入秦版图。西汉以后，境内置祖厉、鹯阴、媪围三县，是白银地区建县之始。

西魏大统十三年（547），在今白银地区置会州。唐末五代至北宋前期，为吐蕃所据，后又长期为宋、西夏、金战争的前沿。蒙古窝阔台汗八年（1236），蒙古军破会州城。元至正十二年（1352），改会州为会宁州，辖黄河以东地；黄河以西景泰县地属宁夏府应理州。明置靖房卫、会宁县等诸县，地属临洮府、靖房卫、固原州。明中叶百余年，今白银市境黄河以西为蒙古鞑靼部所居。明万历二十六年（1598），明军兵进黄河以西，鞑靼各部远徙。清顺治元年（1644），改靖房卫为靖远卫。会宁县、靖远卫隶巩昌府。清雍正八年（1730），靖远卫改称靖远县。

1936年10月，中国工农红军一、二、四方面军会师会宁，标志着红军长征的胜利结束。会宁会师成为中国革命的里程碑，在中国革命史册上写下了光辉的一页。

1949年8月至9月，会宁、靖远、景泰三县相继解放，成立县人民政府。会宁、靖远隶定西专员公署，景泰县隶武威专员公署。1956年，成立白银市（县级）。1958年4月，国务院批准白银由县级市升格为地级市。1963年10月，撤销白银市。1985年8月，经国务院批准，恢复白银市建制。现辖白银、平川两区和会宁、靖远、景泰三县。

长期的民族大融合，使白银地区群众的生产、生活习惯具备各民族兼容并包的鲜明特征。正如其名一样，白银充满着神奇和魅力，白银矿藏的开采，始于汉代。1949年以来，国家有规划地对白银地区的有色金属资源进行大规模开发利用，因此白银市曾享有中国"铜城"盛誉。

平川区

1 红山寺石窟

Hongshan Temple Grottoes

级　　别	省级
年　　代	元—清
地　　址	平川区共和乡共和村
看　　点	佛教石窟
开放方式	可参观

　　红山寺石窟位于白银市平川区共和乡共和村以西 300 米。红山寺又名开元寺，据记载，元至正十九年（1359）凿窟修殿，明万历十二年（1584）扩建，清乾隆二年（1737）创建窟前建筑。目前，古建筑大多已毁，现存一窟，坐北面南，石窟前有雕凿门阙，进深 8 米，宽 6 米，券顶，门宽 2 米，崖前为砖木混合结构建筑，硬山卷棚顶殿堂建筑，窟内有释迦牟尼、观音菩萨、十八罗汉等塑像，保存较好。

　　红山寺石窟对研究石窟建筑形制和佛教史有重要价值。1993 年，红山寺石窟被列为甘肃省省级文物保护单位。

全景

崖面局部

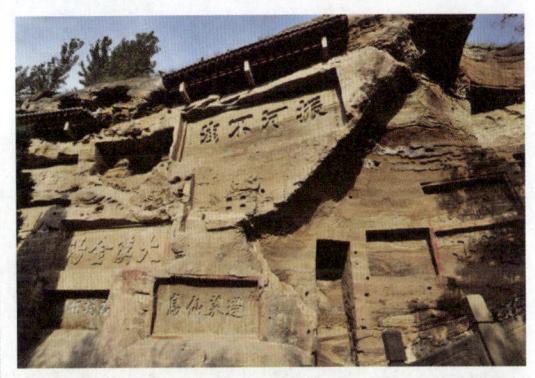

栈道

摩崖石刻

窟内群像

靖远县

2 仁和张氏民居

Renhe Zhang Folk House

级　　别	省级
年　　代	清
地　　址	靖远县双龙乡仁和村
看　　点	地方性民居
开放方式	可参观

仁和张氏民居建于清同治十三年（1874），据传为陕西客商张雄（一说"熊"）旧居，也称"积德堂"，坐南朝北，为典型的四合院式建筑。穿过门楼即可见一座照壁，门楼与照壁的砖雕均精美古朴。主院内南北侧各有一组三开间的堂屋，均为双坡硬山顶。东西两侧是六开间的厢房，均为单坡硬山顶；堂屋与厢房前围绕内院均设置前廊；西南角有二层双坡卷棚顶绣楼，面阔六间。

仁和张氏民居为了解清代民族经济贸易、民居特色和民族风情习俗，提供了珍贵的实物资料，现为仁和村村民委员会所在地。2011年，仁和张氏民居被列为甘肃省省级文物保护单位。

仁和张氏民居大门

仁和张氏民居大门砖雕

仁和张氏民居内院

3 寺儿湾石窟

Temple Bay Grottoes

级　别	省级
年　代	唐—清
地　址	靖远县北湾乡天字村
看　点	唐代泥塑
开放方式	可参观

寺儿湾石窟位于靖远县北湾乡天字村东北2千米处，又名红罗寺，凿于红砂岩崖面上。石窟创建于唐代，清康熙、嘉庆年间重修，原有六窟，现存一窟，坐东向西，窟顶为平顶式，内有石雕一佛一菩萨和唐代造像释迦牟尼、迦叶、阿难、观音、力士、天王、十八罗汉等泥塑像66尊，高0.03～0.2米。窟门为砖券拱结构，上方有木结构小阁一座，出檐处为斗拱木雕，为清康熙十二年（1674）增建楼基。北崖面上有北魏佛龛一处，距地表高2米，内有浮雕残迹，配殿和山门毁于清同治年间。窟前留有残碑半块，高1.1米、宽0.81米，残存133个字，记载了石窟建立经过，又有清乾隆二十七年（1762）的石碑两通，阴刻于南面石窟前半壁红砂崖上。

寺儿湾石窟保存较完整，对研究唐代石窟及雕塑艺术有重要价值。1981年，寺儿湾石窟被列为甘肃省省级文物保护单位。

全景鸟瞰

外景

山门特写

窟前建筑1

窟前建筑2

4 法泉寺石窟

Faquan Temple Grottoes

级　别	省级
年　代	北魏—明
地　址	靖远县东湾乡杨梢村
看　点	佛教石窟群
开放方式	可参观

　　法泉寺石窟，又名红山法泉寺，开凿于长约1000米、宽约150米深沟的东、北、西三面红色黏土崖壁上。法泉寺始建于北魏时期，兴盛于隋唐，宋崇宁及明景泰、嘉靖年间不断扩建。据《靖远县志》载："红山法泉寺在城东十五里。宋崇宁钦赐度牒五百纸至会州大红法泉禅寺。……（明）景泰间，指挥房贵创建大殿伽蓝殿。成化丁酉固原兵备杨冕撰记。儒学训导徐寿亦撰有记。……嘉靖壬子僧圆明葺修废圯，郡人刘□撰记。万历十年，固原北寺僧宽玉游此。喜其境幽地寂，可修戒定，同徒祖通建池穿祠，为僧院，依崖建阁，安置经藏佛像庄严。左有悬泉清洌成池，可供灌注。"或可推测，现存格局，尤其是石窟部分，应在明万历十年（1582）之后的建造中逐渐完善起来。

　　从南端山门进入法泉寺，深沟将窟群分成东、西两面，现存千佛洞、天王洞、达摩洞等36个洞窟，藏经楼、大佛殿、文昌宫、钟楼、木卧桥等建筑，以及清泉、唐榆等十多处。石窟形制以塔庙窟和佛殿窟为主，主室布置又可分为四面开龛、三面开龛、一面开龛三种形式。龛中有圆雕、高浮雕、浮雕（彩塑）等，圆雕主要有佛像，浮雕则多为千佛像，高浮雕则有装饰在佛龛上之经变图、龙头及凤首等，亦有斗拱承托的木结构窟前建筑。法泉寺石窟群保存较好，对研究早期石窟特征和佛教艺术史有重要价值。

法泉寺石窟于1981年被列为县级文物保护单位，1993年被列为甘肃省省级文物保护单位。

山门

全景

砖塔

石窟崖面

九天玄女石窟　　　　　　　　　　　　　　三教洞

全佛洞　　　　　　　　　　　　　　　　　文昌洞

无量殿

5 靖远钟鼓楼

Jingyuan Bell and Drum Tower

级 别	省级
年 代	民国
地 址	靖远县城中心
看 点	建筑技艺
开放方式	可参观

靖远钟鼓楼位于靖远县城中心。原名谯楼，据《靖远县志》载，"谯楼在城中协镇署前，高三丈五尺，周四十丈，三层七楹、高五丈五尺。正统三年（1438）房贵建，弘治三年（1490）曹雄增修。楼上有巨钟，弘治十四年（1501）铸"。原来在楼北还有一座"河山形胜"坊。钟鼓楼建筑面积约972平方米，坐北面南，砖木结构，楼建于高7.8米的方形台基上，台下拱门连通南北大街。楼为三层五楹，楼东西面阔五间（20.8米），当心间宽3.2米，楼高17米，通高24.8米，歇山顶，从第一层起，楼内设木梯可上三层。拱门南额阴书篆刻"瑞丰"二字，为张云锦所书；北额题"天枢"，传为知县李志学书；楼上有邑人陈国钧撰书一联"此亦天枢，众星环拱；严然砥柱，万壑朝宗"。

靖远钟鼓楼保存情况较好，对研究建筑工程技术史有重要价值。1993年，靖远钟鼓楼被列为甘肃省省级文物保护单位。

大门

北面

南立面

6 屈吴山朝云寺

Quwu Mountain Cloud Temple

级　别	省级
年　代	清
地　址	靖远县高湾乡三百户村
看　点	佛道合一寺庙
开放方式	可参观

屈吴山朝云寺位于白银市靖远县高湾乡三百户村，始建于明万历十五年（1587），清代多次维修。寺院为佛道合一寺庙，三面环山，依山而建，阶次分布，占地面积约5000平方米。寺院现存三官殿、白马殿、大佛殿、八佛殿、三清宫等建筑，均为清代修葺重建，建造精良，风格独特，保存较好，对研究当地宗教文化、建筑特征、建筑工艺技术等有重要价值。

屈吴山朝云寺于1988年被列为靖远县县级文物保护单位，2016年被列为甘肃省省级文物保护单位。

屈吴山朝云寺鸟瞰

大佛殿、八佛殿、法王殿

三清宫

景泰县

7 五佛沿寺石窟
Five Buddhas Yan Temple Grottoes

级　别	省级
年　代	北魏
地　址	景泰县五佛乡
看　点	佛教石窟艺术
开放方式	可参观

　　五佛沿寺石窟位于白银市景泰县五佛乡，始建于北魏。现存中心柱窟1个，窟内正中凿一方形中心柱，边长4.6米，直抵窟顶，中心柱四面开券顶龛。窟内四壁及中心柱各面龛内为西夏至明清时期所塑的造像和影塑千佛。清乾隆五十九年（1794），建三层木构殿堂式楼阁。

　　五佛沿寺石窟对于研究北朝时期丝绸之路交通、历史、文化以及西夏至明清时期陇中地区佛教艺术的传播与发展都具有重要价值。2014年，五佛沿寺石窟被列为白银市市级文物保护单位，2016年被列为甘肃省省级文物保护单位。

窟前建筑

会宁县

8 关川道堂
Guan Chuan Dao Hall

级　别	省级
年　代	清
地　址	会宁县头寨镇马家堡村关川河东南岸台地上
看　点	伊斯兰教建筑
开放方式	可参观

　　关川道堂，又名马明心教堂，凿于白银市会宁县头寨镇马家堡村关川河东南岸的崖坎上，现保留两孔窑洞和门前院子，占地面积约525平方米。两孔窑洞坐东面西，洞口阔3.1米，进深10.5米。窑洞门面用青砖砌就，仿木结构莲花垂柱造型。左洞为传教时所用，右洞为生活所用。左洞砖拱上正中从右向左书"东道发源"四字，右洞口上正中青砖阳刻"书"形图案，洞门两侧有对联，上联书"古庄思远祖"，下联书"静室讽遗经"。

　　关川道堂始建于清乾隆年间，为伊斯兰教哲赫忍耶门宦创始人马明心传教遗址，是全国各地穆斯林敬仰和崇拜的圣地之一。哲赫忍耶教派是中国伊斯兰教苏非派中的四大教派之一（虎夫耶、尕德忍耶、库布忍耶、哲赫忍耶）。它原是也门国的一个教派，马明心在也门这个教派的清真寺学成回国后，按照中国西北地区伊斯兰教的现实情况，对该教派的内容进行了改革，使它成为中国伊斯兰教中的一个新兴的派别，进而在全国10多个省、自治区的穆斯林中传播开来。因此，关川道堂被看作中国伊斯兰教哲赫忍耶道统的发祥地，在哲赫忍耶教派的发展历史上占有举足轻重的地位。

　　1991年，关川道堂被会宁县人民政府公布为县级文物保护单位，2011年被列为甘肃省省级文物保护单位。

关川道堂全景

窑洞入口

道堂内部

白银市其他文物保护单位列表

区县	名称	年代	级别	地址	类别
平川区	小川瓷窑遗址	北宋	国家级	白银市平川区宝积镇小川村北的瓷窑沟内	古遗址
平川区	王进宝墓	清	省级	白银市平川区黄峤乡玉湾村	古墓葬
平川区	柳州城遗址	唐	省级	白银市平川区水泉镇牙沟水村	古遗址
平川区	黄湾墓群	汉	省级	白银市平川区水泉镇黄湾中村	古墓葬
平川区	野麻滩黄河岩画	待考	省级	白银市平川区水泉镇野麻村	石窟寺及石刻
白银区	白银露天矿遗址	1956年	省级	白银市白银区	近现代重要史迹及代表性建筑
白银区	大川渡黄河水车	明	省级	白银市白银区水川镇大川渡村南黄河北岸	其他

续表

区县	名称	年代	级别	地址	类别
靖远县	北城滩城址	唐	省级	白银市靖远县双龙乡仁和村	古遗址
靖远县	黑城子	唐—宋	省级	白银市靖远县大芦乡黑城子村	古遗址
靖远县	芦沟堡遗址	明	省级	白银市靖远县北滩乡芦沟村城门社	古遗址
靖远县	磨子沟三角城遗址	宋	省级	白银市靖远县五合乡尚树塬村南磨子沟	古遗址
靖远县	潘育龙墓	清	省级	白银市靖远县乌兰乡团结村	古墓葬
靖远县	靖远县黄河铁桥	1971年	省级	白银市靖远县	近现代重要史迹及代表性建筑
景泰县	永泰城址	明	国家级	白银市景泰县寺滩乡永泰村	古遗址
景泰县	崇华沟遗址	新石器时代	省级	白银市景泰县中泉乡崇华沟村	古遗址
景泰县	宽沟城遗址	清	省级	白银市景泰县寺滩乡宽沟村	古遗址
景泰县	红水姜窝子沟岩画	待考	省级	白银市景泰县红水镇红沙岘村姜窝子沟	石窟寺及石刻
会宁县	会宁红军会师旧址	1936年	国家级	白银市会宁县会师镇会师路7号	近现代重要史迹及代表性建筑
会宁县	牛门洞遗址	新石器时代—青铜时代	国家级	白银市会宁县头寨子镇牛门洞村	古遗址
会宁县	郭蛤蟆城	宋	省级	白银市会宁县郭城驿乡新堡子村	古遗址
会宁县	西宁城遗址	北宋	省级	白银市会宁县城东13千米处祖厉河北岸	古遗址
会宁县	甘沟驿遗址	明	省级	白银市会宁县甘沟驿镇甘沟驿村	古遗址
会宁县	窠立台遗址	新石器时代	省级	白银市会宁县头寨子镇坪岔村窠立台社	古遗址
会宁县	石石（dàn dàn）湾遗址	新石器时代	省级	白银市会宁县中川乡梁堡村	古遗址
会宁县	老人沟遗址	仰韶文化晚期	省级	白银市会宁县丁家沟乡荔峡村	古遗址
会宁县	红堡子红军战斗旧址	1936年	省级	白银市会宁县郭城驿镇红堡子村	近现代重要史迹及代表性建筑

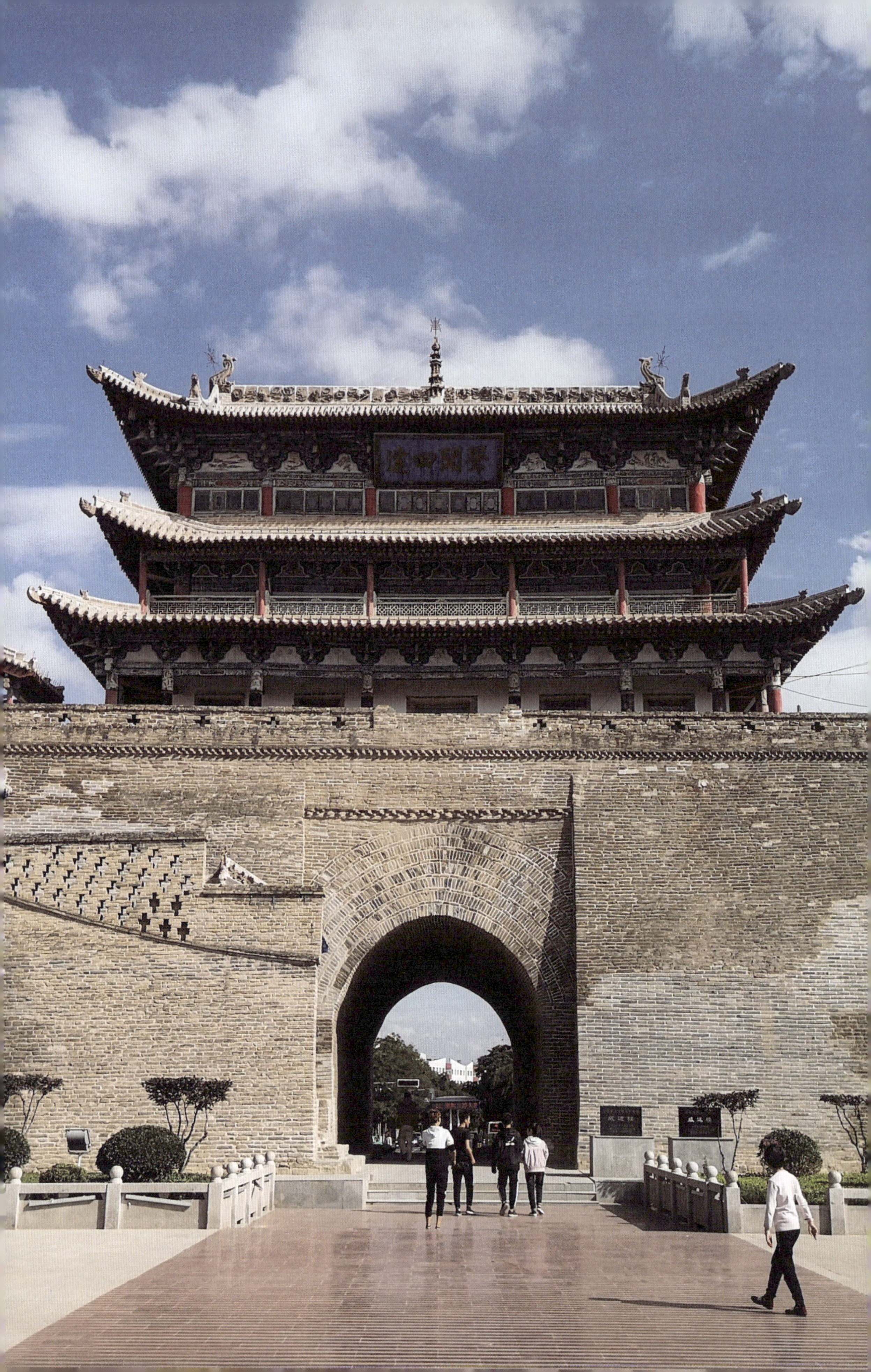

3 定西市
DINGXI

定西市古建筑分布图
Historical Architectural Map of Dingxi

1. 威远楼
2. 头天门牌坊
3. 李家龙宫
4. 巩昌府文庙大成殿
5. 普陀寺大殿
6. 保昌楼
7. 文峰塔
8. 灞陵桥
9. 临洮文庙大成殿
10. 临洮城隍庙大殿及寝宫
11. 大崇教寺
12. 清水关帝庙
13. 前川寺

定西市地图

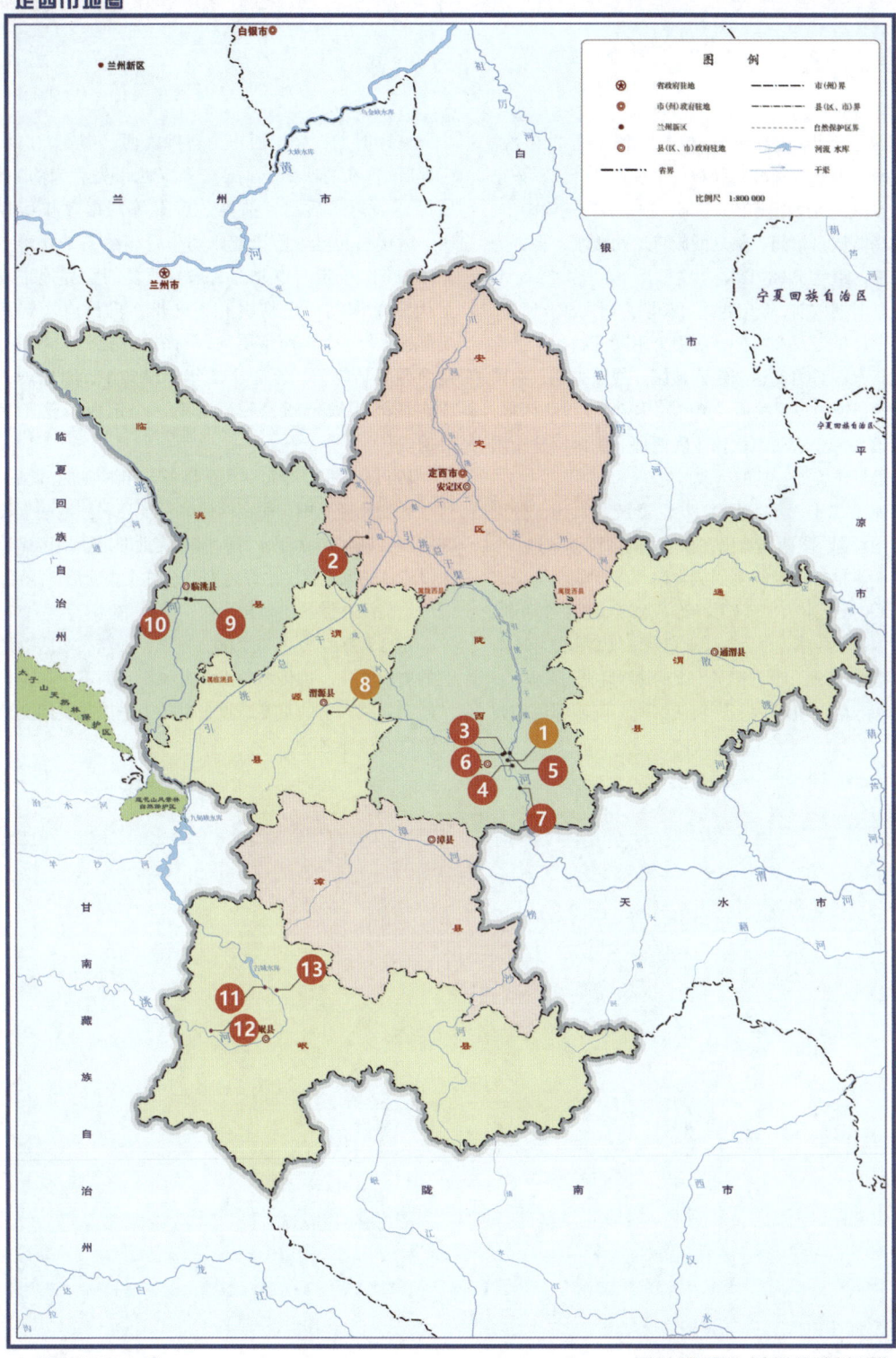

建置沿革

定西是甘肃省辖地级市，位于甘肃中部，古为"陇中"之地，地处西秦岭余脉和黄土高原结合部。该市东接天水市，西倚兰州市，北邻白银市，南连陇南市，西与甘南藏族自治州、临夏回族自治州接壤，自古为交通要冲，距兰州98千米。

春秋时期以前，今定西地区长期为西戎部族所居。至公元前7世纪，秦武公、秦穆公不断开疆拓土，称霸西戎，秦国势力到达今定西地区。战国时期，秦国在今定西市境内设置狄道、獂道二县，后又设陇西郡，郡治狄道县，今定西市均辖于陇西郡。陇西郡是中国历史上最早建置郡、县的行政区之一。

秦始皇二十六年（前221），秦统一六国，分天下为三十六郡，陇西郡治仍在狄道，陇西郡辖狄道（今临洮县）、枹罕（今临夏回族自治州）、临洮（今岷县）、邽（今天水市）、下辨（今成县）、西（今西和、礼县境内）六县。秦亡后，汉承秦制。汉高祖二年（前205）得陇西郡地，设首阳县（今渭源、陇西县境内）、襄武县（今陇西县境内）。汉武帝时，陇西郡属凉州刺史部。

三国时期，今定西市为曹魏陇西、南安、广魏三郡所辖。东晋十六国时期，今定西市先后为前凉、后凉、前赵、后赵、前秦、后秦等割据政权所控制，后屡有更迭。隋唐置岷州，后相继陷于吐蕃。北宋时期，今定西市北部为宋与西夏的交界地带。金代多承宋制，设临洮府、巩州、巩昌府、定西州等。元代，今定西市属陕西行省巩昌路、临洮府、定西州等所辖。元至正十二年（1352），因地震，改定西州为安定州。明清时期，今定西市辖于巩昌府。

1949年8月，今定西市所辖各县相继解放。此后，行政区划几经变更，而定西地区专员公署驻地一直设在定西县城。2003年4月，国务院批准定西地区撤地区设市，辖安定区（由原定西县改称）、通渭、陇西、渭源、临洮、漳县、岷县。

定西地区孕育了马家窑、齐家、寺洼、辛店等灿烂的史前文化，也传承着汉唐古风。定西不仅是古代"丝绸之路"上的重要节点，也是中华民族黄河文明的重要发祥地之一。

陇西县

1 威远楼

Weiyuan Building

级　别	国家级
年　代	明—清
地　址	陇西县城中心
看　点	楼阁、彩画
开放方式	可参观

　　威远楼位于陇西县城中心四街交会之处，坐西朝东，占地面积约 460 平方米，是一座砖砌台基的三层木结构楼阁。威远楼始建于北宋天圣元年（1023），取名"威远楼"。元中统二年（1261）迁建，元至正元年（1341），设铜壶滴漏及更鼓于其上，击鼓报时，俗称"鼓楼"。明洪武元年（1368）重建。清道光十六年（1836）移置北宋崇宁元年（1102）所铸铜钟于楼上，又名"钟鼓楼"。

　　威远楼分为基座与楼体两部分，总高 26 米。基座为方形，长 27 米，宽 17 米，高 11 米，中间辟东西向券拱门，基座西设阶楼台级直通基顶。上有木楼三层，高 15 米，重檐歇山顶，九脊十鸱吻，四面飞檐。一层楼面阔七间，进深三间，周围有回廊，东西各辟四窗，对开一门。二、三层面阔五间，四面皆窗，二层出平座栏杆，楼内有梯可上；外檐梁枋彩画采用宋式彩画中的"碾玉饰"为主调，辅以"五彩遍装"及"解绿装"；檐下悬挂有巨匾，东为"巩昌雄镇"，西为"声闻四达"。

　　威远楼是定西市现存年代较早、规模较大且保存完整的钟鼓楼建筑之一，2013 年被列为全国重点文物保护单位。

背面

正面

东北角

登楼步道全景　　　　　　　　　　　头门

2 头天门牌坊
The Memorial Gate of Tou Tian Gate

级　别	省级
年　代	清
地　址	陇西县巩昌镇北关一心村
看　点	木构牌坊，雕刻装饰
开放方式	可参观

　　头天门牌坊位于定西市陇西县巩昌镇北关一心村，始建于清道光十四年（1834），清光绪九年（1883）重修，建筑面积45平方米，坐西朝东，四柱三门，面阔9米，进深5米，主体建筑高7米，为木结构单檐悬山顶门楼。梁枋上方悬挂楷书"北天第一门"匾额。头天门牌坊结构匀称和谐，地方特色浓郁，木雕、砖雕雕刻精细，是见证巩昌府历史演变的实证之一，对研究清末建筑具有重要价值。
　　1981年，头天门牌坊被列为陇西县县级文物保护单位，2016年被列为甘肃省省级文物保护单位。

正面　　　　　　　　　　　背面

3 李家龙宫

The Li Family Dragon Palace

级　别	省级
年　代	明—清
地　址	陇西县巩昌镇北关一心村
看　点	宗祠祭祀建筑群
开放方式	可参观

李家龙宫位于定西市陇西县巩昌镇北关一心村头天门巷内，占地面积约4000平方米，原是一座集儒、释、道于一体的古建筑群，也是陇西县宗教活动的主要场地之一，现在是李氏族人寻根祭祖的活动场所。该建筑群始建于明万历五年（1577），清顺治五年（1648）毁于战火，清光绪十年（1884）复建，20世纪90年代以来，又陆续复建了陇西堂、弥勒殿等。

现存建筑群主要包括五个不规则分布的院落，穿过李家龙宫大门，左右分别可见钟楼、鼓楼，即进入第一进以绿化为主的院落，正前方有一座两侧出抱厦的歇山顶戏楼，右侧一处院落即为遗存祭祀区。遗存祭祀区是一个三合院，正面为三座并置的建筑，由南向北依次为李崇殿、玄元殿、祖师殿。其中，主殿玄元殿供奉老子圣像，屋脊上的镂空砖雕年代久远、技艺精湛；祖师殿殿外南北侧壁分别绘有明代修复李家龙宫原貌图和唐代修建李家龙宫场景图。穿过北侧过殿，进入一个狭长的院落，正前方即为九龙殿，殿内供奉唐太宗李世民，因屋顶上前前后后一共安放的九条龙而得名。九龙殿面阔三间，进深二间，为木结构单檐硬山顶建筑，上布青瓦，房脊浮雕游龙和花卉纹饰，正脊正中部安放龙体九曲的一条盘龙，两坡垂脊置四条飞龙。檐下施斗拱七朵，五铺作，重拱出双杪，明间出斜拱一朵，大殿及副阶用4根檐柱支撑。左右两侧分别延伸出两座殿室，各殿均面阔三间，进深三间，硬山顶。转而穿过西北角过庭，进入主祭祀区院落后部的一处以园林景观为主的院落，由戍边楼、聚贤楼和郡公楼围合。前述三处院落呈"品"字形分布，与大门所对的轴线并列。

而穿过大门正对的戏楼下部的门洞，则进入现代修建的仿明清建筑陇西堂大殿广场，四角分别对称分布二圣殿、江王祠、晟公祠与济公殿，意为形成"五福图"的意象。绕过陇西堂，则可看到一座重檐歇山顶的弥勒殿，面阔五开间，为20世纪90年代所建。其后还有一座藏经楼，为五开间三层歇山顶楼阁式建筑。

李家龙宫于2011年被列为甘肃省省级文物保护单位。

入口门屋

遗存主祭区主院

一进院

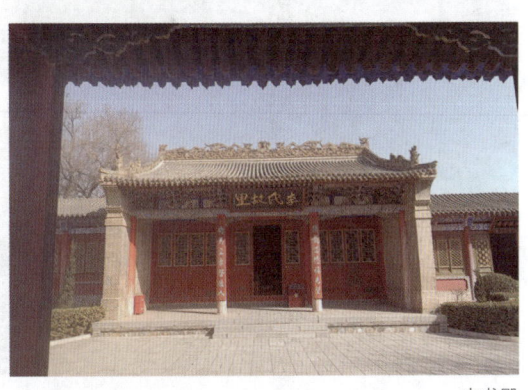

九龙殿

080

戍边楼 　　二进院

三进院 　　陇西堂大殿

藏经楼

4 巩昌府文庙大成殿

Dacheng Hall, Gongchang Confucian Temple

级　别	省级
年　代	明—清
地　址	陇西县长安路8号（陇西一中院内）
看　点	文庙建筑，孔子祭祀，建筑形制
开放方式	不开放

巩昌府文庙大成殿是历代地方官员祭祀孔子、祈求文运的场所，创建年代不详，最早见于碑记是元顺帝至元元年（1335）重修，明清两代相继沿用并修缮，清同治五年（1866）毁于兵乱战火，清光绪五年（1879）本地匠师采用莲峰山木料重建。

巩昌府文庙大成殿建筑面积约350平方米，坐北朝南，单檐歇山顶，面阔五间，通长22米，进深三间，通宽18米，通高12米，前后出廊。向西约500米的陇西实验小学院内，还保留当时县文庙牌坊——棂星门。据1990年《陇西县志》记载，"据碑记于清乾隆五十一年（1786）重修，清同治五年（1866）全毁于火。现存棂星门是清光绪九年（1883）重建"。棂星门坐西朝东，宽11米，进深3米，高8米，四柱三间，精巧美观。

巩昌府文庙大成殿对于研究金元明清巩昌府的政治、经济、文化、风土人情、建筑艺术具有重要价值，1981年被列为陇西县县级文物保护单位，2016年被列为甘肃省省级文物保护单位。

明间、次间立面

大成殿全景

大成殿侧面

飞檐

棂星门

5 普陀寺大殿

Main Hall of Putuo Temple

级　别	省级
年　代	清
地　址	陇西县巩昌镇五一新村路中段
看　点	结构体系
开放方式	可参观

　　普陀寺大殿位于定西市陇西县巩昌镇五一新村路中段，始建于清康熙七年（1668）。《陇西县志》载有建寺的故事："当时有比丘无达（俗称卢和尚）沿途募化朝拜普陀山，以募资奉请檀木雕刻释迦牟尼、韦陀、关公、观音四尊塑像，肩挑跋涉数千里，于清康熙五年（1666）抵陇西翊秦门（何家城门）内，担行不动，无法西行，就栖止于此。康熙七年当地胡姓施舍土地，众庶集资建寺，寺门向东，额题'补陀西院'。"普陀寺大殿建筑面积为71.9平方米，坐西朝东，面阔三间约13米，进深二间约12米，高约10米，单檐歇山顶，有前廊。

　　普陀寺大殿于1981年被列为陇西县县级文物保护单位，2016年被列为甘肃省省级文物保护单位。

现状外景

大殿全景

天王殿

殿侧亭阁

6 保昌楼

Baochang Building

级　　别	省级
年　　代	清
地　　址	陇西县南安乡红旗村
看　　点	楼阁式建筑，顶层结构
开放方式	可参观

保昌楼位于陇西县南安乡红旗村焰山岘口。始建于清光绪九年（1883），据1990年版《陇西县志》记载，"（保昌楼）建于光绪九年（1883）八月十八日，由巩昌知府颜士璋筹划，本地木匠莫长泰、泥工蔡全福、画工李元等修建"。保昌楼坐北向南，是一座三层木结构楼阁，通高14米。一、二层均面阔三间，进深三间，明间辟门，分层处四出楼檐；三层檐柱利用下层金柱，形成八角攒尖屋顶。

保昌楼整体保存较好，对研究清代建筑风格与特征有重要价值，1981年被列为县级文物保护单位，1993年被列为甘肃省省级文物保护单位。

保昌楼及所在院落

保昌楼全景

近景

7 文峰塔

Wenfeng Tower

级　　别	省级
年　　代	清
地　　址	陇西县文峰镇迎春堡村
看　　点	楼阁式砖塔
开放方式	可参观

　　文峰塔始建于明代,重建于清道光十七年(1837)。文峰塔是一座直径4米、高34米的七级八角楼阁式实心砖塔,由基座、塔身、塔刹组成。塔基为方形,边长8米、高3米,塔身为八角形,转角处砌成抹角倚柱,四至七级各面均有砖砌券形壁龛,层间叠涩出檐,檐下施菱角纹,顶层檐角安置铁制风铃,塔顶为八脊置兽攒尖式。刹为九重轮环的相轮,呈枣核状。

　　文峰塔于1981年被列为县级文物保护单位,2011年被列为甘肃省省级文物保护单位。

远景

正面近景

东北角近景

渭源县

8 灞陵桥
BaLing Bridge

级　　别	国家级
年　　代	清
地　　址	渭源县县城南门外清源河上灞陵桥公园内
看　　点	古桥梁
开放方式	可参观

灞陵桥始建于明洪武年间，初为平桥，清中期重建，仿兰州卧桥改建，后代均有维修。现存纯木悬臂拱桥为民国重修，桥身宽4.5米、高15.4米、跨度是29.4米，面宽是6.2米，两侧有栏杆。桥底部以每排10根圆木并列11组，从两岸桥墩逐次递级，飞挑凌空卧起，悬绝陡险，桥身高耸，桥上有飞檐式过廊，十三间，64根柱，灰瓦顶。桥两端建有卷棚式桥头屋，四角起翘，雄伟壮观。

1981年，由于高超的建构艺术和科学价值，灞陵桥被列为甘肃省省级文物保护单位。2006年，灞陵桥被列为全国重点文物保护单位。

定西市

近景

桥头正面

桥身近景

桥头步道 　　　　　　　　　　　　　　　　　　　　侧面远景

临洮县

9 临洮文庙大成殿

Dacheng Hall, Lintao Confucian Temple

级　　别	省级
年　　代	清
地　　址	临洮县洮阳镇东大街
看　　点	文庙建筑、孔子祭祀
开放方式	不开放

　　临洮文庙大成殿位于定西市临洮县洮阳镇东大街临洮农校院内，清同治十三年（1874）重修。该建筑坐北朝南，建在长、宽各15.3米的方形台基上，占地面积234.1平方米，建筑面积164.4平方米，歇山顶，面阔三间13.7米，进深二间9.85米，前出廊。保存完好，具有较高的历史、科学价值。2016年，临洮文庙大成殿被列为甘肃省省级文物保护单位。

正面

鸟瞰　　　　　　　　　　　　　　　　　　　　　　后面

10 临洮城隍庙大殿及寝宫

Main Hall and Bedroom Hall of Lintao Town God's Temple

级　　别	省级
年　　代	清
地　　址	临洮县文化馆
看　　点	斗拱，檐廊
开放方式	不开放

临洮城隍庙大殿及寝宫位于定西市临洮县文化馆中院，清光绪年间重修。建筑整体坐北朝南，沿中轴线排列。大殿建筑面积为236.3平方米，为悬山卷棚勾连搭结构，面阔三间，通长13.9米，进深三间，通宽9.2米，通高9.5米。寝宫在大殿北，建筑面积为45.6平方米，为硬山加挑檐屋顶，面阔三间，通长10.6米，进深二间，通宽4.3米，前出廊、山面设廊心墙。该组建筑大殿斗拱、寝宫挑檐廊造型独特，对于研究甘肃中部地区古代建筑有一定价值。

2016年，临洮城隍庙大殿及寝宫被列为甘肃省省级文物保护单位。

城隍殿

一进院

二进院

城隍庙前廊内檐彩画

玉皇殿

玉皇殿前廊彩画

玉皇殿山墙

岷县

11 大崇教寺
Great Chongjiao Temple

级 别	省级
年 代	明一清
地 址	岷县梅川镇马场村
看 点	佛教建筑
开放方式	可参观

大崇教寺位于定西市岷县梅川镇马场村，被当地人称为"东寺"，包括过殿、山咀庄白塔和御制大崇教寺碑。据清康熙四十一年（1702）版《岷州志》卷三载，为明宣德元年（1426）敕建。从现存寺院遗址看，原寺规模很大。寺外筑有高5米、厚3米的院墙，南北长300米，东西宽200米，占地面积约5.5万平方米。寺院现存过殿五楹，为抬梁式硬山顶，绘画为密宗风格，系清代建筑，长23.15米，进深8.1米，高8.5米。

过殿南面有明宣德四年（1429）立的青石灰岩"御制大崇教寺之碑"二通，一为汉文，一为藏文，规格及碑文内容均相同。碑额高1.25米，宽1.6米，厚0.57米。碑身高2.55米，宽1.2米，厚0.47米。碑座高0.90米，宽1.6米，厚1米，通高4.7米。碑身两侧刻有单线云龙纹。碑额顶部呈半圆形，额刻篆体"御制大崇教寺之碑"八字，两侧二龙相向。碑座为须弥座。两碑各立于砖石结构的方形碑亭中。碑亭平面为边长9米的正方形，砖墙厚27.5厘米，四面各有券拱门，顶部为券拱顶。

2011年，大崇教寺被列为甘肃省省级文物保护单位。

正面全景

正门木雕　　　　　　　　　　　　　　　　　　　　背面

彩画

梁架　　　　　　　　　　　　　　　　　　　　　侧殿

定西市

12 清水关帝庙

Qingshui Guandi Temple

级　　别	省级
年　　代	明—清
地　　址	岷县清水乡清水村
看　　点	汉藏风格融合
开放方式	可参观

清水关帝庙始建于明代，占地面积为483.9平方米，建筑面积为214.8平方米，坐北朝南，平面呈长方形，由山门、大殿和厢房组成。其中大殿始建于明代嘉靖年间，清至民国屡有修葺，重檐歇山顶，面阔三间12米，进深三间12米，周围廊。大殿左侧有厢房三间，面阔8米，进深5米；垂花门面阔7米，进深4.4米。

清水关帝庙为研究明代汉藏结合地区的汉式建筑法式、民族文化融合及当地民间信仰提供了实物例证，历史、艺术、科学价值较为突出。2016年，清水关帝庙被列为甘肃省省级文物保护单位。

入口

大殿正面

大殿后侧面

13 前川寺

Qianchuan Temple

级　　别	省级
年　　代	明—清
地　　址	岷县中寨镇扎马村
看　　点	藏式佛教建筑
开放方式	不开放

前川寺坐西向东，东西长 76 米，南北宽 38 米，占地面积约 2500 平方米。保存完整，为藏传佛教寺院。

明代初建，清光绪四年（1878）重修。为一进二院布局，土木结构。现存大殿面阔五间 9 米，进深二间 8 米，歇山顶，外有廊柱 14 根，斗拱 24 组，大殿内供奉佛祖释迦牟尼。南侧为护法殿，硬山顶，门额长 8.5 米，进深 8 米，有明显藏族建筑风格的斗拱 7 组，内供奉藏传佛教护法歇尔多（本寺亦称"歇尔多寺"）。北有硬山顶经堂三间，面阔 8.6 米，进深 8.5 米。大殿与护法殿西南夹角处有一座本地凤凰山山神神堂，面阔 3.1 米，进深 4.5 米。大殿南侧院内有放置铁制龙树（上挂 108 盏灯的铁制树形灯架）的灯厅 1 座和木香树 2 棵。大殿东侧为钟楼，土木结构，二层，悬山顶。上下层均为三开间，总宽 7.7 米，进深 7.1 米，高 9 米，内二层墙板上绘有唐代玄奘西天取经的壁画及释迦牟尼唐卡和壁画，两侧南面一间外置柏木楼梯，长 2.2 米，宽 0.8 米。钟楼东南、东北两面各有硬山顶土木结构僧房三间，均长 8.4 米，进深 6 米。

前川寺屋面为汉式风格，下面柱及斗拱等木构件为藏式风格，对于研究明清岷州卫藏传佛教兴衰及汉藏文化融合及传承发展，特别是汉藏寺庙建筑具有重要价值。2011 年，前川寺被列为甘肃省省级文物保护单位。

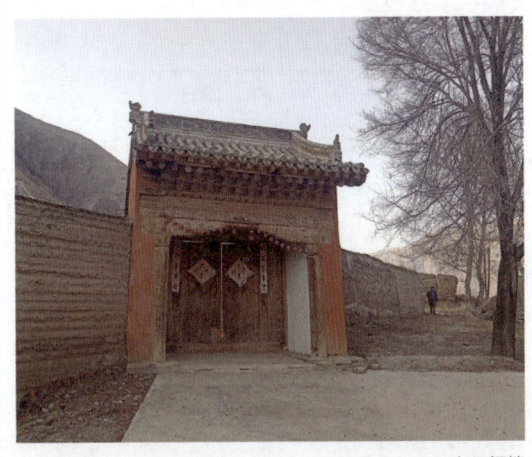

入口门楼

前院整修后

定西市其他文物保护单位列表

区县	名称	年代	级别	地址	类别
安定区	朱家庄墓群	汉	省级	定西市安定区巉口乡朱家庄村	古墓葬
安定区	巉口村墓群（包括遗址）	汉	省级	定西市安定区巉口镇巉口村	古墓葬
安定区	安西古城址	宋—元	省级	定西市安定区巉口镇东川村	古遗址
安定区	朱家庄北遗址	新石器时代	省级	定西市安定区巉口镇三十里铺村	古遗址
安定区	石门遗址	新石器时代	省级	定西市安定区符川镇兰星村、长丰村交界	古遗址
安定区	高家门城遗址	宋	省级	定西市安定区鲁家沟镇太平村高家门社	古遗址
安定区	堡子山遗址	新石器时代	省级	定西市安定区香泉镇云山村岔口社堡子山	古遗址
安定区	平西古城址	宋—元	省级	定西市安定区鲁家沟镇政府北	古遗址
安定区	定西堡子坪遗址	新石器时代	省级	定西市安定区西寨乡云山村西坡社堡子坪	古遗址
通渭县	榜罗镇会议旧址	1935年	国家级	定西市通渭县榜罗镇	近现代重要史迹及代表性建筑
通渭县	李家坪遗址	新石器时代	省级	定西市通渭县碧玉乡碧玉村上店子社	古遗址
通渭县	通渭中学木楼	1945年	省级	定西市通渭县平襄镇城关村中学	近现代重要史迹及代表性建筑
通渭县	通渭寨遗址	宋	省级	定西市通渭县什川乡古城村李家坪社	古遗址
通渭县	温家坪遗址	新石器时代—青铜时代	省级	定西市通渭县寺子川乡花亭村	古遗址
陇西县	陇西西河滩遗址	周	省级	定西市陇西县南安乡李家坪村	古遗址
陇西县	吕家坪遗址	新石器时代—青铜时代	省级	定西市陇西县首阳乡	古遗址
陇西县	陇西梁家坪遗址	新石器时代—青铜时代	省级	定西市陇西县首阳乡蔡子坪村	古遗址
陇西县	暖泉山遗址	新石器时代—青铜时代	省级	定西市陇西县文峰镇暖泉村	古遗址
漳县	汪氏家族墓地	元—明	国家级	定西市漳县徐家坪村东南	古墓葬
漳县	徐家坪—岳家坪遗址	新石器时代—青铜时代	省级	定西市漳县城关镇徐家坪村	古遗址
漳县	墩坪遗址及墓群	宋	省级	定西市漳县三岔镇三岔村	古墓葬
漳县	学田坪遗址	新石器时代	省级	定西市漳县武阳镇新庄门村学田坪社	古遗址
漳县	晋家坪遗址	新石器时代—青铜时代	省级	定西市漳县新寺乡晋家坪村	古遗址
漳县	西堡子遗址	新石器时代—汉	省级	定西市漳县新寺乡三宏村	古遗址
岷县	山那树扎遗址	新石器时代	省级	定西市岷县茶埠乡山那树扎村	古遗址
岷县	二郎山明代铜钟	明	省级	定西市岷县二郎山	其他
岷县	葩地坪遗址	新石器时代	省级	定西市岷县中寨乡葩地坪村	古遗址
渭源县	渭源水磨群	清	省级	定西市渭源县会川、锹峪两个乡镇	其他
渭源县	首阳山辨碑	明	省级	定西市渭源县莲峰乡孟家庄村	石窟寺及石刻

续表

区县	名称	年代	级别	地址	类别
渭源县	上坪遗址	新石器时代—青铜时代	省级	定西市渭源县路园乡双轮磨村	古遗址
渭源县	寺坪遗址	新石器时代—青铜时代	省级	定西市渭源县路园乡双轮磨村	古遗址
渭源县	王家咀遗址	新石器时代—青铜时代	省级	定西市渭源县路园乡王家嘴村	古遗址
渭源县	陇右工委地下印刷所	1949年	省级	定西市渭源县路园镇峪岭村	近现代重要史迹及代表性建筑
渭源县	渭源堡址	宋	省级	定西市渭源县清源镇北关村	古遗址
渭源县	水家窑遗址	新石器时代—青铜时代	省级	定西市渭源县上湾乡水家窑村	古遗址
临洮县	马家窑遗址	新石器时代—青铜时代	国家级	定西市临洮县马家窑村南的麻家峪沟口	古遗址
临洮县	辛店遗址	商—周	国家级	定西市临洮县辛店镇	古遗址
临洮县	寺洼遗址	新石器—青铜时代	国家级	定西市临洮县衙下乡衙下村	古遗址
临洮县	洮惠渠	民国	省级	定西市临洮县	其他
临洮县	朱家坪遗址	新石器时代—青铜时代	省级	定西市临洮县陈嘴乡朱家坪村	古遗址
临洮县	哥舒翰纪功碑	唐	省级	定西市临洮县城南大街46号院内	石窟寺及石刻
临洮县	寺门遗址	新石器时代	省级	定西市临洮县东廿铺乡东廿铺村	古遗址
临洮县	格致坪遗址	新石器时代—青铜时代	省级	定西市临洮县三甲乡格致坪村	古遗址
临洮县	灰咀圿遗址	青铜时代	省级	定西市临洮县太石乡沙塄村	古遗址
临洮县	东二十里铺墓群	汉	省级	定西市临洮县东门镇东二十里铺村孙家小庄东100米	古墓葬

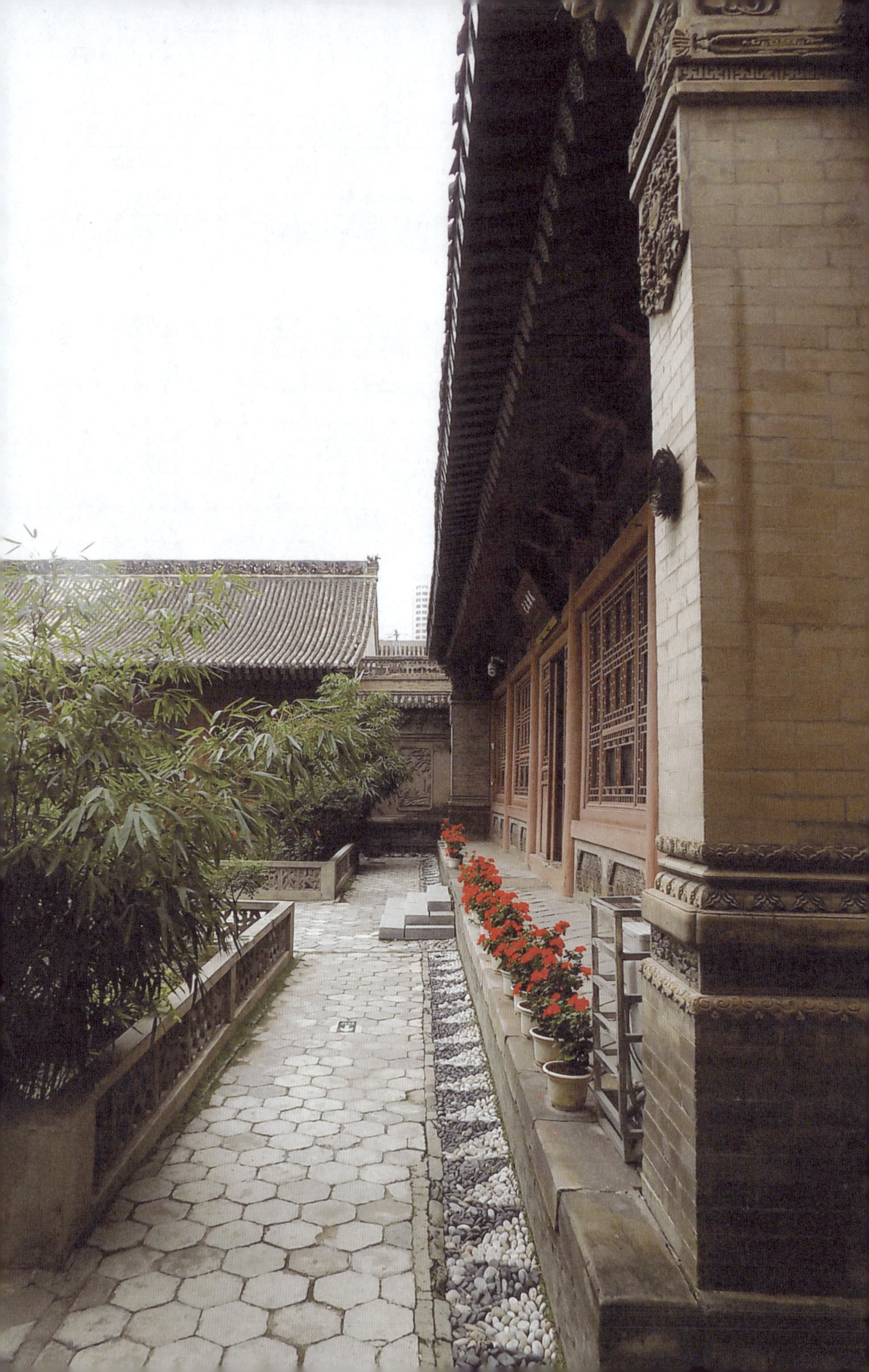

4
临夏回族自治州
LINXIA

临夏回族自治州古建筑分布图
Historical Architectural Map of Linxia Hui Autonomos Prefecture

1. 临夏东公馆与蝴蝶楼
2. 临夏北寺照壁
3. 八坊十三巷 80 号院
4. 炳灵寺石窟
5. 黄家清真寺

临夏回族自治州地图

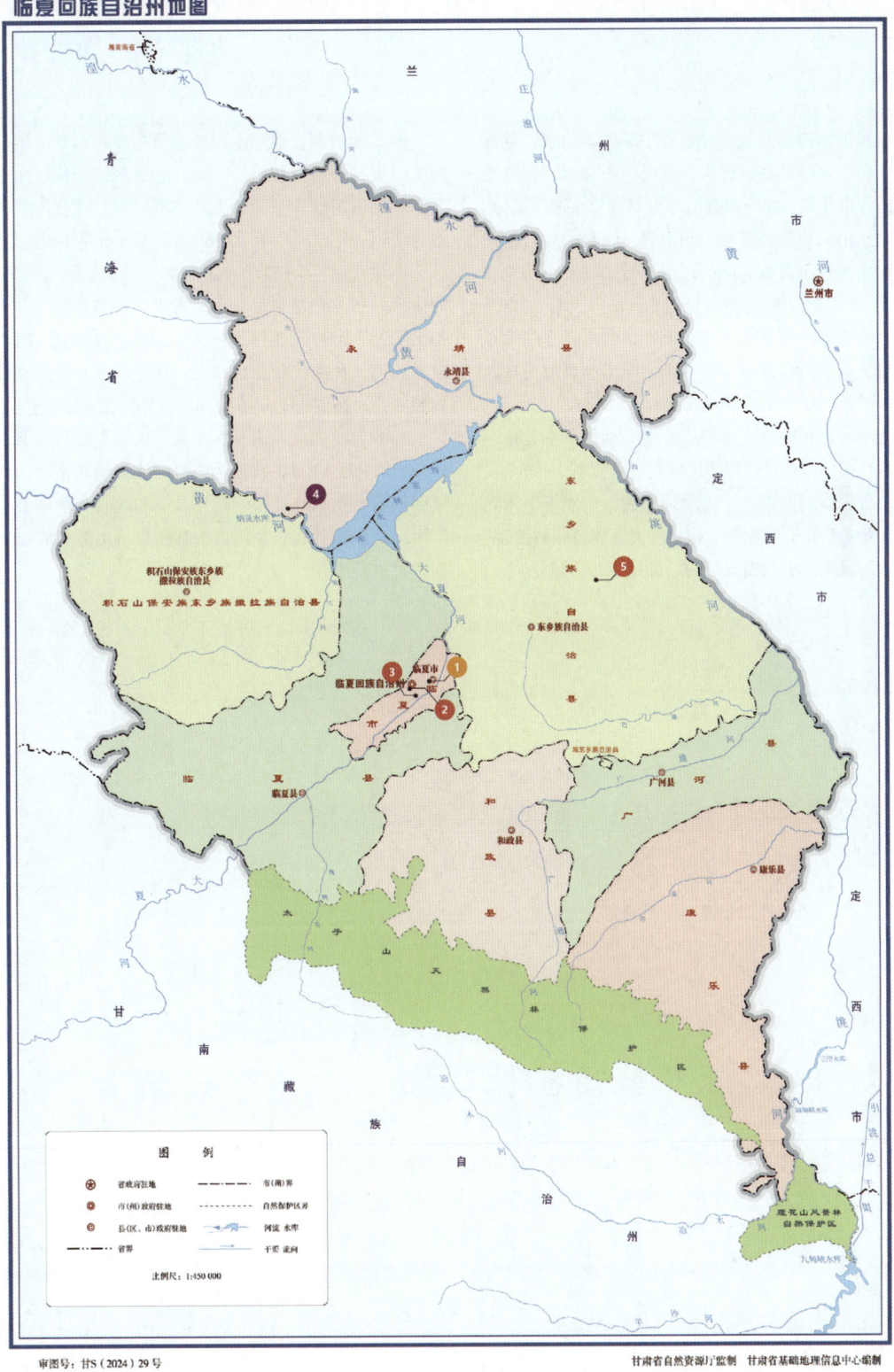

建置沿革

临夏回族自治州位于甘肃省中部西南边缘，地处黄河上游，北临黄河、湟水，与兰州市接壤，东临洮河与定西市相望，西倚积石山与青海省海东地区毗邻，南靠太子山与甘南藏族自治州交界。临夏回族自治州位于黄土高原与青藏高原的过渡地带。临夏市与兰州市直距69千米，东越洮河至定西196千米，东南至天水386千米，南至岷县269千米，西南经土门关至甘南藏族自治州合作市105千米，西出达里加山抵西宁271千米，西北由盐锅峡至武威423千米。

先秦时期，临夏之地为羌族活动地域。秦置枹罕县。西汉初，今临夏州所在区域内有大夏县、枹罕县、白石县等，属陇西郡。三国时地属魏，初辖于秦州陇西郡。黄初年间分置凉州，枹罕、大夏属雍州陇西郡，今州黄河以北地域及湟水下游一部属凉州金城郡。

南北朝时期，前凉政权分凉州东界六郡置河州。后屡经更替。唐中期以后，为吐蕃属地，仍称河州。北宋中期取河州。金天会九年（1143），被金占领，亦为河州。元至元六年（1269），改河州为河州路。

明洪武四年（1371），置河州卫，隶属陕西都司。明洪武六年（1373）正月，置河州，隶陕西行省。清初沿明制，清雍正四年（1726），裁撤河州卫，河州隶兰州府。民国二年（1913），府、州废，河州改置为导河县，民国十七年（1928）三月，更名临夏县。

1949年8月，临夏地区解放，设临夏专员公署。1956年11月19日，改设为临夏回族自治州至今。临夏回族自治州辖临夏市、临夏县、和政县、康乐县、广河县、永靖县、东乡族自治县和积石山保安族东乡族撒拉族自治县。

临夏市

1 临夏东公馆与蝴蝶楼

Linxia East Mansion and Butterfly Building

级　　别	国家级
年　　代	民国
地　　址	临夏市前河沿东路
看　　点	中西合璧风格的建筑、砖雕
开放方式	可参观

临夏东公馆与蝴蝶楼位于临夏市前河沿东路，是解放前"西北三马"之一的马步青为其修建的公馆别墅，因位居市区东面而称为东公馆。建于1938—1947年，是由当地著名工匠精心设计施工的具有传统样式特征的建筑，建筑面积5976平方米。

东公馆为采用中式四合院布局模式，正门为仿西洋式建筑风格的砖砌牌坊门。西院、南院四面均为五开间土木结构建筑。天井是整个建筑群的中心，有四个门分别通往东、南、西、北四院，呈"田"字形布局。东公馆的砖雕尤其著名，槛墙和墀头都有精美砖雕装饰。

蝴蝶楼是庄园内的园中之园，建成后因主楼平面呈"H"形，状如蝴蝶两翼而改名。该楼东西宽56米，南北长74米，占地面积2660平方米。全部为砖木结构，上下两层，坐北向南，中间主楼面阔七间，歇山顶，左右两廊连接着长方形六角亭式楼阁。楼上楼下、前后左右皆为回廊环绕，东、西、北三面长廊紧围主楼，形成一座方形大院。用方砖铺成十字形小道把院子分成四块小花园。

临夏东公馆与蝴蝶楼兼具中国传统与欧式意境的建筑特点，巧妙地利用空间形态丰富的院落进行组织，形成布局严谨、体验多变的建筑组群，对研究西北民族地区建筑文化和艺术、民族学和民俗学具有重要价值。2013年，临夏东公馆与蝴蝶楼被列为全国重点文物保护单位。

过厅

砖砌牌坊门

天井照壁

天井角门

东北院角门

转角处局部

通天楼

卫兵楼

蝴蝶楼

2 临夏北寺照壁
Linxia North Temple Screen Wall

级　　别	省级
年　　代	清
地　　址	临夏市八坊街道办事处王寺社区
看　　点	砖雕
开放方式	可参观

　　临夏北寺照壁位于临夏市八坊街道办事处王寺社区，始建于清乾隆六年（1741）。原为临夏清真北寺门前照壁，现仅存照壁，是临夏地区保存历史最悠久的大型砖雕照壁，平面为"一"字形，长12.3米，高6.6米，厚0.8～1.0米，全部由青砖砌筑，墙体磨砖对缝，砖缝致密紧凑。照壁中雕"墨龙三显"，左右两边为"丹凤朝阳"和"彩凤昭月"，寓意"龙凤呈祥"，刀工精湛，栩栩如生。

　　临夏北寺照壁反映了多民族文化交会影响的面貌。2016年，临夏北寺照壁被列为甘肃省省级文物保护单位。

全景

砖雕特写

后侧面 　　　　　　　　　　　　　　清真北寺

3 八坊十三巷80号院

No. 80 Yard of Bafangshisanxiang

级　别	省级
年　代	民国
地　址	临夏市八坊街道前河沿社区
看　点	回族风格的建筑、砖雕
开放方式	可参观

　　八坊十三巷80号院位于临夏市八坊街道前河沿社区，始建于1930年，建筑面积513平方米，坐北朝南，整个建筑平面呈"L"形分布，由三个院落组成，分别为正院、车马院以及后花园。正院包括厅堂、东西厢房、堂屋及两个耳房；车马院包括砖雕长廊、岗楼、车夫房、马匹房；后花园包括砖雕长廊、水池。该院落建筑气势宏伟，布局紧凑，精致典雅，是八坊十三巷中最具回族民居特色的代表性建筑之一，也是临夏地区具有鲜明民族地域特色的典型建筑。2016年，八坊十三巷80号院被列为甘肃省省级文物保护单位。

街景

80号院入口

80号院主院角楼　　　　　　　　　　　　　　　　　　80号院正堂

80号院庭院

永靖县

4 炳灵寺石窟
Bingling Temple Grottoes

级　　别	国家级／世界文化遗产
年　　代	南北朝—明
地　　址	永靖县王台乡小坪村
看　　点	石刻、壁画
开放方式	可参观

　　炳灵寺石窟位于临夏回族自治州永靖县王台乡小坪村东北2.5千米的小积石山大寺沟中。据石窟内现存的墨书题记和造窟题记记载，"炳灵"系藏语"香巴本郎"音译的简称，意为"十万尊弥勒佛居住的地方"，意同"千佛""万佛"。炳灵寺石窟始开凿于北朝西秦时期，现存窟龛主要集中在下寺沟西岸南北长350米、高30米的峭壁上，附近的佛爷台、洞沟、上寺等处也有零星窟龛分布。现存窟龛200余个，其中下寺附近有184个。遗存彩塑和石雕造像776躯，壁画1000余平方米，摩崖石刻4方，墨书或刻石纪念铭文6处。

从营造史的角度看，炳灵寺石窟现有遗存的建成年代主要集中在西秦、北魏、唐代和明代，这段时期也正是佛教在中国传播并完成中国化的重要阶段。其中，169窟北壁保存有西秦建弘元年（420）墨书题记，这是我国已知石窟中最早的造窟题记。北魏时期的石窟主要以126、128、132等窟为代表，充分反映了秀骨清像、褒衣博带的中原佛教艺术风格。最能反映炳灵寺石窟盛期风貌的是其所存的唐代洞窟，不仅遗存数量和品类最多，而且出现了堪称炳灵寺"形象代言人"的171窟的弥勒大佛像。及至元明时期，随着佛教密宗的兴起，炳灵寺石窟也出现了大量将密宗主题通过重修重绘对建成洞窟进行改造的现象，也让我们在今天能够看到同一洞窟中大乘佛教与密宗佛教两种信仰并置的艺术表达。此外，炳灵寺石窟的壁画还包含了很多北朝时期当地的世俗生活与艺术的图像信息，为研究当时的地域文化提供了宝贵资料。

1961年，炳灵寺石窟被列为全国重点文物保护单位。2014年，作为丝绸之路的一部分，被列入《世界文化遗产名录》。

崖面全景

崖面

入口

栈道

东乡族自治县

5 黄家清真寺
Huangjia Mosque

级　别	省级
年　代	清
地　址	东乡族自治县大树乡黄家村
看　点	土坯砌筑、屋顶形式
开放方式	可参观

黄家清真寺位于临夏回族自治州东乡族自治县大树乡黄家村，始建于清代，坐西朝东，现存寺门和礼拜大殿。大殿由前殿、后殿和窑龛三部分组成。前殿为单檐前出廊硬山顶建筑，平面呈长方形，面阔三间 6.1 米，进深二间 5.3 米。后殿为单檐歇山顶建筑，平面呈正方形，长、宽各 3.5 米，墙体均为土坯砌筑。黄家清真寺的勾连搭结构和倒丁字形屋脊在甘肃省清真寺建筑中为首次发现，对研究地域古建筑结构形式具有重要价值。2016 年，黄家清真寺被列为甘肃省省级文物保护单位。

大殿正面 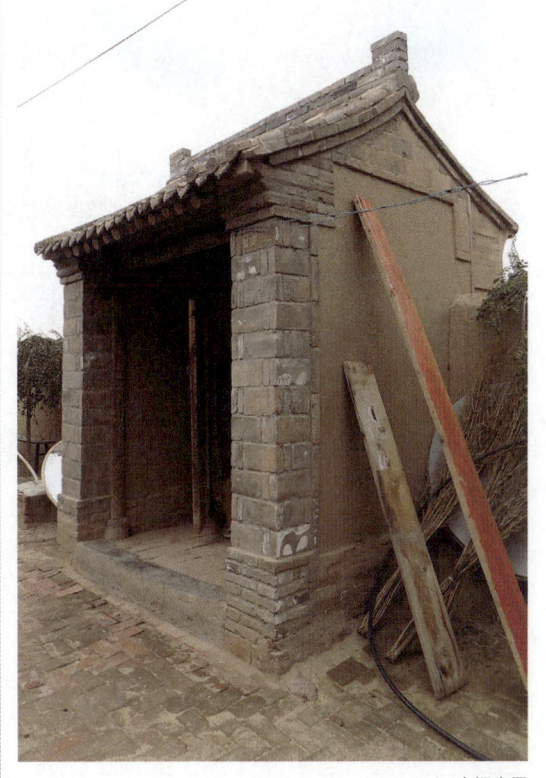　　　　大门内景

大殿山墙屋脊装饰

远景

临夏回族自治州其他文物保护单位列表

区县	名称	年代	级别	地址	类别
临夏市	王坪遗址	新石器时代—青铜时代	省级	临夏回族自治州临夏市枹罕乡王坪村	古遗址
临夏市	王竑墓	明	省级	临夏回族自治州临夏市城北街道北寺新村	古墓葬
临夏市	罗家尕塬遗址	新石器时代—青铜时代	省级	临夏回族自治州临夏市南龙乡罗家湾村东北侧	古遗址
临夏县	崔家庄遗址	新石器时代—青铜时代	省级	临夏回族自治州临夏县北塬乡崔家村东北侧	古遗址
临夏县	任家崖遗址	新石器时代—青铜时代	省级	临夏回族自治州临夏县黄泥湾乡五一村	古遗址
临夏县	杨家河遗址	新石器时代	省级	临夏回族自治州临夏县桥寺乡朱家墩村	古遗址
永靖县	杏树台遗址	新石器时代—青铜时代	省级	临夏回族自治州永靖县陈井乡水沟岘村	古遗址
永靖县	小茨遗址	新石器时代	省级	临夏回族自治州永靖县盐锅峡镇小茨村	古遗址
东乡族自治县	林家遗址	新石器时代	国家级	临夏回族自治州东乡族自治县东塬乡林家村	古遗址
东乡族自治县	三塬遗址	新石器时代	省级	临夏回族自治州东乡族自治县考勒乡三塬村	古遗址
东乡族自治县	下王家遗址	旧石器时代	省级	临夏回族自治州东乡族自治县锁南镇下王家村	古遗址
广河县	半山遗址	新石器时代	国家级	临夏回族自治州广河县齐家镇魏家咀村瓦罐咀自然村	古遗址

续表

区县	名称	年代	级别	地址	类别
广河县	齐家坪遗址	新石器时代	国家级	临夏回族自治州广河县排子坪乡园子坪村洮河西岸齐家坪	古遗址
广河县	赵家遗址	新石器时代—青铜时代	省级	临夏回族自治州广河县阿力麻土乡辛家村	古遗址
广河县	西坪遗址	新石器时代—青铜时代	省级	临夏回族自治州广河县城关乡西坪村	古遗址
广河县	地巴坪遗址	马家窑文化、齐家文化	省级	临夏回族自治州广河县祁家集镇黄赵家村地巴坪社	古遗址
康乐县	边家林遗址	新石器时代—商	国家级	临夏回族自治州康乐县关丰村边家林社	古遗址
康乐县	王家遗址	青铜时代	省级	临夏回族自治州康乐县虎关乡下王家村	古遗址
和政县	张家坪遗址	辛店文化	省级	临夏回族自治州和政县达浪乡郑家坪村张家坪社	古遗址
积石山保安族东乡族撒拉族自治县	新庄坪遗址	新石器时代—商	国家级	临夏回族自治州积石山保安族东乡族撒拉族自治县银川乡新庄坪村	古遗址
积石山保安族东乡族撒拉族自治县	三坪遗址	新石器时代—青铜时代	省级	临夏回族自治州积石山保安族东乡族撒拉族自治县安集乡三坪村	古遗址
积石山保安族东乡族撒拉族自治县	元山遗址	马家窑文化、齐家文化	省级	临夏回族自治州积石山保安族东乡族撒拉族自治县石塬乡三二家村大地社	古遗址

河西走廊地区 >>>

河西走廊地区是指甘肃省西北部呈带状分布的部分，由西向东依次包括酒泉市、嘉峪关市、张掖市、武威市和金昌市。

自然与人文背景

河西走廊五市所在的这片戈壁绿洲，北侧是连绵的龙首山、合黎山与马鬃山，南侧则是堪称甘肃和青海省际分界线的祁连山脉，两相加持，使得这一地处黄河以西的狭长地带，好像是连通西北与东南的一条天然走廊，"河西走廊"也由此得名。就整个甘肃省省域范围而言，河西走廊地区自古以游牧文化为主。然而，作为两条山脉之间的谷地，这里地势较为平坦，同时，因为祁连山在海拔4000米以上终年积雪，为本来干旱的戈壁带来了稳定、充足的水源，形成了源源不断的黑河及其东西两侧的石羊河与疏勒河，农业发展潜力也较大。

依据对古遗址的发掘可知，河西走廊的历史至少可以追溯到新石器时代，西河滩遗址、缸缸洼遗址、火石梁遗址与磨咀子和五坝山墓群为曾经在这里繁衍生息的先民活动提供了丰富的实物证据。随后，这里一度是北方游牧民部落月氏和乌孙的栖息地。直到西汉，汉武帝先后在这里设置酒泉郡、张掖郡、武威郡与敦煌郡——史称"河西四郡"，正式将这一地区纳入中原统治政权的版图。河西走廊地区在整个中原统治的版图上偏安一隅，处于北方游牧民族与中原农耕社会的交界地带，但是并不影响这里的繁荣发展，并成就了多民族、多宗教融洽共处的社会文化特征。河西走廊自古以来就在中原与西方世界进行贸易与文化交流中发挥着重要作用，也是陆路丝绸之路的咽喉要道。至今，甘肃省获批的四座历史文化名城中有三座——敦煌、张掖、武威——都位于河西走廊地区。

聚落与建筑群体

特殊的地理环境与气候条件使得河西走廊整体呈现地广人稀的状态，聚落的形成与发展很大程度上受限于戈壁绿洲的位置与交通线路的活动，充分体现出因地制宜的选址与营建智慧。在聚落形态上，也可以看出这样的特点，比如在较为平整开阔的谷地，建筑布局也会较为规整，具有较为明显的主要朝向，街巷路网纵横交错向四面延伸；而在地势起伏较大的丘陵山地，建筑布局则较为分散，建筑的朝向会自发地回应地形特征所带来的的局地风、热环境，道路形态也依山就势，通常分布在不同高度的台地上。相较于以上两种聚落自然开放的形态，还有一种更为内向、集约的聚落形态，就是边城堡寨，它们通常规模不大，防御性特征明显。

建筑类型与风格

河西走廊地区的古代建筑风格体现出其多民

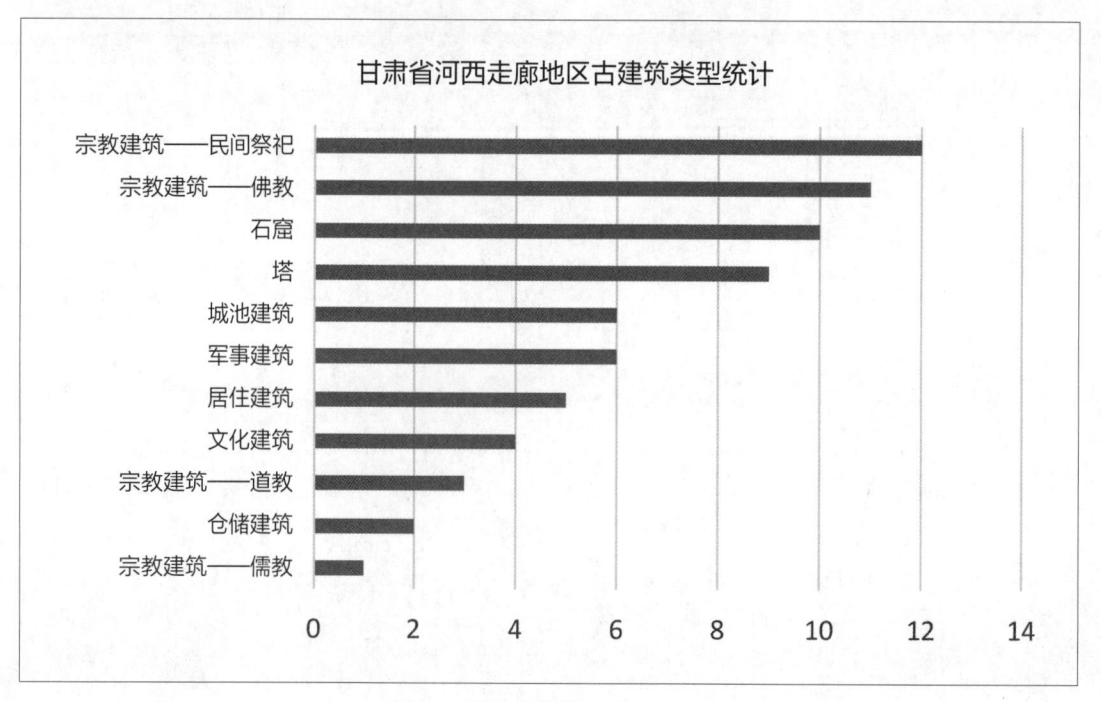

甘肃省河西走廊地区古建筑类型统计

类型	数量
宗教建筑——民间祭祀	12
宗教建筑——佛教	11
石窟	10
塔	9
城池建筑	6
军事建筑	6
居住建筑	5
文化建筑	4
宗教建筑——道教	3
仓储建筑	2
宗教建筑——儒教	1

古建筑数量／处

族、多宗教不断冲突、融合与共生的文化生态，也就是说，异域风情的丝路文化、悲悯包容的敦煌艺术、铁马金戈的长城文化、丰富浓厚的民族文化共同滋养了河西走廊的古代建筑文化。

河西走廊地区现存古建筑，从建筑功能方面来看，应是以形式多样的宗教建筑与防御保障的军事建筑、城池建筑以及仓储建筑为主。就本书编入的古建筑而言，宗教建筑从祭祀内容来看，可以明显看出民间祭祀在河西地区的兴盛，不仅分布广泛，而且祭祀内容不拘一格，对应的建筑载体也生动多变。进一步考察宗教建筑所涉及的载体类型可见，除了以木构为主的建筑单体形式外，石窟与塔也是非常重要的形式，其中，更以佛教石窟与摩崖造像最具代表性，更是具有不可替代的历史价值与艺术价值，蜚声海内外。

基于时空分布的研究，甘肃境内的佛教石窟空间模式大致可以分为凉州模式与准中原模式两种类型。其中，河西走廊地区的佛教石窟遗存即构成了凉州模式的主体。

以莫高窟为代表的敦煌石窟组群，无论从实际可用洞窟的数量还是可获得遗存的类型来看，都是最丰富的一组，其中公元5至9世纪的遗存更呈现出较为明显的过渡特征。这一时期的敦煌佛教发展见证了汉传佛教的中国化，这种动态的演进与敦煌千余年来在丝绸之路上的枢纽地位相叠加，使得此时该地区佛教石窟遗存对中原文化的反映日益增强，后期更因其社会文化长期处于中原政权的控制下而反映出与中原佛教是一脉相承的主导特征。从整体布局与洞窟形制组成等方面，均可看出与龟兹石窟迥异的以作功德为主的营建动机，洞窟之间的功能联系也相对薄弱。而艺术表现更为成熟且保存情况相对好的壁画与塑像，从图像学的角度印证了在这一时期此地佛教教义从涅槃思想到净土信仰转移的趋势，结合绘塑组合的整体分析，更在一定程度上反映出信仰主题的变迁对佛寺院落空间配置与形态的影响。

敦煌石窟组群，在以涅槃思想和净土信仰为特征的大乘佛教教义的作用下，礼拜纪念类洞窟成为主流，且与生活用窟分区设置，具体洞窟形制也基本固定，而以经变壁画为代表的佛教艺术则丰富多变，极大地弥补了有限洞窟空间对佛国世界氛围营造的制约。

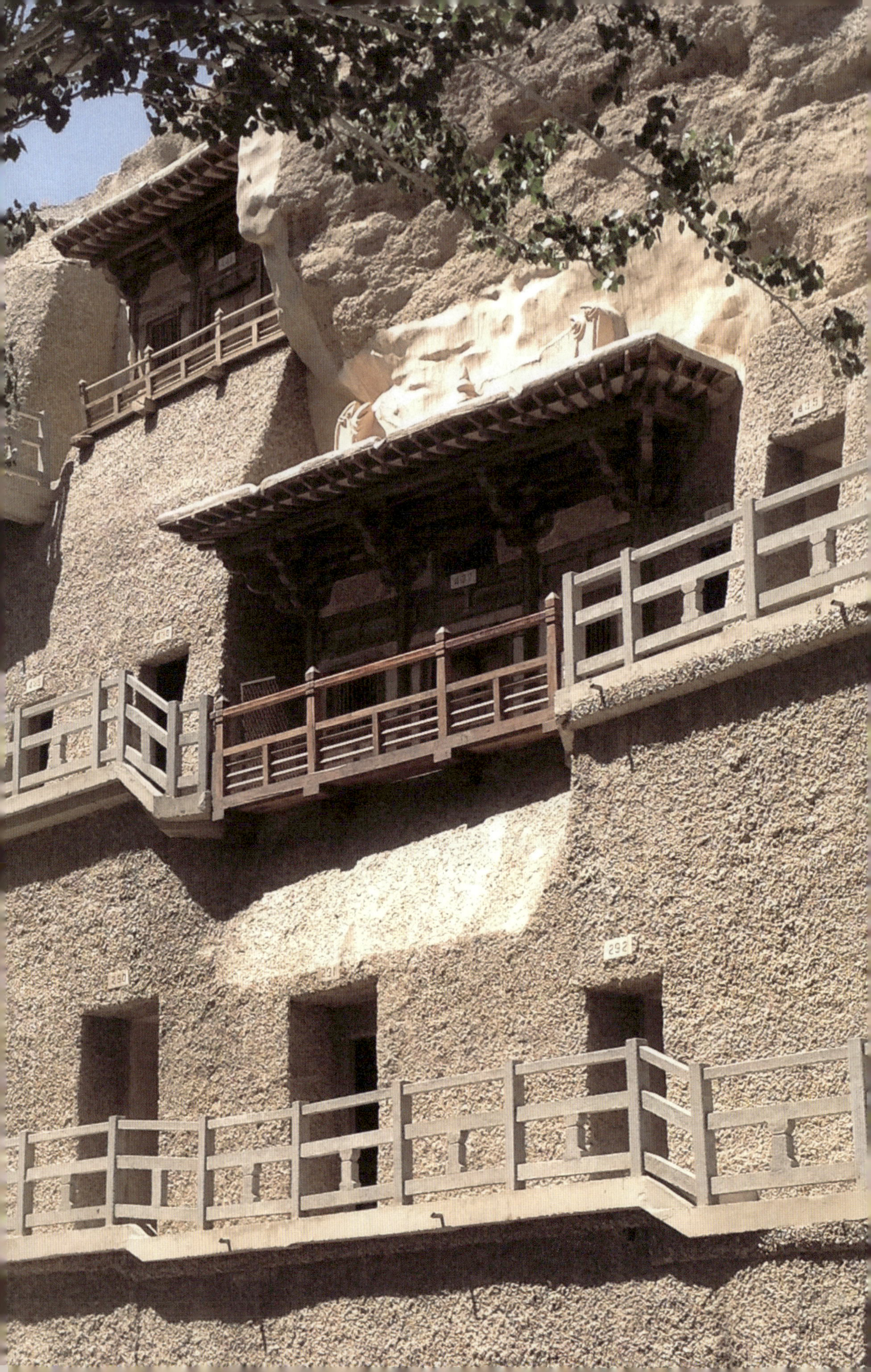
292

5 酒泉市
JIUQUAN

酒泉市古建筑分布图
Historical Architectural Map of Jiuquan

1. 酒泉鼓楼
2. 酒泉古城门
3. 药王宫
4. 莫高窟
5. 玉门关及长城烽燧遗址（包括大方盘、小方盘）
6. 白马塔
7. 敦煌南仓
8. 阳关遗址
9. 西云观
10. 昌马石窟
11. 东千佛洞石窟
12. 榆林窟
13. 道德楼
14. 塔院寺金塔
15. 五个庙石窟
16. 明水要塞遗址

审图号：甘S（2024）13号

115

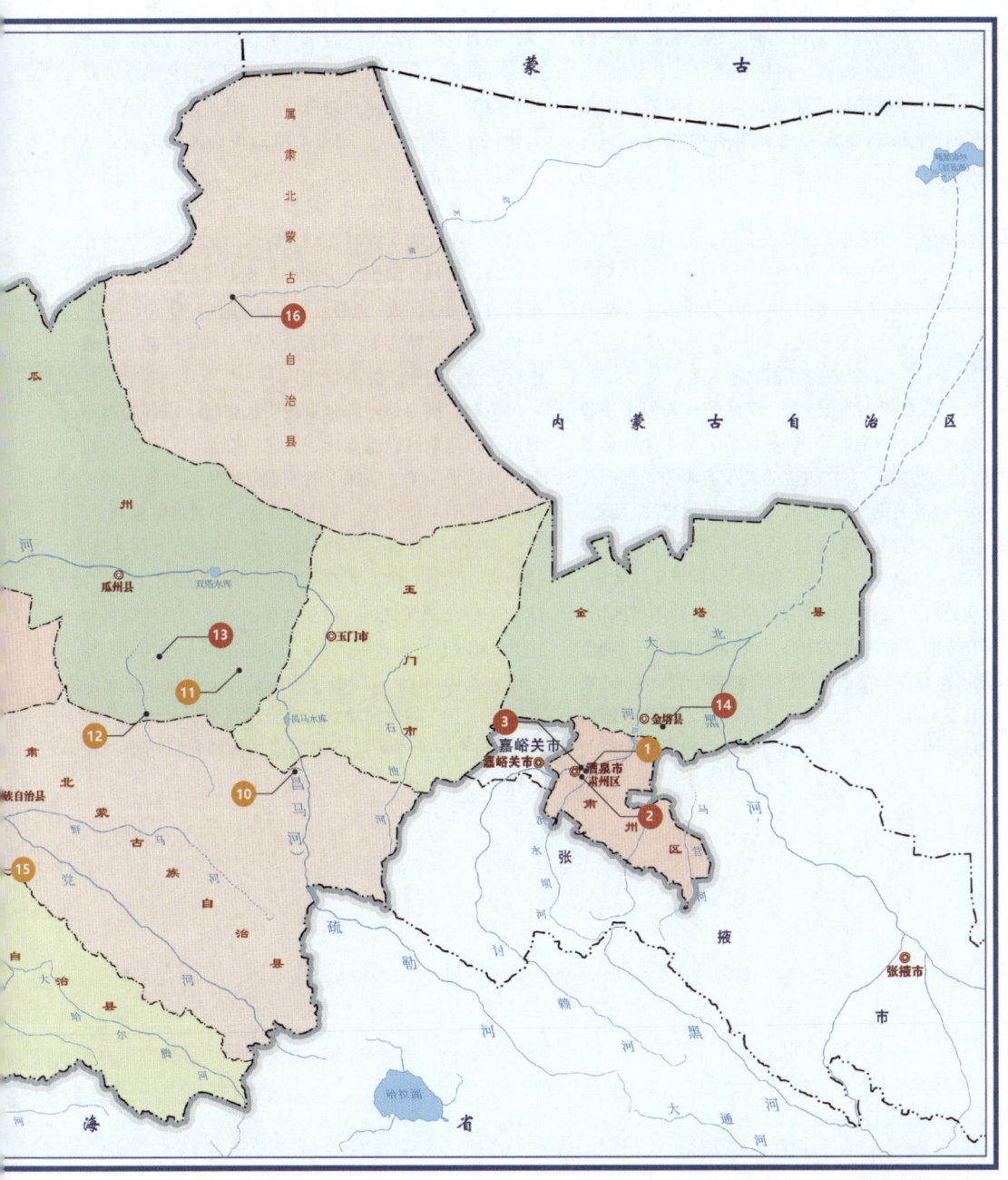

建置沿革

酒泉市，位于甘肃省西北部，河西走廊西端的阿尔金山、祁连山与马鬃山之间，东连张掖市和内蒙古自治区，南邻青海省，西接新疆维吾尔自治区，北部除少部分与蒙古国接壤外，大部与内蒙古阿拉善盟相邻。全市总面积约占甘肃省面积的42%，自古是中原通往西域的陆路交通要地、丝绸之路的重镇。

酒泉地区是中国最早出现人类活动的地区之一。在距今1万多年前的旧石器时代，已有先民在酒泉活动。距今4000年前后，酒泉早期人类开始进入新石器时代。先秦时期，酒泉居民主要有氐、羌、戎、月氏、乌孙、匈奴等部族，以农业和畜牧业为主。

西汉元狩二年（前121），汉武帝从匈奴手中收复河西地区，建立酒泉郡、敦煌郡后，从中原迁居人口至此，始设城障，并在敦煌等地设有阳关、玉门关等军事关隘。魏晋南北朝时期，酒泉先后属曹魏、西晋、前凉（汉族）、前秦（氐族）、后凉（氐族）、西凉（汉族）、北凉（匈奴族）、北魏、西魏、北周等政权统治。曹魏时期，在河西设凉州，统管河西地区，并领护西域，其中，在今酒泉境内设立酒泉、敦煌两郡隶凉州刺史部。根据《水经注》的记载，酒泉当时之得名，是因"酒泉其水甘若酒味故也"。酒泉是古丝绸之路黄金地段的一颗璀璨明珠，是一片充满神奇魅力和无限生机的热土。

隋文帝仁寿二年（602）起，撤郡存州、县建置，酒泉地改称肃州。唐末至五代，酒泉曾为吐蕃、回鹘等割据，曾设有瓜州、沙州等建置，后纳入西夏统治范围。元代置肃州路总管府，驻肃州（今酒泉市肃州区）。明初，平定整个河西走廊，酒泉正式纳入明代统治范围。明洪武二十八年（1395），在酒泉境内置肃州卫、威远卫、威房卫。永乐年间（1403—1424），明代为了控制嘉峪关以西地区，还将居住在今玉门、瓜州、敦煌、新疆哈密及青海西北部的以蒙古族为主的各部族，先后设立安定、阿端、曲先、罕东、沙州、赤斤、哈密七个羁縻卫（所），任用部族首领进行统治，史称"关西七卫"。

清初，酒泉地区部分沿袭明代建置，东部为肃州卫，在西部地区设有赤斤、靖逆、柳沟、安西、沙州五卫。清代中期，裁撤卫所，设立府、州、县，清乾隆二十四年（1759），设甘肃总督，总督府驻肃州。

1949年9月，酒泉解放后，设专员公署，下辖各县。1969年10月，酒泉专区改为酒泉地区。2002年6月18日，撤销酒泉地区，设立地级酒泉市。酒泉市目前辖1个市辖区（肃州区，即原酒泉县范围），2个市（玉门市、敦煌市），4个县（金塔县、瓜州县、肃北蒙古族自治县、阿克塞哈萨克族自治县）。其中，敦煌市于1986年被国务院公布为第二批国家级历史文化名城。

肃州区

1 酒泉鼓楼

Drum Tower in Jiuquan

级　别	国家级
年　代	清
地　址	肃州区老城区四大街
看　点	地方性构造做法与建筑风格
开放方式	可参观

酒泉鼓楼位于酒泉市肃州区老城区四大街中心位置。其四面墙体分别书写着"北通沙漠、南望祁连、西达伊吾、东迎华岳",准确地标明了酒泉的地理位置和交通意义。

据清代张澍编辑、佚名所著《西河旧事》记载,鼓楼原为东晋时酒泉郡福禄县城东门楼,系前凉永和元年(346)酒泉太守谢艾主持重修的福禄城的东门楼,时称"谯楼",即守城戎卒打更巡逻、报时、防寇报警的地方。明洪武十八年(1395),酒泉城向东延伸,谯楼遂成为酒泉城的新中心,继而更名为鼓楼,一直沿用至今。又几经毁损,至1985年重修,基本恢复至清代风貌。

鼓楼分台基与木楼两部分,通高24.3米。台基呈正方形,内部夯土版筑,外包青砖,高7.4米,底边长26.33米。十字形相交的四个砖券洞门从台基四面正中穿过,十字中心为穹窿顶,倒悬伏羲八卦板。四面门楣上部皆嵌有突出壁面的砖雕仿木斗拱彩绘门楼,其下各有一幅砖刻神瑞图。台基上建三层四角攒尖顶木楼,抬梁结构。一楼每面三开间,边柱12根(皆砌入墙内),上通二楼,构成楼的基架,四角砌墙,四面开门,楼内有4根粗壮的通天柱直贯三楼,楼外围又有20根檐柱(每面有6根柱子)。二楼有12根柱子,略同一楼,每面有12个雕花窗扇(周围共48扇),嵌于柱间构成楼身。其外有回廊栏杆,无檐柱。三楼为单间,单檐四出,四角高挑,四面开窗,窗外有回廊护栏。楼内四角放置抹角梁,中间有雷公柱,雷公柱周边抹角梁下为八角形藻井。顶部四戗脊会于攒顶,在戗脊两侧做垂脊,脊前施兽。脊上无小兽。瓦面上涂绿色。宝瓶为陶制,两层,上下均为圆形,在宝瓶上安装有避雷针。

酒泉鼓楼采用当地"花牵代拱"的檐下做法和"吊花引龙"的翼角做法是河西建筑的典型特征,其工艺水平、建筑风格为研究河西走廊地区古代建筑史及人文环境提供了重要的实物依据。2013年,酒泉鼓楼被列为全国重点文物保护单位。

鼓楼全景

鼓楼南立面 　　　　　　　　　　　　　　　　鼓楼北立面

入口 　　　　　　　　　　　　　　　　　　　门洞

2 酒泉古城门

The Ancient City Gate of Jiuquan

级　别	省级
年　代	明
地　址	肃州区仓后街
看　点	筑城技艺
开放方式	可参观

酒泉古城门指东城门，又指现在的鼓楼，位于酒泉市肃州区仓后街。《重修肃州新志·城池》载："福禄城，谢艾所筑。"东晋永和二年（346），福禄伯谢艾任酒泉郡太守，重建酒泉城，称为福禄城。唐永徽年间由肃州刺史王方翼主持修葺。此城门在明洪武二十八年（1395）展筑东城而重开城门时包在新城墙中，1964年被发现于清代城墙内。残券门高6.7米，宽9.75米。门洞宽4.2米，深3.35米，高4.8米，两侧门墩各宽2.8米，残高6.7米，青砖平砌，唐、明时期有过修补。福禄门是肃州古城的最初见证。

2003年，酒泉古城门被列为甘肃省省级文物保护单位。

酒泉古城门全景1 　　　　　　　　　　　　　　　酒泉古城门全景3

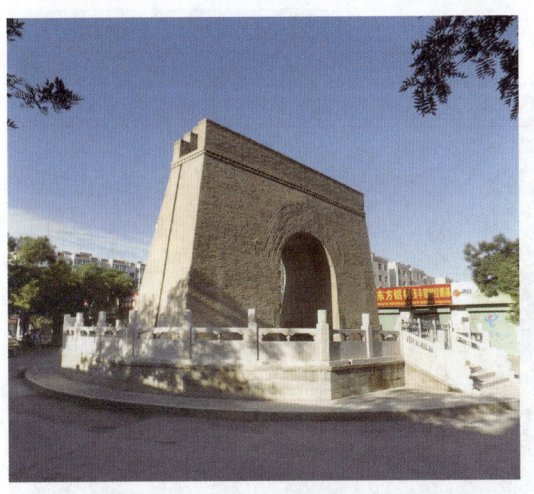

酒泉古城门全景2 　　　　　　　　　　　　　　　酒泉古城门侧面全景

3 药王宫

The Palace of King of Medicine

级　别	省级
年　代	明
地　址	肃州区西大街酒泉中学校园内
看　点	建筑形制
开放方式	可参观

药王宫位于酒泉市肃州区西大街酒泉中学校园内，由6座单体建筑组成，以校门南北走向的中心道路为中轴线，路东从南向北依次为药王宫前、后殿、三义殿；路西从南向北依次为五圣宫、关帝庙；路北端正中为玉皇阁。

药王宫前殿始建于明代，占地面积约448平方米，前殿台基长25.5米，宽16米，高近1米，上建三间四檩砖木结构大殿一座。后殿始建于明代，占地面积约292平方米，后殿台基与前殿台基相连，长17米，宽16米，高1.8米，上建三间四檩硬山顶大殿，面阔11米，进深13米，清宣统三年（1911）重修。三义殿建于清代。五圣宫建于清光绪二十六年（1900）。关帝庙建于清光绪二十二年（1896）。玉皇阁建于民国二十九年（1940），台基15米见方，上建平面为正方形的三层木楼，四面坡攒尖顶，高约13米。这些建筑当初为宗教场所，酒泉中学建立后，曾被作为教室、图书室、展览室等。

药王宫是研究西北地区明清建筑的重要实物，具有重要的历史、文化价值。药王宫于1984年被列为县级文物保护单位，2011年，被列为甘肃省省级文物保护单位。

药王宫前殿全景

药王宫后殿屋顶局部

药王宫前殿翼角近景

药王宫后殿正面全景

敦煌市

敦煌市市区古建筑地图

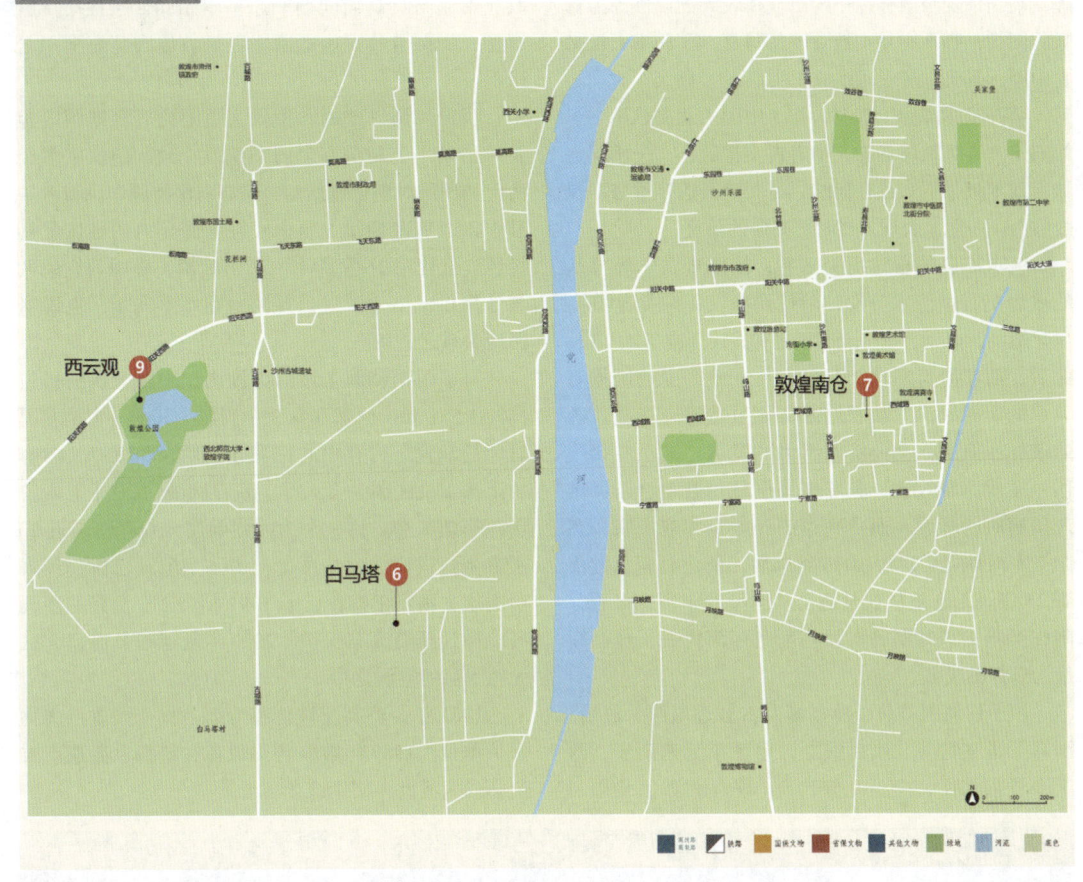

⑥ 白马塔　　⑦ 敦煌南仓　　⑨ 西云观

4 莫高窟

The Mogao Grottoes

级　别	国家级 / 世界文化遗产
年　代	十六国—元
地　址	敦煌市城东南
看　点	石窟寺、石刻、壁画
开放方式	可参观

莫高窟是我国四大石窟之一，开凿于敦煌东南的鸣沙山东麓断崖之上，自公元 4 世纪十六国时期前秦僧人乐僔在此建造了第一座石窟以来，经历了隋唐时期的建造高峰，直到元代逐渐湮没，历时千年不绝。莫高窟分为南、北两区，共建有石窟 735 个，窟群南北长 1680 米，至今保存有彩塑 2000 余尊，壁画 45 000 平方米[1]。以莫高窟为代表的敦煌佛教石窟艺术[2]，是敦煌沟通中原和中亚多民族、汇聚欧亚多元文化的真实记录。以莫高窟的壁画遗存为例，一方面，石窟壁画中所描绘的图案纹样、器具和人物等，往往表现出对西方文明的吸收与借鉴；另一方面，莫高窟壁画无论在内容上还是在形式上

---

1. 段文杰、樊锦诗主编《敦煌石窟全集 1：再现敦煌》，商务印书馆（香港）有限公司，2005，第 5 页。
2. 敦煌石窟群除莫高窟外，还包括西千佛洞、安西的榆林窟、东千佛洞以及肃北县的五个庙石窟，其中以西千佛洞和榆林窟较为著名。西千佛洞位于莫高窟以西，现存的 19 窟，开凿时间亦很早，段限始于北朝，终于元代。榆林窟位于安西县的南山山谷中，现存洞窟 41 个，始于唐代，终于元代，以中唐和西夏的洞窟最有名。两窟的洞窟形制、壁画内容及风格与莫高窟同期洞窟基本相同。参见：段文杰、樊锦诗主编《敦煌石窟全集 1：再现敦煌》，商务印书馆（香港）有限公司，2005，第 91 页。

都较好地反映了当时汉地文化的取向和风貌。尤其是其中的经变画,画中的建筑形象尽管经过了画师的艺术化加工,但均具有一定的历史性生活原型,"敦煌莫高窟、安西榆林窟中绘出规模较大的以佛寺为背景的图像,都不应是本地寺院的写真,其粉本大抵来自中原,甚至直接或间接源于两京"[1]。归义军时期之后,莫高窟亦俗称千佛洞,在《中国西北文献丛书》第四十八卷《敦煌县志》中有古文记载,"千佛洞在城南四十里,不知建自何时,有断碑云唐年重修,疏岩磐石……",表现了当时莫高窟的落寞。

就莫高窟的营建历史来看,按照现在学界公认的敦煌莫高窟艺术分期,隋代到归义军时期是莫高窟建造的高峰期,在这 455 年之中,共开凿了 412 窟。此后,随着沙州回鹘、西夏、蒙古族等少数民族对敦煌的实际统治,敦煌地区文化虽然没有遭到着意的破坏,但是社会经济没有大的发展,甚至在明代还一度成为游牧区,敦煌佛教也日趋衰微,已经难现隋唐时的辉煌。而莫高窟的开凿也相应沉寂,在归义军时期之后,即 1036 年以后,新建石窟总数仅有 25 窟。无论是从数量还是从类型的丰富性来看,隋代至归义军时期的佛教艺术遗存都代表了莫高窟最为辉煌的成就。

西千佛洞因其位于莫高窟及古敦煌城西,故名。洞窟开凿在党河北岸崖壁上,窟区东起南湖店,西至今党河水库,全长 2.5 千米。现存北魏、北周、隋、唐、五代、西夏、元等各代洞窟 19 个。其中第 1 至第 16 窟位于今党河水库东侧约 1 千米处,余三窟位于南湖店之北,壁画约 800 平方米,彩塑 34 身。洞窟形制与莫高窟同期洞窟基本相同,隋代第 9 窟窟型,类似游牧民族的圆帐,是敦煌石窟窟型中之孤例。

西千佛洞以壁画和塑像为主要内容。壁画内容及风格基本上与莫高窟同期壁画一致。塑像虽多经清代和民国时期重修新塑,但亦有保持原塑风貌者。其中以北魏晚期第 5 窟中心柱正面龛内的佛像最具特色。五代第 16 窟的十六罗汉残塑,说明敦煌地区与江南供奉十六罗汉出现的时期基本同步,也说明两地关系之密切。

属于西千佛洞东段的南湖店,距西千佛洞石窟群约 1.5 千米。原保存有 3 个洞窟。其中一个是北周时期的洞窟,尚存中心柱和东、西、北三壁,内容为千佛、说法图、飞天等。残存壁画约 20 平方米,保存彩塑 3 身。另一个为元代洞窟,残存壁画近 20 平方米,内容为说法图等。另一个壁画已毁。经报请国家文物局批准,已于 1991 年将 2 个洞窟的壁画揭取搬迁至莫高窟保护,2000 年复原于莫高窟北区无艺术品的空洞之中。

1961 年,莫高窟被公布为第一批全国重点文物保护单位。1987 年被联合国教科文组织世界遗产委员会列入《世界文化遗产名录》。

莫高窟周边干枯河道全景

---

[1]. 宿白:《唐代长安以外佛教寺院的布局与等级初稿》,载宿白著《魏晋南北朝唐宋考古文稿辑丛》,文物出版社,2011,第 283 页。

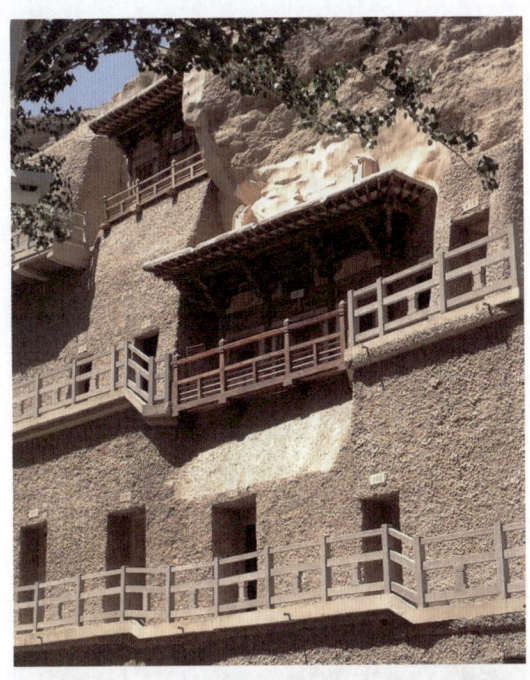

莫高窟崖壁全景 1

莫高窟崖壁全景 2

第 427 窟入口斗拱

窟入口及入口上部壁画

第 256 窟入口

斗拱细部

酒泉市

123

佛塔1　　　　　　　　　　　　　　　　　　　　　　　佛塔2

牌坊

5 玉门关及长城烽燧遗址（包括大方盘、小方盘）

Yumen Pass and the Beacon Ruins of the Great Wall (including the Large Square Plate and Small Square Plate)

级　别	国家级／世界文化遗产
年　代	汉
地　址	敦煌市西北
看　点	烽燧，关隘
开放方式	可参观

玉门关及长城烽燧位于敦煌市西北90千米的戈壁滩上，《中国西北文献丛书》第四十八卷《敦煌县志》记载："在敦煌城北数百里，由镇桑东狼心山北至哈密北山，皆有长城墩台基址，或云汉路博德所筑，或云近代为之，难不可考，遗址尤存。"

玉门关遗址是一处线性历史遗迹，从东端的仓亭燧，一直向西绵延至显明燧，分布区域长约45千米、宽约0.5千米。玉门关遗址以小方盘城遗址为中心，涉及2座城池、20座烽燧和17段长城边墙遗址。其中，主要遗址包括三部分：小方盘城遗址、大方盘城遗址（河仓城遗址）、汉长城（长城烽燧）遗址。

小方盘城是玉门关俗称，北距疏勒河南岸约7千米，西汉为玉门都尉府治所，东汉为玉门候官（执掌侦伺刺探情况的官员）治所。相传和阗玉经此输入中原，故名。现关城周垣尚在，方形，夯土修筑，现存关城城墙南北长26.4米，东西宽24米，高9.7米，上宽3.7米，下宽4～4.9米，夯层厚0.1～0.15米，开西、北两门，面积约630平方米。周围尚有营垒、炮台、古塔等遗址。

河仓城（俗称"大方盘"）是汉至魏晋时期我国西部防线储备粮秣等给养的军需仓库，西距玉门关10千米，坐落在疏勒河南岸高出河床2米多的自然土台上。河仓城平面呈长方形，夯土修筑，坐北朝南，开南门，东西长132米，南北宽17米，墙高6.7米，墙厚1.5米，内有仓库3座，仓库隔墙上有上下两排通风窗口。城东、西、北面有坞墙，四周有角墩。仓城南100米处筑有一烽燧，名曰"河仓燧"。

长城烽燧位于玉门关北2千米处，东西走向。敦煌境内的汉长城全长约150千米，尤以玉门关附近保存最为完整。在长城线上修筑烽燧近80座。西汉长城的结构是由砂砾石夹芦苇（或红柳）间层叠压版筑而成，保存最好的一段长约400米，残高3.25米，基宽3米，上宽1米。

1988年，玉门关及长城烽燧遗址被列为全国重点文物保护单位。2014年6月，玉门关遗址作为中国、哈萨克斯坦和吉尔吉斯斯坦三国联合申遗的"丝绸之路：长安—天山廊道路网"中的一处遗址点，被列入《世界文化遗产名录》。

长城边墙遗址全景

长城结构

关城入口遗址

长城烽燧遗址

关城遗址全景

6 白马塔

White horse Pagoda

级　　别	省级
年　　代	清—民国
地　　址	敦煌市党河乡白马塔村
看　　点	喇嘛塔
开放方式	可参观

　　白马塔位于敦煌市西郊党河乡白马塔村内，距市中心2千米，原为古代沙州城东南隅。白马塔建于公元386年，相传西域高僧鸠摩罗什随前秦大将军吕光同行去长安传法，途经敦煌，在沙州古城的普光寺休整并说法，不料他所骑乘的白马一病不起，后给鸠摩罗什托梦后故去，为了感谢白马的辛苦陪伴，鸠摩罗什遂在此募资修建此塔。

　　现存的白马塔具有明代喇嘛塔的风格，共有9层，高12米、直径约7米，建筑结构为土坯垒砌，中为立柱，外面涂以草泥、石灰。最底层呈八角形，用条砖包砌，每角面为3米长；第2～4层均为折角重叠形；第5层下有突出的乳钉，环绕一周。上为仰莲花瓣；第6层为覆钵形塔身；第7层为相轮形，最顶层为六角坡刹盘盖顶，每角挂风铎一只。在第2层上有镌石两块、镌木一块。石上刻着"道光乙巳桐月白文□采等重修"字样；木上写着"民国二十三年八月拔贡朱文镇、吕钟等修"字样。这足以证明此塔已经多次修葺。

　　1981年，白马塔被列为甘肃省省级文物保护单位。

塔身与基座

六角坡刹盘盖顶

白马塔全景

塔身细部

7 敦煌南仓

Dunhuang Southern Barn

级　　别	省级
年　　代	清
地　　址	敦煌市南关
看　　点	古代仓廪
开放方式	可参观

敦煌市南关粮食仓库是敦煌市确定的政策性国有粮食仓储企业，担负着当地县级储备粮的承储任务。敦煌南仓位于敦煌市南关，现有清代粮仓8座，历经200多年的风雨，依然发挥着囤粮的作用，是甘肃省目前保存最完整、建筑结构最齐全的清代粮仓。

据《敦煌县志》记载，粮仓建于清乾隆四十三年（1778）。原有15座，现存8座，大小相等，每座占地约160平方米，可存粮20万千克左右。粮仓建在一处地势较高、土质干燥的沙梁上，墙为黄土夯筑，厚1米多，下部基础用青砖包砌。仓顶用红柳芭铺设，抹泥，双面起脊，前后出檐。仓门为板闸式，门宽2.6米，高2.7米。仓库内地面均用30厘米×15厘米×16厘米的青砖铺地，仓底有较厚的青沙防潮。粮仓设计合理、实用，仓内通风效果良好，空气干燥，为研究清代仓廪制度的发展提供了宝贵的实例，对于现代粮仓的建设也具有较高的借鉴价值。

2003年，敦煌南仓被列为甘肃省省级文物保护单位。

敦煌南仓全景1

敦煌南仓全景2

受破坏的入口

受破坏的屋顶　　　　　　　　　　　　　　　内部结构

8 阳关遗址
Yangguan Ruins

级　别	省级
年　代	汉—晋
地　址	敦煌市南湖乡南工村西
看　点	关隘
开放方式	可参观

　　阳关，西汉时设置，据《元和郡县志》记载，"以居玉门关之南，故曰阳关"。自长安起始的古丝绸之路，至敦煌起分为南北二道，出玉门关者为北道，出阳关者为南道。阳关遗址位于敦煌市南湖乡南工村西 1 千米，俗名"古董滩"。这里有几道大沙梁和梁间谷地。风吹沙梁，流沙变换，常有古物显露出来被牧驼人捡得，"古董滩"因此得名。现存遗址暴露有黄土夯筑房屋残基以及窑址、墓葬。地表采集有五铢钱币、铁农具等。墓葬分布于南湖乡北工村东 8 千米处，地面封土为 3～6 座为一组的排列次序，应为家族墓地。已暴露的墓道多数东向。地表散见绳纹灰陶片。

　　阳关遗址保存较好，对研究汉代边郡史和晋唐考古有重要价值，是甘肃省前三批省级文物保护单位之一。

阳关故址

城门楼

阳关烽燧

驿亭

9 西云观

Xiyun Temple

级　　别	省级
年　　代	清
地　　址	敦煌市区西七里镇白马塔路敦煌公园附近
看　　点	道教建筑，壁画，砖雕
开放方式	可参观

西云观位于敦煌市区西七里镇白马塔路敦煌公园附近，据清代苏履吉编纂的《敦煌县志》所载，"西云观在城西三里，雍正八年建"。西云观始建于清雍正八年（1730），占地面积约3800平方米，建筑面积约2500平方米。建筑坐西朝东，布局呈长方形，东西长95米，南北宽40米，为一进三院。中轴线由东向西依次建有山门、灵官殿、东极宫、真武宫和三清宫。一进院南北两侧建有钟、鼓楼（1991年增建），二进院两侧建有七真殿和八仙殿，三进院两侧建配殿，三清宫两侧建有南、北斗楼。观内的《西游记》故事彩色悬塑、鲁班窗和花鸟屏风画在当地号称三绝。

西云观是敦煌市目前保存最完整的道教古建筑，是研究清代敦煌境内道教发展史的实物见证，建筑内的壁画、砖雕亦具有较高的艺术价值。西云观于1981年被敦煌市人民政府公布为县级文物保护单位，2016年被列为甘肃省省级文物保护单位。

西云观入口全景

第一进院落全景

酒泉市

灵官殿全景

受破坏的壁画

真武宫全景

三清宫全景

南斗楼

玉门市

10 昌马石窟
Changma Grottoes

级　别	国家级
年　代	北魏—清
地　址	玉门市昌马乡下窖村
看　点	石窟寺，彩绘
开放方式	不开放

昌马石窟群本应包括上窖和下窖两处。在1932年年底发生的7.7级强烈地震中，昌马上窖石窟的12座洞窟全部被震塌，石窟中的壁画、彩塑等各种文物被全部损毁。下窖石窟位于玉门市昌马乡下窖村西，其中还保留有一些造像和壁画。下窖周围环山，中为盆地，石窟就开凿在下窖村西的崖壁上，距离地面约40～50米，共有窟龛11个，依山势分为南、北、中三段，其中南、北三段的7个窟龛多残破，仅留中段4个窟内还保留着一些壁画和造像。在中段4个窟中，又以第2窟和第4窟保存较为完整。

第2窟平面呈方形，前部为拱形顶，后部为平顶，窟深、宽均为4米，高3米，内凿中心柱，宽2米，高3米，分上下两层，上层每面开两龛，下层每面均开圆拱形龛。龛内北凉原塑一佛二菩萨像大部分被毁。四壁保存有五代、宋重绘壁画，内容有文殊变、普贤变及一佛二菩萨、飞天、供养菩萨、供养人等。在窟内前室中心柱东面上方彩绘装饰性很强的垂幔，下方绘七佛，均结跏趺坐。

昌马石窟具有较高的艺术价值，从洞窟开凿形式上看，与敦煌莫高窟、安西榆林窟及新疆的石窟寺相似之处很多；从艺术价值上看，其彩绘和彩塑的手法新颖，形象逼真，大多数壁画入选《河西石窟图谱》。昌马石窟于1981年被列为甘肃省省级文物保护单位，2019年被列为全国重点文物保护单位。

昌马石窟全景

瓜州县

11 东千佛洞石窟
East Thousand Buddha Cave Grottoes

级　别	国家级
年　代	北魏—西夏
地　址	瓜州县
看　点	石窟寺，壁画
开放方式	可参观

东千佛洞石窟和瓜州的另外两座石窟寺（榆林窟和水峡口石窟）一样，开凿在踏实河以南的祁连山谷中。

东千佛洞最早见于1945年撰修的《安西县志》，被称为"接引寺"。东千佛洞共有9窟，其中西夏4窟，元代以后5窟。西夏4窟编号为2、4、5、7窟，皆为甬道式中心柱窟。这种窟形，与莫高窟直接窟顶、四面出龛的中心塔柱窟不同，是新疆龟兹式窟形，即将中心柱置于窟室后部，并有可以环柱右旋的甬道。中心柱后面往往有涅槃像，前面为覆斗顶或穹隆顶的殿堂空间。在西夏窟中，除佛窟外，还有一种"影窟"，即第4窟。所谓"影窟"，实际上是为高僧建筑的专窟，在中心柱正壁通常是塑造佛像的地方，画出窟主高僧像，并将其安置在覆钵形龛内。在西夏，僧人地位很高，受到皇帝和世人的尊重。西夏"影窟"在其他石窟中尚未见到，是仅有的一例。

东千佛洞的石窟中，有壁画和塑像的约占一半，从洞窟内容看，最早为西夏时所开，清代时又有零星修建，但是现存的壁画题材仍以西夏时期流行的为主，比如净土类经变、说法图以及早期的密宗题材，其间一些佛教石窟中常见的装饰图案也是类型丰富、描绘生动。第2、5、7等窟的涅槃变和说法图，是西夏的巨幅杰作。因绘在空间狭小、光线幽暗的中心柱背面，造成了一种幽奥神秘的艺术效果，表现了释迦行将寂灭，诸天、弟子供养、举哀的场面。释迦累足右胁卧于七宝床上，右手支颐，佛眼微阖，似作沉思状。众人神情痛楚，姿态各异，有的泪流纵横，有的合抱大哭，有的悲痛欲绝。在哀伤的人群里，还有4身伎乐，皆作菩萨装，分别击长鼓，吹长笛，打拍板，扭身作舞，以表现"十二部乐，朝夕供养"。各窟皆在宝床前画狮子、孔雀、龟、鹤，或狮首人身、人首猴身等四兽供养。绘画风格也各有特色：第2窟严谨细腻，第5窟笔触奔放，第7窟明艳醒目，构图主次分明，协调紧凑。

1996年，东千佛洞石窟被列为全国重点文物保护单位，并归入榆林窟。

全景

东千佛洞东崖

东千佛洞7窟接引佛

12 榆林窟

Yulin Grotto

级　别	国家级
年　代	北魏—元
地　址	瓜州县城西南
看　点	石窟寺，壁画
开放方式	可参观

榆林窟又被称为万佛峡，在甘肃省瓜州县境内，东北距县城75千米，西南距敦煌100千米。榆林窟共有洞窟41个，其中东崖30个，西崖11个，分别开凿于榆林河峡谷两岸的砾岩层断崖上。

史载，1036年西夏占领瓜州（今安西）、沙州（今敦煌）后，在瓜州设立西平监军司，使这里成为敦煌一带的统治中心。在榆林窟的40余个石窟中，西夏洞窟有12个，约占1/4。其中开凿于西夏后期的第2、3、29三窟，虽经元代、清代重修，但仍是最具有代表性的西夏洞窟。

洞窟形制主要有中心佛坛窟、中心塔柱窟、大像窟等三种。不同于莫高窟，榆林窟东西两崖上层洞窟前面多有较深的甬道，且横开连通毗邻各窟的长穿道。塑绘结合的彩塑内容主要有佛、菩萨、弟子、天王、力士像等，形式有圆塑、浮塑等，大多为木骨泥塑，且原有彩塑基本已被破坏，现存大多为重塑的样貌。

榆林窟壁画除初唐只存残迹，其余保存尚好，根据特点可分为中唐（吐蕃统治时期）、五代、北宋、回鹘、西夏、元六个时期。壁画题材主要有经变画、尊像画、佛传故事画、佛教史迹画、瑞像故事画和供养人画像六类。唐代洞窟中保存完整的仅第25窟。该窟艺术价值颇高，在整个敦煌石窟中也属于珍品。后期壁画艺术表现了三种新风格，即中原绘画风格、藏传密宗风格与西夏艺术风格。

1961年，榆林窟被列为全国重点文物保护单位。

西崖栈道

榆林窟全景

塔林

东崖栈道

宋代第38窟主室内景

唐代第17窟主室内景

西夏时期的第4窟内景

13 道德楼

Moral Building

级　　别	省级
年　　代	清
地　　址	瓜州县锁阳城镇堡子村
看　　点	楼阁式建筑
开放方式	可参观

道德楼始建于清嘉庆十三年（1808），为纪念道教创始人老子而建，因此以老子《道德经》前二字命名。道德楼坐东朝西，为歇山顶二层楼阁式建筑，平面呈正方形，上悬"道德楼"匾额，建筑面积82.36平方米，面阔一间5.68米，进深一间7.25米，通高8.45米，楼层内外的壁板上彩绘各种山水花鸟人物画面，周设回廊，原飞檐四角挂风铃。

清代嘉庆、道光年间，榆林窟香火大胜，桥子、踏石一带也大兴土木，筑台修庙，供奉神佛。当时，在道德楼的周围兴建有大规模庙宇建筑群，民间所敬奉的神、佛诸像，或绘壁画，或塑泥像，应有尽有。每逢祭祀，远近香客，烧香拜佛，祈求保佑者，搭台唱戏者，小商小贩们络绎不绝，好不热闹。

道德楼是瓜州境内唯一一座清代木构建筑。目前主体建筑保存完好，是研究清代瓜州地区道教建筑的重要实物遗存。1989年，道德楼被安西县（今瓜州县）人民政府公布为县级文物保护单位；2016年，被列为甘肃省省级文物保护单位。

正面

东北角

西南角

金塔县

14 塔院寺金塔

Golden Pagoda of Tayuan Temple

级　　别	省级
年　　代	明—清
地　　址	金塔县金塔镇
看　　点	藏式佛塔
开放方式	可参观

塔院寺金塔，位于金塔县城东南2.5千米的塔院寺内，初建于明代。据民国《金塔县志》记载，该塔复建于清康熙三十九年（1700）。清代、民国时期屡有修葺。该塔气势宏伟，民国时被列为金塔第一景，金塔县县名即由此而来。因此，金塔县也成为唯一一个以塔命名的县。

金塔为土木结构，基座平面呈方形，边长15米，须弥座八角四层，中为覆钵形塔身，塔刹由下大上小的九层相轮托起一个木构八角的华盖，八角下面各系一个风铎，刹顶为铜铸宝珠顶。宝塔上锐下圆，如古铜胆瓶状，土质塔身，高5丈、围7丈，外表用纸筋、白灰等物粉饰，是藏传佛教的塔。

据《重修金塔县志》1934年手抄本校注收录的《重修塔院寺序》（刻写于清雍正十年，即1732年）记载："如我金塔寺之有塔，不知仿于何代，然塔以筋砌始名曰筋塔。迨明万历二十年设堡，其地立官分土，因名其堡曰'金塔寺堡'，是堡因塔而名也。"据此可知，最晚在明万历二十年（1592）金塔就已经建成，且名称也几经变迁，最早称为"筋塔"，后来因所在地名"金塔寺堡"而改称"金塔"，也暗含了人们对富裕美好生活的向往。关于塔上供奉的古佛和原塔顶的去向，据民国《金塔县志》记载：民国五年（1916），塔上古佛被英国博士哈佛窃去，幸甘肃省长指令镇守使追回，仍放回原处。民国二十一年（1932），塔上古佛又被贼人窃去。民国三十五年（1946），塔上铜顶被几名士兵为打鸽子而击落，抬走后杳无音讯。

2003年，塔院寺金塔被列为甘肃省省级文物保护单位。

金塔寺入口全景

三圣殿

大雄宝殿

文昌阁全景

金塔全景

肃北蒙古族自治县

15 五个庙石窟

Five Temple Grottoes

级　　别	国家级
年　　代	南北朝、五代、宋
地　　址	肃北蒙古族自治县
看　　点	石窟寺，壁画
开放方式	可参观

　　五个庙石窟是敦煌石窟群的重要组成部分，位于莫高窟正南约40千米处，在今肃北蒙古族自治县境内，距县城20千米。石窟开凿于党河两岸，党河在此段自西向东而流，崖高二三十米。由于石质疏松，河水较大，崖面坍毁较多，有的洞窟只剩下半个中心柱和北壁。现存比较完整的洞窟均分布在北岸崖面中央，可分为西区和东区两部分。东区有5个洞窟（即五个庙名称的由来，"庙"是当地人对石窟的称呼），其中4个洞窟内容较丰富。西区残存数窟，其中的两个中心塔柱窟较有价值。

　　五个庙石窟初创并集中营建于北周，西夏时期进行了大规模重修。五个庙石窟因经历多次重绘而形成了重叠壁画，现存表层壁画为五代、北宋、沙州回纥、西夏、元等各个时期绘制的。五个庙石窟不仅具有鲜明的时代特征，而且具有浓郁的民族与地域特色，丰富了敦煌石窟艺术的内容，为研究古代河西地区佛教艺术的发展提供了十分珍贵的实物材料。

　　早在汉代，五个庙石窟一带就设有烽燧，是当时敦煌郡的南疆，在石窟群西北约1000米处，我们还可见到底部长、宽约各20米，残高四五米的汉代烽燧。

　　2013年，五个庙石窟被列为全国重点文物保护单位。

五个庙石窟全景

五个庙石窟近景

窟内壁画 1

窟内壁画 2

窟内壁画 3

窟内壁画 4

16 明水要塞遗址

Mingshui Fortress Site

级　　别	省级
年　　代	1934—1945 年
地　　址	肃北蒙古族自治县马鬃山镇音凹峡村
看　　点	军事建筑
开放方式	可参观

明水要塞遗址位于酒泉市肃北蒙古族自治县马鬃山镇明水边防派出所东北 2.48 千米处的独立山顶部。面积约 4 平方千米。山的东、南、西三面地形隆起，只有北面敞开，俯视呈不规则四边形，山体四角高。该军事设施依山而建，可巡视四周，以山为凭，以墙为拱卫，居高临下，易守难攻，在山体四周有战壕与各碉堡、营房相连，西南两面有护城河似的战壕相通，设碉堡、掩体等相互配合。

两处遗址平面呈圆形，直径 2.1～3.0 米，面积 28 平方米。碉堡用石块垒筑而成，残高 0.6 米。周围散见瓷碗残片。

根据 1989 年出版的《肃北县志》记载，民国二十三年（1934），安西县在马鬃山镇建立保卫团；1937 年，委任军统周国良为设治局委员，率两个营在马鬃山明水等地设防；1945 年 10 月，国民党部队 191 师 573 团也先后派部队驻防于此。该军事设施是民国时期扼守中蒙边界的重要根据地，是确保兰州至新疆军事补给生命线上的重要设施，有较高的军事、历史价值。

2011 年，明水要塞遗址被列为甘肃省省级文物保护单位。

明水要塞遗址全景 1

明水要塞遗址全景 2

明水要塞遗址残墙1

明水要塞遗址残墙2

酒泉市其他文物保护单位列表

区县	名称	年代	级别	地址	类别
肃州区	果园—新城墓群	魏—唐	国家级	酒泉市肃州区西20千米处的果园乡	古墓葬
肃州区	东关外墓群	汉、魏、晋、明、清	省级	酒泉市肃州区东关外	古墓葬
肃州区	干骨崖遗址及墓群	青铜时代、汉、晋	省级	酒泉市肃州区丰乐乡大庄村	古遗址

续表

区县	名称	年代	级别	地址	类别
肃州区	赵家水磨遗址	新石器时代—青铜时代	省级	酒泉市肃州区果园乡高闸沟村	古遗址
肃州区	将台遗址	魏、晋	省级	酒泉市肃州区清水镇清水村	古遗址
肃州区	酒泉皇城城址	汉—唐	省级	酒泉市肃州区下河清乡皇城村内	古遗址
肃州区	旧南干渠北石滩墓群	魏、晋	省级	酒泉市肃州区总寨镇单长村	古墓葬
肃州区	崔家南湾墓群	魏、晋	省级	酒泉市肃州区总寨镇三奇堡村	古墓葬
肃州区	下河清墓群	汉—魏、晋	省级	酒泉市肃州区下河清乡	古墓葬
肃州区	乱古堆墓群	汉—魏、晋	省级	酒泉市肃州区金佛寺镇红寺村	古墓葬
肃州区	酒泉城墙	汉—明、清	市级	酒泉市城区	古建筑
肃州区	酒泉胜迹碑	清	市级	酒泉市肃州区公园路	石窟寺及石刻
敦煌市	悬泉置遗址	汉—魏、晋	国家级	酒泉市敦煌市甜水井东南2千米吊吊泉沟口西侧	古遗址
敦煌市	南湖、西土沟、山水沟墓群	汉—魏、晋	省级	酒泉市敦煌市南湖乡	古墓葬
敦煌市	马圈湾遗址	汉	省级	酒泉市敦煌市马圈湾	古遗址
敦煌市	敦煌汛卡	清	省级	酒泉市敦煌市莫高镇、阳关镇、七里镇及北山境内	古遗址
敦煌市	寿昌城遗址	汉	省级	酒泉市敦煌市南湖乡北工村	古遗址
敦煌市	沙州城遗址	唐	省级	酒泉市敦煌市七里镇白马塔村	古遗址
敦煌市	祁家湾墓群	汉—唐	省级	酒泉市敦煌市七里镇新区	古墓葬
敦煌市	河州堡遗址	清	省级	酒泉市敦煌市肃州镇河州堡村	古遗址
敦煌市	佛爷庙—新店台墓群	汉—唐	省级	酒泉市敦煌市五墩乡新店台村	古墓葬
玉门市	玉门油田老一井	1939年	国家级	酒泉市玉门市南坪街道老君庙门前西侧	近现代重要史迹及代表性建筑
玉门市	砂锅梁遗址	夏、商	国家级	酒泉市玉门市小金湾乡	古遗址
玉门市	昌马岩画	待考	省级	酒泉市玉门市昌马乡	石窟寺及石刻
玉门市	三个墩遗址及墓群	汉	省级	酒泉市玉门市花海乡	古遗址
玉门市	古董滩遗址	青铜时代	省级	酒泉市玉门市柳湖乡小康村四组	古遗址
玉门市	火烧沟遗址	青铜时代	省级	酒泉市玉门市清泉乡清泉中学	古遗址
玉门市	泉子墓群	晋	省级	酒泉市玉门市玉门镇泉子村	古墓葬
玉门市	大墩湾遗址	青铜时代	市级	酒泉市玉门市清泉乡清泉村火烧沟遗址南侧	古遗址
玉门市	西骟马城遗址	西汉	市级	酒泉市玉门市清泉乡清泉村三组骟马河西岸120米处	古遗址
玉门市	西域城遗址	明清	市级	酒泉市玉门市玉门镇东渠村委会西南1千米处	古遗址

续表

区县	名称	年代	级别	地址	类别
玉门市	天津卫塔	清	市级	酒泉市玉门市赤金镇金峡村五组西北塔尔梁戈壁约1千米处	古建筑
玉门市	老君庙	清	市级	酒泉市玉门市老市区南坪一村石油河东岸50米处	古建筑
瓜州县	锁阳城古渠道遗址	唐	国家级	酒泉市瓜州县锁阳城镇桥子村	古遗址
瓜州县	六工城遗址	汉—唐	国家级	酒泉市瓜州县南岔镇七工村	古遗址
瓜州县	踏实墓群	东汉—唐	国家级	酒泉市瓜州县锁阳城镇镇政府东南	古墓葬
瓜州县	百齐堡遗址	清	省级	酒泉市瓜州县广至乡洮砚村	古遗址
瓜州县	桥湾城城址	清	省级	酒泉市瓜州县河东乡双泉村	古遗址
瓜州县	兔葫芦遗址	早期青铜时代	省级	酒泉市瓜州县双塔乡福泉村	古遗址
瓜州县	潘家庄城遗址	汉—魏晋	省级	酒泉市瓜州县双塔乡月牙墩村	古遗址
瓜州县	鹰窝树遗址	新石器时代	省级	酒泉市瓜州县锁阳城镇桥子村	古遗址
瓜州县	舍利塔遗址	唐	市级	酒泉市瓜州县锁阳城镇常乐村二组南1千米处	古遗址
金塔县	居延遗址（甘肃部分）	汉	国家级	酒泉市金塔县县城东北145千米处的黑河两岸，分为大湾城、地湾城、肩水金关三部分	古遗址
金塔县	火石梁遗址	新石器时代、商	国家级	酒泉市金塔县大庄子乡头墩村	古遗址
金塔县	缸缸洼遗址	新石器时代、夏、商	国家级	酒泉市金塔县大庄子乡永丰村	古遗址
金塔县	鸳鸯池水库	近现代	省级	酒泉市金塔县县城西南6千米处的南夹山鸳鸯峡口	近现代重要史迹及代表性建筑
金塔县	二道梁遗址	青铜时代	省级	酒泉市金塔县大庄子乡牛头湾村	古遗址
金塔县	白山堂古铜矿遗址	青铜	省级	酒泉市金塔县大庄子乡新八分村	古遗址
金塔县	威虏城遗址	明	省级	酒泉市金塔县古城乡头号村	古遗址
金塔县	大坡梁—天泉寺墓群	汉、晋	省级	酒泉市金塔县金塔乡塔院村	古墓葬
金塔县	西三角城遗址	汉	省级	酒泉市金塔县金塔乡西沟村	古遗址
金塔县	东古城遗址	汉	省级	酒泉市金塔县羊井子湾乡双古城村	古遗址
金塔县	转嘴子南窑址群	汉	省级	酒泉市金塔县羊井子湾乡双古城村	古遗址
金塔县	酒泉卫星发射中心导弹卫星发射场旧址和烈士陵园	现代	省级	酒泉市金塔县县城北220千米处	其他
金塔县	一个地窝遗址	新石器时代晚期	市级	酒泉市金塔县大庄子乡永丰村东南11千米处	古遗址
金塔县	南破城城址	汉	市级	酒泉市金塔县羊井子湾乡双古城村西北5.7千米处	古遗址
金塔县	茨湾营城址	明	市级	酒泉市金塔县鼎新镇芨芨村南21.5千米处	古遗址

续表

区县	名称	年代	级别	地址	类别
安西县	锁阳城遗址	隋、唐	国家级	酒泉市安西县桥子乡南坝村	古遗址
安西县	锁阳城墓群	汉—唐	国家级	酒泉市安西县桥子乡南坝村锁阳城	古墓葬
安西县	破城子遗址	汉—唐	国家级	酒泉市安西县踏实乡破城子村	古遗址
安西县	旱湖脑遗址	汉、晋	省级	酒泉市安西县布隆吉乡	古遗址
安西县	晋昌郡城址	晋—唐	省级	酒泉市安西县布隆吉乡九下村	古遗址
安西县	浪柴沟遗址	汉	省级	酒泉市安西县东巴兔乡	古遗址
安西县	巴州古城	汉—晋	省级	酒泉市安西县南岔乡六工村	古遗址
安西县	冥安县城遗址	汉	省级	酒泉市安西县桥子乡	古遗址
安西县	长沙岭墓群	汉—魏、晋	省级	酒泉市安西县桥子乡北桥子村	古墓葬
安西县	冥水墓群	汉—魏、晋	省级	酒泉市安西县桥子乡南坝村	古墓葬
陇西县	西河滩遗址	新石器—青铜时代	国家级	酒泉市陇西县城西西河北岸台地上	古遗址
肃北蒙古族自治县	大黑沟岩画	战国—汉	国家级	酒泉市肃北蒙古族自治县县城东约40千米处的大黑沟	石窟寺及石刻
肃北蒙古族自治县	老道呼都格岩画	待考	省级	酒泉市肃北蒙古族自治县马鬃山镇	石窟寺及石刻
肃北蒙古族自治县	马鬃山玉矿遗址	战国—汉	国家级	酒泉市肃北蒙古族自治县马鬃山镇滚坡泉村	古遗址
肃北蒙古族自治县	阿尔格力太岩画	春秋—汉	省级	酒泉市肃北蒙古族自治县县城东南148千米沟口两边的崖壁上	石窟寺及石刻
肃北蒙古族自治县	党城遗址	晋—宋	省级	酒泉市肃北蒙古族自治县党城乡	古遗址
肃北蒙古族自治县	七个驴岩画	待考	省级	酒泉市肃北蒙古族自治县石包城乡	石窟寺及石刻
肃北蒙古族自治县	石包城遗址	晋—宋	省级	酒泉市肃北蒙古族自治县石包城乡龚岔村	古遗址
肃北蒙古族自治县	灰湾子岩画	待考	省级	酒泉市肃北蒙古族自治县石包城乡泉脑村	石窟寺及石刻
肃北蒙古族自治县	柳沟岩画	春秋—西汉	市级	酒泉市肃北蒙古族自治县马鬃山镇滚坡泉村村委会东南35千米处	石窟寺及石刻
肃北蒙古族自治县	滚坡泉军事要塞遗址	民国	市级	酒泉市肃北蒙古族自治县马鬃山镇滚坡泉村村委会西南1千米处	古遗址
阿克塞哈萨克族自治县	青崖子沟岩画	待考	省级	酒泉市阿克塞哈萨克族自治县红柳湾镇大坝图村	石窟寺及石刻

酒泉市

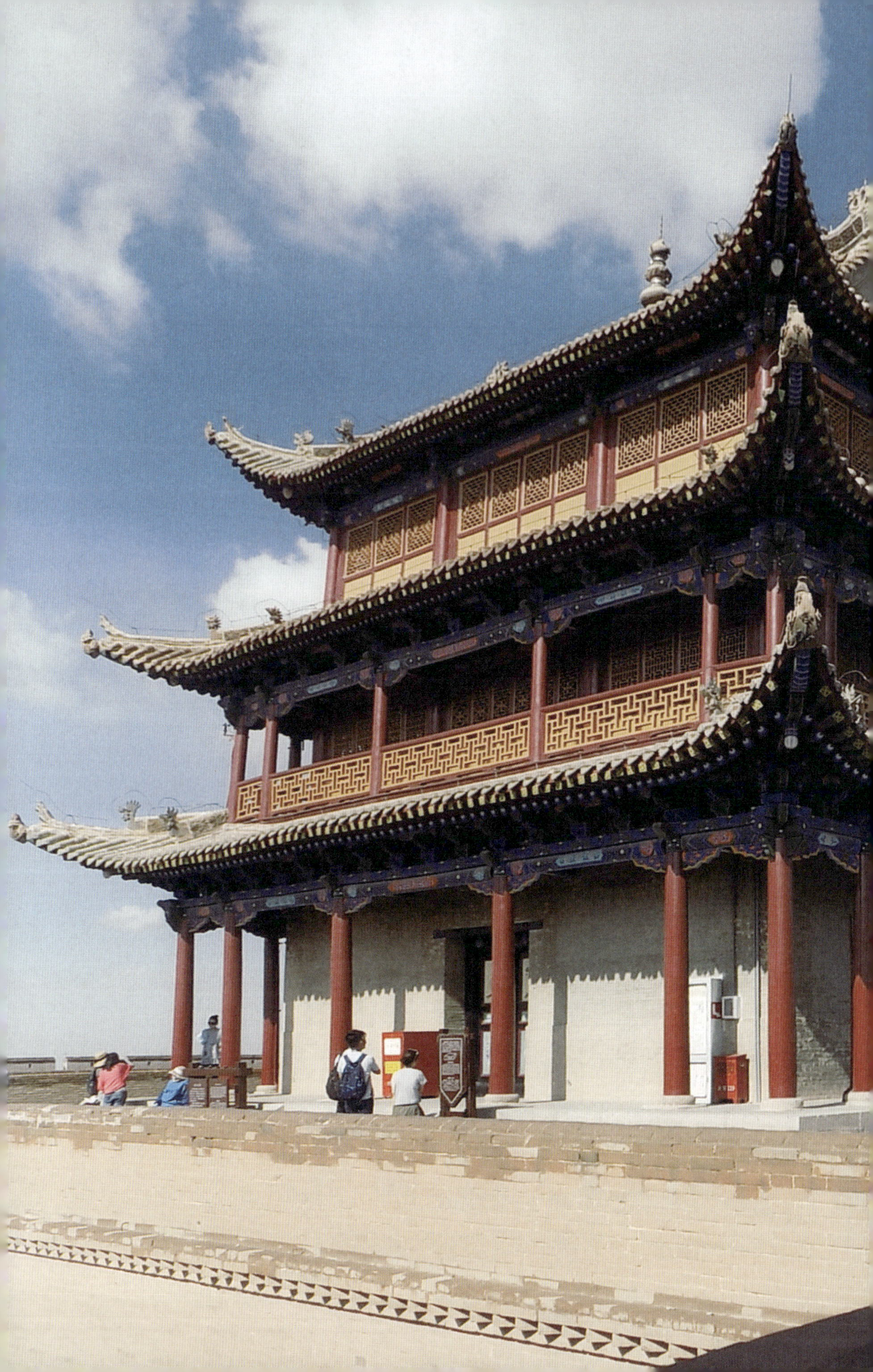

6
嘉峪关市
JIAYUGUAN

嘉峪关市古建筑分布图
Historical Architectural Map of Jiayuguan

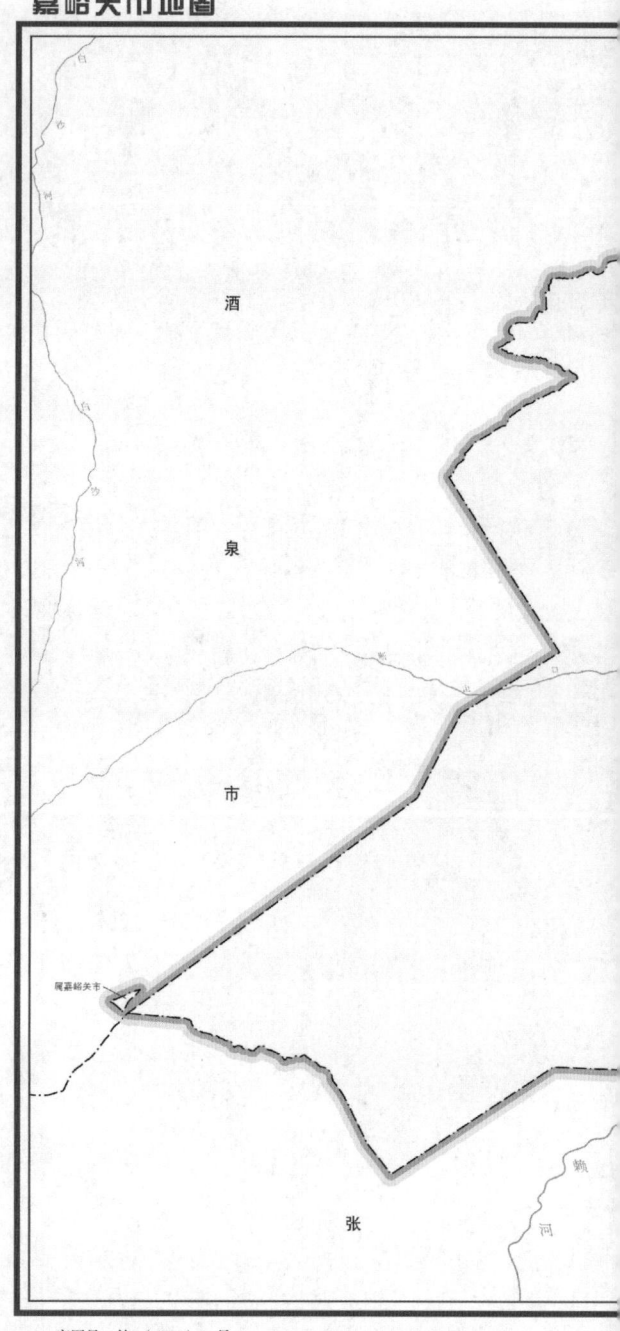

❶ 万里长城—嘉峪关

嘉峪关市地图

审图号：甘S（2023）55号

嘉峪关市

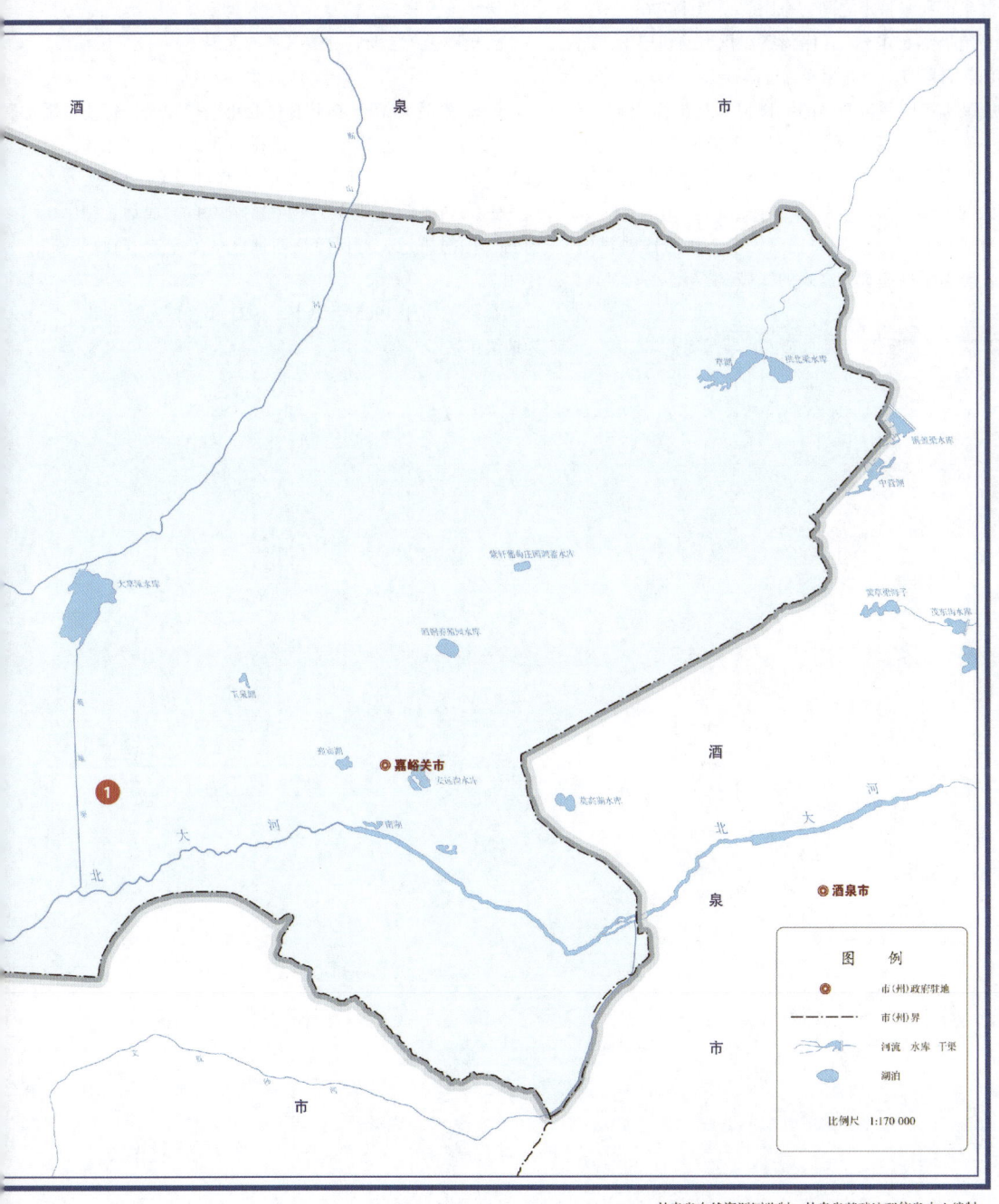

建置沿革

嘉峪关市位于甘肃省西北部,河西走廊中部偏西,处于酒泉市和张掖市之间,东距省会兰州776千米;西至新疆哈密650千米,南倚终年积雪的祁连山;北枕黑山与酒泉市金塔县相连,与青海相距300余千米。

嘉峪关市因举世闻名的明长城"天下第一雄关"嘉峪关而得名。嘉峪关距今已有600多年的历史,是万里长城沿线上最西端关隘,也是众多关隘中规模较大的。

林则徐在《出嘉峪关感赋》中,用对比映衬的手法,赞美了这座雄关高险的气势。

严关百尺界天西,万里征人驻马蹄。
飞阁遥连秦树直,缭垣斜压陇云低。
天山巉削摩肩立,瀚海苍茫入望迷。
谁道崤函千古险,回看只见一丸泥。

嘉峪关关城始建于明洪武五年(1372),征虏大将军冯胜在进军途中,选址在河西走廊中部东连酒泉、西接玉门、背靠黑山、南临祁连的咽喉要地——嘉峪塬西麓建立关城。嘉峪关自建成后,便为西部国防重地,对保障河西地区的安全起着重要作用。

嘉峪关市于1965年设市,1971年经国务院批准为地级市。

万里长城—嘉峪关

The Great Wall–Jiayuguan Pass

级　　别	国家级 / 世界文化遗产
年　　代	明
地　　址	河西走廊中西部嘉峪山
看　　点	长城沿线重要关口
开放方式	可参观

　　嘉峪关始建于明洪武五年（1372），距今已有600多年的历史，位于甘肃省河西走廊的嘉峪山最狭窄的山谷中部，矗立于一片茫茫戈壁上，是丝绸之路的必经之地。它比山海关还早建9年。

　　嘉峪关关城布局合理，建筑得法。关城有三重城郭，多道防线，城内有城，城外有壕，形成重城并守之势。关城平面呈梯形，面积约3.3万平方米，由外城、内城、罗城、瓮城及城楼附属建筑等组成。正如史料《秦边纪略》所记："初有水而后置关，有关而后建楼，有楼而后筑长城，长城筑而后可守也。"

　　内城为关城的中心，周长640米，东城墙长156米，西城墙长164米，南、北城墙各长160米，面积约2.5万平方米。城墙高9米，上建高1.7米的垛墙。内城有东西二门，西曰"柔远"，东曰"光化"，其上均建有三层三檐歇山顶式城楼，与关楼位于一条中轴线上。城墙四角建角楼，南北墙正中建敌楼。内城中轴线北侧有清代游击将军府一座，是嘉峪关历任游击将军办公之处。二门外各修筑瓮城一座，门均南开，东曰"朝宗"，西曰"会极"。内城西有罗城，呈"凸"字形，长190米，通高10米。青砖包砌，高与内城相同。罗城中间突出部分开券门，为关城正门，门额上刻"嘉峪关"三字，门上建关楼。城南、北两角筑有角楼。内城南、北和东侧外围均筑外城，西与罗城相连，南、北与内城平行并形成夹道，可供车马通行。外城高3.8米，周长1100米，东北角上建"闸门"，上建一层三间式闸楼。关城外城四周距墙1米有一道宽2米、深2米的壕沟。关城内外还有官井、营房及文昌阁、关帝庙、戏楼等附属建筑。

　　嘉峪关以"天下第一关"而著称，亦有"中外钜防""河西第一隘口"之称，具有重要的历史文化价值。1961年，嘉峪关被列为全国重点文物保护单位。1987年，嘉峪关被联合国教科文组织列入《世界文化遗产名录》。

东闸门

文昌阁

关帝庙牌匾

戏台正面　　　　　　　　城墙

光化门　　　　　　　　东瓮城

光化楼

演武场全景

游击将军府入口

游击将军府第二进院落

嘉峪关市其他文物保护单位列表

区县	名称	年代	级别	地址	类别
嘉峪关市	果园—新城墓群	魏—唐	国家级	嘉峪关市新城乡西南、酒泉市果园乡北面	古墓葬
嘉峪关市	黑山岩画	战国—明	国家级	嘉峪关市西北10～20千米处的黑山南麓及东麓沟谷内	石窟寺及石刻
嘉峪关市	十营庄堡址	明	省级	嘉峪关市新城乡野麻湾村	古遗址
嘉峪关市	野麻湾堡遗址	明	省级	嘉峪关市新城乡野麻湾村	古遗址

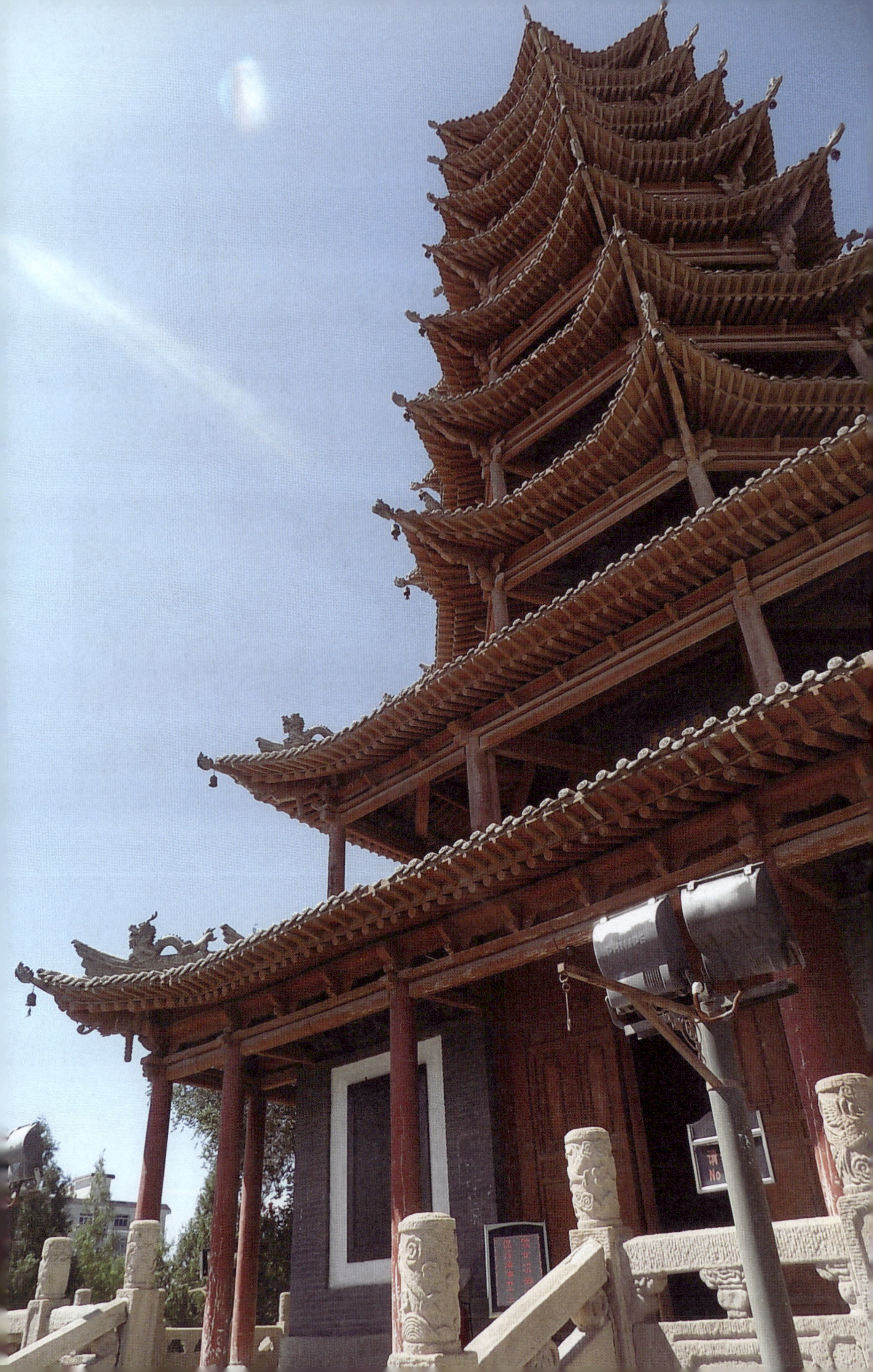
请
No

7 张掖市
ZHANGYE

张掖市古建筑分布图
Historical Architectural Map of Zhangye

1. 张掖大佛寺
2. 张掖山西会馆
3. 西来寺
4. 张掖鼓楼
5. 张掖东仓
6. 张掖高总兵宅院
7. 吉祥寺砖塔
8. 甘州古城墙
9. 东古城城楼
10. 张掖民勤会馆
11. 万寿寺
12. 圆通寺塔
13. 童子寺石窟
14. 四家魁星楼
15. 上花园戏台
16. 马蹄寺石窟群
17. 文殊山石窟
18. 卯来泉城堡
19. 景耀寺石窟
20. 红山魁星楼
21. 靳氏民居
22. 圣经楼
23. 马寨无量殿

审图号：甘S（2023）63号

张掖市

建置沿革

张掖市位于甘肃省西北部,河西走廊中段,也有"甘州"的古称,这也是甘肃省名"甘"字的由来地。张掖历史悠久,据在市域内出土的新石器时代考古遗迹证明,不晚于4000多年前,人类就已在这里生活。先秦时期,羌、戎、狄、乌孙、月氏等部族就已在这里繁衍生息。战国时便有城邑,今张掖一带还有秦长城遗址。汉初,匈奴冒顿单于击败了这里的月氏人而占据张掖等河西走廊地区,也隔断了汉代同西域早已存在的关系。公元前121年,汉武帝派骠骑将军霍去病西征赶走匈奴后,始设张掖郡,为其后所建河西四郡(敦煌、酒泉、张掖、武威)之一。《水经注》提到,张掖的得名,有"张国臂掖,以威羌狄"之意。

自汉唐以来,由于地理环境优越,自然条件良好,物产丰富,"断匈奴之臂,张中国之掖,土壤肥饶,耕牧为宜",张掖成为古丝绸之路上的重镇,中原通往西亚东欧各国进行经济文化交流和友好往来的要地。

南北朝时期,匈奴支系卢水胡族的首领沮渠蒙逊在张掖附近建立北凉国,除了发展农业,大兴儒学,扩大同西域各国的文化交流,还继承发扬汉文化,推广佛教,翻译佛经,开凿石窟,使张掖文化呈现出空前繁荣的局面。西魏废帝三年(554),因境内之甘泉相关因素,改张掖为甘州。其后,"甘州""张掖"之名及治所屡有更迭。至隋代,张掖移治今张掖市区所在。唐代中后期,河西回鹘的一支进入甘州,长期占据并向中央政府纳贡称臣。

北宋初年,党项族首领李元昊击败甘州回鹘,此后甘州地入西夏统治。元代置甘肃行省,张掖为省会。意大利旅行家马可·波罗来华途中,曾在甘州停留生活了大约一年,在《马可·波罗游记》中记述了张掖的城市生活以及宗教寺庙的宏伟。明代的甘州,为陕西行都司及甘肃镇的治所,设立甘州诸卫所。清雍正三年(1725),改甘州卫为甘州府,1927年,在此设张掖县。1949年后,先后为张掖专区、地区公署所在地。

1985年5月,撤销张掖县,设立县级张掖市,以原张掖县行政区域为张掖市的行政区域。2002年3月,国务院批复撤销张掖地区和县级张掖市,设立地级张掖市,以原县级张掖市的行政区域为甘州区。张掖市现辖甘州区、临泽县、高台县、山丹县、民乐县、肃南裕固族自治县六个区县。张掖市是国家1986年公布的第二批全国历史文化名城之一,有着悠久的历史、灿烂的文化、优美的自然风光和独特的人文景观。

张掖市市区古建筑地图

① 张掖大佛寺	③ 西来寺	⑤ 张掖东仓	⑧ 甘州古城墙	⑪ 万寿寺
② 张掖山西会馆	④ 张掖鼓楼	⑥ 张掖高总兵宅院	⑩ 张掖民勤会馆	

甘州区

1 张掖大佛寺

Zhangye Big Buddhist Temple

级　　别	国家级
年　　代	西夏—清
地　　址	甘州区南大街
看　　点	大型卧佛，金刚宝座塔
开放方式	可参观

大佛寺位于张掖市甘州区南大街。据明宣德《敕赐宝觉寺碑记》，西夏于永安元年（1098）始营建大佛寺，五年后建成，初名迦叶如来寺，又名睡佛寺，坐东向西，占地面积约2.3万平方米。原寺建筑规模宏大，整体建筑坐东朝西，重要殿阁沿中轴线顺次延伸，左右配殿在两侧对称排列，现仅存建于中轴线上的大佛殿、藏经殿、土塔。

大佛殿位于现存大佛寺的中心地带，为两层楼阁式建筑，且两层均有周圈外廊，上覆重檐歇山顶。除四周外廊外，面阔九间，进深七间，高约20米，整体结构为抬梁式构架，砖木结构，殿顶覆盖着青筒瓦，上檐施三昂七踩斗拱，下檐斗拱为斗口跳。殿门上方悬挂"无上正觉"匾额，殿内正中设释迦牟尼涅槃卧像，卧佛身长34.5米，肩宽7.5米，高7.8米，脚长4米，木胎泥塑，金装彩绘，面庞贴金，头枕莲台，是全国现存最大的室内卧佛。卧佛身后塑迦叶、阿难、舍利佛、目犍连等十大弟子举哀群像，前两侧塑立像各一尊，殿内南北两侧环塑十八罗汉造像。塑像皆保存了西夏彩塑的基本面貌。

藏经殿内藏各类佛经，平面呈长方形，面阔五间，进深三间，坐东向西，单檐歇山顶，抬梁式构架。屋顶比大佛殿更为陡峻，屋面铺灰瓦，山花用砖垒砌。殿内层供奉释迦牟尼坐像，并藏有明正统五年（1440）敕书颁赐《大明三藏圣教北藏》一部。

藏经殿后的土塔为明代建筑，原名弥陀千佛塔，为张掖五行塔之一，包括塔基、塔身、塔刹三部分。

大佛寺入口全景

大佛殿

大佛殿翼角

结构为砖土混筑密宗覆钵式金刚宝座塔，主塔高约33米，悬有40组风铃，塔身覆钵粗大，塔顶为十三重相轮，再上为刹盘，盘上宝顶。土塔基座为两层十字折角形须弥座。其一、二层台座四隅各建一小塔，这使得土塔既具有金刚宝座塔的特征，又与一主塔配四小塔的常见形制不同。下为高大的四方形台座，座四周有重层回廊环绕，带有浓郁的砖土混筑喇嘛教式风格。土塔所在的殿内，如今已经被修建成了一座小型的博物馆。

1996年，张掖大佛寺被列为全国重点文物保护单位。

大佛殿入口细部

大佛殿局部

大佛殿内卧佛

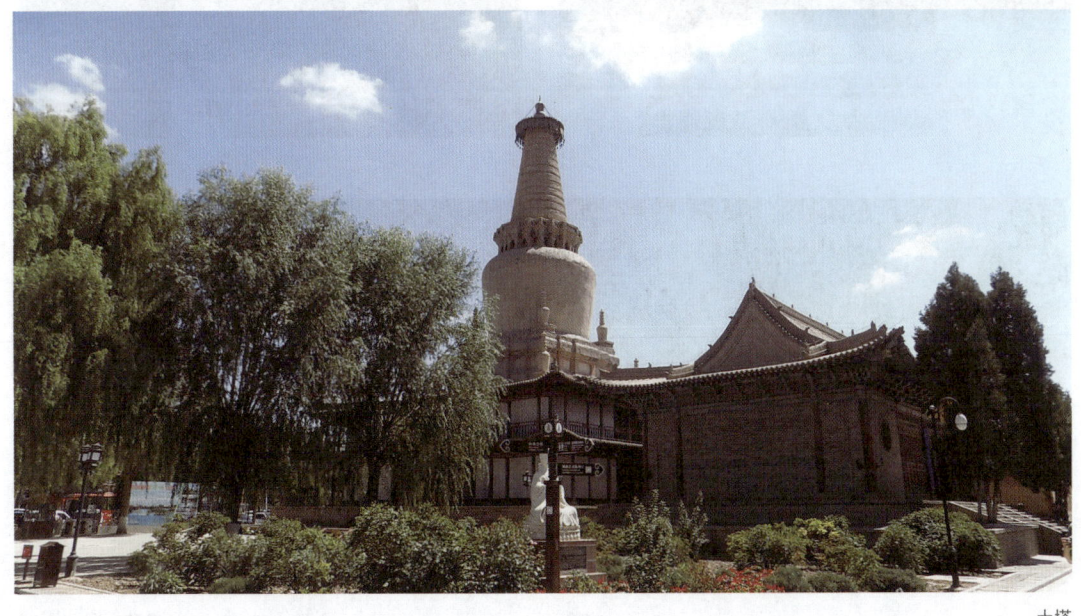

土塔

2 张掖山西会馆

Zhangye Shanxi Association Hall

级 别	国家级
年 代	清
地 址	甘州区人民南街
看 点	会馆建筑
开放方式	可参观

张掖山西会馆位于张掖市甘州区人民南街西侧，大佛寺之东北，轴线与大佛寺平行。占地面积约2300平方米。原为关帝庙，始建于清雍正二年（1724），清雍正八年（1730），山西客民赵世贵等人集资辟建为山西会馆。

张掖山西会馆平面为长方形，坐西向东，中轴线上依次为山门、戏楼、牌坊、钟楼、大殿，前、后院有南北对称的看楼和廊庑。山门为二层悬山顶，与戏台合二为一，具有鲜明的地方特色。这种做法一般被称为"山门戏台"，山西民间称之为"过路台"。戏楼三间为歇山顶。牌坊为四柱三楼，面阔五间。大殿及其抱厦位于会馆轴线最西端，紧接碑亭。大殿面阔、进深均为三间，单檐歇山卷棚顶二层楼，前接卷棚抱厦。馆内原有《重修山西会馆碑》《添建卷棚并献銮驾碑》两通石碑，今存于张掖市博物馆内。

张掖山西会馆布局紧凑，轴线对称的空间富有层次和秩序。单体建筑类型多样、造型精美，是河西地区清代会馆建筑的典型代表。2006年，张掖山西会馆被列为全国重点文物保护单位。

入口

垂花门细部

大殿

由大殿抱厦向外看

山门

戏台院落

戏台

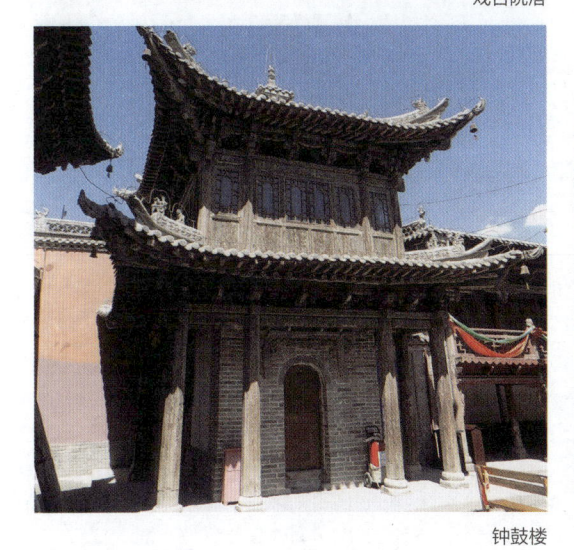

钟鼓楼

看楼

张掖市

3 西来寺

Xilai Temple

级　　别	国家级
年　　代	明—清
地　　址	甘州区民主西街西来寺巷
看　　点	佛教寺院、明清建筑
开放方式	可参观

西来寺位于张掖市甘州区民主西街西来寺巷，原是一处规模宏大的藏传佛教寺院，有大殿、配殿、天王殿、观音殿、藏经楼等，现今西来寺已转变为一座汉传佛教寺院，坐西向东，现存观音殿、藏经楼及配殿。

据《新修张掖县志·庙宇》载："西来寺，在城西南隅，明时建，有落星石，金字经。清雍正十年，喇嘛刘劳藏募修，平郡王题额，甘山道岳礼碑记，知县王宏班书。"[1] 清康熙年间，甘州番僧阿札木苏（法名郎法）创建该寺，清雍正十年（1732）由郎法弟子刘劳藏等主修完工。

观音殿，单檐歇山顶，面阔三间，进深三间，殿内顶部有圆藻井。藏经楼为单檐硬山顶，面阔五间，进深五梁八架橼。西来寺的观音殿等古建筑保存较好，对研究明清建筑特点和建筑史有重要价值。

2006年，西来寺被列为全国重点文物保护单位。

西来寺入口全景

东配殿

西配殿

---

1. 白册侯、余炳元：《新修张掖县志》（油印本）卷二·庙宇，1959，中国国家数字图书馆。白册侯、余炳元：《新修张掖县志》（抄本）卷三·地理，1959，中国国家数字图书馆。

大雄宝殿

藏经楼

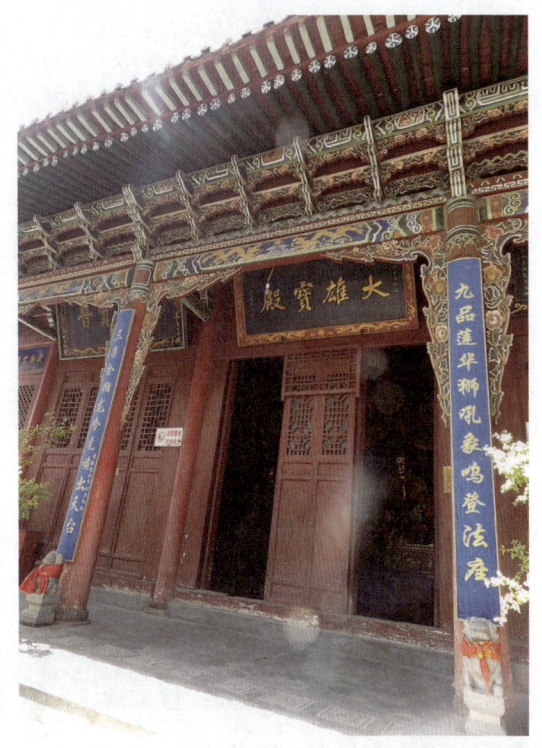

大雄宝殿明间铺作

4 张掖鼓楼

Zhangye Drum Tower

级　别	国家级
年　代	明—清
地　址	张掖市甘州区中心
看　点	高台式楼阁建筑
开放方式	可参观

张掖鼓楼位于张掖市甘州区中心，又名"镇远楼""靖远楼"，砖、土、木混合结构。据《重修甘州吊桥及靖远楼》碑刻记载，鼓楼始建于明正德二年（1507），清顺治五年（1648）焚毁于兵燹，清康熙七年（1668）甘肃提督张勇重建，乾隆、光绪年间两次修缮。

鼓楼分楼台、楼阁两部分，通高21米。据《新修张掖县志·庙宇》载："镇城中央镇远楼俗名鼓楼，台高三丈，建台上楼三层，高三丈六尺，台上悬钟一口，

---

1. 白册侯、余炳元：《新修张掖县志》（抄本）卷三·地理，民国（1912—1949），中国国家数字图书馆。

高五……径三尺五寸……"[1]楼台为夯土版筑，平面呈正方形，青砖包砌，边长32米，高9米；台顶砌有1米高女墙，四面中轴辟拱门，门宽4米，高5米，与四条大街相通；门洞顶部砌五层砖券，上面嵌刻砖匾额，东为"旭升"、西为"宾晟"、南为"迎薰"、北为"镇远"。西北角用条石砌筑有楼阶，楼台上建造外三层、内二层木楼，重檐四角攒尖顶。楼面阔、进深各三间，底宽16米，重檐四面悬挂匾额，据《甘州府志》记载，"正德二年都御史才宽建，榜额有四，东曰金城春雨，南曰祁连晴雪，西曰玉关晓月，

张掖鼓楼南面

北曰居延古牧……我朝顺治年重修，易匾额，东曰九重在望，西曰万国咸宾，南曰声教四达，北曰湖山一览"。[1]可见鼓楼四面的匾额内容曾经经历了一次改动。楼东南角悬唐钟一口，铸有图案，且全钟只有图案，无文字。

2006年，张掖鼓楼被列为全国重点文物保护单位。

张掖鼓楼西面

张掖鼓楼西北角

5 张掖东仓
Zhangye Eastern Barn

级　　别	国家级
年　　代	明—清
地　　址	甘州区马神庙街东仓巷内
看　　点	古代仓廪
开放方式	可参观

张掖东仓位于张掖市甘州区马神庙街东仓巷内，旧名甘州仓、永丰仓、甘肃仓，俗名大仓，现存9座，始建于明洪武二十五年（1392），距今已有近700年的历史，主要为常规储粮备荒、战时支持军需所用，清代沿用并增建，民国时期屡有修葺，至今仍旧具备储粮功能。

仓房为土木结构，平面呈长方形，每座面阔五间，进深三间，高约2.5米，宽约3.7米，为了保证粮仓内部湿度温度尽量恒定，建造时在廒房底部至少垫土夯实1米左右作为地基。墙为土坯砌筑，门边用青条砖砌筑。仓房底层铺设厚木板，木板下面有横梁、支柱支撑。板下为通风洞，仓管人员可以进入通风洞清扫、灭鼠。

东仓设计科学合理，自修建时起，就为巩固西北边防做出重要贡献，是我国现存保存时间较长、较完整，且仍能继续发挥作用的古代仓廪之一。2019年，张掖东仓被列为全国重点文物保护单位。

张掖东仓全景

---

1. 钟赓起：甘州府志，清乾隆四十四年（1779），据中国国家数字图书馆（刻本）：卷五·公署。

张掖东仓近景1

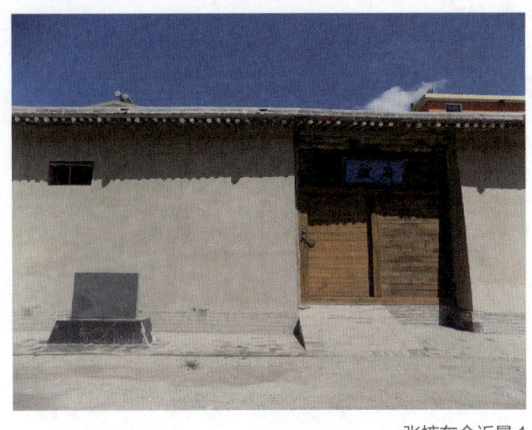

张掖东仓近景2

6 张掖高总兵宅院

Zhangye General Gao's Residence

级　别	国家级
年　代	清
地　址	甘州区民主西街
看　点	河西民居
开放方式	可参观

张掖高总兵宅院俗称高总兵府，为清初张掖人高孟之府第。高孟，字浩然，今张掖市人，曾历任宁夏、延绥、川北、凉州等镇总兵。高总兵宅院位于张掖市甘州区民主西街，宅院占地面积约1113平方米，坐北朝南，沿中轴线布置前堂、后堂即后楼（堂屋）及东西配楼（厢房）。现存殿堂三座及后楼，均为砖木结构。殿堂单檐硬山顶，面阔五间，进深三间，平面呈长方形。后楼由正楼和东、西配楼组成，上、下两层；正楼面阔五间，进深三间；配楼面阔、进深各三间，硬山顶，上有绕廊。

张掖高总兵宅院建筑布局较为完整，地域风格鲜明，是甘肃省保存为数不多的清代军事长官司衙府第。2019年，张掖高总兵宅院被列为全国重点文物保护单位。

张掖高总兵宅院院墙

由外部看后楼 　　　　　　　　　　　　　　　前堂南侧

前堂北侧 　　　　　　　　　　　　　　　　　前堂斗拱

7 吉祥寺砖塔

Gixiang Temple Brick Pagoda

级　　别	省级
年　　代	未知
地　　址	甘州区安阳乡高寺儿小学内
看　　点	实心砖塔
开放方式	可参观

　　吉祥寺砖塔位于张掖市甘州区安阳乡高寺儿村高寺儿小学内，为当地原吉祥寺附属建筑之一，人们习惯性地称之为吉祥寺砖塔。寺院已毁，现仅存砖塔一座，始建年代史书无记载，民间传说为唐代所建，其建筑风格类似西安大、小雁塔，每层塔檐均为唐式木构建筑风格。

　　吉祥寺砖塔为八角形楼阁式砖塔，无塔座，塔体建于高约1米、南北长约12米、东西宽约12米的方形台基之上，占地面积约147平方米，共七层，高约20米。塔身整体由青砖实心砌筑，由底向上逐层向内收分，覆钵塔顶，一层东面开券形门洞，门楣砖雕"金

吉祥寺砖塔外观

刚宝塔"四字，每层塔檐均有砖雕额枋斗拱。塔内原来供奉的佛像已毁。

吉祥寺砖塔因历经数次地震，塔身已向西倾斜。2011年，吉祥寺砖塔被列为甘肃省省级文物保护单位。

8 甘州古城墙
The Ancient City Wall of Ganzhou

级　别	省级
年　代	明
地　址	甘州区北环路丝路春酒厂所在地
看　点	砖石包砌城墙
开放方式	可参观

甘州古城墙位于张掖市甘州区北环路丝路春酒厂所在地。古城建于元代以前，据《甘州府志》记载，元代时，又对旧城墙进行了扩修，周长达九里三十步。明洪武二十五年（1392）增筑，再次扩展三里三百二十七步，加上旧城墙共长十二里三百五十七步。城墙高三丈二尺，厚三丈七尺，东南西北方向各开一门，城门外又筑起半圆形的瓮城，城四角建有角楼。明万历二年（1574）用砖石包砌城墙。现残存城墙东西长140米，黄土夯筑，残高10米，原底宽8米，现宽5米。

2003年，甘州古城墙被列为甘肃省省级文物保护单位。

甘州古城墙遗址

甘州古城墙近景

9 东古城城楼
East Ancient City Tower

级　别	省级
年　代	汉—明
地　址	甘州区碱滩乡东古城村
看　点	城池建筑
开放方式	可参观

东古城城楼位于张掖市甘州区碱滩乡东古城村二社、五社交界之地。屋兰古城作为古张掖郡所辖十县之一，始建于西汉，清以后俗称"东古城"，是古张掖城的见证。原东古城城垣周长1500米，筑有内外城，东西两墙正中各开一门，无瓮城，俗称"算盘城"。门楼为木结构，坐东面西，单檐歇山顶，檐下施斗拱，面阔二间，宽约5米，进深三间，长约8米，门楼下是东西向门道，砖砌拱券形顶，门道宽7.8米，进深12.6米，高3.1米。城门西侧残存夯土版筑的城墙，墙基宽12米，夯层厚0.1米。

东古城城楼是研究张掖历史、汉代屋兰古城建筑形制、规模等的难得的实物资料。2003年，东古城城楼被列为甘肃省省级文物保护单位。

东古城城楼外观

10 张掖民勤会馆

Zhangye Association Hall

级　　别	省级
年　　代	清
地　　址	甘州区张掖二中院内
看　　点	会馆建筑
开放方式	可参观

张掖民勤会馆位于张掖市甘州区张掖二中院内。初建于清光绪二十八年（1892），现存建筑多建于1921年。

会馆整体呈四合院式布局，坐北向南，沿南北向中轴线纵深依次设置牌坊、钟鼓楼、大殿、配殿、厢房等。牌坊采用四柱三门木结构，顶部为歇山式，总面阔约11米，高约15米。上饰动物形态木雕精美生动，正面中央门头上刻行书"福荫苏山"，背刻"膏流瀚海"。左右次楼嵌板上刻有八字楹联一副。

牌坊左右建有钟鼓楼各一座，平面呈方形，边宽均约6米，为二层楼阁式方形攒尖顶建筑，且四周环绕外廊。过牌坊之后，东西两侧为对称的厢房，均面阔九间，进深一间，悬山式顶。随后的中轴线上为木结构大殿，平面呈方形，面阔与进深均为三开间，单檐歇山顶殿前加卷棚。大殿两侧为东西配殿，规模较小，各面阔三间，进深一间。

2003年，张掖民勤会馆被列为甘肃省省级文物保护单位。

会馆入口全景

院落

国学堂屋顶局部

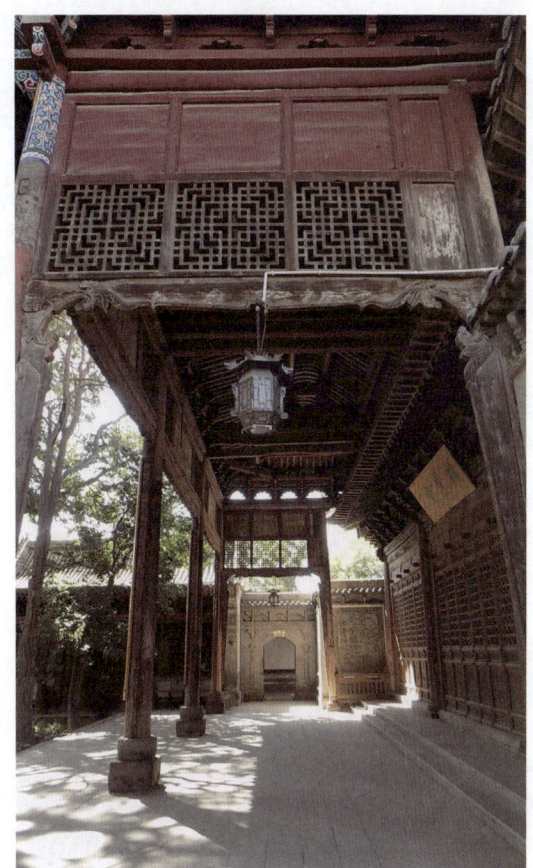

木构廊

石刻

钟鼓楼

张掖市

11 万寿寺

Wanshou Temple

级　　别	省级
年　　代	清—民国
地　　址	甘州区县府街
看　　点	楼阁式塔
开放方式	可参观

　　万寿寺位于张掖市甘州区县府街路西，又名木塔寺，为张掖城区现存最古老的寺院建筑。据《甘州府志》记载："万寿寺，城西南隅，寺中木塔九层，罗汉五百，俗名木塔。寺前五代后周时已有之。隋开皇二年重建，唐尉迟恭监修，明永乐年重修，俱有碑记。"[1] 可知，万寿寺创建时间不晚于北周，隋文帝开皇二年（582）重建，后经明永乐年间、清康熙二十六年（1687）、清乾隆四十年（1775）数次重修、扩建。清代末年，木塔上部被大风摧毁。现仅存建于中轴线上的木塔和藏经楼。

　　现存木塔重修于民国十五年（1926），为楼阁式塔，总高32.8米，塔基平面呈正八边形，每边长约4米，建于高1.5米、边长约20米的正方形台基上，共九层。塔身中空，现在内部加设铁梯，方便登塔远眺。塔身整体自下而上逐渐收分，其中一至七层外部围护结构为砖砌，整体木构架外檐下饰仿木砖雕斗拱，而八、九两层则全为木构。塔顶为八角攒尖式，青瓦覆盖，顶置瓶状铜塔刹。各层均开有门窗或设假门窗，门边镌刻楹联。万寿寺塔集建筑、雕刻技法于一体，体现了我国独特的楼阁建筑艺术特点。塔后为藏经楼，现存藏经楼建于清末，平面呈方形，面阔五间，进深三间，是一座重檐歇山顶的二层楼阁，四周环绕外廊。

　　2001年，万寿寺被列为甘肃省省级文物保护单位。

塔顶局部

塔内局部

万寿寺木塔全景

藏经楼

---

1. 钟赓起：《甘州府志》（刻本）卷五·坛庙，清乾隆四十四年（1779），中国国家数字图书馆。

民乐县

12 圆通寺塔
Yuantong Temple Pagoda

级　　别	国家级
年　　代	明—清
地　　址	民乐县六坝乡六坝城内
看　　点	金刚宝座塔
开放方式	可参观

圆通寺塔位于张掖市民乐县六坝乡六坝城内东南角，据《甘州府志》记载，"圆通寺在六霸堡，宋徽宗敕建，明天启年修。我朝顺治十七年（1660）、康熙三十六年（1697）两次重修，雍正七年（1729）修塔，乾隆四十三年（1778）又补石包修塔一座，原高七丈余，今增高八丈余，扩周围一十一丈，配殿廊房均俱照旧加增"。[1] 圆通寺始建于宋徽宗年间，明天启、清顺治十七年（1660）、清康熙三十六年（1697）又屡有修缮。砖塔在清乾隆四十三年（1778）扩建，加高加宽至现今规模。现寺已不存，仅存孤塔。

塔为砖土混筑的金刚宝座式塔，高约 23 米，台基边长 17 米、高 2 米。自下而上由塔座、塔身、相轮、塔顶组成。下部塔座为三重方形束腰须弥座，底部二层须弥座平面为方形，边长约 8.7 米，第二、三层四角各置一座高 2.2 米的小型喇嘛塔。塔身为覆钵状，高 5.2 米，上砌"亚"字形须弥座，座四周每面开 5 个佛龛，共计 20 龛。每龛内置密教题材佛一尊。相轮共 13 重，高 8.8 米，塔顶置流苏宝盖，四周挂 36 个铁质镂空雕花的流苏，每个流苏下挂 1 个铁质风铃，华盖之上的塔刹为 1.5 米高的黑釉宝瓶。该塔基座造型与整体比例独特，反映了明清时期该地区密宗塔的造型特点。

圆通寺塔于 1981 年被列为甘肃省省级文物保护单位，2001 年被列为全国重点文物保护单位。

近景

山门

---

1. 钟赓起：《甘州府志》（刻本）卷五·坛庙，清乾隆四十四年（1779），中国国家数字图书馆。

13 童子寺石窟

Tongzi Temple Grottoes

级　别	国家级
年　代	北魏—清
地　址	民乐县民联乡翟寨子村童子坝水库北岸
看　点	中心柱窟，多宗教壁画
开放方式	可参观

　　童子寺石窟位于张掖市民乐县城东10千米的民联乡翟寨子村童子坝水库北岸，窟龛开凿于童子坝河东岸的崖壁上，民国《创修民乐县志·卷八·建设志》"祠庙"记载："童子寺。在县城东二十里童子坝分水处。石壁峻峭，古洞窈窕，不知创自何时。分南北二洞，北洞最险，中有沈道遗像，名洞子寺，又称童子寺者，因童子坝而得名。各洞俱有神像，下有丛林万株。"

　　童子寺石窟南北长400多米。现存大小窟龛21个，造像多已无存，壁画260余平方米。石窟形制有中心柱窟、佛殿窟等。壁画涉及不同历史时期，题材类型丰富，比较全面地体现了童子寺石窟随时代变迁的主流宗教，即元代为喇嘛教、清代为道教。这些不同时期的壁画对研究十六国北朝以来河西石窟的开凿、佛教传播以及明清时期童子寺藏传佛教在当地的发展具有十分重要的价值。

　　2019年，童子寺石窟被列为全国重点文物保护单位。

第1、2、3窟外景

童子寺石窟外景

第8窟外景

14 四家魁星楼

Sijia-Kuixing Building

级　别	省级
年　代	清
地　址	民乐县民联乡四家村
看　点	楼阁建筑
开放方式	可参观

　　四家魁星楼位于民乐县民联乡四家村中。据《甘肃新通志》载，四家魁星楼建于清乾隆年间，清光绪二十年（1895）修葺，民国十年（1921）村民又集资维修。魁星楼建在一夯土台基上，台基南北长15.8米，东西宽13米，高2.5米，占地面积208平方米，土台四周用青砖砌筑，底层用石条砌筑。魁星楼为三层六角飞檐攒尖顶式砖木结构。第一层东面辟门，五面开窗，原正中供孔子牌位，旁列七十二贤人之位。第二层建有木构绕廊，六面砖墙雕有五行并兽（龙、虎、金鸡、凤凰、牡丹等），内中塑

仓颉像（现已毁）。三层也有绕廊，东面辟门，另有荷花格门四扇，上绘山水、花鸟。外顶部攒尖上竖铁戟，铁戟上有"大起文明"四字。

四家魁星楼雕梁画栋，飞檐卷脊，是民乐县境内保存最完整的古建筑。2006年，四家魁星楼被列为甘肃省省级文物保护单位。

斗拱细部

全景

15 上花园戏台
Upper-garden Stage

级　　别	省级
年　　代	清
地　　址	民乐县杨坊乡上花园村
看　　点	戏台
开放方式	可参观

上花园戏台位于民乐县杨坊乡上花园村，距上花园小学约20米，除北面外，其他三面均靠居民住宅。戏台始建于清光绪年间，筑于高约1.5米的夯土台上，土木砖结构，坐南朝北。戏台前部为舞台，舞台台口宽3.4米，两侧各宽1.5米，为文、武场，单檐歇山顶，面阔6.4米，进深4.4米；东、西壁间各由5扇门和栏杆组成。后部为化妆间，硬山顶为原殿，面阔三间（9.4米），进深一间（4米）。此戏台造型独特，对研究河西走廊地区的古建筑有一定的价值。

2003年，上花园戏台被列为甘肃省省级文物保护单位。

全景

局部

肃南裕固族自治县

16 马蹄寺石窟群
The Horseshoe Temple Grottoes

级　别	国家级
年　代	十六国—清
地　址	肃南裕固族自治县马蹄区临松山内
看　点	石窟寺，石刻
开放方式	可参观

马蹄寺石窟群位于张掖市肃南裕固族自治县马蹄区的临松山中，开凿于十六国的北凉时期，由东晋敦煌名士郭瑀隐居讲学时开创，属凉州石窟模式。初名"薤谷石窟"，后因现编第八窟（马蹄殿）窟内岩石地面上有一马蹄印记而得名，据说为天马神迹。马蹄寺石窟群包括马蹄南、北二寺、金塔寺、千佛洞以及上、中、下观音洞七个部分，现存窟龛70余个，塔龛100余座。各窟群均开凿在马蹄山谷或近水的红砂岩崖壁上。马蹄寺石窟群是河西走廊重要的佛教圣地之一，最初崇信汉传佛教，元代以后奉行藏传佛教，于是这两种佛教在此共融并存，目前成为这里的一个特色。

马蹄寺石窟群中，以现存的造像和壁画而言，以金塔寺和千佛洞最重要，就其洞窟规模而言，以马蹄寺北寺为最突出，达30多个，以3号和7号窟最为宏大。

金塔寺石窟开凿在大都麻乡刺沟内的红砂崖壁上，分为东、西两窟。东窟平面呈长方形，覆斗式窟顶，宽约10米，残深7.6米，高约6米。窟内中部凿中心柱，坛基以上分三层开龛造像。西窟宽7.9米，残深3.9米，高4.3米。窟内中心柱也分三层，龛内塑佛像、交脚弥勒、思惟菩萨；龛外塑有菩萨、千佛、弟子像等。东、西窟四壁顶部绘壁画，塑像大部分为北凉原作，元代重修，最具特色的是东窟一层龛楣两侧悬塑的飞天，相对作凌空飞舞之势。

马蹄寺石窟是窟群中心。马蹄寺又名普观寺，分南、北二寺：南寺又名胜光寺，现存窟龛无几，多为浮雕及喇嘛式塔；北寺又名普光寺，有大小窟龛30余个，其中以第3、7、8窟为代表，其第3窟为北寺规模最大、结构较特殊的洞窟，又名"三十三天"。第3窟坐西向东，高达42米，共有21龛窟，自下而上排列为5层，形似一宝塔。第一、二、三层，每层平面平列佛窟5个；第四层列3窟；最上一层为一个窟。窟内平面多方形，人字坡顶，或盝顶四面坡，每窟内正壁开一大龛，每龛内塑一佛，龛外

外景

四壁上方影塑千佛，下方绘壁画。7号窟又名"站佛殿"，窟深33.5米，宽26.3米，高15米，平面呈"凸"字形，窟门有三，均为券顶。窟门内为前堂，前堂后是倒凹形拜殿，右壁残存大型元代壁画及菩萨立像。拜殿两侧及后部为甬道，两侧遗存元、明两代壁画及金刚力士像。

1996年，马蹄寺石窟群被列为全国重点文物保护单位，是河西走廊早期石窟链中重要的一环。

甬道列龛

落地佛龛

17 文殊山石窟
Grottoes of Mount Manjusri

级　　别	国家级
年　　代	南北朝—西夏
地　　址	肃南裕固族自治县祁丰镇祁丰藏族乡文殊村
看　　点	石窟寺，壁画
开放方式	可参观

文殊山石窟位于张掖市肃南裕固族自治县祁丰镇祁丰藏族乡文殊村的文殊山上，是一处规模较大的佛教石窟群。洞窟依山势开凿于文殊山前山和后山的崖壁上，分布于南北宽1.5千米、东西长2.5千米的范围内，包括后山千佛洞、古佛洞，现有洞窟100多个，窟前寺院遗址28处，洞窟形制保存较好。文殊山石窟初创于北朝，有北凉说与北魏说之辩，但可以明确的是在北魏至西魏时期已经初具规模，现存石窟可见新凿活动可至西夏，元、明、清仍有改造或修缮。

现有建筑多为毁后重建，现存窟龛百余个。其中有早期中心柱窟8座、禅窟1座，窟前寺院遗址28处。现存较重要的洞窟有前山千佛洞、万佛洞和后山古佛洞、千佛洞等，另有在窟内开凿小禅室的禅窟。不同的是前山千佛洞、万佛洞的中心塔柱都是在塔基以上分二层，每一层各面开一龛，内塑佛像。而后山古佛洞则是在中心塔柱的每一面开一龛。后山千佛洞只有正面开一龛，洞窟四壁及顶部彩绘壁画，题材有千佛、说法图、七佛、伎乐天、供养人像。万佛洞有西夏时重绘的大型弥勒经变画及佛本生故事画，是西夏佛教绘画艺术的代表作。

文殊山石窟属于佛教石窟中的凉州模式。2001年，文殊山石窟被列为全国重点文物保护单位，2013年，文殊山后山千佛洞、古佛洞归入原有文殊山石窟，一并成为全国重点文物保护单位。

文殊山前山区外景

文殊山全景

文殊山前山区洞窟内景

文殊山后山千佛洞、古佛洞全景

文殊山后山区洞窟内景

18 卯来泉城堡

Maolaiquan Castle

级　　别	省级
年　　代	明
地　　址	肃南裕固族自治县祁文乡堡子滩村
看　　点	军事建筑
开放方式	可参观

卯来泉城堡位于肃南裕固族自治县祁文乡堡子滩村。该堡为明嘉靖十八年（1539）修筑的护卫性军事建筑。《重修肃州新志》记载："卯来泉城堡，设在半山，土城周围一百四十丈，西南俱靠山险，东北至肃州七十里，西至嘉峪关四十里，东至金佛寺七十里。万历三十九年（1611），兵备泽州王显忠，参将注中柴国栋，议呈巡抚周盘，于泉侧创筑堡城，添设防守兵马、仓场，就近戍守，改肃州西南屯田，供彼兵怕。"

城堡坐北向南，平面呈方形，南北长 104 米，东西长 103 米。夯土版筑，保存基本完整。堡子遗址四周城墙基本完整，缺口很小。二道门内侧东有一斜坡马道直通城垣顶，长 23 米，宽 3 米。城堡南部有瓮城，北部两角有方形角墩，四周有护城河环绕。瓮城门道宽 4.5 米，墙基宽 6 米，夯土墙上遍插直径 8～10 厘米的圆木桩。护城河距城垣 8 米。城垣高 10 米，上部宽 3 米。

卯来泉城堡傍山近水，地势险要，是嘉峪关南段长城终点，素来驻兵设防，是嘉峪关西北面的一个重要军事防地，和嘉峪关共守河西。2003 年，卯来泉城堡被列为甘肃省省级文物保护单位。

卯来泉城堡遗址 1

卯来泉城堡遗址 2

卯来泉城堡遗址 3

19 景耀寺石窟

Jingyao Temple Grottoes

级　　别	省级
年　　代	清
地　　址	肃南裕固族自治县大河乡光华村
看　　点	石窟寺，壁画
开放方式	可参观

景耀寺石窟创建于清顺治年间（1644—1661），位于张掖市肃南裕固族自治县大河乡光华村境内。

景耀寺石窟开凿在长约 50 米，宽约 20 米的榆木山谷的沙砾石崖壁上，坐北向南，有 43 个窟龛，分上下两层东西向排列。早年寺院巍峨，石窟壮观，是本地佛教胜地。现存编号洞窟 3 个，窟形均为平面"凸"字形。1～2 号窟内存有清代密教壁画，其中 1 号窟位于石窟下层中段西端。窟内正中及两肩设有长方形坛基，坛上塑像已毁。长方形窟门内两侧绘四大天王，左右壁各绘坛城图、生死轮回图。两侧

全景

绘护法、天王、佛像，坛基两侧绘黄教喇嘛佛像数身。窟内有佛传故事三龙灌顶图，三龙在云中吐水，下方佛母侧举右手，表示右腋诞生，有二人用双手拉着布兜着太子，太子仅露出头部，壁画形象生动。2 号窟位于石窟上层中段东端，窟内正壁开三龛，正壁两肩以下左右壁下均设有长方体坛基，残存部分壁画，内容为结禅定印的无量寿佛，背景为西方极乐世界金顶寺、佛经故事画、佛殿建筑、佛塔等。3 号洞窟形制结构类同，位于石窟东端，窟门向东，

窟内正壁及左右两肩壁下方均设有高约 0.6 米、宽约 0.5 米的长方形坛基。坛基上开设 6 龛，龛内所置佛像已失。壁面彩绘佛像背光 6 幅，色彩艳丽，保存较好。

景耀寺是裕固族最早修建的藏传佛教寺院之一。石窟残存的清代密教壁画构图协调，造型优美，用笔流畅，色泽艳丽，对研究河西地区古代历史、宗教文化有重要价值，堪称藏传佛教艺术瑰宝。2003 年，景耀寺石窟被列为甘肃省省级文物保护单位。

高台县

20 红山魁星楼

Kuixing Building, Hongshan

级　别	省级
年　代	明—清
地　址	高台县罗城乡红山村
看　点	建筑结构，装饰技艺
开放方式	可参观

红山魁星楼位于高台县罗城乡红山村村委会院内。始建于明代永乐年间，1679 年毁于地震，1765 年重建，为黑河北长城防御体系中沙碗堡堡城东南角墩上的建筑。角墩边长 16.5 米，高 7.5 米。角墩正中筑魁星楼，楼基为夯土台，楼体通高约 10 米，为三枋、三檐、攒尖顶六角阁楼式建筑。第一层高 3.4 米，草皮轧砌填充明暗柱间，黄泥裹墙、白灰罩面，六角暗柱构成六角形神龛，有木制门框。第二层高 2.8 米，

六角暗柱间嵌板成高 0.84 米的扶栏。中央供魁星（现已毁），藻井顶部嵌木板画太极图。第三层高 1.8 米，攒尖顶高 1.8 米，六角飞檐木雕龙形，向外飞出 1.9 米，六角飞檐相等。攒尖顶六棱形挂青灰色筒瓦，顶部伸出细木。

红山魁星楼结构精巧、工艺高超，体现了河西古建筑的建造风格以及精湛的工艺水平。2003 年，红山魁星楼被列为甘肃省省级文物保护单位。

近景

全景

山丹县

21 靳氏民居
Jin Folk House

级　　别	省级
年　　代	民国
地　　址	山丹县清泉镇南关村
看　　点	河西民居
开放方式	可参观

入口全景

　　靳氏民居位于张掖市山丹县清泉镇南关村，始建于民国七年（1918），民居占地面积约440平方米，建筑面积230平方米，坐西朝东，平面布局略呈长方形，南北宽约19米，东西长约23米，为一进两院四合院式建筑，中轴线上由东向西依次建有倒座、过厅和堂屋，前、后院南北两侧均建有厢房，所有建筑均为前出廊结构。

　　靳氏民居对研究河西地区建筑技艺、风格、建筑文化交流具有重要的意义。2016年，靳氏民居被列为甘肃省省级文物保护单位。

前院

前出廊

斗拱局部

后院

22 圣经楼

Shengjing Building

级　　别	省级
年　　代	清
地　　址	山丹县位奇镇高寨村
看　　点	河西庙宇
开放方式	可参观

圣经楼位于张掖市山丹县位奇镇高寨村，建于清代。楼体之下有黄土夯筑的高大土台，占地面积473平方米。台体东西长22米，南北宽21.5米，高6米。建筑保护范围以楼体下墩台底边为基准，向东延伸10米，向南延伸20米，向西延伸10米，向北延伸20米。圣经楼位于土台台面偏北处，坐北朝南，建筑面积约110平方米，木构建筑，重檐歇山顶，面阔三间，通长14.6米，进深二间，通宽7.6米，通高6米，外檐出挑，四周有围廊。

圣经楼对研究河西地区明清庙宇建筑特征、建筑工艺技术、建筑文化有重要价值。2016年，圣经楼被列为甘肃省省级文物保护单位。

圣经楼黄土土台

圣经楼全景

圣经楼内部

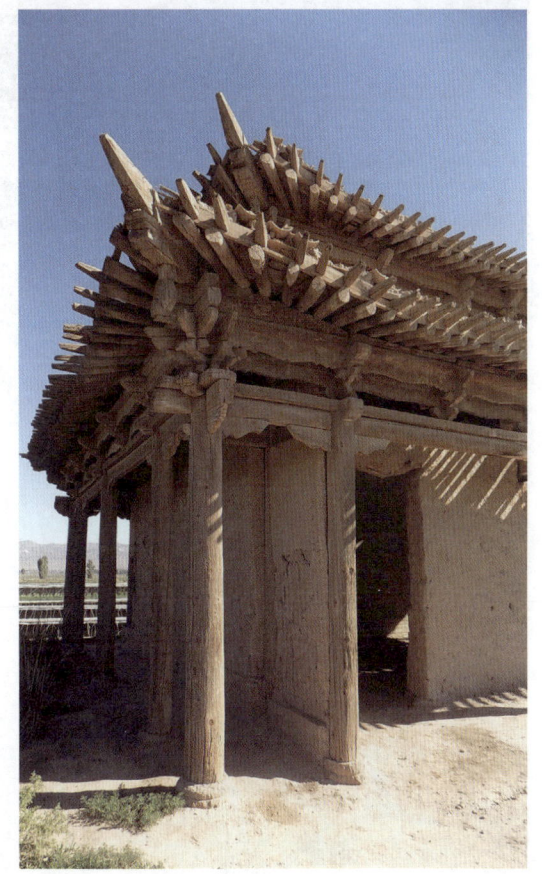

壁画

翼角

张掖市

23 马寨无量殿

Mazhai Wuliang Palace

级　别	省级
年　代	明
地　址	山丹县位奇镇马寨村
看　点	建筑结构与装饰
开放方式	可参观

马寨无量殿位于张掖市山丹县位奇镇马寨村小学，矗立在马寨村堡北墙马寨学校内土筑墩上。

无量殿为土木结构歇山顶，占地面积约658平方米，建筑面积约168平方米。面阔五间13.84米，进深4米。一字正脊，四出垂檐、垂脊，飞檐吻兽。正脊由空心脊砖，龙身、鱼尾砖依次排列组成。脊正中为亭阁塔式顶，由"火焰"两枚、"朱雀"两只和"龙首"两个组成。屋顶用望砖压顶，防雨渗漏。四出重脊沿飞檐向四角昂伸，垂脊由空心脊砖和两个垂兽组成，飞檐首是螭首，向天眺望。檐下四周为斗拱、耍头、昂、额枋。四周有檐柱24根，檐柱上有雀替，廊柱间檐枋下雕刻有镂空的缠枝莲花和吉祥纹饰。室内梁架呈三角形状，彩绘龙、云、朱雀等。外门楣上用木板装饰，分别镌刻"苍夫子、天府宫、无量殿、鲁祖师、夫子庙"。从脊装饰物和垂脊的垂兽及檐螭吻、滴水、瓦当来看，该建筑是明代建筑。

2003年，马寨无量殿被列为甘肃省省级文物保护单位。

马寨无量殿全景

马寨无量殿近景

马寨无量殿内部

梁架局部　　前出廊

牌匾

张掖市其他文物保护单位列表

区县	名称	年代	级别	地址	类别
甘州区	甲子墩墓群	汉—魏晋	国家级	张掖市甘州区碱滩镇甲子墩村	古墓葬
甘州区	黑水国遗址	汉—魏晋	国家级	张掖市甘州区明永乡下崖村	古遗址
甘州区	双墩滩墓群	汉	省级	张掖市甘州区小河乡东五村	古墓葬
甘州区	西武当瓷窑址	西夏	省级	张掖市甘州区安阳滩乡西武当村	古遗址
甘州区	福音堂医院旧址	近代	省级	张掖市甘州区北水桥街	近现代重要史迹及代表性建筑
甘州区	安家庄城址	明	省级	张掖市甘州区上秦镇安家庄村	古遗址
民乐县	东灰山遗址	夏商	国家级	张掖市民乐县六坝镇东北	古遗址
民乐县	八卦营墓群	汉	国家级	张掖市民乐县永固镇八卦营村	古墓葬
民乐县	八卦营城址	汉—晋	国家级	张掖市民乐县永固镇八卦营村	古遗址
民乐县	西灰山遗址	夏商	国家级	张掖市民乐县李寨乡菊花地村	古遗址
民乐县	砖包墩墓群	汉	省级	张掖市民乐县李寨乡菊花地村	古墓葬
民乐县	韩庄墓群	汉	省级	张掖市民乐县三堡乡韩庄村	古墓葬
民乐县	王什寨墓群	汉	省级	张掖市民乐县新天乡大王庄村	古墓葬
民乐县	永固城墓群	汉	省级	张掖市民乐县永固乡永固城村	古墓葬
肃南裕固族自治县	草沟井城址	汉—明	国家级	张掖市肃南裕固族自治县明花乡南沟村	古遗址
肃南裕固族自治县	明海城遗址	唐	省级	张掖市肃南裕固族自治县明海乡上井村	古遗址
肃南裕固族自治县	南城子遗址	明	省级	张掖市肃南裕固族自治县大泉沟乡南城子村	古遗址
肃南裕固族自治县	肃南皇城城址	元	省级	张掖市肃南裕固族自治县东滩乡皇城村东侧	古遗址
肃南裕固族自治县	榆木山岩画	待考	省级	张掖市肃南裕固族自治县韭菜沟乡东北9千米榆木山内	石窟寺及石刻
肃南裕固族自治县	上深沟堡墓群	汉	省级	张掖市肃南裕固族自治县明海乡南沟村	古墓葬
肃南裕固族自治县	西五个疙瘩墓群	汉	省级	张掖市肃南裕固族自治县明海乡南沟村	古墓葬
高台县	骆驼城墓群	汉—唐	国家级	张掖市高台县骆驼城乡永胜村	古墓葬
高台县	骆驼城遗址	汉—唐	国家级	张掖市高台县骆驼城乡永胜村	古遗址
高台县	许三湾城及墓群	汉—唐	国家级	张掖市高台县新坝乡许三湾村	古遗址
高台县	高台红西路军烈士陵园	1956年	省级	张掖市高台县城东	近现代重要史迹及代表性建筑
高台县	羊蹄沟城址	汉、明	省级	张掖市高台县红崖子乡赵家疙瘩村	古遗址
高台县	地埂坡墓群	魏晋	省级	张掖市高台县罗城镇河西村	古墓葬
高台县	阎维家族墓	清	省级	张掖市高台县罗城镇天城村	古墓葬

续表

区县	名称	年代	级别	地址	类别
山丹县	艾黎捐赠文物陈列馆	1982 年	省级	张掖市山丹县城东南隅文化街 3 号	近现代重要史迹及代表性建筑
山丹县	壕北滩遗址及墓群	青铜时代 汉	省级	张掖市山丹县城关镇东南	古遗址
山丹县	艾黎与何柯陵园	现代	省级	张掖市山丹县城南门外	近现代重要史迹及代表性建筑
山丹县	过会台遗址	新石器时代	省级	张掖市山丹县大马营镇花寨楼庄村	古遗址
山丹县	山羊堡滩墓群	汉	省级	张掖市山丹县东乐乡西屯村	古墓葬
山丹县	四坝滩遗址	青铜时代	省级	张掖市山丹县清泉乡南关村	古遗址
临泽县	临泽红西路军烈士陵园	现代	省级	张掖市临泽县城东南	近现代重要史迹及代表性建筑
临泽县	红沙渠遗址	明	省级	张掖市临泽县黑河右岸北山坡下	古遗址
临泽县	南沙窝墓群	魏晋	省级	张掖市临泽县蓼泉镇南沙窝	古墓葬
临泽县	汪家墩红军战斗旧址	1936—1937 年	省级	张掖市临泽县倪家营镇汪家墩村	近现代重要史迹及代表性建筑
临泽县	西柳沟墓群	汉	省级	张掖市临泽县新华乡黄家西庄	古墓葬

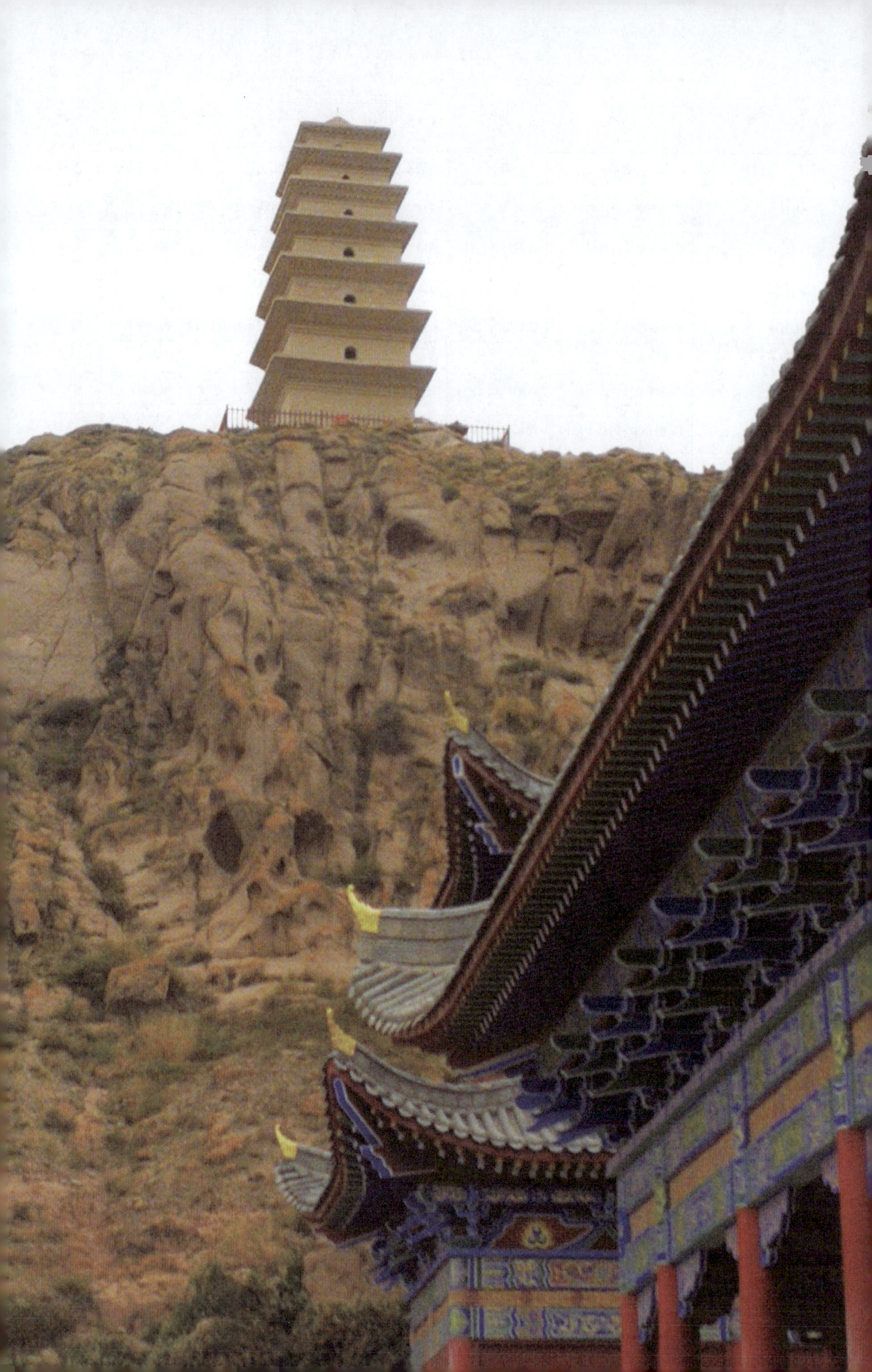

8
金昌市
JINCHANG

金昌市古建筑分布图
Historical Architectural Map of Jinchang

1. 圣容寺塔
2. 永昌钟鼓楼
3. 永昌北海子塔
4. 三沟魁星阁

金昌市地图

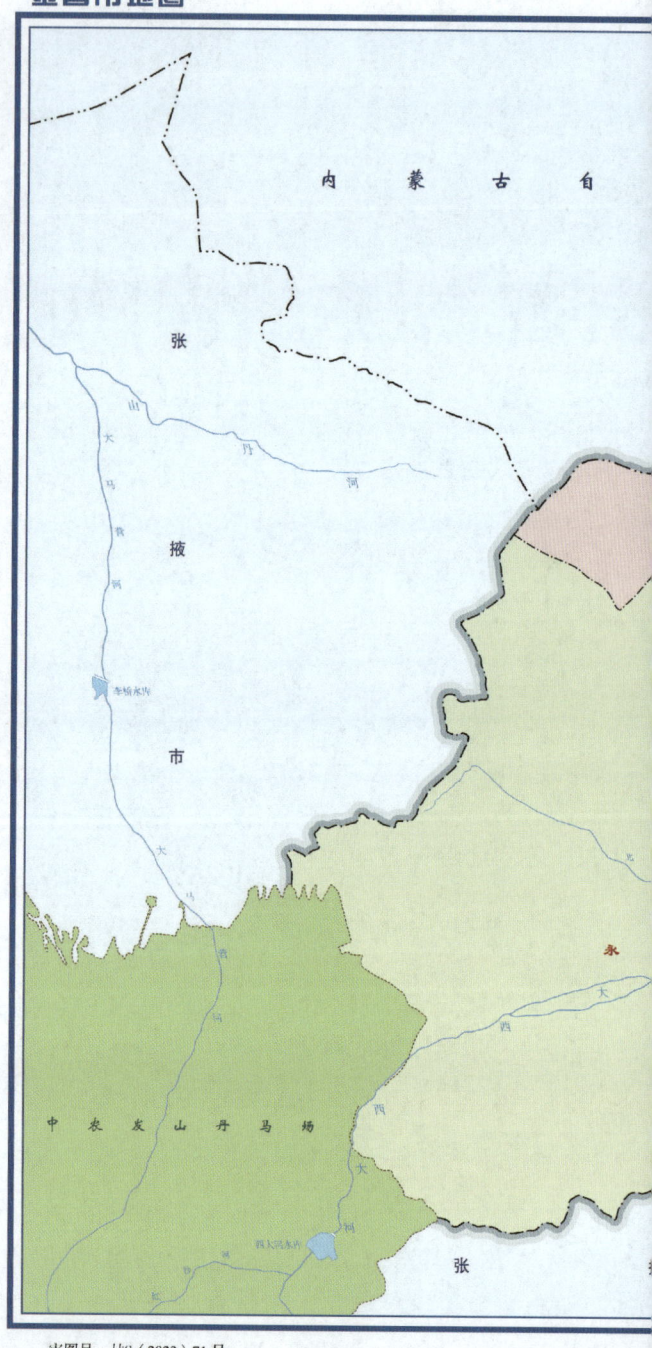

审图号：甘S（2023）71号

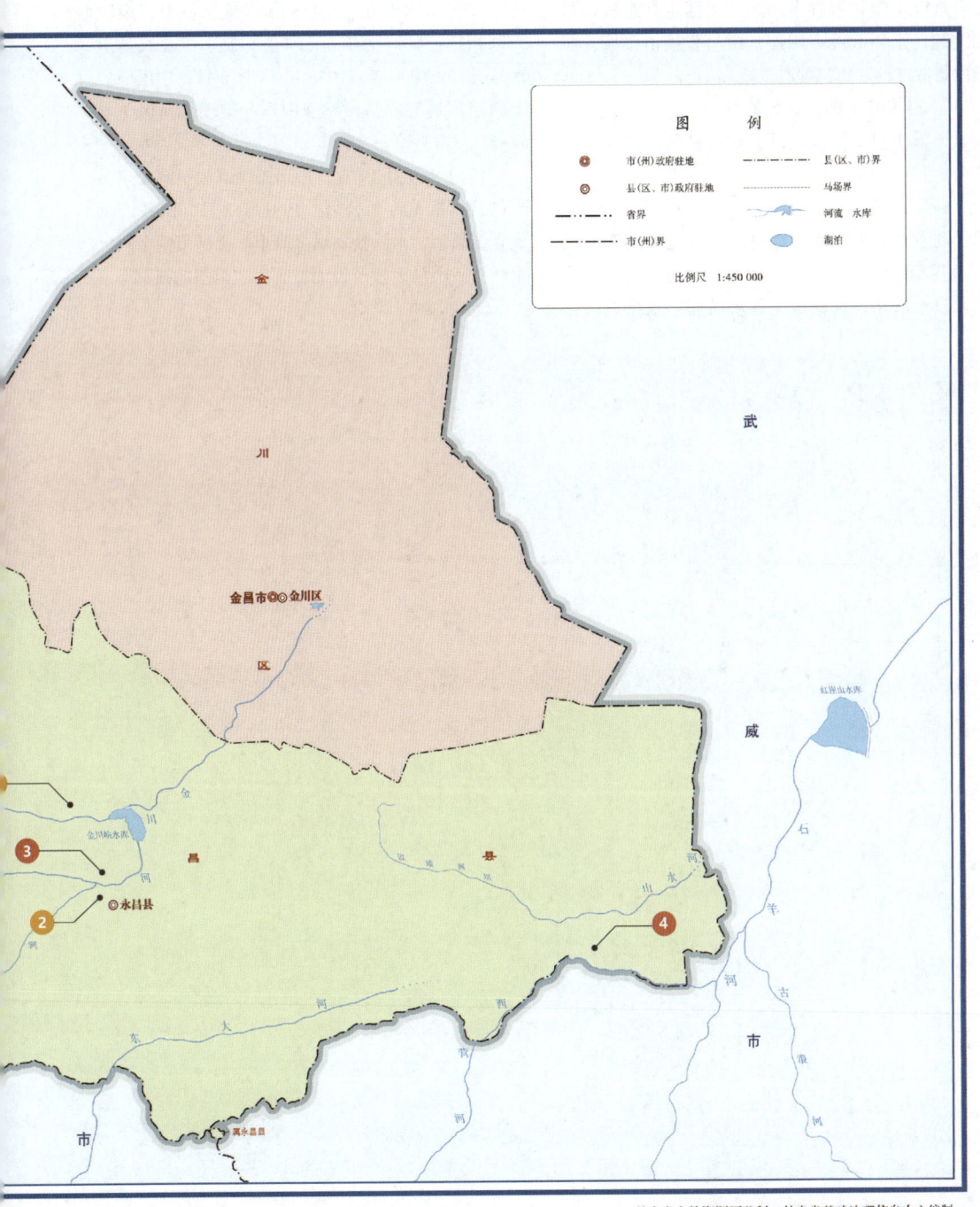

图 例	
◎ 市(州)政府驻地	——— 县(区、市)界
◎ 县(区、市)政府驻地	········ 马场界
—··—··— 省界	河流 水库
——— 市(州)界	湖泊

比例尺 1:450 000

甘肃省自然资源厅监制　甘肃省基础地理信息中心编制

建置沿革

金昌市位于甘肃省中北部,河西走廊东段,祁连山北麓,东与武威市相连,西与张掖市接壤,西北与内蒙古自治区阿拉善右旗毗邻。

在4000多年前的原始氏族社会,已有人类在金昌附近地域生息。秦汉之际,戎、月氏、匈奴等部族曾在此生活。西汉武帝起,有关地域先后置鸾鸟、番禾、骊靬、显美、焉支等县,曾分属武威郡、张掖郡、凉州等建置。北宋初隶西凉府,后被党项族李元昊攻占,仍属西凉府。

元设永昌路,筑新城,称永昌府。永昌之名自此始。明洪武十五年(1382),置永昌卫,隶陕西行都指挥使司。清雍正三年(1725),改永昌卫为永昌县,隶凉州府。1936年11月8日,中国工农红军西路军进驻永昌,建立中华苏维埃永昌区(县)政府。

1949年9月19日,中国人民解放军解放永昌,永昌县属武威专员公署。1981年2月,国务院批准成立金昌市,永昌县划属金昌市。金昌市辖金川区、永昌县。金昌因盛产镍而被誉为"祖国的镍都"。

永昌县

1 圣容寺塔

Shengrong Temple Tower

级　　别	国家级
年　　代	唐
地　　址	永昌县城关镇金川西村
看　　点	唐塔
开放方式	可参观

圣容寺塔位于金昌市永昌县城关镇金川西村。圣容寺前山和后山顶部各有大小佛塔一座。两座塔的修建年代虽无史料记载，但是从大塔内壁保存下的壁画题记和二塔的形制、结构和风格与西安小雁塔极为相似两方面可知，双塔应为唐代早期的佛塔制式。

大塔在寺后山顶部。塔的构筑制式为空心正方形砖塔，共七层，平面呈方形，面积约116平方米，塔基边长约10米，通高约16米。第一层正面辟门，密檐用砖砌叠涩，从下往上第四层和第八层向外勾出菱型塔角。

寺前山顶的塔相对后山大塔规模较小，其原塔已被毁，现在的小塔是在原址上重建的。所建地势较陡，难以攀登。小塔塔基为方形，一共七层，第一层南面有门，实心。底基边长约2米，通高约5米。

小塔外形呈斜三角形，塔顶部受损严重，塔身上没有任何装饰物。

2001年，圣容寺塔被列为全国重点文物保护单位。

圣容寺塔全貌

大塔

2 永昌钟鼓楼

Yongchang Bell and Drum Tower

级　　别	国家级
年　　代	明
地　　址	永昌县城中心
看　　点	形制、屋顶
开放方式	可参观

永昌钟鼓楼位于永昌县城中心，曾掌管全城作息和夜禁时刻，兼具教化民众、振兴文教的作用，故又名"声教楼"。钟鼓楼始建于明万历十四年（1586），其整体规制仿西安钟楼，被誉为"河西中天一柱"，但是这座钟鼓楼置钟鼓于一楼，与宋金明清时期"鼓楼在东，钟楼在西"的形制不同。永昌地处河西走廊东部，是汉、唐中外交通要道"丝绸之路"上的一座多民族聚居古城，因此，永昌钟鼓楼具有蒙古、汉、党项等多民族文化交融一体的风格。

钟鼓楼设在全城正中，由楼体和台基两部分组成，通高约24米。楼体为两层三檐盝顶式建筑，平面呈正方形，面阔、进深均为三间，且周圈各出一开间的外廊，屋架整体呈现五开间的规模，俗称"三转五"。下层四面中置格扇门窗，上层周圈均由木质格扇门窗围合。屋顶是盝顶式，并置有八卦式宝顶，这样的屋顶形式具有典型的明代特征，表现出对蒙古族建筑风格的吸纳与融合。台基为夯土版筑包砖，边宽约22米，周长约88米，高约8米，使主体建筑增添了稳重巍峨之效果。台基四面开拱洞，通大街。四个拱门之上，分别刻有"大观""迎薰""宁远""镇朔"，楼体明间檐下每面挂匾3块，共12块。

永昌钟鼓楼体现了河西走廊地区传统建筑的重要特征，是研究多民族融合的传统建筑艺术的重要实物资料。2006年，永昌钟鼓楼被列为全国重点文物保护单位。

南面

北面

东面

屋顶

3 永昌北海子塔

Beihai Tower, Yongchang

级　别	国家级
年　代	明、清
地　址	永昌县北海子乡金川寺内
看　点	实心砖塔
开放方式	可参观

　　永昌北海子塔，又名金川寺塔、观河楼塔，位于永昌县北海子乡金川寺内，为原金川寺的一座附属建筑。始建于唐代，后多次维修。

　　永昌北海子塔由塔基、塔身、塔刹三部分组成，通高约33米，平面呈八角形，为七级八角实心砖塔。塔基南北长约25米，东西宽约15米。塔角装有琉璃兽头及风铃，层层置单檐，以砖叠涩挑出。一至

永昌北海子塔外观

三级交错辟门，顶冠圆锥形铁刹。塔基层东、西壁题有"定西成""光东阁"砖雕匾额。

永昌北海子塔，1993年被列为甘肃省省级文物保护单位，2019年被列为全国重点文物保护单位。

4 三沟魁星阁

Sangou Kuixing Pavilion

级　别	省级
年　代	清
地　址	永昌县朱王堡镇三沟村
看　点	清代民间祭祀建筑
开放方式	可参观

三沟魁星阁始建于清代，位于金昌市永昌县朱王堡镇三沟村，占地面积约210平方米，为重兴寺仅存建筑。

三沟魁星阁分为台基和阁体两部分，台基南北长约9米，东西宽约9米，高约4米。阁楼位于台面中央，木构八角形、重檐攒尖顶。分上下两层，内梯连通。上层圆形尖顶，安装葫芦宝瓶，青瓦铺面。下层八角八柱抬梁构造，八脊斜面，围廊通透，檐枋施花牙雕板。八角起翘，角昂垂吊风铎，结构复杂，极具地方特色。

魁星即文曲星，三沟魁星阁不仅是永昌县清代建筑的代表，而且对当地风土人情、宗教信仰有着重要的影响。1981年，三沟魁星阁被列为甘肃省省级文物保护单位。

三沟魁星阁外观

金昌市其他文物保护单位列表

区县	名称	年代	级别	地址	类别
金川区	三角城遗址	西周—春秋	国家级	金昌市金川区双湾镇三角城村北侧	古遗址
金川区	大庙城城址	魏、晋—唐	省级	金昌市金川区双湾乡岳家沟村	古遗址
永昌县	刘正沟墓群	汉	省级	金昌市永昌县朱王堡镇刘正沟村	古墓葬
永昌县	乱墩子墓群	汉	省级	金昌市永昌县水源乡杜家寨村	古墓葬
永昌县	双豁路滩墓群	新石器时代、汉	省级	金昌市永昌县水源乡西沟村双豁路滩内	古墓葬
永昌县	金龙坝遗址	明	省级	金昌市永昌县东寨镇头坝村头峡河口	古遗址
永昌县	鸾鸟城城址	汉—唐	省级	金昌市永昌县新城子镇西大河水库东北坝址西侧	古遗址
永昌县	沙城城址	晋	省级	金昌市永昌县水源乡北地村北1千米	古遗址
永昌县	水泉堡城址	明	省级	金昌市永昌县红山窑乡水泉子村	古遗址
永昌县	西路军永昌战役遗址	1936年	省级	金昌市永昌县城南街十字	近现代重要史迹及代表性建筑
永昌县	北山岩画	战国—汉	省级	金昌市永昌县焦家庄乡陈家寨村	石窟寺及石刻
永昌县	花大门石刻	西夏	省级	金昌市永昌县城关镇金川西村四社花大门内山体上	石窟寺及石刻

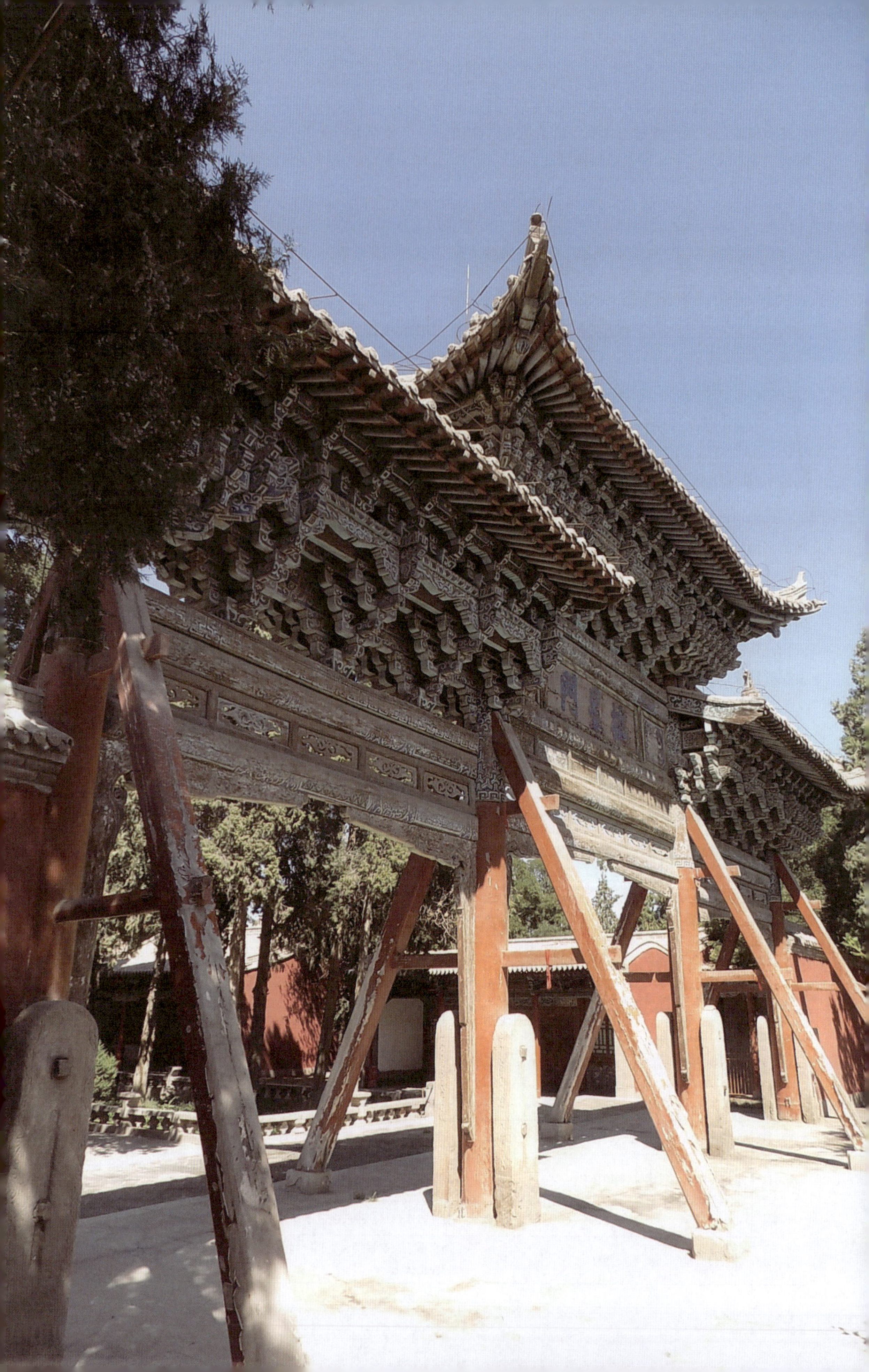

9 武威市
WUWEI

武威市古建筑分布图
Historical Architectural Map of Wuwei

1. 雷台汉墓
2. 武威文庙
3. 海藏寺
4. 天梯山石窟
5. 罗什寺塔
6. 王城堡魁星阁
7. 大云寺及唐钟
8. 贾坛故居
9. 陆氏民居
10. 雷台观
11. 秦氏民居
12. 莲花山塔
13. 下双大庙及魁星阁
14. 圣容寺
15. 瑞安堡
16. 东镇大庙
17. 二分大庙双楼
18. 镇国塔
19. 火庙大殿
20. 马神庙
21. 财神阁
22. 三义殿
23. 罗汉楼
24. 山陕会馆
25. 天祝东大寺
26. 天堂寺

武威市地图

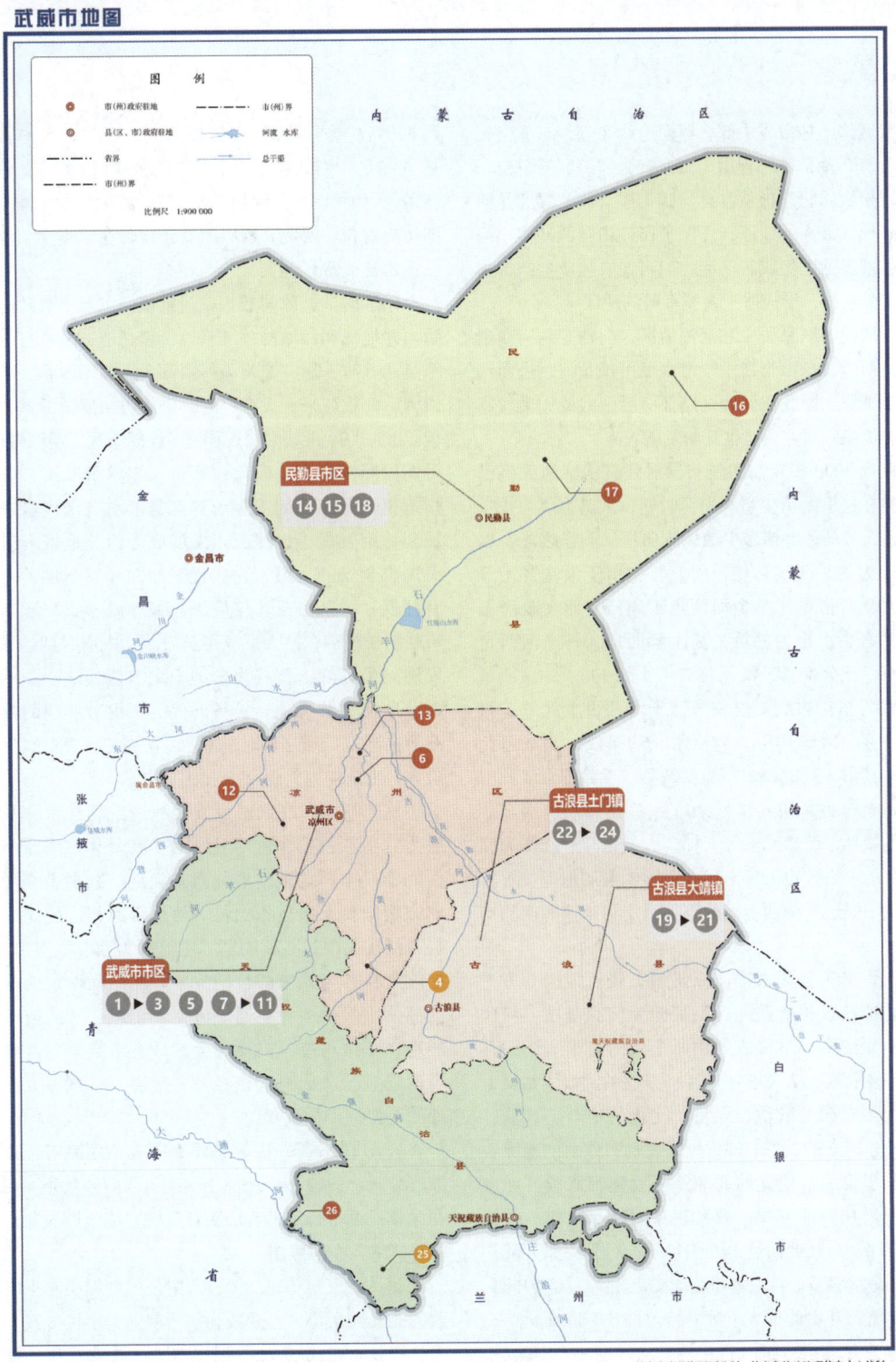

建置沿革

武威位于甘肃省中部、河西走廊东端，东靠白银市、兰州市，南部隔祁连山与青海省为邻，西与张掖市、金昌市接壤，北与内蒙古自治区相连。武威绿洲是河西走廊地区最大的绿洲，发源于祁连山脉的许多小河流在武威绿洲汇集成石羊河，为当地农牧业生产带来了稳定的水源，形成适于人类聚居的地区。

武威能够联系关中和河湟地区，向西穿越河西走廊可达西域，东沿腾格里沙漠南缘可抵黄河，进而沟通宁夏平原。因此在丝绸之路开辟后，武威凭借丝路重镇的优势，商业贸易也开始发展起来。

距今4000多年前的新石器时代，武威地区就已有人类在这里繁衍生息。先秦时期，武威曾屡为戎、翟、月氏、乌孙等诸多少数民族所居。秦汉之际，以大月氏为主。西汉初年，匈奴冒顿单于派右贤王赶走大月氏，占据了整个河西走廊地区。西汉政府派遣张骞等多次出使西域，为了解西域，打通河西走廊进行了充分准备，汉元狩二年（前123），汉武帝派骠骑将军霍去病击退匈奴，于河西设置武威、张掖、酒泉、敦煌四郡，为显示武功军威，武威由此得名，其中，武威郡治所为姑臧县，大致即今武威市范围。至曹魏黄初元年（220），凉州州治也移至武威郡姑臧县，统辖武威等七郡广大地区。武威作为凉州地区的中心，也因位于丝绸之路咽喉的地理位置，成为从中原进入河西走廊的第一个交通重镇和商品集散之地。

西晋末年五胡入华，凉州刺史张轨割据一方，建立前凉政权称雄西北，姑臧即为前凉都城。河西远离中原变乱，不仅成了中原士人的避难所，而且因保华夏衣冠，人文荟萃、经济繁盛的武威（姑臧）还成为当时西北政治、经济、文化的中心。其后，氐族吕光建立的后凉、鲜卑族秃发乌孤建立的南凉、匈奴族沮渠蒙逊建立的北凉都先后建都武威，加上汉族李暠在西部敦煌、酒泉建立的西凉政权，并称为"五凉"。在此前后140多年间，尽管中原大乱，但凉州地区独安，且人才济济、文化勃兴、胸襟开阔、兼收并蓄，并由此形成了独具特色的"五凉文化"。以佛教为例，自公元前1世纪佛教从印度传入中国后，武威以其所处特殊地理位置和人文环境，逐步成为西来佛教重要的译经和传播之地，很多著名僧人在这里驻足。南北朝时期，武威成为西北佛教文化发展的一大中心。在佛教传播过程中，武威有着重要的历史地位，西域高僧鸠摩罗什就曾在凉州十余年，弘扬佛法、翻译经典。

隋唐时期，凉州成为临边重镇，以及中央政府统治河西地区和西域的关键基地，唐高僧玄奘西行取经路过武威时，用"凉州为河西都会，襟带西蕃、葱右诸国，商旅往来，无有停绝"描述边城凉州的繁华风貌。当时的凉州城内居民稠密、汉胡杂居、经济兴盛，可谓国际性都会。唐代边塞诗人岑参赞叹道："凉州七里十万家，胡人半解弹琵琶。"自汉代以来的长期稳定发展，也使凉州发展成为西北地区可以媲美国都长安的大城市，唐代王翰在《凉州词》中也有抒发："秦中花鸟已应阑，塞外风沙犹自寒。夜听胡笳折杨柳，教人意气忆长安。"中唐时期的凉州发展到最高峰，还成为全国十大节度使之一——河西节度使驻节之地，《新五代史》也对此间的繁华有所描述："唐之盛时，河西、陇右三十三州，凉州最大，土沃物繁，而人富乐。"

北宋初年，在武威设置西凉府统辖胡汉军民，后为党项族占据，由西夏统治190余年，因凉州为西北物产丰厚之地，堪称西夏腹地，顾祖禹在《读史方舆纪要》中也指出："西夏得凉州，故能以其物力侵扰关中，大为宋患。"正是因为西夏据有凉州，才能支持其与北宋的长期战争。在此间发现的西夏《凉州重修护国寺感通塔碑铭》记载："武威当四冲地，车辙马迹，辐辏交会，日有千数。"这也表明西夏时的武威地区在经济、交通、军事等方面所处的地位都十分重要。

公元1226年，成吉思汗率军攻陷西凉府，降西凉府为州。1247年，西凉王阔端与西藏佛教领袖萨班在武威附近举行了具有历史意义的"凉州商谈"，西藏正式纳入中国版图。

明洪武五年（1327），宋国公冯胜领明军平定河西的北元残余势力，武威为明所有。为了抗击残元势力，明政府在武威设凉州卫，实行军屯和民屯，发展农业，兴修水利，茶马互市，兴办教育，有力地促进了武威经济的恢复和发展，并在原有汉唐以来姑臧城池的基础上改筑坚固的凉州城。清初承明制，清雍正二年（1724），改凉州卫为武威县，置凉州府，治所仍为武威县。

1949年9月，武威解放。武威行政公署下辖武威县、古浪县、民勤县和天祝藏族自治县。1969年9月，雷台汉墓出土了铜奔马；1983年10月，铜奔马被确定为中国旅游标志。1985年4月，经国务院批准，撤销武威县，设立县级武威市。1986年12月，武威市被国务院公布为第二批中国历史文化名城。2001年5月，国务院批准，撤销武威地区和县级武威市，设立地级武威市，辖凉州区（原县级武威市）、民勤县、古浪县和天祝藏族自治县共一区三县。

波澜起伏的武威历史，孕育了瑰丽多彩的珍贵文物和遗迹。武威作为古丝绸之路要冲，境内名胜古迹众多，雪域高原、绿洲风光和大漠戈壁等自然景观与历史文化交相辉映。

凉州区

1 雷台汉墓
Lei Tai Han Tomb

级　别	国家级
年　代	东汉
地　址	凉州区北关中路
看　点	古墓葬，铜奔马
开放方式	可参观

雷台汉墓位于甘肃武威市凉州区北关中路，占地面积12.4万平方米，是中国旅游标志"马踏飞燕"文物的出土地。《十六国春秋》记载："太兴四年春二月，（张）茂筑灵钧台周轮八十余堵，基高九仞。"[1]《甘肃通志》中记载："灵钧台在府城内，晋大兴中张骏筑，周轮八十余堵，址高九仞。"[2] 也就是说，现在的雷台最初称为灵钧台，为东晋元帝大兴四年（321）由前凉的当权者始筑。现雷台保存基本完好，是一个高8.5米、南北长106米、东西宽60米的夯筑土台。夯层每层厚15～20厘米。从雷台台基中包含的瓷器残片判断，雷台台基可能是明代建造的。台上有明清时期的雷祖殿、三星斗姆殿等10座建筑，其建筑雄伟、规模宏大。

雷台的大型砖石墓葬，建于东汉晚期（186—219），呈东西方向。墓道由长斜坡墓道、甬道、前室（附左、右耳室）、中室（附右耳室）、后室组成。墓室面积约60平方米。墓内所有的铺地砖，都是一平一横竖一平的三层条砖筑成。铺地砖面邻近墙壁处有排水道。墓室为覆斗顶，其上正中嵌方砖一块，用红、白、黑三色彩绘莲花藻井。前、中、后三室的四壁，都有用墨和白粉涂绘的菱形、折形和条带形的图案。出土文物中，最突出的是铸造精致的99件铜车马仪仗俑，艺术价值最高的是一匹铜奔马，后腿右足踩一飞鸟，三足腾空，长尾翘举。

1981年，雷台汉墓被列为甘肃省省级文物保护单位。1983年，铜奔马被中国国家旅游局定为中国旅游标志。2001年，雷台汉墓被列为全国重点文物保护单位。现为国家AAAA级旅游景区。

泉源广场

1.《钦定四库全书》史部·载记类·十六国春秋·卷七十一。
2.《钦定四库全书》史部·地理类·都会郡县之属·甘肃通志·卷二十三。

根据铜车马仪仗俑制作的雕塑

一号汉墓

一号汉墓之张道陵墓道

2 武威文庙

Wuwei Confucian Temple

级　　别	国家级
年　　代	明
地　　址	凉州区东南隅
看　　点	文庙建筑，孔子祭祀
开放方式	可参观

武威文庙位于甘肃省武威市凉州区东南部，南邻崇文街，北为致富巷，西为闻喜巷，东接凉州区发展街小学。武威古称凉州，在清代统治时作为凉州府府治，因此，武威文庙也就是凉州府文庙。

武威文庙坐北向南，平面呈长方形，占地面积约3万平方米。武威文庙由文昌宫、孔庙、儒学院三个建筑群组成，对称布局于三组平行的中轴线上。东院以桂籍殿为中心，前有山门，后有崇圣祠，中有东、西二门和戏楼，左右有三贤祠、刘公祠、牛公祠、恪亭和东西二庑，总称文昌宫；中院以大成殿为中心，自南向北依次为泮池、状元桥、棂星门、戟门、大成殿、尊经阁，左右有名宦、乡贤二祠及东西二庑，总称孔庙；西院为儒学院，仅存前面的忠孝、节义两祠。

武威文庙没有开正门，最南端围墙正中修建一堵砖红色、周边镶一色水磨青砖的高大影壁，称"万仞宫墙"。此墙高约6米、长约26米。影壁两侧各开一边门，东侧名"义路"，西侧称"礼门"。影壁北面是月形的泮池，是文庙建筑的特有形制。泮池往北便是棂星门，是进入孔庙的第一道门。这是一座明正统年间所建木构牌楼，四柱三间三楼，高约20米。当心间为歇山顶，两次间为庑殿顶，四根通天柱通于顶部，当心间檐下彩绘"走马板"，正面书"棂星门"，北面书"太和元气"。棂星门北面是戟门，又叫"大成门"，是通往大成殿区域内的正大门。武威文庙戟门的六扇朱红色大门上镶七七四十九颗金黄色泡钉，戟门旁有耳门供日常出入。棂星门和戟门之间东西两

一进院

文昌宫

戏楼

侧有五间廊房和碑亭，廊房为乡贤祠、名宦祠。乡贤祠、名宦祠本是祭祀地方贤达和廉吏之地。碑亭内保存了诸多重要石碑。棂星门、戟门、乡贤祠、名宦祠构成一重院落，院中间立有孔子行教铜像。

进入戟门即为大成殿所在院落，大成殿是供奉和祭祀孔子的地方，也是孔庙的中心所在。武威文庙大成殿建在高约1米的宽阔台基上，面阔、进深各三间，为一方形建筑，周围绕廊，前有月台、石栏。大殿采用重檐歇山顶，正中悬挂"大成殿"金字立匾。戟门与大成殿之间，东西两侧的厢房称两庑，此为第二重院落。

文昌宫是孔庙东侧奉祀文昌帝君的一座副殿，殿的山门南向，山门后是过殿，左右各有大耳房一间，原是供道士居住的地方。过殿向北是魁星阁，魁星阁内塑魁星像一尊。魁星阁再向北即奉祀文昌帝君的桂籍殿，有殿基，面阔五开间，进深四开间，单檐歇山顶。

武威文庙建筑群的西路建筑为府学，即历史上凉州府学所在地。凉州府学兴建于明正统年间，清乾隆、嘉庆年间凉州学府曾辖天梯、北溟、雍凉、成章四大书院，极为兴盛。府学大门西开，南北长约170米，东西宽约70米，平面呈长方形，以明伦堂为中心，左右有存诚、敬德二斋。东墙一排平房是供儒生住的学舍。府中设教谕署与训导署，教授学子各种知识。

武威文庙号称"陇右学宫之冠"，是甘肃省乃至全国规制独特、保存完整、影响较大的孔庙建筑群之一。1996年，武威文庙被列为全国重点文物保护单位。

棂星门

大成殿

尊经阁

抱鼓石

武威市

3 海藏寺

Haicang Temple

级　　别	国家级
年　　代	明—民国
地　　址	凉州区金沙乡李家磨村
看　　点	宗教建筑群
开放方式	可参观

据《重修古刹海藏寺劝缘信宫檀缘记》载，海藏寺于明成化二十三年（1487）奉敕建造，总建筑面积1600余平方米，是河西地区保存较完整的古建筑群之一，有"梵宫之冠"之称。

海藏寺坐北向南，主要包括牌楼、山门、大雄宝殿、三圣殿、地藏殿、天王殿、无量殿等。牌楼为四柱三间庑殿顶。山门面宽三间、进深一间，单檐歇山顶、上有"海藏寺"题记。大雄宝殿面阔五间，进深三间，重檐歇山顶，四周绕廊。三圣殿面阔五间，进深二间，歇山顶，前后各出五间卷棚歇山抱厦。地藏殿面阔三间，进深二间，前出卷棚抱厦。中、后为硬山顶。天王殿面阔三间、单檐歇山顶。殿门悬有"灵钧古台"匾，殿内供有四大天王。无量殿面阔五间，进深四间，重檐庑殿顶，殿内有10根描金通顶大柱，并有《海藏寺藏经阁记》和《修葺碑记》二通石碑。殿内脊枋上有清康熙三十年（1691）重修题记。无量殿内供有无量寿佛、观音菩萨、文殊菩萨、普贤菩萨、能仁佛及大藏经。

海藏寺是凉州在历史上具有重大影响的寺院，对研究甘青地区古代建筑史、建筑技术、建筑文化具有重要价值。2013年，海藏寺被列为全国重点文物保护单位。

山门

牌坊

一进院 　　二进院

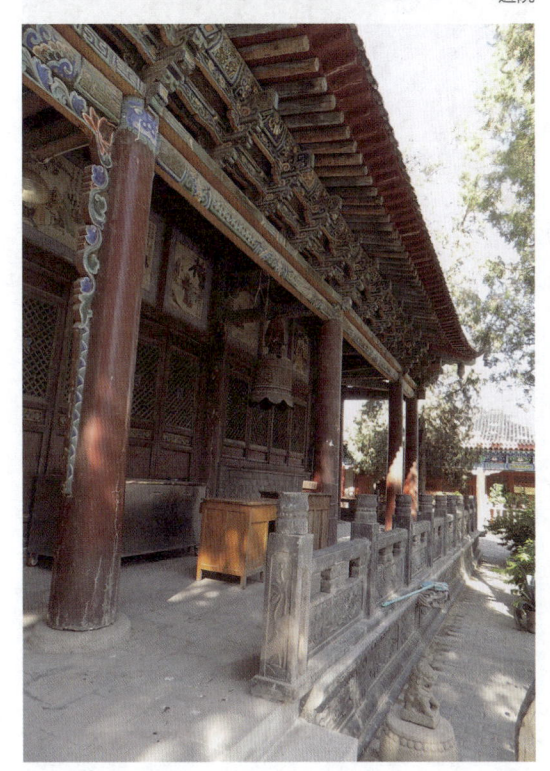

天王殿

大雄宝殿 　　藏经阁

4 天梯山石窟

Tiantishan Grottoes

级　别	国家级
年　代	南北朝—唐
地　址	凉州区中路乡天梯山南麓
看　点	石窟寺，石刻
开放方式	可参观

　　天梯山石窟于北凉沮渠蒙逊时期（412—433）始凿，是"凉州模式"的典型代表。

　　天梯山石窟开凿在地势犹如一只出水大龟的山体上，窟群南北长130米，高30～60米。据明代《重修凉州广善寺铭》载，明正统十三年（1448）尚有洞窟26窟，现存洞窟18个，保存有北凉、北魏、北周、隋、唐、西夏、元、明、清等历代塑像60余尊，壁画百余平方米。石窟形制以中心柱窟和佛殿窟为主，皆为北朝至唐代开凿。

武威市

唐代石窟以13号大佛窟为代表，该窟为敞口穹窿顶，有石胎泥塑一佛二弟子二菩萨二天王群像，其中佛高28米，窟内还有明清时期彩绘的青龙、白象、狮子、鹿、菩提树等，以及明碑一通。另外，在大佛窟木建椽孔中发现有西夏文文书多种，后经整理译释，总计35张残页，均为佛经、佛教咒语和发愿文。可判明的有《妙法莲华经》《佛母大孔雀明王经》《圣胜惠到彼岸赞颂功德宝集下卷》《般若经》等。目前，大佛窟经修复后对外开放。其他洞窟内的所有塑像、壁画在20世纪50年代因兴修黄羊河水库被搬迁至甘肃省博物馆保存。2006年1月，已被搬迁的大部分文物被运回武威市。

天梯山石窟被视为中国石窟早期的杰出代表，2001年，被列为全国重点文物保护单位。

崖面 　　　　　　　　　　　　　　　　　　　大佛窟

5 罗什寺塔
Luoshi Temple Pagoda

级　别	省级
年　代	民国
地　址	凉州区北大街西侧
看　点	密檐砖塔
开放方式	可参观

罗什寺塔位于武威市凉州区北大街西侧，相传为葬鸠摩罗什舌头之处，《甘肃通志》记载："罗什寺一名塔寺，在城北内，起浮图一十三层，相传有鸠摩罗什之舌藏于内。"《大清一统志》记载："相传为罗什祖师初入内地卓锡之所，有塔，秦苻坚建元十八年建。"罗什寺始建年代或可认为是建元十八年（360），寺院在唐代时大加扩建，明清皆有修葺，1927年毁于大地震。现存塔为1934年重建，八角十二级密檐式砖塔，高32米，全以条砖叠砌。

入口

从下起第3、5、8层均设门，最上层东西两侧有小龛，龛内有佛一尊。

罗什寺塔保存较好，对研究建筑史和建筑技术有重要价值。1993年，罗什寺塔被列为甘肃省省级文物保护单位。

围廊

远景

近景

6 王城堡魁星阁

Kuixing Pavilion, Wang Castle

级　别	省级
年　代	清
地　址	凉州区大柳乡王城村二组
看　点	建造技艺
开放方式	可参观

王城堡魁星阁位于武威市凉州区大柳乡王城村二组，魁星阁建在3米多高的夯筑土台上。平面呈方形，面阔一间，进深一间，周围出廊，重檐歇山顶。第一层四围砌以青砖，墙体西侧有青石台阶。阁身包括第二、三层，按相应比例依次缩小，其结构与底层不同，为井干式木架结构，仅四柱与梁、枋相扣，起承重作用。四周有廊，集台、楼、阁于一体，别具一格。第三层阁内有魁星神。第三层阁上悬挂有题为"魁星阁"三字的匾额。

2011年，王城堡魁星阁被列为甘肃省省级文物保护单位。

全景 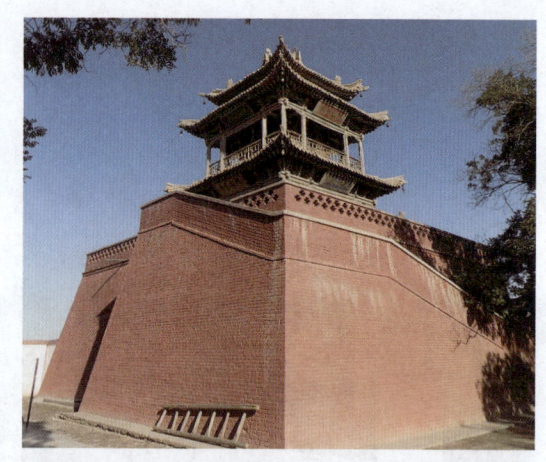　　近景1 　　特写 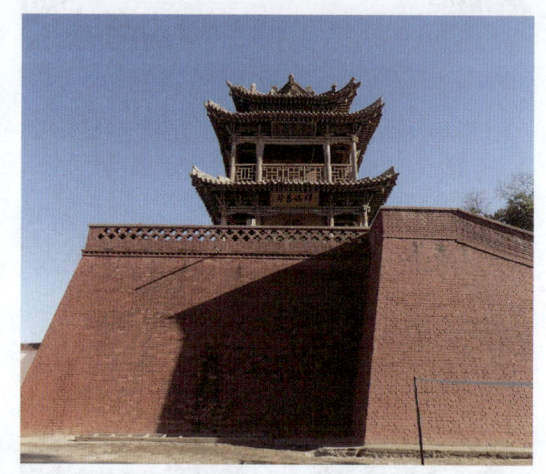　　近景2

7 大云寺及唐钟

Great Cloud Temple and Tang Bell

级　别	省级
年　代	清
地　址	凉州区东北隅
看　点	清式建筑，唐钟
开放方式	可参观

大云寺位于武威市凉州区东北隅，由前凉张天锡始建，原名宏藏寺，唐武则天天授元年（690）改名大云寺，西夏称护国寺，北宋景德年间及明代日本僧人志满曾维修，毁于民国初。

现存大云寺南北长约189米，东西宽约177米，占地面积约33 453平方米，场地东南角保存原大云寺建筑古钟楼一座，为清代重建，建于砖砌墩台上，墩台高10米，正方形，边长15米。钟楼为二层重檐歇山顶，高12米，下层面阔三间，进深三间，外檐用重翘五踩斗拱，内悬6吨多重唐钟一口。唐钟用合金铸成，兽头钮，覆钵状，敞口，钟边出六牙花。通高2.4米，下口径1.45米。钟身分三层，各分6格铸图案花纹。下层饰飞天及宝相花，中层饰天王、宝相花、乳钉，上层饰龙及宝相花。每两格之间栏内饰忍冬纹。保存较好，对研究大云寺历史和铸铜工艺有重要价值。

寺内有明重刻唐景云二年（711）记述修庙事碑一通，即凉州大云寺古刹功德碑，碑文记载："大云寺者，晋凉州牧张天锡升平之年所置也，本名宏藏寺，后改为大云寺，因则天大圣皇妃临朝之日，创诸州各置大云，遂改号为天赐庵。"另有从原市区广场西侧和会馆巷迁建的火神庙大殿及春秋阁等建筑。清嘉庆十五年（1810），寺内发现著名的重修护国寺感应塔碑，即"西夏碑"（今全国重点文物保护单位）。钟楼保存较好，对研究建筑史和工程技术有重要价值。

1993年，大云寺及唐钟被列为甘肃省省级文物保护单位。

入口全景

武威市

塔台入口

大云寺塔

敞厅

藏经楼

8 贾坛故居

Jiatan's Former Residence

级　　别	省级
年　　代	民国
地　　址	凉州区东大街古钟楼社区
看　　点	名人故居
开放方式	可参观

贾坛，字杏卿，湖南长沙人，随家迁至武威，以擅长书法而知名，1949年前后曾对保护武威文物做出过贡献。

贾坛故居建于民国十九年（1930），东邻武威六中，南为区医院，西靠大云寺，北依武威酒厂，南北长约40米，东西宽约30米，占地面积约1200平方米。贾坛故居分内外两院，外院由街门、倒座和东西厢房组成。街门面阔一间，装板上有"望春长沙"字迹，倒座面阔三间、进深一间，厢房进深一间，面阔三间，倒座和厢房均设外廊。后院由垂花门、东西厢房和堂屋组成，堂屋面阔五间，进深一间，设外廊，为两层楼阁式。院内砖雕、木雕非常精致，代表了当时的雕刻水平及艺术风格。

2011年，贾坛故居被列为甘肃省省级文物保护单位。

入口

前院

二进院

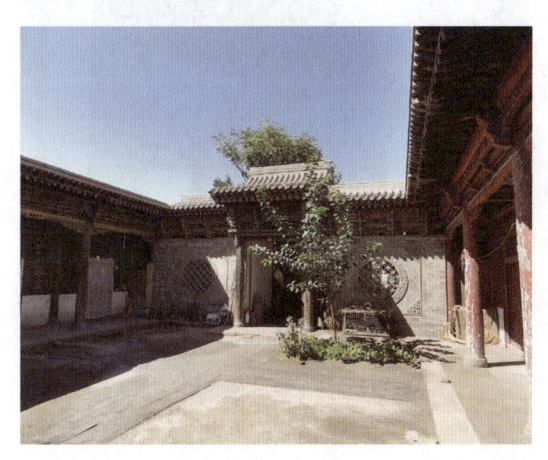

一进院

三门特写

9 陆氏民居

Lu Residence

级　别	省级
年　代	民国
地　址	凉州区东大街再就业市场院内
看　点	名人故居
开放方式	可参观

陆氏民居位于武威市凉州区东大街再就业市场院内，是陆左汉的住宅。该院南北长20米，东西宽17米，占地面积约340平方米。民居为一组坐北向南的四合院，由街门楼、倒座、天井、堂屋及东西厢房等组成。堂屋二层，面阔三间，进深两间，硬山顶式，前出廊，南为倒座。倒座面阔三间，进深一间。东西厢房各三间，进深一间，均出廊。前门墙木质装修，门、窗等做工精细，体现了这一时期的建筑风格及艺术特色。后经修葺，现保存较好。此院为凉州区境内保存较好的一处古民居。

2011年，陆氏民居被列为甘肃省省级文物保护单位。

鸟瞰

入口　主楼　厢房

10 雷台观

Leitai Temple

级别	省级
年代	民国
地址	凉州区金羊乡新鲜村内
看点	近现代民间祭祀建筑
开放方式	可参观

　　雷台观是河西走廊著名的道教胜地，位于武威市凉州区金羊乡新鲜村内。因正殿供奉雷祖而得名。碑文记载："雷台观之设历年久远无可考证，唯查大明天顺年间，冰雹伤禾，敕建重修，培助风脉。"雷台观曾于清顺治五年（1648）毁于战火，于民国二十二年（1933）重修。

　　明代，雷台观在高 8.5 米、南北长 108 米、东西宽 60 米的夯筑土台上始建。现存建筑，如雷祖殿、配殿、三星殿等为 1933 年重建。1981 年，对台上建

雷台观

筑进行大规模加固维修，并搬迁城内火神庙大殿前卷棚为雷祖殿过殿。雷祖殿为土木结构重檐歇山顶式，前后有卷棚，深约6.6米，面阔三间约13米，高约10米。三星殿为土木结构，二层重檐歇山顶，面阔三间约14.8米，进深三间约9.8米，左右回廊深约3.2米。

2001年，雷台观被列为甘肃省省级文物保护单位。

雷祖殿

三星殿

11 秦氏民居

Qin Folk Houses

级　　别	省级
年　　代	民国
地　　址	凉州区金羊镇海藏村七组
看　　点	重要民居院落
开放方式	可参观

秦氏民居建于民国十年（1921），是当地乡绅秦延德的故居，也是西北地区保存完整、高大雄伟的民居庄院的典型代表。

秦氏民居坐北向南，南北长约96米，东西宽约80米，占地面积约7680平方米。庄墙高约12米。南、北各筑护院墩一座，南院墙偏东辟正门。院内呈四合院式布局，现存建筑分布在南北中轴线上，从南向北依次为倒座、东西厢房、堂屋、伙房及储藏室。北为堂屋，二层楼，面阔五间，进深一间，硬山顶，前出廊；东西厢房各五间，硬山顶，前出廊；倒座面阔三间，进深一间。庄门石条砌筑，门楣题"味经遗范"，题记四周雕花，门旁有对联一副，上联为"积善前程应远大"，下联为"存仁后地自宽宏"，题记均为隶书，为武威当地名人贾坛所书。秦氏民居院落布局合理，结构严谨，梁架采用抬梁式或硬山搁檩式结构，檐部装修精致，砖雕、木雕做工精美、形式多样。

秦氏民居是研究民国时期西北地区民居庄院不可多得的实物资料，于1987年被列为县级文物保护单位，2011年被列为甘肃省省级文物保护单位。

入口

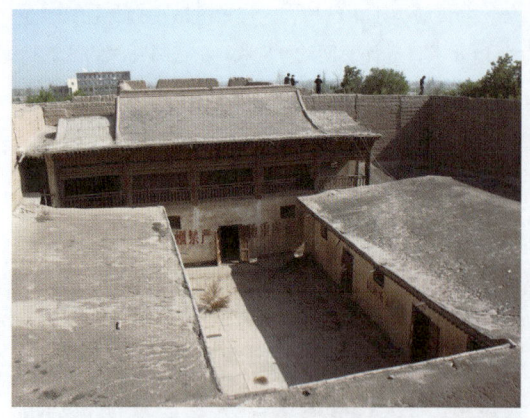

鸟瞰 　　　　　　　　　　　　　　　　内院

12 莲花山塔
Lianhuashan Pagoda

级　别	省级
年　代	清
地　址	凉州区松树乡松树村莲花山顶
看　点	楼阁式砖塔
开放方式	可参观

莲花山塔位于武威市凉州区松树乡松树村莲花山顶，亦称"镇妖塔"，始建于西汉，民国十六年（1927）在武威大地震中坍塌，民国二十一年（1932）重修。凉州莲花山，古称姑臧山、紫山，位于谷水源头，祁连山国家公园冷龙岭一脉，主峰海拔2700米，山底海拔1800米。莲花山是研究西域佛教、汉传佛教，以及西域佛教与藏传佛教融合的见证。

莲花山塔是一座八角七级楼阁式砖塔，从下起第一、二、三、五层均设有小门，设门位置交错。

全景

每层置单檐，檐为砖叠涩跳出，每角装有风铃，至塔顶为陶制圆状刹。周长22米，直径6.5米，高21米，全以条砖叠砌，角角翘檐，挂有风铃，塔内塑有文殊师利菩萨像。原塔冠是生铁而铸，三面为佛像，内装佛经，人们称经顶。

2011年，莲花山塔被列为甘肃省省级文物保护单位。

远景　　　　　　　　　　　　　　　　近景

13 下双大庙及魁星阁

Xiashuang Temple and Kuixing Pavilion

级　别	省级
年　代	清
地　址	凉州区下双乡下双寨东侧
看　点	道教与民俗结合的建筑风格
开放方式	可参观

下双大庙位于武威市凉州区下双乡下双寨东侧。下双大庙整个院落坐北向南，院落南北长约90米，东西宽约34.5米，占地面积约3095平方米，建筑面积约712平方米。大庙建在高3～5米的双层夯筑土台上，平面为呈三级阶梯状的长方形。

下双大庙是道教文化与凉州本土民俗风情完美结合的一个实例，富有浓厚的地域文化特征。整个建筑群除魁星阁有明确记载为清嘉庆年间所建外，其他建筑年代因史料无记载，只能从建筑风格上推断，该庙最早可能于明代中期修建，几经增建，至清光绪年间全面完成。整个大庙由南往北，依次为山门、灯山楼、魁星阁、大殿、土地祠与十王殿、娘娘殿与三皇殿等。目前，仅魁星阁保存相对完好。山门位于大庙中轴线上，坐北向南，是一座面阔三间、进深一间的门屋式建筑，歇山顶。进入山门，西侧为歇山顶式的二层灯山楼。

魁星阁建在大庙东南角2米高的土筑台基上，与灯山楼相对，且比灯山楼略高。魁星阁为二层八角式圆顶建筑，自下而上由覆钵、露盘、圆光构成，顶部为绿色琉璃瓦，上有葫芦形宝瓶。有清嘉庆时八角藻井匾额一块，上书"笔点青天"。魁星阁对研究明清时期武威的建筑风格和工程技术史有重要价值。

1993年，下双大庙及魁星阁被列为甘肃省省级文物保护单位。

下双大庙 　　　　　　　　　　　　　　　　魁星阁

过殿 　　　　　　　　　　　　　　　　　　药王殿及火神殿

民勤县

14 圣容寺
Shengrong Temple

级　　别	国家级
年　　代	明—民国
地　　址	民勤县南大街大寺庙巷14号
看　　点	建筑总体布局，河西地区建筑技艺
开放方式	可参观

圣容寺位于武威市民勤县南大街大寺庙巷14号，始建于明洪武九年（1376）。《重修镇番县志》记载："圣容寺在城内西南前，明洪武初指挥陈胜创建于城内东北隅，成化五年守备马昭移建今地，筑钟楼鼓楼于寺前。"[1]明嘉靖三十年（1551）、崇祯二年（1629）

重修，清代至民国不断补筑扩建，目前占地面积7000多平方米，建筑面积约2400平方米。

在明嘉靖三十年（1551）柳子介撰文的《补修圣容寺碑记》有这样一段记载："卜地建一寺院，题曰'圣容'，建钟鼓楼于寺前，两台对峙；殿宇门廊经画维备，屹然一巨观。就中设皇帝万岁金座，为咫尺天威之所。以边俗崇尚巫释，信因果感应之说。事神谨于事官，乃择所敦信者为之地。而习礼仪庶几瞻者起敬，而生忠信诚悫之心，所以治教休明，彝伦攸叙，百蛮效顺王风，大同皆外攘内治所致，在今一统之。"由此可知，圣容寺建立的初衷应是从万民教化的角度出发，将当地多民族混居的文化多样性，借助宗教活动实现思想认识与行为规范上的统一。

圣容寺坐北向南，由山门、大雄宝殿、三圣殿、藏经阁组成。寺院东西宽约56米，南北长约125米，分前、中、后、观音堂、韦驮殿五个院落，各院均有配殿和斋房等。其中明代建筑现只存大雄宝殿与三圣殿，尤以三圣殿最具有代表性。大雄宝殿面阔五间，进深三间，重檐歇山顶，平面布局采用移柱法，使室内空间显得宽敞，正面出披檐，背出抱厦一间。三圣殿原为单檐硬山顶，面阔三间，进深三间，后

---
1. 许协：重修镇番县志，清道光五年（1825），据中国国家数字图书馆（刻本）：卷二·建置考。

于正面加卷棚，背面出抱厦一间，前后抱厦均为后代所添加。藏经阁为二层木楼，上下均面阔五间，单檐悬山顶。

圣容寺建筑布局合理，屋顶组合丰富，造型别致，对研究河西历史和古建筑艺术有重要价值。2013年，圣容寺被列为全国重点文物保护单位。

大雄宝殿

山门

三圣殿

大雄宝殿——千佛顶

藏经阁

圣容寺全景

15 瑞安堡

Ruian Fort

级　　别	国家级
年　　代	民国
地　　址	民勤县三雷乡三陶村西侧
看　　点	居住与防御一体的民居宅院
开放方式	可参观

瑞安堡是民国时期民勤县保安团团长王庆云的庄院，习称"王庆云堡子"。

瑞安堡建筑群平面呈长方形，南北长100米，东西宽56米，南面开门。砖包墙，高12米，基宽6米，上有女墙，高2米。瑞安堡是一处三进院落的中轴对称式宅院。第一道大门位于堡墙之上，面阔三间，进深一间，硬山顶式。大门内外楣背各有砖雕横额一幅，外镌"瑞安堡"，里镌"瑞安堡落成赠言"。进入第一道大门后，沿中轴线有一条长的甬道将前院和中院分为东、西两部分。前院面阔约50米，进深约26米，紧靠堡墙沿甬道两侧建有成排平顶房屋，西面为草料房、磨坊、马厩、饲养员住房等，东面为护院卫兵、车夫和长工住房。通过第二道大门即进入中院，第二道大门面阔三间，进深两间，硬山顶式，有彩绘与木雕。中院面阔约50米，进深约13米，三面屋舍，回廊环绕，是客人住宿的院落。后院才是内宅部分，其中第三道门略小，门额携有"娜嬛福地"四字，起二脊，前为歇山顶，后为盝顶。后院由过厅将东西两院贯通。西院与东院平面布局一致，但西院房屋的进深和开间略小，其中，东院为居住功能，西院以佛堂和私塾为主。堡墙上建有门楼、逍遥宫、文楼、武楼、望月庭、瞭望楼、巡房、跑马道及女墙等。

建筑群中的主要建筑均南北中轴对称布置，群

外景

门楼

院落

体组合通过相对封闭独立的院落进行组织衔接，集居住、防御为一体，是河西地区建筑风格独特、保存完整的一组民间建筑群体。2006年，瑞安堡被列为全国重点文物保护单位。

内景鸟瞰1

内景鸟瞰2

16 东镇大庙

Dongzhen Temple

级　　别	省级
年　　代	清
地　　址	民勤县东湖镇西北侧红英村北
看　　点	民间祭祀建筑
开放方式	可参观

东镇大庙位于民勤县东湖镇西北侧红英村北200米，坐北向南，占地面积约7200平方米，是一组两进院落的建筑群。

东镇大庙由关帝殿、大成殿、雷祖殿、土地祠、文昌阁、魁星阁、廊房等组成。山门楼是一座两层木结构楼阁式门屋，面阔三开间，单檐歇山顶，周圈环有外廊。山门以内的两侧有东西阁楼，东为文昌阁，西为魁星阁，平面呈方形，均为单开间，周匝环廊。两进院落中，前院正中为关帝殿，殿面阔

东镇大庙全景

三间，进深二间，单檐歇山顶，前接卷棚。殿前有东西配殿四座，东配殿由北向南依次为雷祖殿、土地祠，西配殿由北向南依次为马祖殿、城隍殿。后院正中为大成殿，面阔五间，进深二间11米，单檐歇山顶，前接卷棚，殿前有东、西配殿各一座，东配殿现已不存，西配殿为圣母宫。

　　魁星阁下发现一修庙碑，现埋藏于地基中，据碑文记载，该庙始建于清乾隆年间。清光绪十五年（1889）重修，民国年间扩建。建筑保存较好，较完整，对研究清代建筑制度、建筑技术和特征有重要价值。

　　1993年，东镇大庙被列为甘肃省省级文物保护单位。

文昌阁

中大殿正面

中大殿内部梁架结构局部

17 二分大庙双楼

Double Buildings of Erfen Temple

级　别	省级
年　代	清
地　址	民勤县双茨科乡二分村
看　点	建造技艺
开放方式	可参观

　　二分大庙位于民勤县双茨科乡二分村南的双茨科乡中学院内，坐西向东。二分大庙建于清乾隆二十九年（1764）；清嘉庆十二年（1807）重修；同治年间，山门北侧木楼毁于战乱；民国八年（1919）依照南侧木楼式样重建。现存大庙仅有山门及南北两侧门楼。山门面阔三开间，进深两开间，单檐歇山顶。两木楼又称姊妹楼、钟鼓楼，均为二层楼阁式建筑，平面为正方形，均为一开间，周匝回廊，重檐屋顶。上层为六角攒尖顶，下层为正方形四角披檐。

　　二分大庙双楼对研究清代建筑制度和建筑技术具有重要价值。1993年，二分大庙双楼被列为甘肃省省级文物保护单位。

北楼正面

双楼背面

南楼内顶架构

18 镇国塔
Zhenguo Tower

级　　别	省级
年　　代	清
地　　址	民勤县县城城关区内
看　　点	喇嘛塔
开放方式	可参观

镇国塔位于民勤县县城城关区内，始建于明正统五年（1440），清康熙四十四年（1705）重修，清光绪十年（1884）倾圮，邑人胡先绪倡议修复。

镇国塔系喇嘛塔，亦称白塔。塔下层为基座，中层有覆钵，上为相轮13层，号称十三天，似宝瓶状。塔高12米，塔基高1米，周长16米，塔基为八角形，塔身似瓶形。覆钵周围各有小佛龛两处。十三轮上面用木椽建成八角形开地盘伞盖，角上挂有风铃，伞盖上置葫芦形铸铁塔顶。中间用筒瓦砌成圆形。刹为铜制，塔身全部用条砖砌成，外层敷以石灰抹面。

镇国塔保存较好，对研究建筑史和建筑技术有重要价值。1993年，镇国塔被列为甘肃省省级文物保护单位。

镇国塔远景及周边环境

镇国塔中景

古浪县

19 火庙大殿
The Main Hall of God-fire Temple

级　别	省级
年　代	明
地　址	古浪县大靖镇南关村
看　点	建造工艺
开放方式	可参观

　　火庙大殿位于武威市古浪县大靖镇南关村，现存建筑建于清乾隆元年（1736），占地面积约318平方米。大殿坐北朝南，单檐歇山顶式建筑，面阔三间，进深二间，周围环绕外廊。

　　火庙大殿具有典型的地方建筑建造工艺及特点，也是研究清代河西地区建筑的珍贵实物资料。1990年，火庙大殿被古浪县人民政府公布为县级文物保护单位。2016年，火庙大殿被列为甘肃省省级文物保护单位，现为古浪三中校史馆，并与财神阁、马神庙一起被称为大靖古建筑群。

侧面

山墙侧

全景

20 马神庙

God-Horse Temple

级　别	省级
年　代	明
地　址	古浪县大靖镇南关村
看　点	道教建筑
开放方式	可参观

马神庙位于武威市古浪县大靖镇南关村，始建于明万历四十四年（1616）。《前汉书》记载："凉州之畜为天下饶。"《史记》亦记："陇西、北地、上郡与关中同俗，然西有羌中之利，北有戎翟之畜，畜牧为天下饶，然地亦穷险，唯京师要其道。"[1] 可见，从秦代建立陇西郡开始，从陇西开始往西，最晚至汉代，就已经以畜牧业而著称，因此，相应的民间信仰与祭祀活动也更为盛行，《甘肃通志》中，"马神庙"的记载多达7处。武威这座马神庙据《甘肃通志》载，"马神庙在府城（武威城）东北隅"。[2]

马神庙占地面积约755平方米，坐西朝东，由夯土台、大殿和两座厢房组成。大殿建在高1米的台基上，为单檐歇山顶式建筑，面阔三间，通长11米，进深三间，通宽10.6米，周围廊。大殿南北两侧有民国改建的二层木楼，建筑形制相同。

入口

厢房

前院

正堂明间外檐铺作

后殿背面

---

1. 钦定四库全书·史部·正史类·史记·卷一百二十九。
2. 钦定四库全书·史部·地理类·都会郡县之属·甘肃通志·卷十二。

21 财神阁

The God of Wealth Pavilion

级　　别	省级
年　　代	清
地　　址	古浪县大靖镇十字街中心
看　　点	建筑技艺
开放方式	可参观

　　大靖财神阁位于古浪县大靖镇十字街中心。始建于清康熙五十七年（1718），砖木结构，平面呈正方形，建筑面积约100平方米，面阔三间，进深一间，通高8米，歇山顶，飞檐翘角分上、中、下三层，檐下施三踩单翘单昂斗拱，四周绕廊。财神阁当心间四面开拱形门，构成十字通道，贯穿四条大街，每层东南角有楼梯可攀登。财神阁由主阁和基座两层构成，檐上有"财神阁""节荣金管""峻极天市""恩施泽沛""永锡纯嘏"等6幅金匾，32根红漆柱子，四角上下8只风铃。

　　1986年，经古浪县政府的大力支持，在大靖等地群众的资助下，财神阁被修复重建。新建的财神阁在原来的基础上加高了7米，外观更加雄伟。1993年，财神阁被列为甘肃省省级文物保护单位，后于2016年与马神庙、火神大殿一起被称为大靖古建筑群。

东侧全景

南侧近景

西侧全景

北侧全景

22 三义殿

Sanyi Hall

级　　别	省级
年　　代	清
地　　址	古浪县土门镇台子村
看　　点	建筑技艺
开放方式	可参观

　　三义殿位于古浪县土门镇台子村内，占地面积约6000平方米，现存三义殿和部分厢房。三义殿坐北向南，建于清康熙四十三年（1704），殿面阔三间，进深一间，五檩前后廊，重檐歇山顶。殿内塑刘备、关羽、张飞大型彩绘泥塑像三尊，高约3米，两侧塑立侍二童，脊檩有清康熙四十三年始建题记。

　　1993年，三义殿被列为甘肃省省级文物保护单位，后于2016年与罗汉楼、山陕会馆一起被称为土门古建筑群。

全景

正殿

正殿内部梁架

正殿近景

23 罗汉楼

Luohan Building

级　　别	省级
年　　代	清
地　　址	古浪县土门镇土门村
看　　点	城防建筑
开放方式	可参观

　　罗汉楼位于武威市古浪县土门镇土门村，现存建筑建于清康熙九年（1670），原名菩萨楼，为土门城东城门门楼，占地面积约138平方米，建筑面积约263平方米，坐西朝东，是一座重檐歇山顶楼阁式建筑。一层以东西方向开城门，宽三间，进深二间，两侧夯土起台。城门下部长8米，宽3.6米，南面西侧、北面东侧有台阶通往二层。二层面阔三间，通长约11米，进深二间，通宽约8米，带周围廊，边设近1米高围栏，当心间开门，两边间较窄，南侧有阶梯可上中层。三层面阔三间，通长约8米，进深一间，通宽约4米，无门，无绕廊。上层檐柱、角柱、擎柱上下一体。

　　门内南侧立石碑一通，砂岩石质，通高1.8米，碑身宽0.6米，厚0.2米。罗汉楼是明王朝加强西北边防的历史见证，1984年被武威市人民政府公布为市级文物保护单位，2016年被列为甘肃省省级文物保护单位，并与三义殿、山陕会馆一起被称为土门古建筑群。

北面全景

南面全景

翼角

北面近景

24 山陕会馆

Shanxi and Shaanxi Guild Hall

级　　别	省级
年　　代	清
地　　址	古浪县土门镇漪泉村
看　　点	会馆建筑
开放方式	可参观

山陕会馆位于武威市古浪县土门镇漪泉村，始建于清道光元年（1821），占地面积约 737 平方米，坐北朝南，院落南侧开门，平面呈长方形，南北长 33 米，东西宽 22 米。建筑群以大殿为中心，东、西有厢房各 1 座。大殿为单檐硬山顶建筑，面阔三间约 11 米，进深三间约 9 米，前出廊，大殿东西两壁残存清白复龙绘《三国演义》故事壁画约 8.8 平方米。西侧为马神庙，面阔一间，两侧厢房对称，各面阔三间。

会馆是中国明清时期城市中由同乡或同业组成的商务团体。它兴起于明初（永乐年间），兴盛于清代，衰落于近代，既反映了社会的变迁，又体现着深厚的传统，曾对当地经济与社会的发展发挥积极的作用。清王朝建立之初，随着经济发展，各民族之间的商业贸易往来日益频繁。清康熙三十七年（1698），开放嘉峪关，恢复中外贸易，武威的商业重新繁荣兴起，成为西北民族贸易之重镇。大量外地商人来武威经商，并形成了"山西帮""陕西帮""直鲁豫帮"和"本地帮"，其中以"山西帮"和"陕西帮"力量最为雄厚，他们分别在老武威城东南隅（现武威城区文昌路会馆巷中），以及今武威市古浪县的土门镇和大靖镇建立了山西会馆和陕西会馆。

山陕会馆反映了山西、陕西商人在土门做生意的历史，是清代土门商贸发达的历史见证，也是研究会馆文化、关帝文化的重要实物资料。2005 年，山陕会馆被武威市人民政府公布为市级文物保护单位。2016 年，山陕会馆被列为甘肃省省级文物保护单位，并与罗汉楼、三义殿一起被称为土门古建筑群。

正殿

正殿梁架

入口

角亭

天祝藏族自治县

25 天祝东大寺
Tianzhu Eastern Great Temple

级　　别	国家级
年　　代	清
地　　址	天祝藏族自治县赛什斯乡东大寺村
看　　点	藏传佛教建筑
开放方式	可参观

天祝东大寺位于天祝藏族自治县赛什斯乡东大寺村西200米，藏语称"大通贡钦贴桑达吉琅"，意为"大通大寺闻思振兴洲"，是一座藏传佛教格鲁派寺院。该寺因位于连城妙因寺以东，故名"东大寺"。

天祝东大寺建于清道光二十年（1840），寺院坐北向南，建筑面积约710平方米，占地面积1000平方米，是一座四合院式建筑，共分东、西、前、后四院。正殿面阔三间18米，进深两间8米，高8米，上覆青色筒瓦。东、西厢房各三间。寺内藏宋、元、明、清时期珍贵瓷器。保存较好，对研究藏传佛教有重要价值。

天祝东大寺由三层木楼叠起，墙垣多用青灰色石英砂岩砌成的方块叠置而成。经堂顶均由青色琉璃瓦铺成，顶脊镶嵌石雕吉祥图案。殿宇外部墙垣表面刷有褐黄色涂料。寺院外围有一座弧形的围墙，高1.5米左右，均由红砖砌成。正门（两扇）高4米，用桦木做成，上涂红漆，两侧有个小廊檐，檐下镶有木格花窗，檐内有著名画师更登嘉木措绘制的藏式图案。正门前方竖有全国重点文物保护单位标志的石碑；正门左侧有一个两扇小门，供僧人、信徒平时出入，小门前方有一座大鄂博；正门右侧有一栋两层小木楼，是僧侣休息的地方，被称为"观望台"。

进入正门，来到经堂前院。前院建有两层楼，正前方有五间房，4根廊柱（均涂红漆），镶有木格花窗（均由蓝、绿色涂成）；正中央挂一块"佛光普照"蓝底金字巨匾，中间有两扇门，进入扇门，登上较陡的木制楼梯，为经堂中院。

经堂中院正前方便是原鲁迦堪布囊欠的佛堂，经堂有五间，由4根高达十余米的廊柱撑起二层楼。进入经堂，一层为全寺僧众诵经之地，殿内正中设有鲁迦堪布活佛的法座，法座上方供有释迦牟尼佛像，两侧供奉着佛像和藏文经卷。殿内挂满彩色幡帷，

全景

两侧墙壁上有罕见的《西游记》壁画,四壁挂有许多用金线、银线和丝织的唐卡,有较高的艺术观赏和考古研究价值。

经堂左右各有三间厢房,经堂的右侧有两个小院,前院为僧人的住宅,后院为活佛寝室。左侧有一个小院,为僧人的住宅和灶房。

天祝东大寺现有佛殿、僧舍及其他房屋共109间,集汉、藏建筑风格于一身,充分体现了汉藏民族融合、多元文化共存的特征,是天祝藏族自治县最典型的佛寺古建筑。2019年,天祝东大寺被列为全国重点文物保护单位。

大经堂

26 天堂寺
Heaven Temple

级　　别	省级
年　　代	清
地　　址	天祝藏族自治县天堂乡天堂寺村
看　　点	藏传佛教建筑
开放方式	可参观

1949年之前,天堂寺已经成为天祝藏族自治县境内最大的藏传佛教格鲁派寺院,寺内分浚文学院和时轮金刚学院,是我国西北地区的名寺之一。

1993年,天堂寺被列为甘肃省省级文物保护单位。

天堂寺位于天祝藏族自治县天堂乡天堂寺村西北约1千米处,东、西、北三面靠山,南隔大通河与青海省互助土族自治县嘉定藏族乡相邻。天堂寺坐北朝南,占地面积约5200平方米,建筑面积约300平方米,现仅存厢房19间为清顺治年间扩建的部分。这些原有建筑的建筑风格为典型的汉地传统建筑,以双坡歇山顶为主,亦有单坡顶,梁架结构也很简单。自清代初建成前身阳庄寺到"反封建"运动之后,天堂寺几经毁损又不断重建扩建,仅存大经堂和赛义囊。1986年,在原址上重建大经堂,为二进两院式。

天堂寺赛义囊山门

天堂寺赛义囊全景

天堂寺赛义囊南立面

武威市其他文物保护单位列表

区县	名称	年代	级别	地址	类别
凉州区	旱滩坡墓群	汉—晋	国家级	武威市凉州区西南沿祁连山北麓的台地上	古墓葬
凉州区	磨咀子和五坝山墓群	新石器时代、汉、晋	国家级	武威市凉州区新华乡缠山村和韩佐乡宏化村	古墓葬
凉州区	高昌王和西宁王墓	元	国家级	武威市凉州区永昌镇石碑沟村	古墓葬
凉州区	白塔寺遗址	元	国家级	武威市凉州区武南镇白塔村刘家台庄	古遗址
凉州区	重修护国寺感应塔碑（西夏碑）	西夏	国家级	武威市凉州区崇文街武威文庙内	其他
凉州区	塔儿湾遗址	西夏	省级	武威市凉州区城南古城乡上河村	古遗址
凉州区	南沙滩墓群	魏、晋	省级	武威市凉州区金沙乡	古墓葬
凉州区	王景寨墓群	汉	省级	武威市凉州区东河乡王景寨村	古墓葬
凉州区	王景寨城址	汉	省级	武威市凉州区东河乡王景寨村	古遗址
凉州区	郭家山遗址	新石器时代	省级	武威市凉州区丰乐镇东湖村	古遗址
凉州区	亦都护高昌王世勋碑	元	省级	武威市凉州区高昌王父纽林的斤墓前神道处	石窟寺及石刻
凉州区	五坝山墓群	新石器时代、汉、魏、晋、西夏	省级	武威市凉州区古城乡	古墓葬
凉州区	旱台子墓群	新石器时代、汉	省级	武威市凉州区古城乡陆林村	古墓葬
凉州区	洪祥滩墓群	汉	省级	武威市凉州区洪祥乡天泉村	古墓葬
凉州区	皇娘娘台遗址	青铜时代	省级	武威市凉州区金羊乡宋家园村内	古遗址
凉州区	武威满城	清	省级	武威市凉州区金羊乡新鲜村窑沟北侧	古遗址
凉州区	武威锁阳城城址	汉	省级	武威市凉州区金羊乡赵家磨村	古遗址
凉州区	东山坡墓群	魏、晋	省级	武威市凉州区南营乡南营村	古墓葬
凉州区	青咀喇嘛湾墓群	唐	省级	武威市凉州区南营乡青嘴村	古墓葬
凉州区	狼洞子滩墓群	汉	省级	武威市凉州区清源镇王家新庄村	古墓葬
凉州区	瓦罐滩遗址	新石器时代	省级	武威市凉州区下双乡蓄水村	古遗址
凉州区	西沙滩墓群	汉	省级	武威市凉州区下双乡俞家湾村	古墓葬
凉州区	亥母寺遗址	西夏	省级	武威市凉州区新华乡缠山村西南的祁连山中	古遗址
凉州区	茂林山遗址	新石器时代	省级	武威市凉州区新华乡李府村	古遗址
凉州区	西宁王忻都公神道碑	元	省级	武威市凉州区永昌镇石碑村三社	石窟寺及石刻
凉州区	张义堡城址	汉、明	省级	武威市凉州区张义乡张义堡村内	古遗址
民勤县	四方墩遗址	汉—魏、晋	省级	武威市民勤县昌宁乡阜康村东北4千米处的荒滩上	古遗址
民勤县	北新墓群	汉	省级	武威市民勤县大滩乡北新村	古墓葬

续表

区县	名称	年代	级别	地址	类别
民勤县	民勤古城	汉—明	省级	武威市民勤县大滩乡北新村西约5千米的沙漠中	古遗址
民勤县	民勤三角城遗址	青铜时代、汉	省级	武威市民勤县红沙梁乡小东村	古遗址
民勤县	民勤连城城址	汉、唐	省级	武威市民勤县泉山镇团结村	古遗址
民勤县	棺材疙瘩墓群	汉	省级	武威市民勤县泉山镇小西村	古墓葬
民勤县	端字号柴湾城址	汉	省级	武威市民勤县西渠镇建立村	古遗址
民勤县	东安堡古城	西夏	省级	武威市民勤县县城东6千米处	古遗址
民勤县	红沙堡城址	汉—明	省级	武威市民勤县新河乡泉水村	古遗址
民勤县	柳湖墩遗址	青铜时代	省级	武威市民勤县薛百乡薛百村	古遗址
古浪县	干城城址	汉—清	省级	武威市古浪县干城乡干城村	古遗址
古浪县	朵家梁遗址	新石器时代	省级	武威市古浪县胡家边乡保和村西南2千米朵家梁	古遗址
古浪县	古浪三角城遗址	汉—唐	省级	武威市古浪县民权乡长岭村	古遗址
古浪县	潘家嘴墓群	汉、唐	省级	武威市古浪县民权乡长岭村东侧和南侧	古墓葬
古浪县	老城遗址	新石器时代	省级	武威市古浪县裴家营乡老城村老城	古遗址
古浪县	青石湾墓群	汉、唐	省级	武威市古浪县土门镇和乐村	古墓葬
天祝藏族自治县	坪山小沟遗址	新石器时代	省级	武威市天祝藏族自治县东坪乡坪山村	古遗址
天祝藏族自治县	岔口驿堡遗址	明	省级	武威市天祝藏族自治县华藏寺镇岔口驿村	古遗址
天祝藏族自治县	罗家湾遗址	新石器时代	省级	武威市天祝藏族自治县东坪乡罗家湾村	古遗址
天祝藏族自治县	松山新城	明	省级	武威市天祝藏族自治县松山乡松山村	古遗址

陇南地区

本书中所指的陇南地区位于整个甘肃省省域的南部偏西,与青海省和四川省毗邻,仅包括甘南藏族自治州。

自然与人文背景

相对于甘肃省的其他地区,甘南藏族自治州所在的陇南地区在地广人稀的基础上,还具有地势起伏较大、地貌复杂多样的特点,现存古建筑也较为分散。具体而言,甘南藏族自治州位于青藏高原的东北边缘,且与黄土高原相邻,因此,整体地势走向是西南高,东北低。这里森林资源和水力资源都较为丰富,气候多变,相应地,适于居住并发展成聚落的地方较少,反而激发出先民们在探索地方性材料与技艺方面的智慧,因地制宜,依山就势。甘南藏族自治州是一个以藏族为主的多民族聚居区,藏族特有的土司文化、汉藏融合的农耕与游牧文化以及以藏传佛教为主的宗教氛围,造就了甘南地区独特的民族文化和民俗风情。

聚落与建筑群体

从现存村落聚居地的形态可以看出,在选址上,陇南地区的先民更倾向于水源充足且尽量减少占用可耕种土地的位置,而且,地形起伏也使得这些聚落的建筑布局必须采用高低错落的方式以便在有限的宅基地上满足基本的居住与生产需求。此外,聚落选址的这种地形特征也使得其内部的建筑以组团的模式散落分布。尽管跨度较大的聚落高差在建筑布置上带来了一定困难,但是,也同样造就了外部空间丰富且垂直分布的聚落形态。而另一类基于军事目的建造的卫城,主体则呈现完整规划、集中建设的特点,选址多在山谷、河谷等相对较为开阔的平地,比如明洪武十二年(1379)所筑的洮州卫城,其所在的临潭县新城镇为国家第四批历史文化名镇。

建筑类型与风格

从建筑功能类型来看,陇南地区现存的古建筑主要集中在宗教建筑与军事建筑两类,其中,宗教建筑则充分体现出藏传佛教对甘南地区的深刻影响,即使是居住类的建筑也均为具有明确防御意义的堡寨。藏传佛教在甘南地区具有广泛而深厚的信众基础,且当地民俗中对藏传佛教修行制度颇为推崇。现存的几处佛寺的布局并不拘泥于普通汉地佛寺的一般规制,讲堂与禅房总是占据其中的主要位置,并且在结构选型与空间组织方面都是为了适应当地藏传佛教"学院式"的寺院运作模式,而装饰题材与风格方面都明显表现出的藏传佛教信仰特征。这几座现存藏传佛寺仍然保持活跃的生命力,虽然彼此隔山跨水,但是都具有一定的区域影响力。

无论是从民族文化还是宗教信仰的角度,藏族都在陇南地区具有明显的主导作用,这一点同样体现在建筑风格和装饰题材方面。一方面,在民居等数量较多的建筑中,表现出一种更为浑然天成并与自然和谐共生的建筑气质,建筑材料的选择与空间的组织都印证着当地人在相对恶劣的地形和气候条

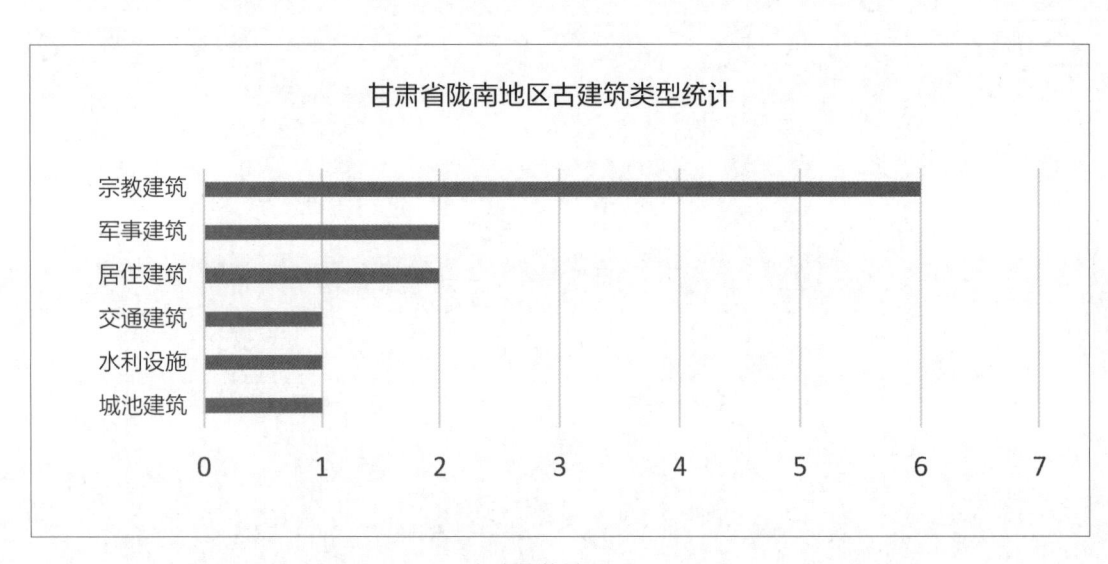

甘肃省陇南地区古建筑类型统计

建筑类型	古建筑数量/处
宗教建筑	6
军事建筑	2
居住建筑	2
交通建筑	1
水利设施	1
城池建筑	1

件下实现安居理想的智慧与达观态度;另一方面,对于佛寺这种偏重精神意义与意识形态表达的物质空间,则不吝使用丰富的题材与多变的材料对建筑进行装饰,为我们理解藏族文化与藏传佛教提供了生动而宝贵的实物证据。

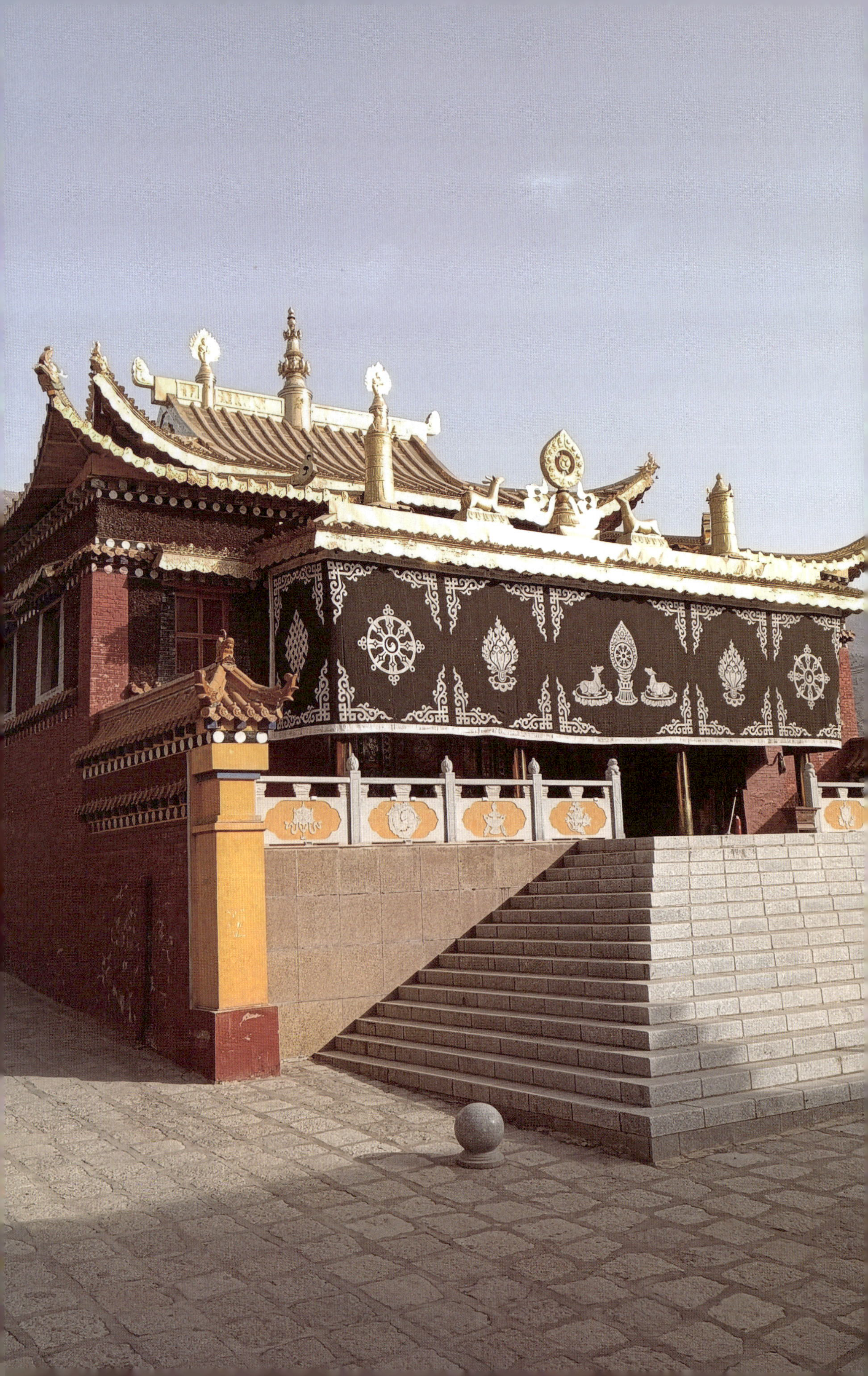

10
甘南藏族自治州
GANNAN

甘南藏族自治州古建筑分布图
Historical Architectural Map of Gannan Zang Autonomos Prefecture

1. 明长城及沿线城障烽燧
2. 汉长城及沿线城障烽燧
3. 拉卜楞寺
4. 禅定寺
5. 洮州卫城
6. 西道堂
7. 红堡子
8. 临潭一中大门
9. 千家寨堡子
10. 俄界会议旧址
11. 多儿水磨群
12. 杰迪寺
13. 察干外香寺
14. 郎木寺

甘南藏族自治州地图

图 例

- 市(州)政府驻地
- 县(区、市)政府驻地
- 省界
- 市(州)界
- 县(区、市)级界
- 自然保护区界
- 河流 水库
- 干渠 流向
- 湖泊

比例尺 1:1 100 000
附注：1、2属临潭县，3、4属卓尼县

审图号：甘S（2024）31号

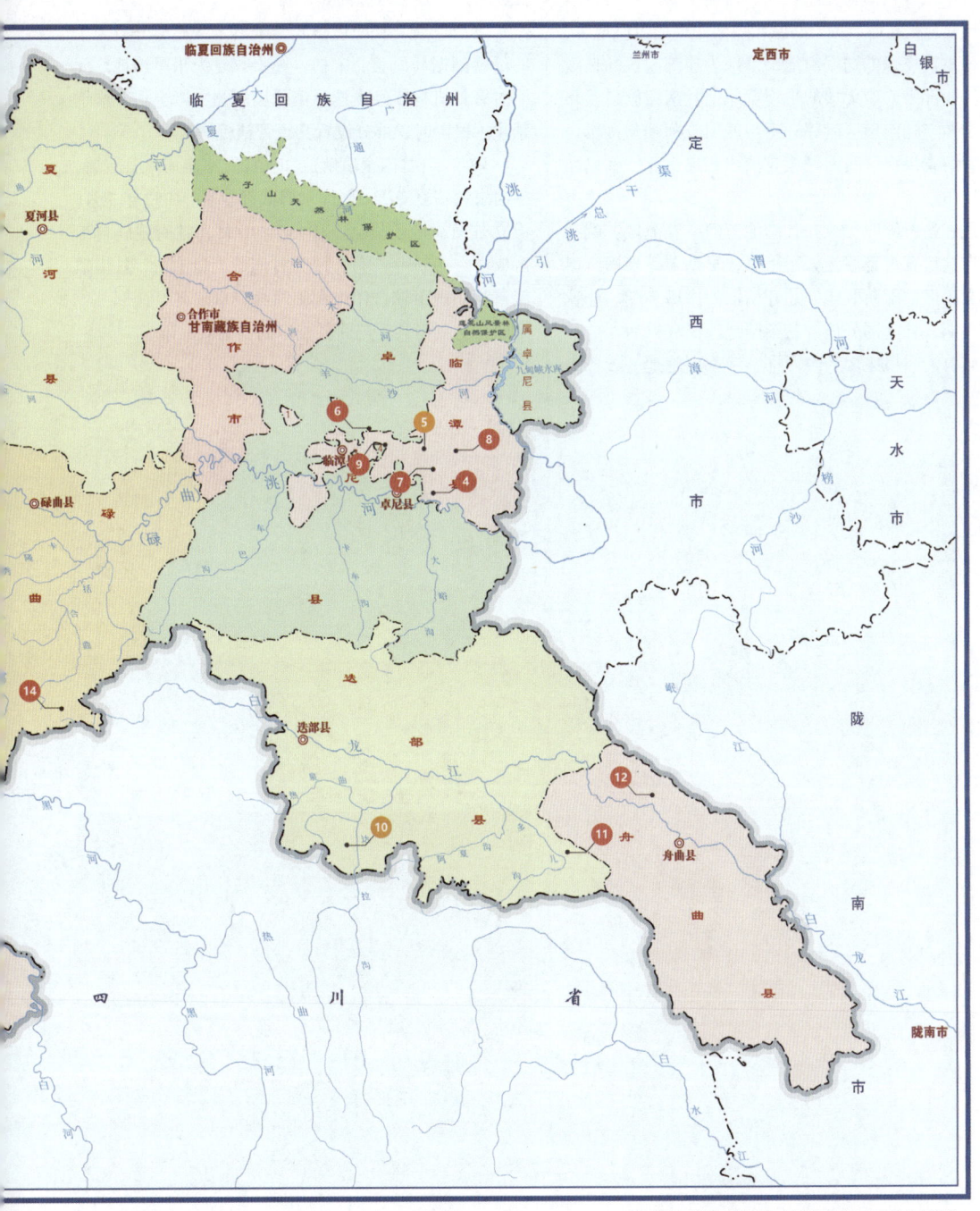

甘南藏族自治州

建置沿革

甘南藏族自治州位于长江、黄河上游，甘肃省南部，地处青藏高原、黄土高原和陇南山地的过渡地带，南部为重峦叠嶂的迭岷山地，东部为连绵起伏的丘陵山区，西部为广袤无垠的平坦草原。甘南藏族自治州东与定西、陇南地区毗邻，南与四川省阿坝州接壤，西与青海省果洛、黄南藏族自治州相连，北倚临夏回族自治州。

远在新石器时代，在甘南的三河一江流域，就有人类在这块亘古荒原上繁衍生息，早期羌人聚居，逐渐建立自己的部落联盟，并开始依附中原王朝。春秋战国时期，甘南部分地方为秦国地。汉代以后，今甘南藏族自治州境主要为陇西郡、武都郡辖地。魏晋南北朝时期，地方政权纷争割据。

隋唐以后，甘南境被吐蕃统治，并逐渐分裂为小的部族割据局面。北宋初，逐步收复为州军辖地。元明时管辖机构屡经更迭。清代属河州，诸土司、僧纲辖领。民国时，部分设置县级管辖机构。

1949年，甘南全境解放，时临潭、卓隶属岷县专署，夏河隶属临夏专署，西固隶属武都专署。1952年7月，设立甘南藏区委员会。1953年10月，甘南藏族自治区成立。1955年7月，改为甘南藏族自治州。甘南藏族自治州现下辖合作市和临潭县、卓尼县、迭部县、舟曲县、夏河县、玛曲县、碌曲县七县一市。

1 明长城及沿线城障烽燧

Beacon Towers Along the Great Wall of Ming Dynasty

级　　别	国家级
年　　代	明
地　　址	甘南藏族自治州
看　　点	长城建造、形制
开放方式	可参观

甘肃省境内的明长城及沿线城障烽燧分布于白银市的靖远、景泰，兰州市的永登、安宁、红古，武威市的天祝、古浪、凉州、民勤，金昌市的永昌，张掖市的山丹、甘州、临泽、高台，酒泉市的肃州、金塔及嘉峪关市，跨越7个市15个县区，全长1200余千米，是防御性军事设施。另外，在甘南和临夏两州境，也有区域性长城，约200千米，不与主长城连接，自成体系，亦是地方防御性军事设施。现存遗址呈现两条较为明显的线性分布格局，西起嘉峪关，向东经酒泉、金塔，然后东南行经永昌，再折北至民勤，又折南而下经武威、古浪，东向入景泰，过黄河至靖远，沿河南岸东北向，出黑山峡入宁夏，是为主线。另一条复线，自武威凉州区黄羊镇以东的东滩分出，向南穿古浪峡、越乌鞘岭，沿庄浪河，纵贯永登全境，至兰州西固区之河口，沿黄河而下，经安宁入兰州，又东北行，过桑园峡，达靖远，与主线合而入宁夏同心县。其中永昌至民勤段与汉长城合用。

甘肃段明长城由城、关隘、敌台、烟墩、城堡等建筑组成。因地制宜，灵活取用。少数为砖砌筑，大都以黄土夯筑，夯层厚13～20厘米，间杂木棍、

明代陕西甘肃镇长城示意图

野草等。也有利用自然地形，在山脊上垒砌石块为墙或利用险山峻岭，顺势劈凿山体成墙者。还有利用地形挖成的深沟以做边壕。城墙上和城内侧修筑突出墙外的墙台和方锥体烽燧墩。部分重要地段设关口和城堡。其中，山丹、永昌、古浪等段保存较好，城墙底宽 2～4 米，顶宽 1～2 米，残高 8 米左右。烟墩位于城内侧，与长城相连，呈方锥体，基方 6 米，残高 10 米以上。墩距约 5 千米。连属相望，十分壮观。

甘肃是明代设置的"九边"之一，也是"九边"中西北"三边"或"四镇"之一。在这个"边"或"镇"内，又有自己的重点军事区域。明崇祯时周一敬所著《甘肃镇考见略》记载："凡边，以卫腹地。甘肃于边为九之一，于三边之镇为四之一。跨河西，凡要地有九：曰甘，曰肃，曰凉，曰庄浪，曰西宁，曰靖虏，兰州与洮、河二州，并饬边备焉。"即在今酒泉、张掖、武威、永登、西宁、靖远、兰州、临夏、临潭九个地方设置的九个重点军备区。即上述所言长城、城郭、关隘诸遗址。这些遗址的建筑时间前后不一。据文献记载，嘉峪关及以东修筑于明洪武五年（1372），民勤一带修筑于明弘治十四年（1502），兰州一带为嘉靖时所为，而古浪一带是明万历二十七年（1599）筑成。甘南与临夏系明洪武三年（1370）所置。

明长城及沿线城障烽燧遗址，不仅对研究建筑工程技术史有重要意义，而且对研究明代的政治、经济、军事及西北地区的文化、民族关系、社会发展等问题具有重要价值，也是发展旅游业的重要资源。2006 年，明长城部分区段被归入第五批全国重点文物保护单位——长城（战国至明）。

2 汉长城及沿线城障烽燧

Beacon Towers Along the Great Wall of Han Dynasty

级　　别	国家级
年　　代	西汉
地　　址	甘南藏族自治州
看　　点	长城建造、形制
开放方式	可参观

甘肃境内的汉代长城，是随着汉武帝开发河西的历史进程而动土修建的。《后汉书》记载："及武帝征伐四夷，开地广境，北郤匈奴，西逐诸羌，乃度河湟，筑令居塞。初开河西列置四郡。通道玉门隔绝羌胡，使南北不得交关，于是障塞亭燧。"武帝元鼎六年（前111）筑令居塞至酒泉长城，元封四年（前107）筑酒泉至敦煌长城。太初三年（前102）筑令居（金塔与额济纳旗）、休屠塞（民勤）长城，太初四年（前101），自敦煌至盐泽（罗布泊）起亭，烽火通西域，宣帝地节三年（前67）筑媪围塞，东起景泰，西止古浪。历经 40 余年才完成长城的建设工程，形成了完整的防御体系。现存部分主要分布在兰州市永登县，武威市天祝县、古浪县、凉州区、民勤县，金昌市永昌县，张掖市山丹县、甘州区、临泽县、高台县，酒泉市金塔县、肃州区、玉门市、安西县、敦煌市等地，跨越 5 市 15 县区，绵延千余米。

甘肃省省级文物保护单位标识

汉长城遗址标识

汉长城遗址1

　　由于安西汉长城地处干旱少雨的河西地区，特殊的气候使这里的长城建筑保存得比较好，在汉代长城遗址中属于不可多得者。保存较好的有玉门关段、西湖段、弱水段和民勤段。沿线遗存烽燧，残垣底宽3～8米，高3米以上，有达10米者。

　　甘肃段长城遗址保存较好，对研究建筑工程技术和两汉的政治、经济、军事等问题具有重要价值。2006年，部分区段被归入全国重点文物保护单位——长城（战国至明）。

汉长城遗址2

夏河县

3 拉卜楞寺

Labrang Temple

级　　别	国家级
年　　代	清
地　　址	夏河县城西0.5千米处
看　　点	藏传佛寺布局、建筑、装饰
开放方式	可参观

　　拉卜楞寺位于甘南藏族自治州夏河县城西，原名噶丹夏珠卜达吉益苏奇贝琅，简称扎西奇寺，是我国藏传佛教格鲁派（黄教）六大寺院之一。拉卜楞寺由第一世嘉木样阿旺宋哲大师创建于清康熙四十八年（1709），清康熙五十三年（1714）建立"拉章"（即嘉木样佛官），"拉章"音变为"拉卜楞"，意为寺院最高活佛府邸。

　　拉卜楞寺依山而建，整体呈坐北朝南的趋势，建筑群高低错落，布局有致。单体建筑下宽上窄，以木结构为主，外墙围护结构多用毛石、土坯，且内外壁涂以红、黄、白等土质颜料，用以标识出各庙宇的不同功能和等级；也有采用石墙承重、石柱承重的情况。拉卜楞寺主要殿宇共有90多座，包括六大学院、16处佛殿、18处昂欠（大活佛宫邸）、僧舍及讲经坛、法苑、印经院、佛塔等，是一组具有浓郁藏族特色的宏伟建筑群。

　　拉卜楞寺宗教体制的组成以闻思、医药、时轮、吉金刚、上续部及下续部六大学院为主，在全蒙藏地区的寺院中建制最为健全。拉卜楞寺的慧觉寺（即大经堂），建筑面积约1700平方米，可供全寺僧侣集会，并聆听嘉木样活佛讲经说法。内有木柱140余根，高5米，第二层中部木柱升高，开侧窗采光。1985年4月7日，慧觉寺因火灾遭毁坏。1986年，国家拨专款按原规模重建。1990年7月25日竣工。重建之后的大经堂基本上保持了藏式传统建筑特色。大经堂常用来召开筑坛、演神、法乐等佛法盛会，塑造佛像，绘制唐卡等活动也在此进行。拉卜楞寺的六大学府均设在大经堂内。其中以闻思学院规模最大，占据经堂前后两殿。

拉卜楞寺金碧辉煌的金顶是这一地区藏传佛教寺院的典型特征。金顶上装饰有金端、法轮、双鹿、宝幢、套兽、吉祥索结等具宗教色彩的馏金饰物。部分殿堂采用汉地传统建筑的庑殿顶，上覆鎏金铜瓦或绿色琉璃瓦，表现出对中原建筑文化的借鉴与吸纳。拉卜楞寺的建筑多有壁画和彩绘，且题材广泛、色彩鲜艳，装饰性强。

1982年，拉卜楞寺被列为全国重点文物保护单位。

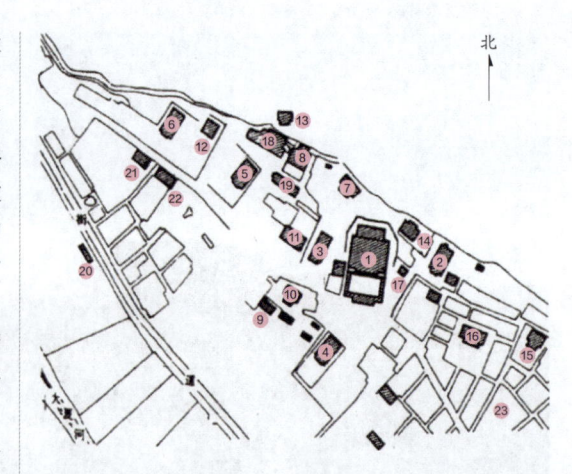

1.闻思学院；2.下续部学院；3.时轮学院；4.藏医学院；5.喜金刚学院；6.上续部学院；7.弥勒佛殿；8.释迦牟尼佛殿；9.文殊菩萨殿；10.狮子吼佛殿；11.绿度母殿；12.白度母殿；13.白伞盖佛母殿；14.夏卜丹殿；15.宗喀巴殿；16.藏经楼；17.离合塔；18.嘉木样佛宫（上宫部分）；19.嘉木样磋欠大殿；20.贡唐仓宫邸；21.郭莽仓宫邸；22.朗仓宫邸；23.僧舍群

拉卜楞寺建筑分布图

拉卜楞寺建筑外观

拉卜楞寺鸟瞰

卓尼县

4 禅定寺
Chanding Temple

级　别	省级
年　代	元
地　址	卓尼县城洮河北岸的台地
看　点	藏传佛寺布局、建筑、装饰
开放方式	可参观

禅定寺距卓尼县城500米，坐落于洮河北岸的台地上，周围群山环绕，背依阿米日公大山（当地俗称大山神），俯临洮水，隔河与县城南山古雅川静修院相望。禅定寺，藏语称卓尼·丹增达吉林，也称卓尼大寺，系清康熙四十九年（1710）康熙皇帝御赐名称，沿用至今。1254年，元世祖忽必烈选定目前的寺址，将唐代就已经在当地存在的一座由苯教寺院转化来的宁玛派寺院迁建过来，约40年后，又改宗为萨迦寺，及至1459年，又改为格鲁派。

禅定寺占地面积约9万平方米。寺内有藏汉合璧及藏式二层碉楼平顶建筑多座，主要建筑有大经堂、哲学院、天文学院、密宗学院、辩经院僧官衙门等，并有扎巴谢主大师塔 3 座，供奉有扎巴谢主等高僧舍利 3 粒，另藏有佛经万余部。主体建筑大经堂由前廊、经堂、后殿组成，平面呈长方形。前廊有明柱 2 排，每排 2 根，计 4 根，柱距横向约 3.5 米，纵向约 1.7 米，前廊屋顶一层一坡水。经堂平面呈"凹"字形，面积约 586 平方米，正门宽 2.2 米，前端有两侧门，门宽 1.8 米。明柱 4 排，每排 4 根，其中有通柱 4 根，柱距横向 3.4 米，纵向 3.3 米。后殿有一端开门，宽 1 米，其中并有二侧室，中央有一大佛龛，供香巴佛。经堂二层，顶部为单檐歇山顶建筑 3 座，中大侧小，"工"字形排列，黄琉璃瓦铺顶，经堂外围墙自前廊两端绕外壁一周，均有喇嘛经房。

禅定寺一度是甘青藏区三大佛教寺院之一，但自清末民初几经兵燹，逐渐衰落，"文革"期间，僧众被遣散，寺址被开为梯田。1980 年 10 月 15 日，禅定寺被批准开放，并逐步恢复。2016 年，禅定寺被列为甘肃省省级文物保护单位。

入口门楼

全景

释迦牟尼佛殿

弥勒佛殿

大经堂近景

大经堂曼陀罗唐卡

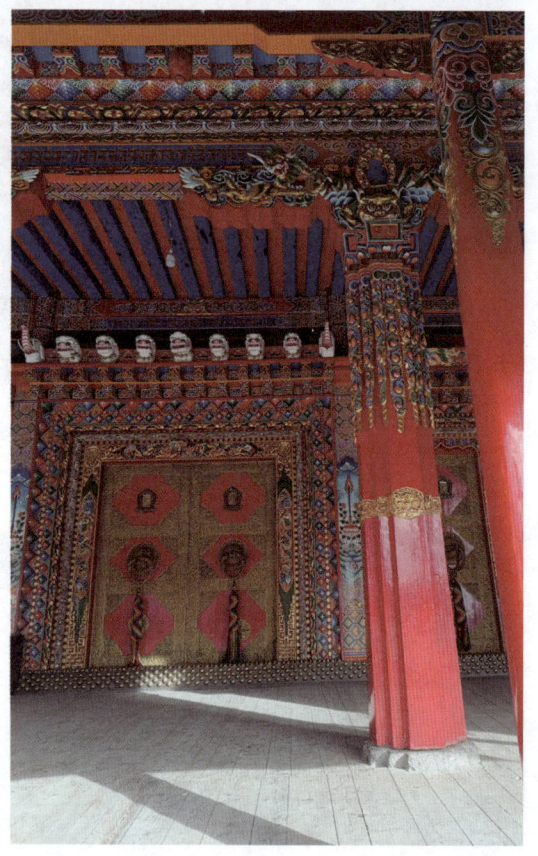

大经堂细部

临潭县

5 洮州卫城
Acropolis of Taozhou

级　别	国家级
年　代	明、清
地　址	临潭县城东 35 千米的新城乡新城村
看　点	城垣，门楼
开放方式	可参观

洮州卫城位于临潭县城东 35 千米的新城乡新城村，据"卫城竣工碑"记载，洮州卫城筑于明洪武十二年（1379），同时隍庙亦告竣。卫城坐北面南，全城跨山连川，因形就势而筑，巍然屹立，气势雄伟，平面呈不规则长方形，总占地面积约 2.98 平方千米。城周长约 5430 米（原载九里），垣墙高 9 米以上，东西南北设 4 座瓮城，并有敌楼。洮州卫城为前后城结构，一半位于平地，一半建在山坡上，东北高，西南低，前后城由东西向墙垣从中分隔，前城取直线构筑，后城依山脊走向随形而筑，呈不规则形，最北垣筑于垂直高度近 300 米的山脊，下临陡坡，形势险峻。后城又被纵向墙垣分隔为东西两域，西域内包容一纵向山脊，沿山脊构筑烽墩（即烽火台）4 座。城墙上有马面 16 个、角墩 9 个。城内外墩台相望，形成警报通信系统。城内街道布局基本尚存。有城门 5 座，东门为"武定门"、南门为"迎薰门"、西门为"怀远门"、北门为"仁和门"、西北为较小的"水西门"，现保存最完整的是南门。

隍庙建筑群坐落在卫城中心偏北的台地上，坐北朝南，中轴对称，东西宽约 51 米，南北长约 130 米，现存主要建筑 4 座，即大殿、东西庑殿、山门楼台和东西廊房，为清代建筑。1936 年 8 月，红四方面军在朱德、徐向前和李先念指挥下，攻克新城，成立临潭苏维埃政府，在隍庙召开了著名的"洮州会议"。

洮州卫城南门

洮州卫城城墙局部

洮州卫城南门南面近景

1943 年，由卓尼水磨川活佛肋巴佛和王仲甲领导的甘南各族农牧民大起义也爆发于此。城内部分民居保存较好，特色鲜明。

洮州卫城保存完整，是我国明代卫所制度不可多得的实物标本，对研究明清时期洮州地区的政治、经济、文化、军事和民族关系等具有重要价值。2013 年，洮州卫城被列为全国重点文物保护单位。

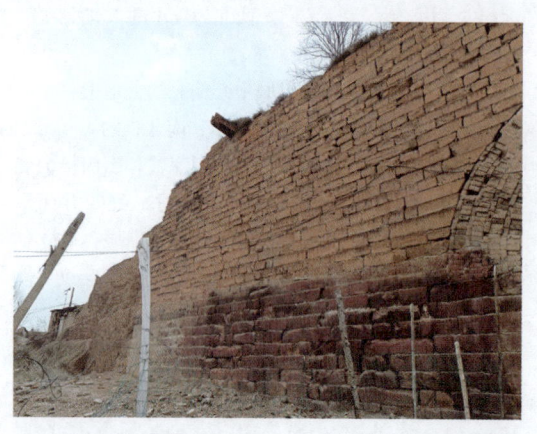

洮州卫城南门西段城墙

洮州卫城南门远景

城墙做法

6 西道堂

Xidao Hall

级　别	省级
年　代	20 世纪 90 年代
地　址	临潭县城关镇西河滩村
看　点	伊斯兰教建筑
开放方式	不开放

西道堂位于甘南藏族自治州临潭县城关镇西河滩村的西凤山麓。目前主要包括清真寺、道堂、阿訇住宅、教主住宅、群众建筑、办公楼、大厨房、大食堂、马棚、男女学校、拱北等。

清真寺建在临潭西城外小河的西岸高地上，位于整体建筑群的最东部，由于所处地势较高，且大殿采用重檐歇山绿琉璃瓦屋顶，因此堪称整个西道堂建筑群的标志性建筑。大殿前左右各有讲道间七间，带出廊，还有其他配房，使院庭更为规整严肃。阿訇住宅在清真寺后，有院庭三四。正中一院建筑华丽，中为客厅，左右为居住用房。在清真寺后部，西凤山的山坡上，建有西道堂三个教主的坟墓，当地教民也呼作"拱北"。道堂建筑是西道堂最主要的建筑，也即教主对教民们讲道的地方，所以它的位置比较居中，以便出入。这组建筑是四合院式，原来三面楼房，院庭内正面露出道堂五间，带前廊，风格淳朴。两侧厢房各七间，前厅房为九间。讲道时院庭搭起布棚，变成礼堂，平时仍为室外庭院。在道堂的南门小院和西厢部分均为负责饭食的空间。其他部分的建筑均以适用为主，比如朝向南，布局遵循使用者日常活动的路线，风格实用质朴，随山就势。

2016年，西道堂被列为甘肃省省级文物保护单位。

全景

日常大门

大门近景

大门北侧八字墙砖雕 　　　　　　　　　　　　　　　　　　大门南侧八字墙砖雕

7 红堡子

Red Fort

级　别	省级
年　代	明
地　址	临潭县流顺乡红堡子村
看　点	军事堡寨
开放方式	可参观

红堡子位于甘南藏族自治州临潭县流顺乡红堡子村，因采用当地红色黏土修筑而得名。红堡子建于明洪武十三年（1380），但是当时在洮州卫城西南五里处，由随朱元璋起义并征战多地的刘贵父子督造。由此，红堡子逐渐成为刘氏子孙后代招军守御、开拓疆主，管理屯军、堤设河口、征收粮草的大本营。朱元璋综合当时游牧民族与元代遗留势力对西部边疆稳定的影响，得出判断："洮州西控番戎，东敝湟陇，自汉唐以来，备边之要地也。"[1] 于是，明代不仅屯军洮州，而且将防御性堡子主要集中修建于洮州西路一线，城堡、关卡、隘口围绕洮州形成层叠分布的格局，组成密不透风的防御体系。

红堡子村建筑风格的地域特色显著，具有藏汉混合式特征，村落格局、建筑布置、房间平面为明显的汉族建筑模式；天井、花窗等木制构件造型硕大，纹饰质朴，庄重感十足，厚重的夯土外墙等具有西部藏族建筑的特点，整体外观有藏族建筑的外不见木、内不见土的风格。

红堡子屯堡外部主体建筑为城墙，整个墙廓近似正方形，南北长97米，东西宽90米。墙体用红砂砾土夯筑，墙基宽7米，顶宽2.9米，墙层厚7～10厘米，墙身高10米。城墙顶原有木栅栏女墙，由于年久风化现难觅踪影。墙顶每隔3米有一个石柱基，上

1.《钦定四库全书》史部・正史类・明史・卷三百三十。

内景俯瞰

有圆形石孔，节庆时用来插杆挂灯的。城门顶建有一座歇山顶式重檐二层灯楼，也被称为"灯山楼"。门内侧左边建有礓礤式石砌马道，在条石中凿有横向防滑凹槽。

红堡子对研究古代军事防御体系具有较高的历史价值。2011年，红堡子被列为甘肃省省级文物保护单位。

全景

红堡子入口全景

内部夹道

远眺城墙庙

门楼与登楼步道

8 临潭一中大门

The Gate of Lintan No.1 Middle School

级　　别	省级
年　　代	民国
地　　址	临潭县新城镇西街
看　　点	中西混合建筑风格
开放方式	可参观

临潭一中大门位于甘南藏族自治州临潭县新城镇西街，北依东陇山南麓，东距苏维埃旧址200米。临潭一中大门始建于1947年，坐北朝南，面阔五间，中间开有3个拱券门，中间的主门较大，两边的门略小，均为青砖砌筑而成。砖门高约6米，门内建有五间一坡水木构建筑，每间进深约3米，宽约3米。砖砌6柱3门，整个校门长约15米。门上有标语墙，写着"一切为了学生，为了一切学生，为了学生一切""教育要面向现代化、面向世界、面向未来"。

临潭一中大门为中西混合建筑风格，具有鲜明的时代特色，是甘肃省重要的近代建筑代表。2016年，临潭一中大门被列为甘肃省省级文物保护单位。

大门正面

9 千家寨堡子

Qianjiazhai Fort

级　　别	省级
年　　代	明
地　　址	临潭县长川乡千家寨村
看　　点	军事堡寨
开放方式	可参观

千家寨堡子位于甘南藏族自治州临潭县长川乡千家寨村，始建于明代，相传为明代洪武年间跟随沐英西征的将领敏大镛在驻守洮州时修建。敏姓为回族姓氏，至今仍主要定居在临潭地区。

千家寨堡子占地面积约1.45万平方米，平面呈长方形，现存南门和西门。堡墙由黄土夯筑，基宽7.5米，残高7米，顶宽8米，夯层厚度约0.15米。堡子西墙顶上尚存两座小庙，一在西南拐角，一在西北拐角。

千家寨堡子作为明代防御性建筑的代表，对研究古代洮州军事防御体系具有较高的历史价值。2016年，千家寨堡子被列为甘肃省省级文物保护单位。

角楼

寨子次门

寨子次门近景

主入口近景

内景俯瞰

迭部县

10 俄界会议旧址

The Site of the Russian Border Conference

级　别	国家级
年　代	1935 年
地　址	迭部县达拉乡高吉村内
看　点	近现代重要史迹及代表性建筑
开放方式	可参观

俄界会议旧址位于甘南藏族自治州迭部县城东南 68 千米处的达拉乡高吉村。"迭部"由藏语音译而得名，源于古代部族名称。"俄界"亦可汉译"高吉"，藏语意为"八个山头"，今名高吉村，是毛泽东曾居住并主持召开党中央重要会议的地方。红军长征两次经过迭部县。1935 年 9 月，中央红军到达该县，在高吉村召开俄界会议后又突破天险腊子口；1936 年 8 月，红二、四方面军在克服张国焘的分裂主义错误后，共同北上，沿着中央红军的路线前进，也经过该县。

会址现为小院，坐北朝南，房屋是典型的藏族山寨风格，土墙木楼，高约 6 米，总面积约 238 平方米，建筑面积约 100 平方米。正房为二层木楼，面阔三间约 9 米，踏板式斜坡顶。门房面阔三间约 6 米，保存较好。现在已开辟为爱国主义教育基地。

俄界会议旧址于 1981 年被确定为甘肃省省级文物保护单位。1993 年，迭部县政府拨款进行了维修。2006 年，俄界会议旧址被列为全国重点文物保护单位。

俄界会议旧址 1

俄界会议旧址 2

俄界会议旧址 3

俄界会议旧址 4

11 多儿水磨群

Duoer Water Mill Groups

级　别	省级
年　代	清
地　址	迭部县多儿乡羊布村南侧断崖下
看　点	水利设施
开放方式	可参观

多儿水磨群位于甘南藏族自治州迭部县多儿乡羊布村南侧断崖下。水磨群建于清代，是迭部境内，乃至甘肃省内最密集、保存最完整、最古老，而且在今天仍旧使用着的水磨群，表现出人们对白龙江的重要支流——多儿河的巧妙利用。

多儿水磨群由 11 座独立的水磨坊组成，集中分布在长 150 米、陡降约 15% 的多儿河上。每座磨坊长 7.5 米，宽 5～6 米，高 6～7 米，人字形顶。水磨半部位于多儿河上，为木结构，另外半部位于河边，外层由泥石筑成，内层为木结构，由于水汽的侵袭，房顶、墙壁上都长出了青苔。将水引至磨坊底部带格的方形木轮上，利用水的冲力带动连着木轮的木轴及磨坊内部的石磨，达到利用最原始的水力机械磨制青稞、小麦等农作物的目的。

2011 年，多儿水磨群被列为甘肃省省级文物保护单位。

多儿水磨群全貌

多儿水磨群内部

多儿水磨群踏板房内的火塘

舟曲县

12 杰迪寺
Jiedi Temple

级　别	省级
年　代	唐
地　址	舟曲县立节乡杰迪村
看　点	吐蕃苯教和佛教并存的寺院
开放方式	可参观

杰迪寺位于甘南藏族自治州舟曲县立节乡杰迪村，始建于唐代，后历代多有增修，占地面积3500平方米，建筑面积约320平方米。寺院现仅存释迦牟尼佛殿、菩萨殿、山门和茶房，是甘南地区唯一一座吐蕃苯教和佛教并存的寺院，在舟曲县境内有重要的地位和较大的影响力，具有很高的历史、艺术、科学、宗教研究价值。

杰迪寺于2010年被舟曲县人民政府公布为县级文物保护单位，2016年被列为甘肃省省级文物保护单位。

甘南藏族自治州

全景

玛曲县

13 察干外香寺
Chagan Waixiang Temple

级　别	省级
年　代	清
地　址	玛曲县尼玛镇萨合村
看　点	藏传佛寺布局、建筑、装饰
开放方式	可参观

察干外香寺在藏语中的全称是卓格尼玛外香寺噶丹绕吉林，意为建在阳面的寺院，位于甘南藏族自治州玛曲县尼玛镇萨合村，背靠扎西岗山，南临广阔的黄河第一弯冲击平原，与黄河相距8千米。察干外香寺始建于清乾隆四十五年（1780），是格鲁派寺院，也是拉卜楞寺属寺之一。

察干外香寺建于清代，坐北向南，占地面积5000多平方米，长100米，宽50米，现有僧人120余人。现存主要建筑有弥勒殿、大经堂、无量光佛殿、贡唐活佛的寝宫、金刚菩提塔、天成石、乃琼护法殿以及外香静修地；寺藏藏文典籍万余卷。佛像、灵塔、唐卡等文物10余万件，壁画2000余平方米。

察干外香寺堪称一座集宗教、文化、艺术为一体的民族博物馆，对研究清代中期藏传佛教的发展和传播有着重要价值。2006年，察干外香寺被玛曲县人民政府列为县级文物保护单位，2016年被列为甘肃省省级文物保护单位。

察干外香寺建筑外观1

察干外香寺鸟瞰 　　　　　　　　　　察干外香寺建筑外观 2

碌曲县

14 郎木寺
LangMu Temple

级　别	省级
年　代	清
地　址	碌曲县郎木寺镇
看　点	藏传佛寺布局、建筑、装饰
开放方式	可参观

郎木寺位于甘南藏族自治州碌曲县南部与四川省若尔盖县交界处的郎木寺镇，是三座寺院的统称，分别是安多达仓纳摩寺，即格尔底寺，郎木寺清真寺和安多达仓赛赤寺。郎木寺由第五十三任噶丹赛赤坚赞桑盖大师创建于清乾隆十三年（1748），历时 4 年建成。郎木寺占地面积 5.9 万平方米，由大经堂、小经堂、佛殿和佛塔等 20 余座建筑构成，是安多藏区非常重要的藏传佛教格鲁派寺院。20 世纪 70 年代末，所有经堂、佛殿和僧舍被拆毁，寺中珍藏文物遭到焚毁，寺院被迫关闭，直至 1980 年才重新兴建、开放。1980 年，在第五世赛赤·罗藏南杰赤龙仁桑盖活佛主持下，按原形制、原工艺、原技术在原址上陆续复建和修缮了闻思、续部、时轮、医学、雕版印经 5 所学院。

郎木寺红墙金瓦，殿宇鳞次栉比，高低错落有致，与当地自然景观浑然天成，风格独特但又未背离当地民族建筑特色。郎木寺山门由金色法轮和金鹿组成，与门内的金顶白塔形成协调的对景。寺内经堂没有明显轴线，单体建筑依山就势，顺应山地建设。闻思学院大经堂是郎木寺核心建筑之一，坐北朝南，其主要功能是僧人诵经或重大集会场所，采用"外石内木"结构，共三层，采用门廊进深两开间的"凸"字形平面，柱子为装饰考究的多角柱。经堂内部的列柱呈"回"字形平面，屋顶由鎏金铜瓦顶制成，主要以宝瓶、金翅鸟、胜利幢等形式装饰。外立面以藏族传统色彩白、

郎木寺 1

黄、红、黑四色为主色调，屋顶女儿墙采用"上红下白"边玛檐墙形式进行装饰，形成横向分割勾勒出建筑轮廓，厚重墙体与木质红色小窗形成鲜明对比，因而显得建筑主体粗犷大方，窗口左、右、下三侧绘制黑色梯形窗套，在藏族观念中黑色起辟邪作用。

2016年，郎木寺被列为甘肃省省级文物保护单位。

郎木寺2

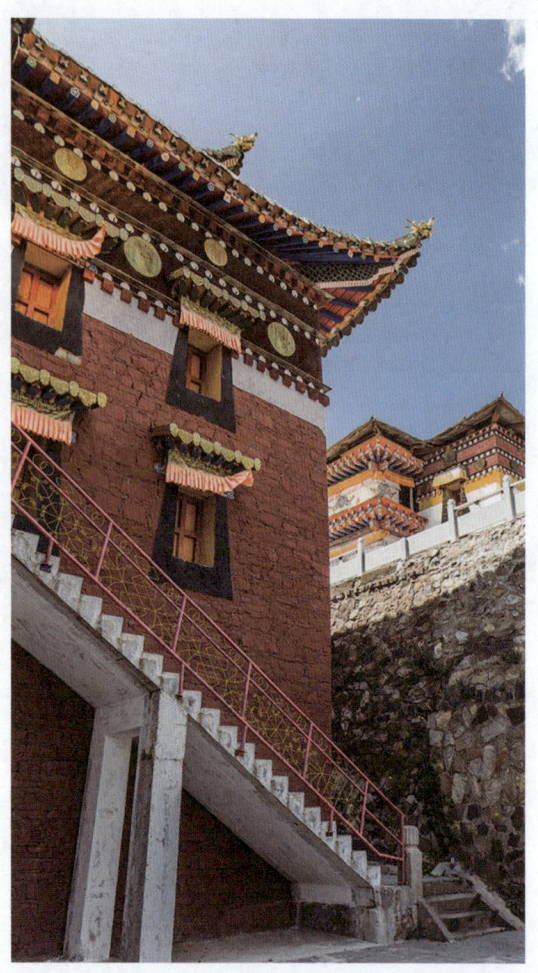

郎木寺3

郎木寺4

郎木寺5

甘南藏族自治州其他文物保护单位列表

区县	名称	年代	级别	地址	类别
合作市	安果遗址	新石器时代—宋	省级	甘南藏族自治州合作市勒秀乡安果村	古遗址
夏河县	八角城城址	唐—明	国家级	甘南藏族自治州夏河县甘加乡八角城村	古遗址
夏河县	桑科城址	宋	省级	甘南藏族自治州夏河县桑科乡地仓村	古遗址
卓尼县	大族坪遗址	新石器时代—青铜时代	省级	甘南藏族自治州卓尼县纳浪乡	古遗址
卓尼县	阳坝城址	唐	省级	甘南藏族自治州卓尼县卡车乡阳坝村	古遗址
卓尼县	李将军碑	唐	省级	甘南藏族自治州卓尼县卡东乡安布族村西边的台地上	石窟寺及石刻
卓尼县	肋巴佛烈士纪念碑	1987年	省级	甘南藏族自治州卓尼县柳林镇白塔村	近现代重要史迹及代表性建筑
卓尼县	叶儿遗址	新石器时代—青铜时代	省级	甘南藏族自治州卓尼县木耳乡叶儿村西侧	古遗址
卓尼县、临潭县	洮州边墙	明	省级	甘南藏族自治州卓尼、临潭两县境内	古遗址
临潭县	磨沟遗址（含墓群）	新石器时代—商	国家级	甘南藏族自治州临潭县王旗乡磨沟村	古遗址
临潭县	牛头城遗址	唐	省级	甘南藏族自治州临潭县古战乡古战村	古遗址
临潭县	李氏家族墓地	明	省级	甘南藏族自治州临潭县新城乡张王堡村	古墓葬
临潭县	羊永墓群	明	省级	甘南藏族自治州临潭县羊永乡羊永村	古墓葬
迭部县	然闹遗址	新石器时代	国家级	甘南藏族自治州迭部县电尕镇然闹村	古遗址
迭部县	腊子口战役旧址	1935年	省级	甘南藏族自治州迭部县腊子口乡腊子口村内	近现代重要史迹及代表性建筑
舟曲县	果者堡遗址	唐、宋	省级	甘南藏族自治州舟曲县白龙江南岸的果者村凤凰山	古遗址
舟曲县	丈地均粮碑	明	省级	甘南藏族自治州舟曲县城北街	石窟寺及石刻
舟曲县	北山坪遗址	新石器时代—青铜时代	省级	甘南藏族自治州舟曲县城关镇坝里村	古遗址
舟曲县	石门沟栈道与摩崖石刻	三国—宋	省级	甘南藏族自治州舟曲县大川镇石门沟村	古遗址
舟曲县	华年城址	汉	省级	甘南藏族自治州舟曲县立节乡花年城村	古遗址
舟曲县	岭儿坝遗址	新石器时代	省级	甘南藏族自治州舟曲县曲瓦乡岭儿坝村	古遗址

陇东南地区 >>>

陇东南地区是指甘肃省地处陕甘川三省交界的东南部区域，由北向南依次包括天水市和陇南市。

自然与人文背景

陇东南地区山脉纵横，形成典型的山地地貌。北部是黄土丘陵地貌，中部形成渭河河谷地貌，而南部的陇南市是甘肃省唯一具有河谷亚热带气候及其生物资源的森林景观区。整体来看，陇东南地区尽管地势起伏较大，但是雨量较充沛，自然资源与物产也相较更为丰富。总而言之，陇东南地区高山、丘陵、河谷、盆地交错分布，地势西北高、东南低；境内气候垂直分布，地域差异明显，有"陇上江南"之称，长江流经陇南市，是甘肃唯一的长江流域地区。

在陇南市西和县长道镇宁家庄出土的新石期早期文化遗址，可将这一区域人类活动的历史追溯到7000多年前。而大地湾文化遗址、高寺头遗址、安坪遗址等仰韶文化遗址、马家窑文化以及寺洼文化，更是广泛分布于天水市的西汉水流域与陇南市的白龙江流域。及至先秦时期，以今陇南市为中心的地区成为氐人、羌人和秦人的重要活动地。多民族与多文化的融汇成为这一地区源远流长的传统。

作为中华文明的发源地之一，天水素有"羲皇故里"之称，是旱作农业的起源地，也曾出土了黄河流域最早的陶器，是彩陶文化的起源地。陇南市还是中国历史上农耕文化、畜牧文化和渔猎文化交织积淀的地域。

聚落与建筑群体

陇东南地区的建筑聚落在选址、空间布局与建筑形制方面都受当地有山有水的地形地貌影响，具体表现为现存村落遗址反映了风水理论的影响，以及先民们因地制宜、因山就势、逐水而居的营建智慧。层峦叠嶂的山脉为建筑的粉墨登场提供了生动的舞台与背景，曲折迂回的河流则为建筑群体的排布与延伸注入了生机与活力。比如获得"历史文化名村"与"中国传统村落"称号的胡家大庄村，充分体现了"负阴抱阳"的中国传统选址原则，整个村庄呈现的六纵六横格局更是表现出一种自发性的建筑群体规划思想。

自古以来，陇东南地区的气候环境和地理环境使得这里相较于甘肃省其他地区更适宜居住，因此孕育并发展出历史悠久、民族特色突出的文化类型，进而在丰富的物质文化遗产中得以体现。相较于甘肃省的其他地区，陇东南地区与中原汉地文化的交流更为密切，使得其地域文化中的世俗特征更为突出，比如这一地区的居住类实建筑遗存的类型、数量以及承载的价值都堪称这种充满地方特色的民俗文化的重要载体。

建筑类型与风格

从建筑功能方面来看，陇东南地区现存古建筑以宗教建筑和居住建筑为主。从建造特征看，除了一般意义的木构建筑以外，陇东南地区的石窟遗

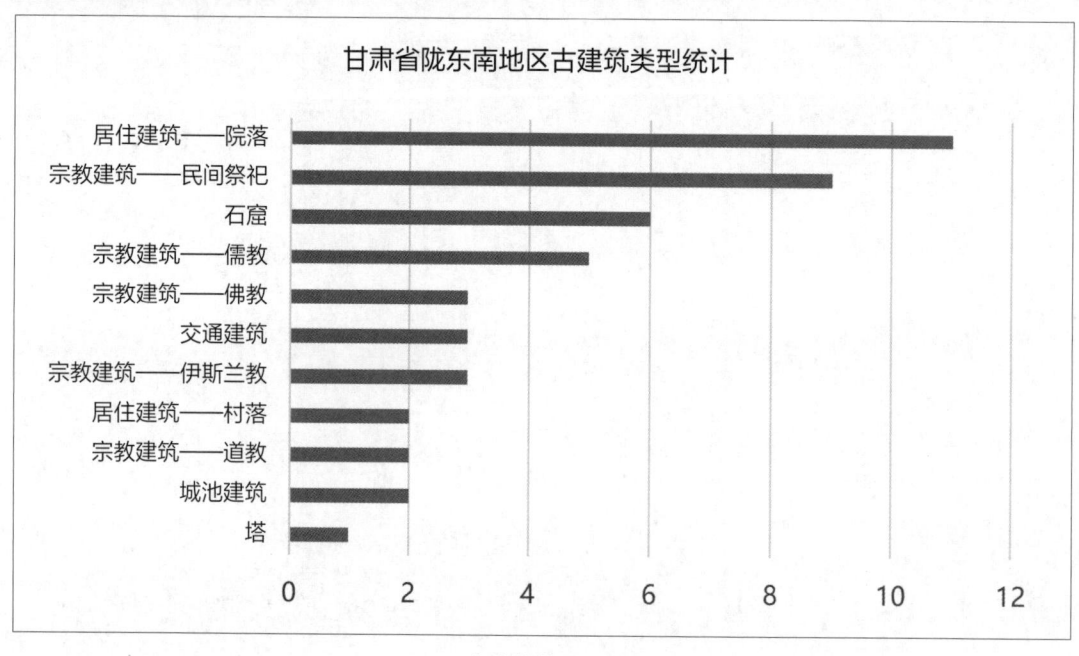

甘肃省陇东南地区古建筑类型统计

类型	数量
居住建筑——院落	11
宗教建筑——民间祭祀	9
石窟	6
宗教建筑——儒教	5
宗教建筑——佛教	3
交通建筑	3
宗教建筑——伊斯兰教	3
居住建筑——村落	2
宗教建筑——道教	2
城池建筑	2
塔	1

古建筑数量/处

存在整个佛教艺术史中也占据了举足轻重的地位。

基于时空分布的研究，甘肃境内的佛教石窟空间模式大致可以分为凉州模式与准中原模式两种类型。其中，陇东南地区的佛教石窟遗存即构成了准中原模式的主体。以麦积山石窟为代表的准中原模式石窟组群，尽管在地域分布上较为分散，但是由于与中原地区的联系相当便捷，使其可用样本的洞窟形制在时间分布上较为集中，且壁画与塑像的保存情况均不理想。从佛教传播的情况考察可知，无论是天水还是固原，当地佛教并未出现能够与龟兹佛教、敦煌佛教比肩的具有独立意义的发展阶段，对中原佛教的依赖性更突出。比如，天水麦积山石窟的北朝佛殿窟居绝对多数，并在窟前建筑与内部装饰构件上均出现仿木构建筑的做法，甚至出现了七佛殿式的大型洞窟，石窟空间对普通佛寺殿阁形态的模仿更为明确具象。作为最靠近中原地区的这组石窟组群，其发展背景很大程度上基于已经完成汉化的佛教，更可能作为中原佛教的一种主动输出形式而存在，洞窟空间的营建相对简化，绘塑题材更为单一，总体呈现出一种相对稳定的状态。

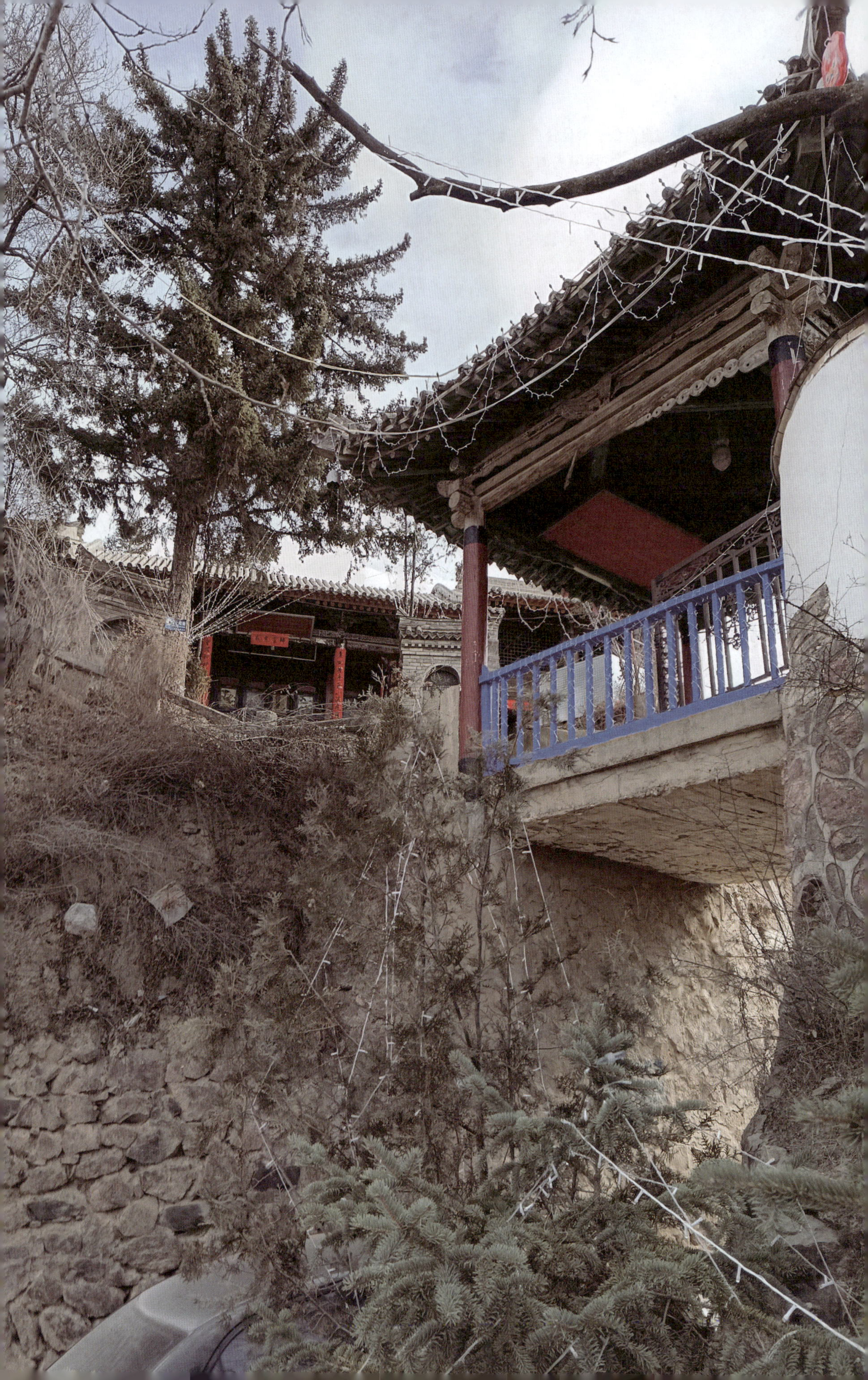

11
陇南市
LONGNAN

陇南市古建筑分布图
Historical Architectural Map of Longnan

1. 福津广严院
2. 险崖栈道
3. 理川泰山庙
4. 梓潼文昌帝君庙
5. 八峰崖石窟
6. 象龟寺
7. 栗川砖塔
8. 徽县文庙大成殿
9. 两当文庙大殿
10. 两当兵变旧址
11. 杨店古建筑群
12. 黎氏民居
13. 谈家院
14. 平洛龙凤桥
15. 合作化桥
16. 文县文昌楼

陇南市地图

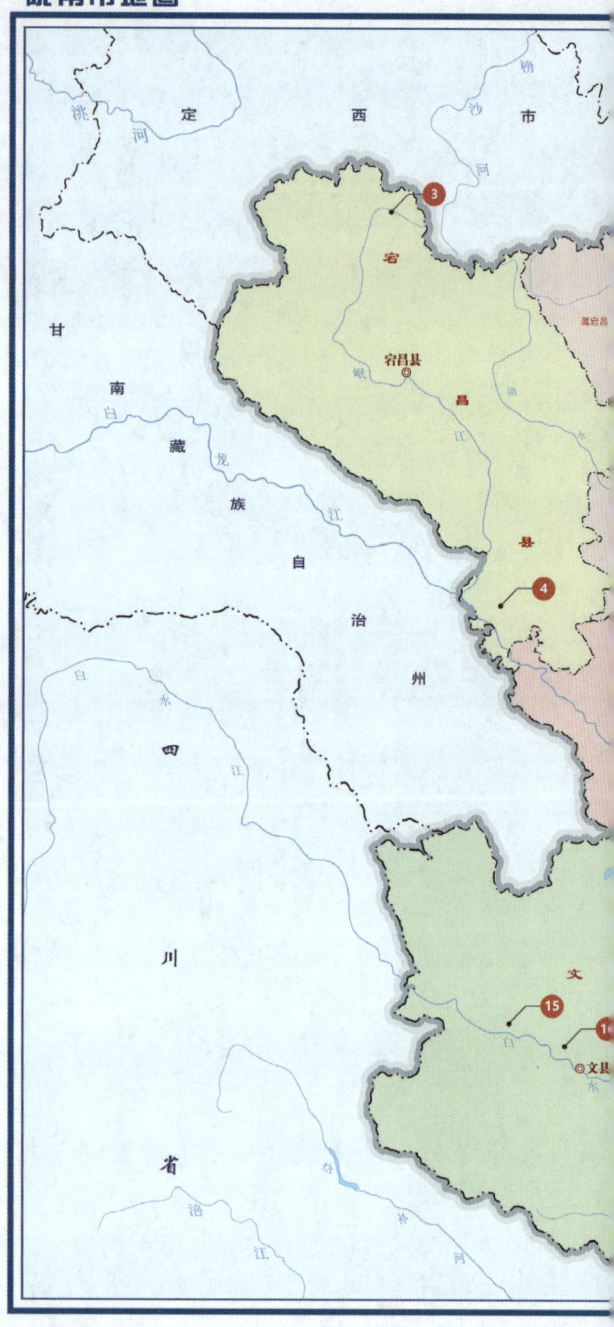

审图号：甘S（2023）127号

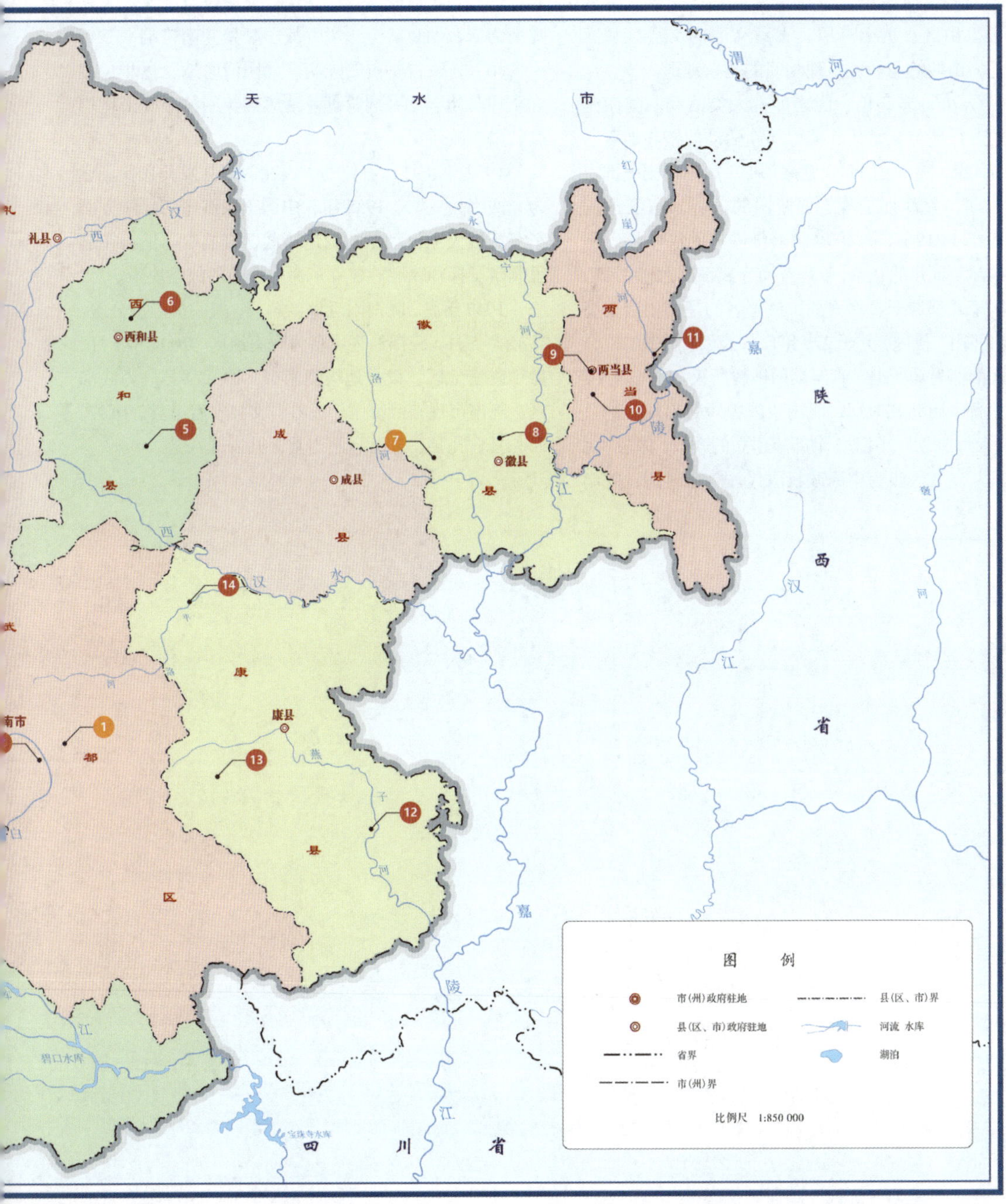

甘肃省自然资源厅监制　甘肃省基础地理信息中心编制

建置沿革

陇南市是甘肃省辖地级市,位于甘肃省东南部,东接陕西,南通四川,恰在陕甘川三省交界。陇南地处秦巴山区、黄土高原、青藏高原的交会区域,形成了高山峻岭与峡谷盆地相间的复杂地形。

距今7000多年前,陇南即有人类活动。陇南是秦人的发祥地,又是氐、羌等部族活动的核心地区。汉武帝元鼎六年(前111)置武都郡,属凉州刺史部。三国时期,武都郡是魏、蜀两国的边界。东汉建安二十四年(219),刘备攻取了曹操军的汉中郡,阻断了武都与雍州的联系,于是曹操弃武都郡。此后,魏、蜀两国于武都展开多次大战,最著名的是蜀相诸葛亮"六出祁山"伐魏,并于229年攻取武都、阴平二郡,自此武都郡为蜀所据,直至蜀国被晋所灭。

东晋、南北朝时期,陇南境内曾短暂出现仇池、宕昌、武都、武兴、阴平5个部族建立的政权,称为"陇南五国",后逐步为中原政权取代。隋唐时期,陇南地区政治经济相对稳定,唐代于陇南置文、武、成、迭、宕、岷等州。后吐蕃攻占陇南。北宋收复陇南,宋末陇南为宋、西夏、金边境,战争频繁。南宋端平三年(1236),蒙古军占领陇南。元明清时期,逐步过渡为土司与州、县共同管理。清康熙年间,今陇南境均属甘肃布政使司。

1932年4月,习仲勋等人在两当县发动兵变,称为"两当兵变"。1935年,中国工农红军二、三方面军突破国民党反动派的围追堵截,直插哈达铺,在这里制定了挥师陕北、建立革命根据地的战略决策。

1949年底,陇南附近地区解放,属武都专员公署。1985年5月,武都地区更名为陇南地区。2004年1月,撤销陇南地区,设立地级陇南市,原武都县改为武都区。陇南市现辖武都区、成县、文县、宕昌县、康县、西和县、礼县、徽县、两当县,共一区八县。

武都区

1 福津广严院

Fujin Guangyan Court

级　别	国家级
年　代	南宋、清
地　址	武都区三河乡柏林寺村
看　点	宋代木构建筑
开放方式	可参观

福津广严院现名柏林寺，始建于宋代，清代扩建，占地2000平方米。现存山门、大殿、两侧僧房，是甘肃唯一保存最完整的宋代木构建筑。

《旧唐书》记载："后魏置武阶郡，又于今县东北三十里万郡故城，置覆津县，隋废武阶郡，县属武都郡。"[1]《新唐书》记载："福津，……本覆津，景福元年更名。"[2] 广严院所在地原为"福津（覆津）县"，出产一种紫土。《武阶备志》明确记载："广严院在州东六十里，龙拽山，旧福津县，北宋元丰间，奉敕建'广严院碑：今名柏林寺，陈志云：殿壁用紫泥，粉色如紫硃'。"[3] 广严院，又名柏林寺，天圣年间为广严院鼎盛时期，营造有大佛殿、文殊殿、观音殿、斋厅、僧房、三门楼等30余座建筑。至南宋绍兴年间被洪水冲毁，又于南宋绍兴十一年（1141）至南宋乾道九年（1173）重建。

福津广严院的大殿坐北朝南，面阔五间，进深三间，通高9米多，平面近方形，单檐歇山顶，整个建筑置于砖石垒砌的台基上，而柱础雕饰所采用的各种方棱具有宋、辽、金时期的特征。山门、僧房为清代重修。院内存北宋元丰元年（1078）、南宋乾道九年（1173）碑刻各1通。

福津广严院1993年被列为甘肃省省级文物保护单位，2019年被列为全国重点文物保护单位。

天王殿正面

观音殿

大雄宝殿

大雄宝殿侧面

1.《钦定四库全书》史部·正史类·旧唐书·卷四十。
2.《钦定四库全书》史部·正史类·新唐书·卷四十。
3. [清] 吴鹏翱：《武阶备志》（刻本）卷十六，清同治十二年（1873），中国国家数字图书馆。

大雄宝殿背面

大雄宝殿梁架

大雄宝殿内景

观音殿屋顶砖雕

2 险崖栈道

Dangerous-cliff Plank Road

级　别	省级
年　代	三国—明
地　址	武都区桔柑镇陈家坝村
看　点	古代交通遗址，建造技艺
开放方式	可参观

险崖栈道位于陇南市武都区桔柑镇陈家坝村。遗址沿白龙江分布，开凿在东岸悬崖峭壁上，从北向南沿山体延伸，高出河床 20～30 米。据文献记载，该栈道为原蜀道三大栈道（邓桥、险崖、阴平）中最为险要的一段，历经魏晋唐宋元明清皆在，不断维修使用。现残存道路遗迹，栈道桩孔 200 余眼，孔眼皆方形，9 厘米见方，深入岩体 14 厘米。自桔梗收费站（G75 兰海高速入口）向北约 1 千米的东侧崖壁上开始出现，高度约 20 米。或者在 G212 从北向南，过固水子村之后，路左可见"险崖栈道"的文保碑，继续向南转过一个弯即可看到崖壁上断续出现的遗址。

险崖栈道遗址对研究蜀道文化、古代交通史和栈道工程技术等有重要价值，1991 年，被武都县人民政府公布为县级文物保护单位，2016 年被列为甘肃省省级文物保护单位。

残留栈道

远景

残留木桩

文物保护单位标识

文物保护单位介绍

宕昌县

3 理川泰山庙
Mount Tai Temple in Lichuan

级　别	省级
年　代	清
地　址	宕昌县理川镇任家山
看　点	民间祭祀建筑
开放方式	可参观

理川泰山庙位于宕昌县以北 40 千米的理川镇任家山，始建于明代天启（1621—1627）年间，已有近 400 年历史。后多次修缮，清代同治年间毁于战乱，现存建筑为清代重修。

泰山庙建筑群总建筑面积约 1000 平方米，坐东朝西，由两组分布在高低两个台地上的建筑组成。前殿透过歇山顶门廊与低处的六角重檐攒尖亭遥相呼应，前殿面阔三间，硬山顶，前设外廊。绕过前殿，继续登一段阶梯，穿过一道垂花门就到了大殿所在院落。这处院落相对更平整，围合感更强。大殿两侧分列钟鼓楼和侧殿。大殿坐落在一个砖砌台基上，面宽三开间，庑殿顶，前设外廊。庙内古树参天，虽然面积不大，但是高差较大，建筑分布随山就势，别有意趣。

理川泰山庙于 2006 年被列为陇南市市级文物保护单位，2016 年被列为甘肃省省级文物保护单位。

廊亭全景

山门

前殿全景

后殿

前殿近景

4 梓潼文昌帝君庙

Zitong Wenchang Temple of Emperor

级　　别	省级
年　　代	明、清
地　　址	宕昌县沙湾镇上塝子村
看　　点	民间祭祀建筑
开放方式	可参观

梓潼文昌帝君庙位于宕昌县沙湾镇上塝子村，始建于元代，明代重建，现存为清代建筑。

梓潼文昌帝君庙占地面积约600平方米，坐北向南，主体建筑为前、后殿，其他还有山门、过庭、厢房等。前殿为门式建筑，面阔三间，进深二间，硬山顶，檐下施斗拱，内壁两侧绘人物故事画，前、后开门；后殿面阔四间，进深三间，歇山顶，三架梁，殿门正中檐下斗拱施彩绘，内壁彩绘人物故事画。后殿前面两侧分设东、西厢房，面阔各四间，单坡顶，檐下饰彩绘和花纹木雕。过庭面阔三间约7.5米，进深6米，硬山顶，东屋内立《梓潼文昌帝君庙记》碑1通，记载明洪武十六年（1383）七月三日重建之事。山门坐落于三台阶之上，门两侧各立一尊石狮，门板上各有一幅人物画。

梓潼文昌帝君庙保存较好，对研究清代建筑制度和建筑史有重要价值。1993年，梓潼文昌帝君庙被列为甘肃省省级文物保护单位。

全景

大门

正殿

西和县

5 八峰崖石窟
Bafeng Cliff Grottoes

级　别	省级
年　代	宋—清
地　址	西和县石峡镇高灯村
看　点	石窟寺，壁画
开放方式	可参观

　　八峰崖石窟位于陇南市西和县石峡镇高灯村。石窟凿建于距地面160米的一处长约60米、高4～15米的天然岩穴内，岩穴仅有一条依崖壁开凿的栈道与山梁相连。现存窟龛为唐代，共有各类泥塑造像70余身，壁画约50平方米，明、清碑刻5通。八峰崖石窟不晚于唐代就已初具规模，也有推测认为应当开凿于北朝末年或隋唐之际。

　　与凿岩为窟的石窟不同，八峰崖石窟筑室为龛。造像基本上为泥塑或石胎泥塑，以明清造像居多。内容儒、释、道三教均有，其中以佛教为主；此外，还有民间信仰的送子娘娘、关公、玉皇大帝、阎君等造像。八峰崖石窟现存的个别造像虽然在明代被重新妆彩或部分改塑，但仍具有宋代造像质朴明快、线条流畅的特色，与明清彩塑的形式单一、服饰繁缛形成了鲜明对照。壁画按内容大致分为佛教、道教和儒教三类，其中佛教壁画保存较好，基本为清末及近现代绘制；而道教和儒教壁画均为近现代绘制，思想性和艺术性不高。现存的碑碣中，已有两通清碑断裂，明碑则早已字迹模糊，不可辨识。几通清碑均为清光绪、宣统年间刻制，内容主要是记载八峰崖石窟的历史变迁。

　　八峰崖石窟于1976年被列为西和县县级文物保护单位，2007年被列为陇南市市级文物保护单位，2016年被列为甘肃省省级文物保护单位。

洞窟入口

窟前建筑

洞窟壁画

洞窟内景1 　　　　　　　　　　　　　　　　　　洞窟内景2

6 象龟寺
Xianggui Temple

级　　别	省级
年　　代	清
地　　址	西和县兴隆乡马家庄
看　　点	佛教建筑，装饰纹样
开放方式	可参观

　　象龟寺位于陇南市西和县兴隆乡马家庄，又称"兴国寺"，始建于清代，根据庙内《重建象龟寺序》记载，最近一次维修为民国二十三年（1934）。建筑面积约1700平方米，坐南朝北，平面布局呈长方形。中轴线由北向南依次建有山门、前大殿、财神殿和菩萨殿，两侧为配殿。单体建筑共计12座，寺内保存民国时期碑刻2通。

　　象龟寺是西和县目前保存较完整的古建筑群，寺内建筑装饰多以花卉、鸟兽、园林、山水雕刻为主，具有较高的艺术价值和历史价值。2016年，象龟寺被列为甘肃省省级文物保护单位。

前殿

中殿侧面

牌坊正面　　　　　　　　　　　　　　　　　　后殿

徽县

7 栗川砖塔
Lichuan Brick Tower

级　　别	国家级
年　　代	宋
地　　址	徽县栗川乡郇家庄
看　　点	楼阁式砖塔
开放方式	可参观

栗川砖塔位于徽县栗川乡郇家庄，亦名郇家庄白塔寺砖塔，是陇南现存两处宋代佛塔建筑之一。

始建于宋代，第一层镶清道光十二年（1832）所立《修补塔序》。

栗川砖塔为八角九级空心楼阁式半空心砖塔，通高约25米，底边长约2.7米，塔基用石条砌筑。塔身自底部向上逐渐缩小。第一层最高，约7米，残存仿木斗拱。第二层以上均施平座、勾栏、塔檐，出檐深度由下至上逐渐递减，共10层。四面雕菱形窗。各层塔檐均施三朵双杪华拱，转角出双杪挑角斜拱，上承替木，有残木构痕。再上雕出檐椽，椽上铺二层砖。塔身底层南面辟门，以上各层每面辟券龛或假龛，隔层真假相间，对称配置。塔顶平砖攒尖，塔刹坍塌已毁。

明代修撰的《徽郡志》记载："白塔寺，西五十里。"[1] 据民国《徽县新志·卷二·寺观》记载，"白

全景

内院

近景

1. 孟鹏年：《徽郡志》（刻本）卷十六，明嘉靖四十二年（1563），中国国家数字图书馆。

塔寺，在城西四里红渠铺郇家庄，庙宇系清道光年间重修。有一塔甚古，外用砖甃，八方十二级，高约六丈，广一丈五尺。自光绪五年地震后，只存九级云"。通过塔身的碑文可知，清道光十二年（1832）补修，并由当地著名文人闫万选撰写了《补修塔序》，在白塔入口处的门额上撰刻了《补修白塔功德碑记》。

栗川砖塔是研究宋代建筑技术和艺术的珍贵实物资料，具有较高的历史和文化价值。2013年被列为全国重点文物保护单位。

侧殿

登塔入口拱门

8 徽县文庙大成殿

Dacheng Hall, Hui County Confucian Temple

级　　别	省级
年　　代	明
地　　址	徽县城关镇
看　　点	文庙建筑，孔子祭祀
开放方式	可参观

徽县文庙位于陇南市徽县城关镇县政府办公楼南面。民国编《徽县志》记载："文庙在城东街钟鼓山麓。明洪武七年知州金坚创建，嘉靖中相继增葺，乾隆二十六年重修。"[1] 徽县文庙始建于明洪武七年（1374），后期历代均有补修、增建，现仅存大成殿。现在这座遗存大成殿即明成化年间移建，当时形成了一组形制完整的庙堂建筑群，包括大成殿、东西庑、戟门、泮池、棂星门、名宦祠、崇圣祠等。

徽县文庙大成殿的建筑面积约310平方米，坐北朝南，单檐歇山顶，上覆琉璃瓦。面阔五间，通长约20米，进深三间，通宽约15米，高约13米。出檐斗拱，柱头和补间铺作均为五铺作双下昂重拱并计心造，里转五铺作重拱出双杪并计心，转角斗拱五铺作重拱出角两跳。屋顶为彻上露明造，且施彩绘，梁架为八架椽，四橼栿对前后乳栿，其上分别叠架平梁搭牵，身内双槽，用柱4列，每列6根。

抗战时期，红二方面军在此举行徽县苏维埃政府成立大会，总指挥贺龙曾亲自到会讲话，该遗址具有重要的红色革命历史纪念意义和较高的历史文化价值。2016年，徽县文庙大成殿被列为甘肃省省级文物保护单位。

全景

---

1. 徽县志,民国二十二年（1933），据中国国家数字图书馆（抄本）：坛祠。

正面

侧面

斗拱与彩画

两当县

9 两当文庙大殿
The Main Hall of Liangdang Confucian Temple

级　　别	省级
年　　代	明
地　　址	两当县城关小学院内
看　　点	文庙建筑，孔子祭祀
开放方式	不开放

两当县文庙始建于明代中叶，明末毁于盗，后代多次重修。大殿现位于两当县西街城关小学院内，现存文庙大殿以及殿前泮池。刘林圃、习仲勋等人于1932年4月在此领导并发动了"两当兵变"。1936年9月，红二十五军攻克两当后，便将军部设在文庙，并留宿于此。

两当县文庙大殿坐西朝东，面阔五间，进深三间，高约12米，建筑面积112平方米，是一座单檐歇山式琉璃瓦顶建筑。平面结构为三间身内单槽式，且纵向梁架结构并不完全与平面柱网布局对称一致，这也是该建筑不同于其他建筑的独特之处。由于该殿梁架结构上的独特性，该建筑所用斗拱种类较多。

专家对大成殿斗拱造型进行了研究，认为该建筑侧样取法于宋《营造法式·大木作制度同样》中的"厅堂等四架椽屋搭牵三椽栿用柱形式之一"，保留了宋代的部分特点，因此两当文庙大殿的创建年代很可能在南宋时期。这一特色也使得两当文庙大殿具有了很高的历史文物价值。2003年，两当文庙大殿被列为甘肃省省级文物保护单位。

全景

10 两当兵变旧址

The Old Site of the Liangdang Mutiny

级　别	省级
年　代	近现代
地　址	两当县城关镇老南街 20 号
看　点	近现代重要史迹及代表性建筑
开放方式	可参观

两当兵变旧址位于陇南市两当县城关镇老南街20号，占地面积约850平方米，坐西朝东，东西长约34米，南北宽约25米，三进院。建筑主体为单檐硬山双坡顶结构，总体风貌具有典型的民国时期的地方特色。如今所见南街两当兵变旧址在2008年前后确立，并被建成两当兵变纪念馆。

最早确立的两当兵变旧址在县城北街，主体建筑几经变迁，今已无存。2005年出版的《两当县志》在第41章"文化"的"革命遗址"部分记载："两

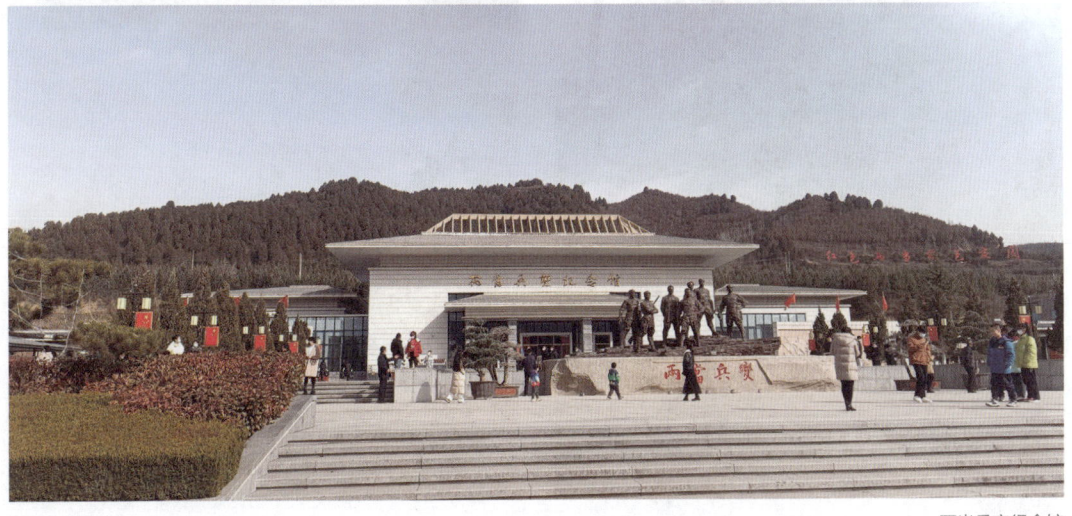

两当兵变纪念馆

当兵变旧址，即今百货大楼址，原为二层砖木结构楼，后迁至县文化馆院内，共十间，1980年列为县级文物保护单位，在旧址立碑。"2007年，《光明日报》《法制日报》资深记者陈宗立、周文馨等对修建两当兵变纪念馆进行过专题调研。该文章提到，1981年9月，两当县连续下了43天大雨，遭遇百年不遇的水灾，阁楼被毁之后不得不拆除。目前，该遗址上只有一块"两当兵变遗址"的石碑。2016年，两当兵变旧址被列为甘肃省省级文物保护单位。

遗址所在老南街入口

遗址碑刻

旧址照壁

旧址入口

两当兵变旧址全国青少年教育基地广场

11 杨店古建筑群

Yangdian Ancient Building Complex

级　别	省级
年　代	明、清
地　址	两当县杨店乡
看　点	近现代重要史迹及代表性建筑
开放方式	可参观

杨店古建筑群（西汉故道县城址）位于甘肃省陇南市两当县杨店乡，主要由明清时期修建的古建筑组成。杨店古建筑群保存完整、特色鲜明、内涵丰富，较为全面地体现了古镇所特有的地域文化、宗族文化、商旅文化、民俗文化、建筑文化，具有较高的历史、艺术、科研价值。

据史载，西汉时期曾在这里设置故道县和故道郡，其城址街道呈现"井"字状，两纵两横格局。因商贸业发达，杨店古镇和西峰镇、洛门镇齐名，在历史上并称"陇上三镇"。这里是南茶北盐的集散地，是出甘入陕通川的要塞，历代为旱码头，也是兵家必争之地，有"甘肃东南门户"之称，商业繁荣时期一直延续到1953年。杨店古建筑群以北方建筑风格为主，又有南方建筑艺术的特点，成为典型的陇东南建筑形式。沿街商业店铺多为二层楼阁式建筑，多则五开间，少则三开间结构，铺面向内延伸，庭院有二进院、三进院及跨院建筑格局。

杨店古镇是1935年7月下旬中国工农红军第二十五军在长征途中进入甘肃境内的第一站，1936年9月中旬至10月初，贺龙领导的红二方面军成功发动"成徽两康"战役，红六军团攻克两当后在这里休整。这里也是当时杨店党总支所在地、陇南地下党活动的重要区域之一，留下了大量的革命文物。2003年，杨店古建筑群被列为两当县县级文物保护单位，2016年被列为甘肃省省级文物保护单位。

入口

保护建筑1

街景

保护建筑2

保护建筑 3

匾额

墀头

康县

12 黎氏民居
Li Family Folk House

级　　别	省级
年　　代	清
地　　址	康县白杨乡金钗峪村
看　　点	民居院落
开放方式	可参观

　　黎氏民居位于陇南市康县白杨乡金钗峪村，始建于清道光二十年（1840），占地面积约707平方米，建筑面积约577平方米，是一座天井式四合院建筑。民居坐北朝南，门窗雕有花鸟人物等图案，门庭上有匾额，上书"树德务滋"，落款为清道光二十年。

　　黎氏民居为研究清代陇南民居建筑提供了科学依据，具有典型的地方建筑建造工艺及特点。2016年，黎氏民居被列为甘肃省省级文物保护单位。

院内南面景观

东厢房

大门上方匾额

卵石镶嵌的天井院

13 谈家院

Tan Family Court

级　　别	省级
年　　代	清
地　　址	康县豆坝乡栗子坪村
看　　点	民居院落
开放方式	可参观

谈家院位于陇南市康县豆坝乡栗子坪村，是一座坐北朝南的四合院民居建筑，始建于清嘉庆年间。民居大门开在东南角，共有房屋四座，东南西北各一座。

正房位于谈家院中轴线北端，坐落于高台之上，坐北向南，平面呈长方形，面阔五间，进深两间，前出外廊，单檐悬山顶。东、西厢房均为两层楼阁式木构建筑，平面呈长方形，均为三开间，进深两间，前出外廊，单檐悬山顶。南面是一座五开间的单层倒座。院子为长方形，地面由长方形石块铺成，在院子东北角、西北角正房地基处，各有一个六级的人行台阶，均由石条砌成。

整个建筑结构紧凑，装饰典雅，属典型的院落式民居，反映了康县民居的特色，对研究甘肃陇南地区的乡土建筑具有重要价值。2011年，谈家院被列为甘肃省省级文物保护单位。

陇南南部四合院式民居

正房细节　　　　　　　　　　　　　　　倒座

雕花窗户　　　　　　　　　　　　　　　石刻

14 平洛龙凤桥

Pingluo Longfeng Bridge

级　　别	省级
年　　代	明
地　　址	康县平洛镇团庄村东头涧沟急流上
看　　点	桥梁
开放方式	可参观

平洛龙凤桥位于康县平洛镇团庄村东头涧沟急流之上，是康县境内唯一的古代木结构桥梁。此桥初建于明洪武三年（1370），清光绪三年（1877）重修。

平洛龙凤桥长 16 米，宽 3.3 米，桥房高 3.6 米，以油漆彩画的方式绘制了山水花鸟。尤其是引桥两端基座，由数层圆木纵横排架自上而下渐次伸出，以负担桥面及廊亭重量。桥面两边有对称的 24 根房柱连接木栅栏。沿栅栏设置两行长凳供行人歇息乘凉。龙凤桥有主横梁 8 根，两侧立柱共 16 组，每组 2 根，共计 32 根。每间梁柱中间镶木雕件，对称分布，依次为祥云首、白象首、青龙首、彩凤首、青龙首、白象首、祥云首，共 14 件。侧梁上绘制有花卉、蔬果、凤、麒麟、奔马、云纹、回纹等图案，并施彩色装饰。

平洛龙凤桥结构奇特，工艺精巧，具有一定的科学、艺术价值。2003 年，平洛龙凤桥被列为甘肃省省级文物保护单位。

全景

仰望龙凤桥 　　　　　　　　　　　　　　　　　　　廊道顶部结构

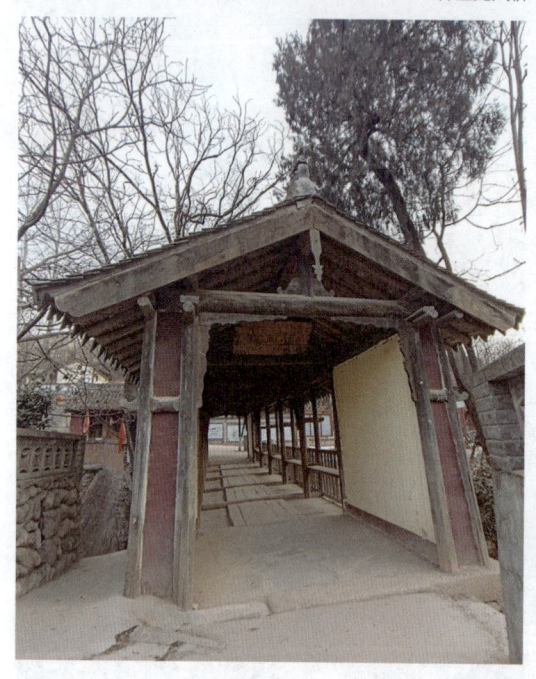

桥头 　　　　　　　　　　　　　　　　　　　　　　廊道

文县

15 合作化桥
Cooperative Bridge

级　别	省级
年　代	近现代
地　址	文县石坊乡石坊村
看　点	近现代重要史迹及代表性建筑
开放方式	可参观

合作化桥位于陇南市文县石坊乡石坊村，原名阴平桥，后改名为"合作化桥"，始建于清代，是文县到达南坪（现九寨县）的重要通道，为白水江上唯一的一座古桥。1955年，因桥残破无法使用，文县政府决定在原址拆除旧桥，按原貌重建一座廊桥。

清代修建的文县阴平桥为单孔木构伸臂廊桥，桥跨伸臂由247根10多米长、1米多粗的圆木材以30度角插入白水江两岸石墩构成，伸臂10层，从下往上层层伸向江心，荷载桥梁受力。桥廊由桥面、廊臂、廊顶及凉亭构成。桥面长31米，桥面宽3.8米，桥面距河面11米。今存吴永谦撰《重修阴平桥碑记》，认为此桥有"（把酒其上）瞻玉垒之秀气，看锦江之波澜"的地理优势；张培兰之的《重修阴平桥记》，有"至于东有玉垒，西距柴关，北枕龙江，南依太白"之语，为其跨白水江的明证。另据《长志》记载，"在县旧城南门外。白水急流中，有苍石一道。就石竖柱成桥，长二十余丈。即《三国志》所云阴平桥头也。雍正七年，知县葛时政，守备张金榜同建。桥畔中央，突出一石，高可二丈，阔二丈余。乾隆年，知县杨国坏于上建观澜亭，后废。桥南崇山曲拱，朝夕重阴。日午，阴阳平分，浮光照耀，如长虹卧波，为阴平八景之一"。

目前，国内现存的伸臂式廊桥不多。合作化桥有着极高的观赏和研究价值，堪称古建筑瑰宝。2008 年，汶川地震后局部毁坏，现已修缮一新。2016 年，合作化桥被列为甘肃省省级文物保护单位。

桥全景

桥面

自桥上望栏杆

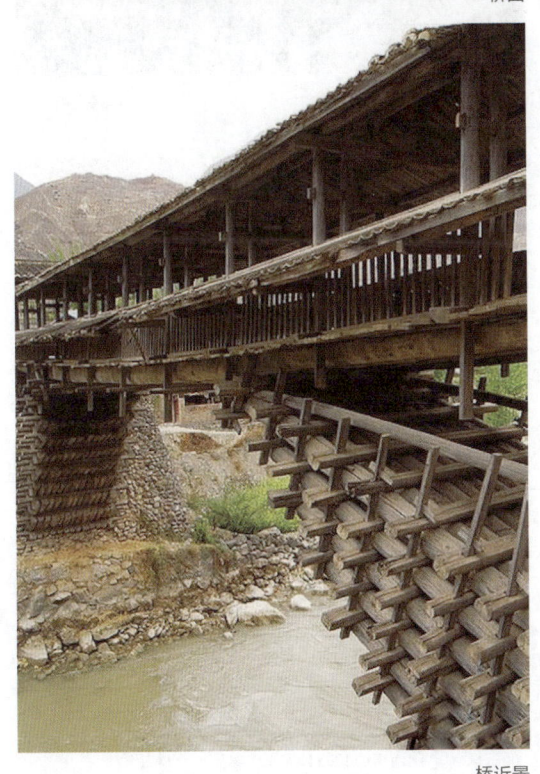

桥近景

伸臂 10 层

16 文县文昌楼

Wenchang Building, Wenxian County

级　别	省级
年　代	明—清
地　址	文县县城中心一段明代城墙上
看　点	城墙上的楼阁
开放方式	可参观

文县文昌楼位于文县城关，雄踞于10多米高的古城墙之上，又称文昌阁、魁星楼，被誉为"白水江上第一楼"，始建于明弘治元年（1488），清道光二十五年（1845）曾补修。1985年，经当地部门维修，恢复了原貌。2001年，再次修缮，并在楼旁新建凉亭和一处长数十米、宽3米的长廊。

文昌楼坐北朝南，为木石结构的三层楼阁式建筑，通高25米。一、二层为四角，有阁有廊；第三层为六角，有穹窿式阁厅。楼顶用琉璃瓦覆盖，楼角上悬着风铃。文昌楼上有许多楹联、匾额。如王紫瞻先生撰写、书法家侯正荣先生书就的一副楹联："古城嵯峨，两城风物收眼底；雄姿挺秀，一江烟柳舞胸前。"

文县文昌楼既有明显的明代建筑技艺特点，又有生动的地域性装饰技艺，是研究甘肃省古建筑的重要实物资料。2003年，文县文昌楼被列为甘肃省省级文物保护单位。

文昌楼近景

文昌楼内部梁架

陇南市其他文物保护单位列表

区县	名称	年代	级别	地址	类别
武都区	冯家崖—任家坪遗址及墓葬	新石器时代—青铜时代	省级	陇南市武都区柏林乡冯田家沟村东100米北峪河南岸	古遗址
武都区	万象洞石刻题记	北周—清	省级	陇南市武都区汉王镇杨宠村	石窟寺及石刻
武都区	大李家坪—庙坪遗址	新石器时代	省级	陇南市武都区马街乡大李家村南200米	古遗址
宕昌县	哈达铺会议旧址	1935—1936年	国家级	陇南市宕昌县哈达铺下街张家大院	近现代重要史迹及代表性建筑
西和县	仇池国遗址	汉—隋	省级	陇南市西和县大桥乡仇池村	古遗址
西和县	栏桥遗址	新石器时代—青铜时代	省级	陇南市西和县蒿林乡栏桥村	古遗址
西和县	宁家庄遗址	新石器时代	省级	陇南市西和县长道镇宁家庄	古遗址

续表

区县	名称	年代	级别	地址	类别
西和县	西峪坪遗址	新石器时代—青铜时代	省级	陇南市西和县西峪乡上坪村	古遗址
徽县	《新修白水路记》摩崖	宋	国家级	陇南市徽县大河店乡大石碑村	石窟寺及石刻
徽县	佛爷崖摩崖造像	北周	省级	陇南市徽县水阳乡姚家山村	石窟寺及石刻
徽县	徽县吴玠墓及墓碑	南宋	省级	陇南市徽县县城北1千米	古墓葬
康县	茶马古道（康县段）	唐—清	省级	陇南市康县境内	其他
康县	白马关城址	清	省级	陇南市康县云台镇	古遗址
文县	火烧关栈道遗址	明	省级	陇南市文县城关镇滴水崖村	古遗址
文县	阴平栈道遗址	三国	省级	陇南市文县尚德镇	古遗址
成县	西峡颂摩崖石刻	汉	国家级	陇南市成县县城西13千米天井山麓崖壁上	石窟寺及石刻
成县	吴挺墓及吴挺碑	南宋	国家级	陇南市成县城关镇石碑村	古墓葬
成县	西狭古栈道及摩崖石刻	东汉	国家级	陇南市成县抛沙镇丰泉村西南1.2千米	古遗址
成县	青泥河栈道遗址	秦、汉	省级	陇南市成县飞龙峡口以南至宋坪乡格楼坝村以北的青泥河两岸石崖之上	古遗址
礼县	石沟坪遗址	新石器时代、西周、春秋、汉	国家级	陇南市礼县石桥乡圣泉村	古遗址
礼县	大堡子山遗址及墓群	西周—春秋	国家级	陇南市礼县县城东13千米西汉水南、北两岸	古遗址
礼县	鸾亭山遗址	汉	省级	陇南市礼县城关镇后牌村北侧	古遗址
礼县	赵孟頫书赵世延家庙碑	元	省级	陇南市礼县城关镇南关村	石窟寺及石刻
礼县	高寺头遗址	新石器时代—青铜时代、周	省级	陇南市礼县石桥乡高寺头村	古遗址
礼县	王仁裕神道碑	北宋	省级	陇南市礼县石桥乡斩龙村	石窟寺及石刻

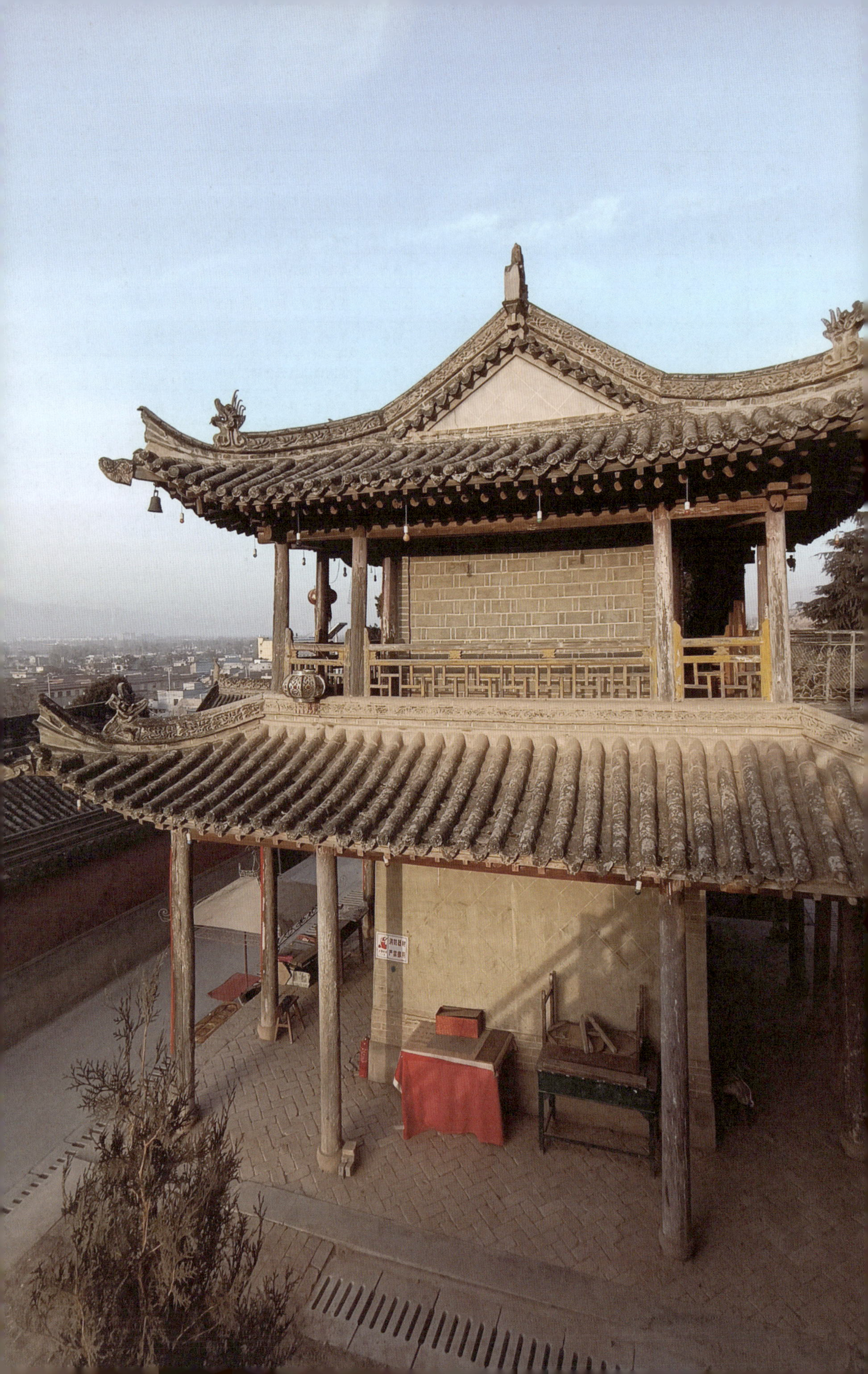

12 天水市
TIANSHUI

天水市古建筑分布图
Historical Architectural Map of Tianshui

1. 胡氏古民居建筑
2. 后街清真寺
3. 伏羲庙
4. 天水纪信祠
5. 玉泉观
6. 连腾霄宅院
7. 哈锐宅院
8. 张庆麟宅院
9. 石作瑞宅院
10. 秦州文庙
11. 冯国瑞宅院
12. 秦州关帝庙
13. 贾家公馆
14. 山陕会馆
15. 汪氏民居
16. 麦积山石窟
17. 仙人崖石窟
18. 石门山古建筑群
19. 木梯寺石窟
20. 水帘洞—大像山石窟
21. 风云雷雨坛
22. 武山官寺
23. 贯寺李家祠堂
24. 华盖寺石窟
25. 甘谷文庙大成殿
26. 蔡家寺
27. 兴国寺
28. 秦安文庙
29. 秦安泰山庙
30. 秦州张氏民居
31. 人民街古建筑群
32. 南下关清真寺
33. 宣化冈

天水市地图

天水市秦州区 1 ▶ 15

图例
- 市(州)政府驻地 —— 市(州)界
- 县(区、市)政府驻地 —— 县(区、市)界
- —— 省界　　河流

比例尺 1:550 000

审图号：甘S（2024）25号

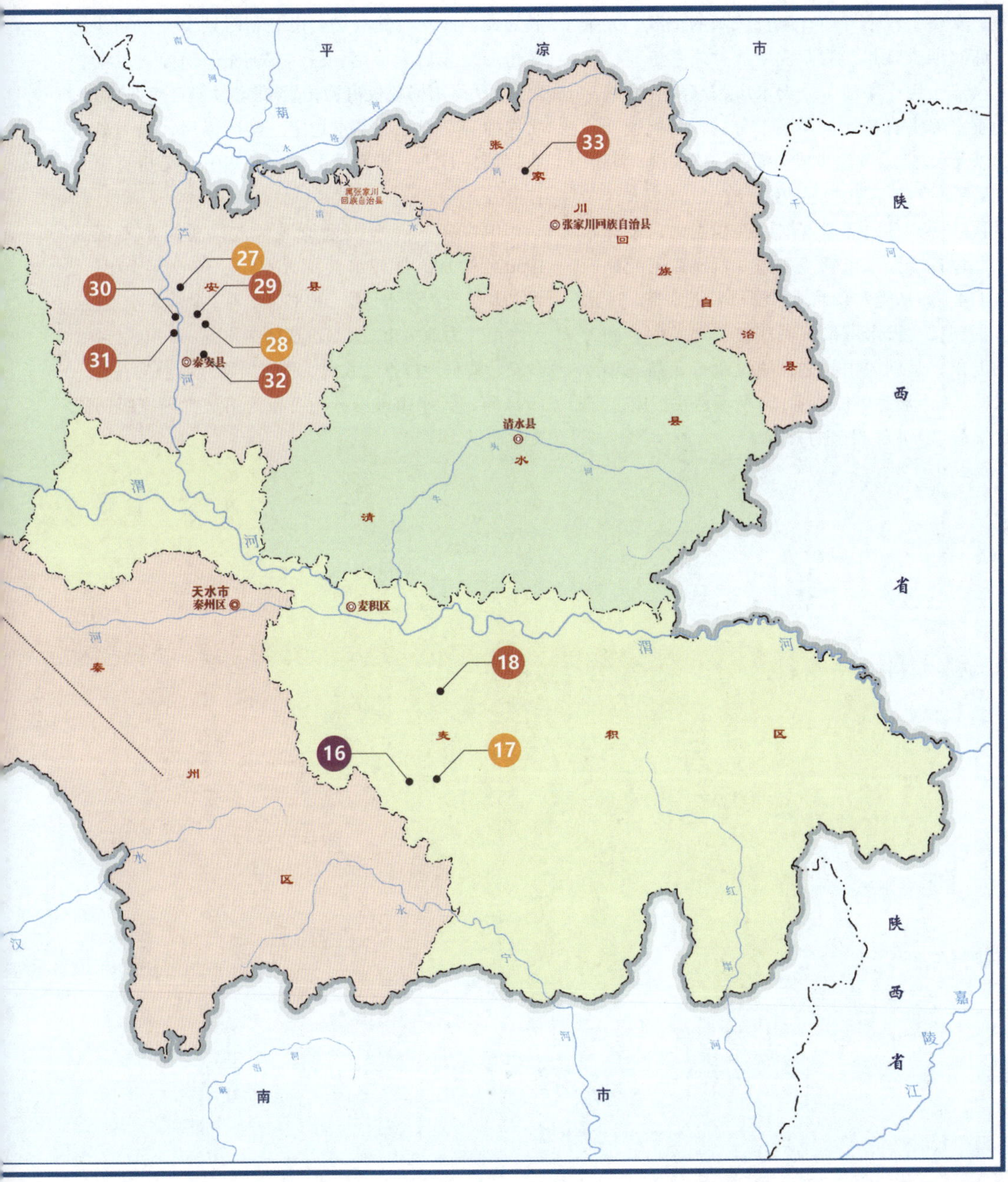

甘肃省自然资源厅监制　甘肃省基础地理信息中心编制

建置沿革

天水市位于甘肃省东南部，毗邻关中平原。天水是华夏文明的重要发祥地之一，华夏上古传说中的伏羲、女娲、轩辕等均有源自天水的记载。天水在夏、商时期属雍州，为西戎所居。周孝王时，秦国先祖嬴非子因在秦池（今天水市张家川县城南一带）为王室养马有功而被周天子分封，后代因功，又被赐以天水之地，并逐步成为周朝的诸侯国。因此，天水也是秦人、秦早期文化的发祥地。

春秋时期，秦国陆续占据原西戎之地，设陇西郡县，即包含今天水市辖境之内。西汉武帝元鼎三年（前114），从陇西、北地二郡析置天水郡。《水经注》提到："天水郡治五城相接，北城中有湖，水有白龙出，是湖风雨随之，故汉武帝元鼎三年改为天水郡，其乡居悉以板盖屋，诗所谓西戎板屋也。"据说这就是"天水"得名的来历。

曹魏黄初元年（220），始有秦州之名。三国时期，天水由于处在雍梁、川蜀之间的重要战略地位，成为蜀、魏交兵的战场。南北朝时期，中原动荡，秦州之地先后为前赵、后赵、前秦、前凉、后秦、西秦、夏等割据政权占据，直至北魏太延二年（436），北魏拥有秦州之后基本稳定。隋唐以后，仍为秦州地，辖县若干。清雍正七年（1729），秦州直隶于甘肃省。

1949年，天水附近地区解放，属天水专区。1950年2月，析天水县置天水市。1969年10月，天水专区改为天水地区。1985年7月，撤销天水地区，天水市升为地级市。天水市现辖秦州区、麦积区二区，秦安、清水、甘谷、武山、张家川回族自治县五县。1994年，天水市被国务院公布为第三批国家级历史文化名城。

秦州区

秦州区古建筑分布图

1. 胡氏古民居建筑
2. 后街清真寺
3. 伏羲庙
4. 天水纪信祠
5. 玉泉观
6. 连腾霄宅院
7. 哈锐宅院
8. 张庆麟宅院
9. 石作瑞宅院
10. 秦州文庙
11. 冯国瑞宅院
12. 秦州关帝庙
13. 贾家公馆
14. 山陕会馆
15. 汪氏民居

1 胡氏古民居建筑

Hu Family Ancient Residential Buildings

级别	国家级
年代	明—清
地址	秦州区民主西路
看点	民居院落、砖雕、木雕、石雕
开放方式	可参观

胡氏古民居建筑位于天水市秦州区民主西路南侧，是明万历年间中宪大夫、整饬雁平道、山西按察司副使胡来缙的私宅，由南宅子和北宅子两处隔街相望的古建筑群组成。南宅子始建于明嘉靖年间，北宅子建于明万历年间，自建成之后，400多年来，南宅子一直由胡氏后裔延续居住，除西侧三合院已拆除外，其余部分保存相对完整。

南宅子建筑群整体坐南朝北，现存平面近似矩形，占地面积约4400平方米，建筑面积2700平方米，由12个院落、70余座单体建筑组合而成。从面北而开的大宅门开始，按照现在的游览路线依次为桂馥院、书院、棋院、槐荫院、后花园、绣楼院、戏苑、董家院、银杏院、杨家楼院、凌霄院、芝兰堂。整体来看，南宅子以入口宅门所对天井可以分为两组建筑，一组是以桂馥院、槐荫院为主的西侧一路，主要是主人起居与子女教育的功能；而东侧则为较次要的居住组团。院落之间彼此连通，但是又相对独立，建筑布局疏密有致，功能组织合理有序。

胡氏古民居建筑是陇东南地区明代民居的代表性遗存，具有很高的历史、文化、艺术价值。2001年，天水胡氏古民居建筑被列为全国重点文物保护单位。

入口——副宪第门

副宪第门梁架

桂馥院

院子里最高的建筑——小姐绣楼

前正厅——五言堂

书院

葫芦门夹道

槐荫院

2 后街清真寺

Back Street Mosque

级　　别	国家级
年　　代	明—清
地　　址	秦州区成纪大道西段人民西路
看　　点	伊斯兰古建筑
开放方式	不开放

后街清真寺位于天水市秦州区，早年称西关清真寺，1970年后，因寺门改在后街澄源巷，始称后街清真寺。该寺占地面积约1730平方米，历经元、明、清三代数次扩建重修，形成了其特有的地方特色和民族风格，体现了地区伊斯兰教建筑艺术与技术的最高成就，是西北伊斯兰建筑的典型代表，是甘肃现存年代最古老的清真寺建筑。

后街清真寺的平面采用中国传统院落式布局，坐东朝西，全寺建筑对称布置，严整而紧凑。清真寺原为三进门，头道门是位于澄源巷北口的三间木结构牌楼，二门是大寺巷内单檐大开间牌坊，第三道门是坐北向南的三间门楼式建筑。进入庭院后，西侧为由卷棚顶前廊、大殿、后殿组成的全寺最重要的建筑礼拜大殿，坐东朝西。庭院东北角为明嘉靖年间修建的三层六角的"姆拉楼"，庭院北侧和东侧沿院墙修建有传统木结构形式的北房三间和云罗厅六间，布置经堂、水房、阿訇住宅等附属建筑。

后街清真寺的整体规模比兰州、临夏等地建于清代的几座著名清真寺小，但胜在形制完整、布局灵活。2006年，后街清真寺被列为全国重点文物保护单位。

大门

院落

礼拜殿

回望大门

礼拜殿前廊

3 伏羲庙

Fuxi Temple

级别	国家级
年代	明—清
地址	秦州区西关伏羲路
看点	古建筑群，太极河洛八卦图
开放方式	可参观

伏羲庙位于甘肃省天水市秦州区西关伏羲路，是中国西北地区著名古建筑群之一，原名太昊宫，俗称人宗庙。

伏羲庙坐北朝南，为中轴对称式布局，前后一共有四进院落，包括牌坊、宫门、仪门、先天殿、太极殿沿中轴线顺次布置，是全国规模最大的伏羲祭祀建筑群。

宫门，又称门坊、大门、正门、前门、头门。始建于明成化十九年（1483），经明清两代多次修缮才成为现在的面貌。宫门面阔五间，进深两间，五檩中柱，悬山顶。前檐下榜书"与天地准"匾，与曲阜孔庙第一坊"金声玉振"匾、镇江焦山"海不扬波"摩崖题书同为明代胡缵宗所书。

先天殿又称正殿、大殿，在中院后部正中，是伏羲庙的主体建筑，巍然屹立于院子正北高1.7米的砖筑月台上。先天殿高大雄伟，殿内有伏羲彩塑巨像一尊。藻井顶棚正中绘太极河洛八卦图，四周等分为64格，内刻绘六十四卦图。

先天殿后面为太极殿，又称退殿、寝殿、寝宫，依"前宫后寝"惯例而建，原供伏羲，后祀神农，建筑规模略小于先天殿。伏羲庙各院内遍布古柏，大多为明代所植。

伏羲庙于1963年被列为甘肃省省级文物保护单位，2001年被列为全国重点文物保护单位。

景区牌坊

宫门

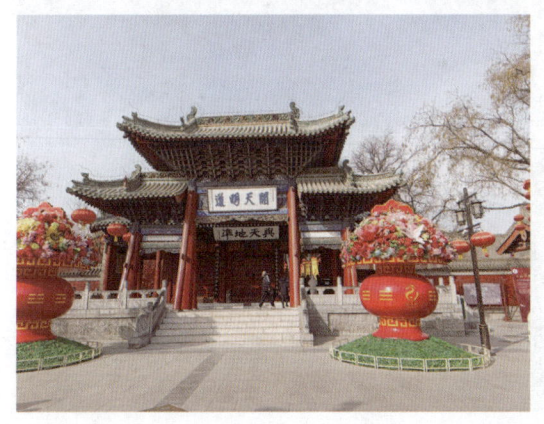

入口牌坊

仪门

先天殿 　　　　　　　　　　　　　　　　　　　　　　　先天殿北面窗雕

先天殿门窗木雕 　　　　　　　　　　　　　　　　　　　太极殿

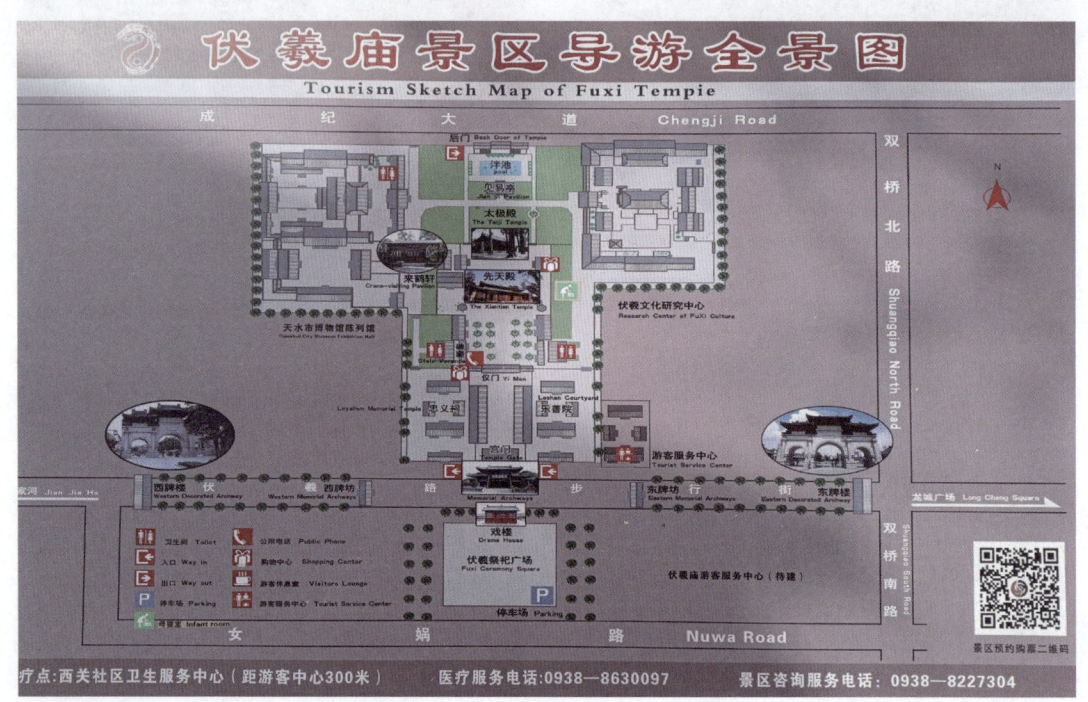

总平面示意图

4 天水纪信祠

Tianshui Jixin Shrine

级　　别	国家级
年　　代	明—民国
地　　址	秦州区民主东路
看　　点	牌坊，壁画
开放方式	可参观

　　天水纪信祠位于天水市秦州区民主东路，全称汉忠烈纪将军祠，又名天水城隍庙。纪信祠始建于元代，为成纪县衙，明代撤衙，扩建为此，以纪念西汉名将纪信，清代和民国时期亦有扩建维修。

　　纪信祠现存建筑占地 1700 多平方米。建筑群最前面为一座四柱三楼木质牌坊，面阔三间，高 10 余米，重檐歇山顶，匾为于右任先生所题。1987 年拓宽街道时，左移 15 米。牌坊后为砖墙门楼，中开朱红大门，门楣为圆拱形，木刻云龙。其后为通道，两厢各建单坡长廊十一间，在中部横建一座小木构架牌坊。二门内为一座三合院，院北正中建有二层楼阁式重门。重门东西配有钟鼓楼。其下为第三进通道门，两侧有东、西看楼，东看楼已被改建为办公楼，西看楼尚存，为二层硬山顶廊楼。重门以内是建筑群的主体部分，由直廊、前后拜庭、大殿、寝宫组成。前拜庭为三间单檐悬山顶，与后拜庭之间有卷棚式直廊相接，拜庭后面的高台基上建有单檐歇山顶大殿三间，起架高于周围建筑。大殿后是小三间悬山顶寝宫，与大殿构件间仍用卷棚直廊连接。

　　2019 年，天水纪信祠被列为全国重点文物保护单位。

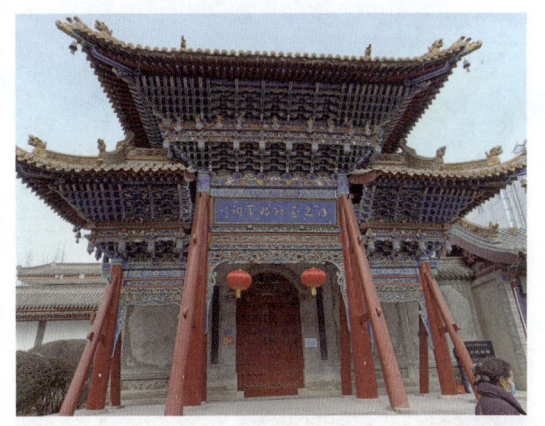

牌楼近景

入口处

单檐庑殿顶三间两廊二层楼

卷棚式悬山顶厦庭，以及"惠保全秦"牌匾后的卷棚式歇山顶拜庭

大殿全貌

单檐歇山顶大殿

5 玉泉观

Yuquan Temple

级　　别	国家级
年　　代	元—清
地　　址	秦州区城北天靖山麓
看　　点	道教宫观建筑群
开放方式	可参观

玉泉观位于天水市秦州区城北天靖山麓，唐代时为"北山观"，宋代时改称"天庆观"，后被毁。元初重修后得名"玉泉观"，逐渐形成了如今这座庞大的道教宫观建筑群，号称"陇东南第一观"。

玉泉观建筑布局采取对称与自然相结合的方式，主体建筑沿着轴线对称布局，有专门的院落和左右配殿；其他建筑大多依山傍水，因势就筑。从入口的牌坊开始，沿着石阶而上，进了山门，就是第一个院落。有主殿和配殿各一座，主殿坐西朝东，面阔三间。沿

药圣宫外景

着山体而上，依次有卷棚顶长廊、廊下有桥。接着步入等候厅，经过"天上人间"牌楼。最后是主体建筑群玉皇宫、混元宫。观内西侧是斗姆殿，处于全院最高点。自斗姆殿院落沿着石阶往下，是八卦亭，下面是有着神秘色彩的"玉泉"，据说它有酸、甜、苦三种不同的味道，所以又叫"三味泉"。赵孟頫草书诗碑廊、国宝道教四面流碑亭和武侯祠，也是玉泉观不可分割的一部分。国宝道教四面流碑亭内有一通石碑，刻有道教全真派的发展历史情况。武侯祠祭祀的是汉武大将天水籍人姜维。

1981 年，天水市人民政府对玉泉观进行了大规模的整修。2006 年，玉泉观被列为全国重点文物保护单位。

灵官殿与磨针洞

山门

通仙桥全景

青龙白虎殿

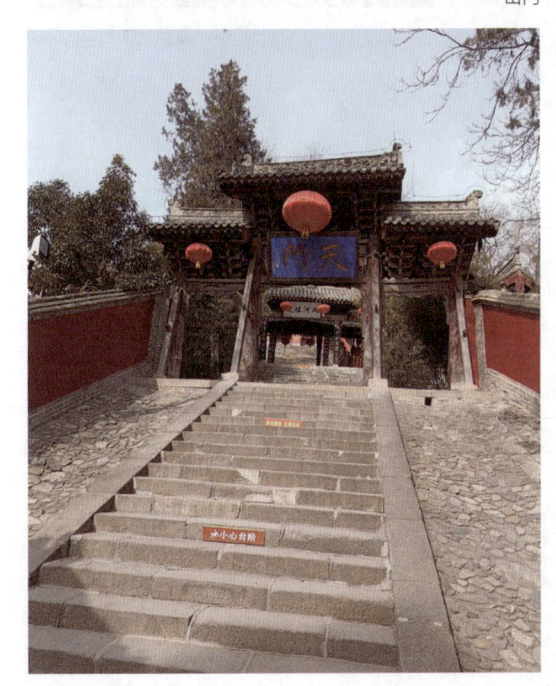

天门牌楼

玉皇阁山墙

天水市

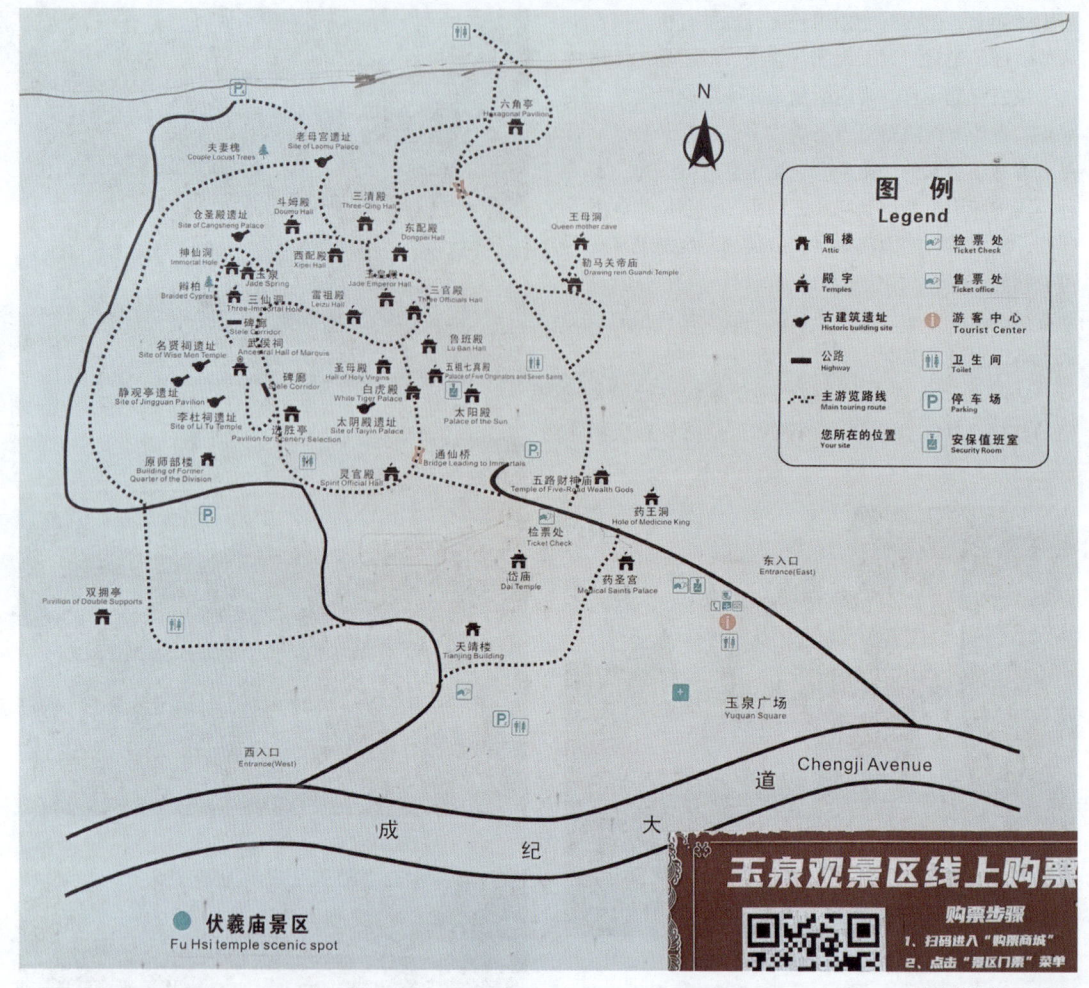

建筑总体布局示意图

6 连腾霄宅院

Lian Tengxiao Masion

级　别	省级
年　代	明—清
地　址	秦州区北关连家巷
看　点	民居院落、雕饰
开放方式	不开放

连腾霄宅院位于天水市秦州区北关连家巷。除后花园已改为私房和南院房屋及中院大门已毁外，其余建筑基本保存完整，现占地约1100平方米。大门通进三院，即2、4、6号院，现为三进三院，宅院入口位于西北角。连腾霄生活在清乾隆年间，曾任秦州知州。据现存匾额题词"特受秦州直隶州正堂加三级记录五次季为"，可知连腾霄在秦州为官期间，曾经居住在连家巷，这座宅院也被称为连氏官邸。

连腾霄宅院在南北向中轴线上依次布置有主厅楼、过厅、虎座门和倒座，东西两侧均有辅厢房。中轴线上的建筑多为双坡硬山顶，东西厢房全为向内院倾斜的单坡顶。第一进院中，有一座六柱式三架梁虎座门，高大华丽，庄重古朴。中院虎座门东有影壁，壁上有彩绘图案，沿中轴线越过虎座门、锁子厅，可通后院；后院正房为一座古朴典雅的两层木楼，檐下回纹雀替花板装饰生动活泼。平日里可通过院内小道穿行，每当重大喜庆节日或者婚庆典礼时，可敞开锁子厅，一眼望穿，前后三进院落遥相呼应。连腾霄宅院的木雕艺术十分讲究，雕刻题材丰富，手法多样，做工精美。

连腾霄宅院是天水唯一的一座清代官邸与民宅合一的古建筑群，具有很高的建筑艺术和历史文化的考古价值。2003年，连腾霄宅院被列为甘肃省省级文物保护单位。

2号院

精美木雕

4号院

4号院大门

6号院西墙 　　　　　　　　　　　　　　　　　　　　　　　木楼

7 哈锐宅院
Harui Masion

级　别	省级
年　代	清
地　址	秦州区澄源巷（13、15、17号）院内
看　点	民居院落，垂花门，砖雕，木雕
开放方式	不开放

哈锐宅院位于天水市秦州区澄源巷（13、15、17号）院内，坐北向南，四合院式布局，一进三院，大门位于东南角。前院三道门，头门坐西向东，影壁北进为二门楼，向西为内门，垂花门雕饰精细，保存较好。进入院内，南房侧厅三间，北面过厅五间，东、西厢房各三间，均为悬山顶，梁架结构和檐斗拱具有明代建筑特点。中院北面为悬山顶二层楼，面阔三间，东、西厢房各三间，后院西房三间为两层木楼，南、北厢房各三间。东向开一后门，后院建筑为晚清风格。该宅院的整体布局、梁架结构及其工艺精美的砖雕木雕为研究天水市乃至陇东地区的清代古民居提供了重要实例，但是，现在因为私搭乱建，原貌难见。

哈锐（1862—1932），字蜕庵，回族，甘肃天水人，祖籍福建，是中国回族文化发展史上独一无二的翰林公，民称"哈瀚林公"。1992年，天津古籍出版社出版《哈锐集》，收录了哈锐的部分诗歌、散文、楹联及书法等作品。2003年，哈锐宅院被列为甘肃省省级文物保护单位。

宅门 　　　　　　　　　　　　　　　　　　　　　　　　　二道门

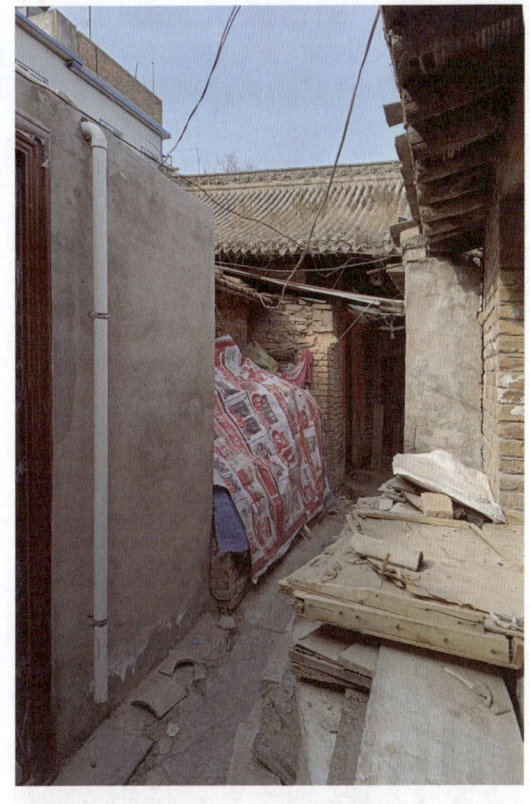

垂花门

院子现状

8 张庆麟宅院
Zhang Qinglin Masion

级　　别	省级
年　　代	明—清
地　　址	秦州区澄源巷（21、23、42号）院内
看　　点	民居院落，影壁，垂花门，木雕
开放方式	不开放

张庆麟宅院位于天水市秦州区澄源巷（21、23、42号）院内，由布局各不相同的三组院落组成。这座宅院保存至今的尚有1座楼阁、3座影壁、5座垂花门。木雕亦精美，其中23号院大门内"五福捧寿"影壁建造得十分精美，还有碑、上马石、拴马石等历史遗物。

21号院大门朝北，双开木板门，有脊饰龙吻。西、南各有照壁一面，门侧有拴马石。中院虎座门隔开前、后两院。前院有倒座三间，耳房两间。后院有上房三间，厢房两间。23号院坐北向南，有二进院落，二门西向为垂花门，檐下铺作上有象鼻状双云纹。上房单坡硬山顶，大耍头呈象鼻状，单云纹。院中有虎座门一座，东、西厢房各五间，单坡硬山顶。倒座双坡硬山顶。

宅门

42号院一进二门,二门为垂花门,正庭为二层木构楼房三间半(半间为楼梯),悬山顶,双坡水。东、西厢房各三间,单坡悬山顶。倒座五间,悬山顶。

张庆麟(1818—1868),字云卿,号晓峰,清秦州人,死后被追封为文林郎,诰封奉政大夫。张庆麟为官清廉,擅长书法,是天水张氏书法创始人。其后裔张邦彦为甘肃省文史馆员,知名书法家。2003年,张庆麟宅院被列为甘肃省省级文物保护单位。

一进院

照壁

三道门

二进院

9 石作瑞宅院

Shi Zuorui Mansion

级　别	省级
年　代	清
地　址	秦州区解放路石家巷
看　点	民居院落，影壁，木雕
开放方式	可参观

石作瑞宅院位于天水市秦州区解放路石家巷，按北斗七星方位共建造7组院落，建筑格局独特，居室、书房、家庙、客房各有独院，每院又形成封闭式独门。石宅老院规模最大，一进三院，其余为一进独院。院内主、客房分明。房屋多为悬山顶，少数为歇山顶、硬山顶。各院大门多为一进二门。各院均有照壁和花坛，照壁多则四面，少则两面。该宅院独特的建筑布局和精美的木雕工艺是研究天水地区明清时期古民居不可多得的珍贵实物遗存。

1号院为石家的主房院，分为北、南走向的前后两院。整个院落有大门三道，头二道门为棋盘门，三道门为垂花门。二、三道门之间有一个小天井，进二道门有照壁一面，进了三道门，又有一面照壁（已不存在）。前院呈长方形，西面有房，北房为道庭，南房为通向后院的过庭，东、西房为厢房，每面三大间，为"云乐厅"结构。

2号院，靠近前院西南角有一侧门，进内是一座小院，为马鞍架厅子院，原名"书亭院"，专供石家孩子上学用。

3号院，即1号院后院。北房为原过庭，南房有庭房五间，东西各有廊房三间，南庭房和东廊房之间有一扇角门，也是1号院后门。

4号院，即石家庙院。原院内南边有三间两层木楼，为其祖先的"家宫殿"。现保留有北房三间，门楣上书有30厘米见方的"敬修堂"三个字。

5号院，系石家藏书的书房院。该院照壁上以柳村署名所写的125个字，苍劲有力，其内容为教书育人。

6号院，系石作瑞读书用的"书院"。有两道大门，头道门为栅栏、棋盘门，二道门为垂花门。两门之间有小天井，还有2米方的四面照壁。院内有南房五间，北房三间。北房绘有伏羲八卦图形。

7号院，为石家客房院。大门为虎座式门楼，并有两扇中门。该院分前后两院：前院有南房和北房各五间，东、西房各三间，为招待宾客之用；后院有北

街景

房三间，为石家佣人、厨役等居住用房。

　　石作瑞是清代秦城人，历任四川清溪县知县，保宁府知府，川南永宁道道台，按察史，川北道道台，为官清正，颇有政绩。2003 年，石作瑞宅院被列为甘肃省省级文物保护单位。

照壁

屋顶组合

近景

10 秦州文庙

Qinzhou Confucian Temple

级　　别	省级
年　　代	明—民国
地　　址	秦州区大城区步行街
看　　点	文庙建筑；孔子祭祀；石碑
开放方式	可参观

　　秦州文庙位于天水市秦州区大城区步行街。《直隶秦州新志》记载："文庙在城内西南隅，上为大成殿，左为崇圣宫，台下东西两庑各九间，前为戟门，门外左为名宦祠，右为乡贤祠，中为泮池，前为棂星门，外东西二门相对，门外为'德配天地、道贯古今'坊。"[1] 1949 年之后，尚存大成殿、东西庑殿、戟门、西学宫、乡贤祠、名宦祠、崇圣宫、明伦堂、藏经阁等重要建筑。大成殿坐北朝南，面阔五间，进深五间，重檐歇山顶。戟门面阔三间，悬山顶。20 世纪 60 年代前后，名宦祠、崇圣宫、明伦堂、藏经阁等建筑陆续被拆除。20 世纪 90 年代初期，旧城改造之际，拆除孔庙西面的西学宫和乡贤祠，在原址上新建起文庙商场。目前，天水文庙仅存大成殿与戟门两座古建筑。《直隶秦州新志》记载文庙始建于元大德六年（1302），从初创到清代，曾屡次修建，以清代的建造最为活跃，集中在康熙与乾隆年间。

　　在大成殿西侧新建的回廊内，安放着 11 通石碑。只有一通明代的石碑，其他均为清代的石碑。在整个院落之中，除了大成殿、戟门和石碑，还有 2 株古柏和 6 株古槐幸存，分布在大殿的左右两侧，树龄约 600 多年。

　　秦州文庙对研究天水地区儒家文化的发展和建筑史、建筑技术有重要价值。2016 年，秦州文庙被列为甘肃省省级文物保护单位。

---

1. 费廷珍：直隶秦州新志，清乾隆二十九年（1764），据中国国家数字图书馆（刻本）：卷三·建置。

棂星门

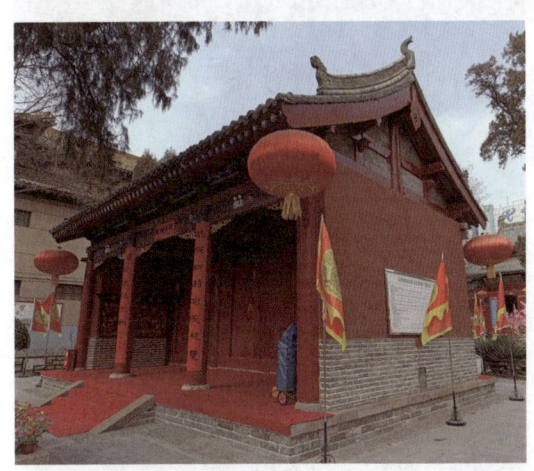

大成门

庙内石碑

大成殿近景

大成殿背面

天水市

11 冯国瑞宅院

Feng Guorui House

级　　别	省级
年　　代	清—民国
地　　址	秦州区共和巷 33 号
看　　点	民居院落，木雕，砖雕
开放方式	可参观

冯国瑞宅院位于天水市秦州区共和巷 33 号，占地面积 1040 平方米，建筑面积 823 平方米。冯国瑞宅院始建于明末，清代与民国均有维修，直到民国二十年（1931），方被冯家买下并进行了翻修重建。现存宅院坐北朝南，由两进院落组成，宅院大门在东南角。前院正厅为过厅，三开间，前出外檐廊，双坡顶，两侧厢房均为三开间，前出外廊，双坡顶；后院正房为锁子厅形式，面阔五开间，双坡顶，两侧厢房均为三开间，前出外廊，单坡顶。其中，二道门的砖雕装饰为竹子，与一般采用垂花门的形式并不相同。

冯国瑞（1901—1963），天水人，字仲翔，号半翁，又号麦积山樵、石莲谷人，师从王国维、梁启超、李济先生，从此研习国文，整理国故，考证国史。2011年，冯国瑞宅院被列为甘肃省省级文物保护单位。

入口

二道门

照壁

院子现状

12 秦州关帝庙

Guandi Temple, Qinzhou

级　别	省级
年　代	明
地　址	秦州区解放路第二小学院内
看　点	明代民间祭祀建筑及院落组织
开放方式	不开放

秦州关帝庙位于天水市秦州区解放路第二小学院内，占地面积750平方米，建筑面积353平方米，属明代建筑群。建筑群坐西朝东，现存大殿、拜殿、前殿，以及南侧小殿、拜殿等建筑。该建筑群规模较大，各单体建筑工艺精细，结构复杂，装饰华丽，保存较好并有明确的建筑和增建年代纪年的墨书题记，具有很强的纪实性、较好的完整性和延续性，不仅对研究秦州区明清时期庙宇建筑的历史、技术、工艺、文化内涵等有着重要意义，而且对确定天水地区明清建筑的年代有着重大价值。2011年，秦州关帝庙被列为甘肃省省级文物保护单位。

大殿（修缮前）

文保碑

13 贾家公馆

Jia Residence

级　别	省级
年　代	清—民国
地　址	秦州区砚房背后66号
看　点	民居院落，木雕，砖雕
开放方式	可参观

贾家公馆位于天水市秦州区北宅子旁边，砚房背后66号。贾家公馆始建于清乾隆年间（1736—1795），为贾乐玺宅院。其孙贾缵绪（字禹卿），秦州花南埠（今天水麦积区）人，任四川西充知县、南充道台等职，1917年被派总办甘肃烟酒事务，还曾任民国时国会议员、甘肃省教育厅厅长等职。贾缵绪自1917年起任职期间久居于此，受好友国民党第二十一军司令部少将参谋处长赵一清将军资助，增建住所，规模空前，扩为大小8个院落、16座建筑、57间房屋，占地面积2789平方米，建筑面积2478平方米。屋架用材硕大，木构古朴，雕工精细，为典型的清代西北传统民居建筑院落。

贾家公馆由一进四院落建筑组成，串联分布于中轴线两侧，大门位于主院的中轴线上，前院在南，后院在北，有花园一处，是天水市市区保存相对完整、规模较大的一处清末砖木混合结构建筑群。整体院落由正门、侧月门、厢房、倒座以及偏院房等组成，前院、中院有三开间过厅，结构紧凑，构建精巧，布局合理，充分体现了清末民初天水民居的风格和特色。前、中、后三院中东西厢房均为三开间，后院庭房为五开间，分设有厅堂、门庭、走廊及花园，让居者随时可以赏花观草，享受天人合一的氛围。月门和拱门连接主轴线与偏院，半开敞的檐廊勾连庭院和室内空间，使室内与户外，厅堂与院落衔接合理，过渡流畅。主轴线的两侧对称分布正房和卧室，东西厢房南北对称布置。

1991年，贾家公馆被列为秦州区文物保护单位，2002年被列为天水市民居保护院落，2011年被列为甘肃省省级文物保护单位。

天水市

全景

入口

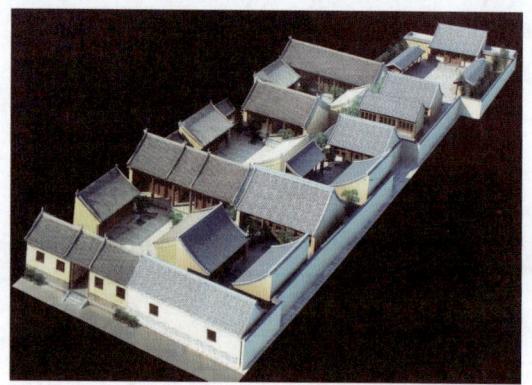

贾家公馆效果图

14 山陕会馆

Shanxi and Shaanxi Guild Hall

级　　别	省级
年　　代	民国
地　　址	秦州区中城街解放路 176 号
看　　点	近代会馆建筑
开放方式	可参观

天水山陕会馆位于甘肃省天水市秦州区解放路176 号，始建于清初，是山西、陕西商人为"祀神明而联桑梓"而集资合建的一座神庙与会馆相结合的建筑群。与一般山陕会馆不同的是，天水山陕会馆虽为一组建筑群，却设有两个门楼，门楣上各书"陕省会馆"和"山西会馆"。两会馆均为传统的中轴线对称式布局，包括坐北朝南的两进院落。而不同之处是陕省会馆门楼朝南，山西会馆的门楼朝东。

天水山陕会馆现有建筑是民国十八年（1929）九月时修缮，2001 年 5 月改建时做过加固维修。2001 年 8 月，由于城市道路的扩建而对原有格局进行了部分改动：首先，陕省会馆门楼后移 20 余米，前殿也随之向后移动，占用了前殿和后殿的院落空间，从而造成两殿相距太近，极不协调；其次，将山西会馆原来坐北朝南的格局改变，即将前后两殿整体移动至会馆门楼轴线上，呈坐西朝东的布局，院落空间也大大缩减；最后，由于占地面积紧张，两会馆原有两侧的厢房建筑均被拆除，造成了院落空间格局的不完整。陕省会馆前殿为七架前后廊悬山顶建筑，后殿为七架前后廊硬山顶建筑；山西会馆前殿为六架卷棚勾连搭悬山顶建筑，后殿为六架前檐廊悬山顶建筑。

2016年，天水山陕会馆被列为甘肃省省级文物保护单位。

山西会馆门楼

陕省会馆门口

陕省会馆门楼砖雕

陕省会馆门口木作

15 汪氏民居

Wang Family Folk House

级　　别	省级
年　　代	明
地　　址	秦州区自由路
看　　点	民居院落
开放方式	可参观

汪氏民居位于天水市秦州区自由路。宅院建筑较为古朴，整座建筑平面呈矩形，为一进二院，前后两座四合院形制。有主厅楼、厢房、过厅、绣楼、耳房、倒座、门厅等建筑。院北轴线上有过厅三间，紧依两侧有悬山顶耳楼为绣楼。东西各建厢房五间，格局与后院厢房相同。

汪氏民居是一组布局严谨、用料精良、雕梁画栋、曲徊幽静的明代民居建筑群。2011年，汪氏民居被列为甘肃省省级文物保护单位。

前院

主厅楼与东西厢房

倒座

麦积区

16 麦积山石窟

Maijishan Grottoes

级　　别	国家级 / 世界文化遗产
年　　代	北魏—明
地　　址	天水市东南 45 千米秦岭山脉西段北麓
看　　点	石窟，造像，壁画
开放方式	可参观

麦积山石窟所在的甘肃天水地理位置特殊，古代为羌、胡、氐等少数民族聚居地。石窟寺造像以佛教经典为依托，是佛教经丝绸之路传播的重要见证。尽管对于麦积山石窟兴建的具体年代尚存在一些不同的看法，但是，始建于"姚秦"应是无误的。麦积山石窟的开凿早于北魏平城（今大同）开凿云冈石窟，后在北魏迁都洛阳及中国北方兴起的石窟热时期，麦积山的石窟开凿也是盛况空前。由此，对其所反映的佛教艺术风格的传承，需要注意宿白先生提示的一个重要的现象，即甘肃东部石窟与大同的关系比洛阳更密切。

麦积山石窟现保存自后秦，经北魏、西魏、北周、隋、唐、五代、宋、元、明十多个朝代开凿的石窟194个，造像3938件，10 632身，壁画约1000平方米。石窟形制的主要特点是前廊列柱式的佛殿窟，这种完全摆脱了印度支提窟形式的仿汉地木构建筑的佛教石窟，在其以西的莫高窟和以东的云冈石窟中均可见到类似的做法，比如，被称作"散花楼"的第4窟是麦积山石窟群中唯一一座经著名文人品题（北周庾信《庾子山集》所载《秦州天水郡麦积崖佛龛铭》)、在史籍中有明确记载的洞窟。第4窟的外观为面阔七间单檐庑殿顶的大型佛殿形式。就绘塑题材与内容而言，麦积山在北朝时期即已出现大型经变，如西方净土变、涅槃经变等，体现出佛教思想与信仰倾向的变化。具体到壁画的艺术特点，最主要的是表现形式自由奔放、丰富多样、不拘泥于经文和定式，注重艺术表现力。

麦积山石窟和莫高窟、龙门石窟、云冈石窟并称为中国四大石窟，有"秦地林泉之冠"的美誉，是第一批全国重点文物保护单位。2014年6月22日，麦积山石窟作为"丝绸之路：长安—天山廊道路网"中的一处遗址点被列为世界文化遗产。

从此望山如麦垛，故称麦积山

麦积山石窟入口

东壁三尊最大的立像

栈道勾连

绝壁上栈道勾连，最上是西壁与东壁连接处

17 仙人崖石窟

Immortal Cliff Grottoes

级　　别	国家级
年　　代	北朝—清
地　　址	天水市麦积区麦积乡后川村
看　　点	石窟；造像，壁画
开放方式	可参观

　　仙人崖石窟主要由西崖、南崖和东崖等组成，开创年代不详，有关学者依据南崖千佛岩左端上方崖壁两尊影塑佛像特点，推测其开凿时间不晚于北魏宣武帝景明前后，即公元500年前后。及至宋、元以来，特别是明、清两代，仙人崖取代麦积山而迅速崛起，成为秦州一带宗教活动的一处重要场所。

　　仙人崖石窟中最早开窟造像的是在南崖。山崖正面最上方左侧存有两个圆拱浅龛，龛内残存两尊影塑，残高约25厘米，均形体刚健，肌肉饱满，内着僧祇支，外着半披肩袈裟，结跏趺坐。除此而外，在崖面中部及右侧，上、下分16排修凿近千个圆拱形小龛，每龛内原各贴影塑佛像一尊，佛像绝大部分荡然无存，仅个别龛内还残留一些原作和元代补贴的影塑佛像。宋代，崖壁中央在小龛前重塑高达5米左右的释迦牟尼佛像一尊，围绕此组造像的左上、右下及下方为宋代重开的五个圆拱形深龛，每龛内塑一佛或一佛二菩萨，均为宋代塑作。山崖下有明代创建、现代重建的西方三圣殿和十一面观音殿等。仙人崖石窟的精华所在，集中于西崖。西崖为这里的主峰，山势奇伟，山下有一个长约50米、深约10米的半月形天然洞穴，洞穴内一字形依次开凿洞窟和建造殿宇共十余座。宋代，这里称华严寺；明代永乐年间，皇帝赐名灵应寺。

　　2006年，仙人崖石窟被列为全国重点文物保护单位。

仙人湖

舍利塔林

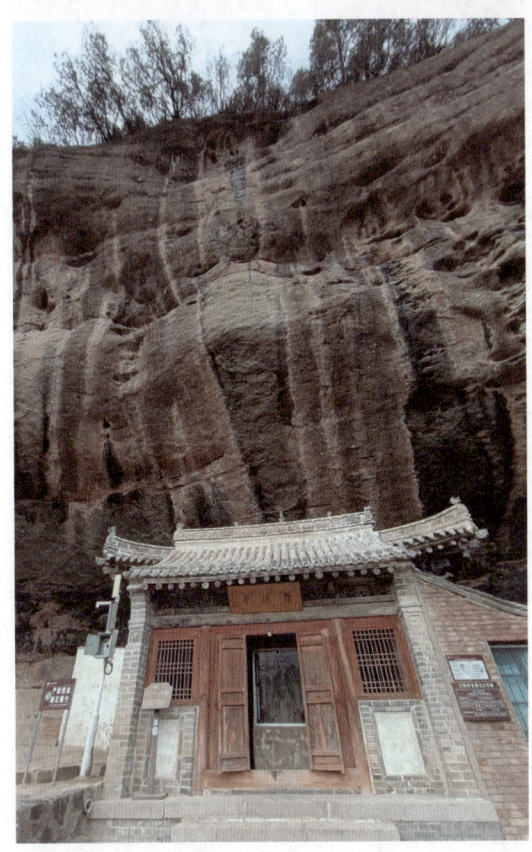

南崖摩崖石刻

东崖远景

罗汉堂

回望西崖

18 石门山古建筑群

Shimen Mountain Ancient Architecture Complex

级　别	省级
年　代	明一清
地　址	麦积区伯阳镇石门村
看　点	依山就势的道教建筑群
开放方式	可参观

石门山古建筑群位于天水市麦积区伯阳镇石门村，多为明清时期修建，现存古建筑29座，是秦州地区著名的道教圣地。主要建筑有玉皇殿、王母宫、圣母殿、三官殿、三仙庵、祖师殿、三清殿、灵官殿、文昌宫、财神殿、赵公殿、山门、聚仙桥、钟鼓楼、戏台等。整个建筑群利用自然山势走向，依山而建，大小错落有致，呈"S"状分布在南峰与北峰之上，单体建筑体量较小，构造精巧，做工精良，小巧玲珑。

其中，玉皇殿位于南峰山腰，始建于明代，硬山顶前堂后殿式结构，平面呈竖长方形。王母宫位于麒麟峰顶，始建于明代，1988—1999年，两次重修。重檐攒尖顶式结构，平面呈正八边形。圣母殿位于北峰主峰与麒麟峰之间，始建于明代，清同治五年（1866）重修、1986年重建。歇山顶八脊卷棚顶、前堂后殿式结构，平面呈竖长方形，前堂无造像，左、右壁于现代重绘《封神演义》故事。后殿内正壁砌坛基，其上并排新塑三霄娘娘，左、右两侧各塑一身送子娘娘像，壁面绘《百子图》。三官殿位于南峰山腰，始建于明代，硬山顶式结构，平面呈竖长方形。三仙庵位于北峰底，明代建，清代重修，悬山顶式结构，平面呈正方形，殿内正壁砌坛基，正中塑庐真人像，右侧塑马真人像，左侧塑梁真人像。祖师殿位于北峰山顶，始建于明崇祯元年（1628），清道光三年（1823）重建。重檐歇山顶式，平面呈竖长方形，殿内三面砌坛基，正壁坛基上塑无量祖师像。三清殿位于北峰山腰，始建时间不详，20世纪90年代重建，悬山顶式结构，平面呈横长方形。殿内正壁坛基上供奉道教三清像，左、右壁供奉哪吒、二郎神等。财神殿位于斗姆峰，

王母宫全景

山门

始建于明代，1985年重修。硬山顶式结构，平面呈横长方形，殿内正壁砌坛基，其上塑关公像。灵官殿位于财神殿对面约10米处，始建于明代，现代重修。四角挑檐九柱廊亭式结构，平面呈竖长方形。文昌宫与灵官殿靠背而建，始建于清代，现代重修。硬山顶式结构，平面呈横长方形。赵公殿位于北峰山腰，始建于清代，现代重修。悬山顶式结构，平面呈竖长方形。钟楼位于文昌宫前20余米处，始建于清代，四柱攒尖顶双层式结构，平面呈正方形，下层南北两壁砌土墙，东西畅通，上层底部有楼板，四周有1米许高的木栅栏，内悬挂清康熙二十七年（1688）铁铸大钟一口。

石门山古建筑群将自然与人文景观巧妙融合，并把道家思想与地理形胜、宫观布局三者有机地结合在一起，是宗教意识、审美意识和生态意识在大自然山水环境中的统一。石门山宫观建筑体现了道教的宗教思想和神祇序列，形成了反映道教思想的景观环境。这种宫观布局极为罕见，堪称古代道教宫观建筑与自然巧妙结合的典范之作。2016年，石门山古建筑群被列为甘肃省省级文物保护单位。

圣母殿全景

无量殿全景

无量殿屋架仰视

五阳观全景

五阳观后大殿

武山县

19 木梯寺石窟
Muti Temple Grottoes

级　别	国家级
年　代	南北朝—清
地　址	武山县马力镇杨坪村北侧的柏林山上
看　点	石窟，造像，壁画
开放方式	可参观

木梯寺石窟位于甘肃省天水市武山县西南35千米的马力镇杨坪村北侧1.5千米处的柏林山上。现存大小窟龛约20个，各类造像70余身，壁画约130平方米。洞窟除5号、7号窟保存较为完整外，其余窟龛及古建筑均已在近现代进行过重修。据天水市政协文史资料委员会编《天水石窟文化》所录"明代重修木梯寺序"，木梯寺"初建于汉"。其他有关木梯寺的记载在清康熙、乾隆、道光版的《宁远县志》中仅寥寥数语，其中冯同宪著清康熙四十八年（1709）《宁远县志·卷一》中所述的"武山八景"中即有"木梯古寺"一景，并具体指明木梯寺在"县西南六十里"。但尚缺更多证据，仅可根据洞窟形制、造像特征和瓦当形式发现北魏时期的特点。

木梯寺石窟早期的窟龛多为平面方形平顶的小型窟或圆拱顶龛，唐代时开窟造像活动较少，除14号窟摩崖大佛外，再无其他遗存；宋代时，开始出现大型殿堂窟（5号、7号窟），平面呈长方形，窟内正、左、右三壁砌高坛基，造像形体高大挺拔、神态肃穆庄严、服饰厚重简约，服饰的衣纹处理也从传统的线刻转为塑作。明清之际，单纯开窟造像的做法基本消失，窟龛主要以前殿后窟的形式出现，或重新修建殿堂。

木梯寺石窟位于古丝绸之路南道和唐蕃古道上，是渭河上游重要的佛教遗迹之一，对研究我国石窟艺术及各民族宗教文化的交融具有重要意义。木梯寺以第5号、第7号窟为代表的大型佛殿窟开凿于石窟营建史的衰落时期，填补了麦积山同期石窟的缺失。以玉皇阁壁画为代表的明代线描人物，为研究明代壁画艺术提供了重要实物资料。2006年，木梯寺石窟被列为全国重点文物保护单位。

木梯寺石窟山门

木梯寺石窟全景

木梯寺石窟近景1

木梯寺石窟近景2

14号窟摩崖大佛

20 水帘洞—大像山石窟

Shuiliandong–Daxiang Mountain Grottoes

级　别	国家级
年　代	北周—唐
地　址	武山县榆盘乡钟楼湾村的鲁班峡中，甘谷县城西2.5千米的文旗山上
看　点	石窟，造像，壁画
开放方式	可参观

水帘洞石窟群山门

　　大像山石窟位于武山县榆盘乡钟楼湾村的鲁班峡中，甘谷县城西2.5千米的文旗山上，为"甘谷八景"之一的"悬崖大像"。石窟开凿于十六国时期的后秦，历经数代修建。现存22个窟龛主要为北周至唐代建造，大都平面近方形。正壁开大圆拱龛和设高坛基，并有僧人修行的禅窟，这是大像山窟龛特殊之处，在全国也很罕见。

　　甘谷大佛为半圆雕石胎泥塑，高23.3米，肩宽9.5米，头高5.8米，膝长6米，造型高大雄伟。石窟及古建筑均建于文旗山悬崖峭壁上，楼阁殿宇依山就势，自下而上有土地庙、墨葛殿、太昊宫、罗真殿、接引佛殿、文昌宫、灵岩寺、鲁班殿、关圣殿、无量殿、双明洞、大佛殿、三圣殿等。尤以气势宏伟的太昊宫、文昌阁、关圣殿、无量殿、双明洞、大佛殿为其名胜之冠。就其组合布局来看，以无量殿为界，其下主要为木结构建筑物15处；其上以石窟群为主，并以大像窟为中心，有洞窟23处，塑像中以大佛像最有名。除石窟、古建筑外，还有后汉隗嚣歇凉台、阅兵台（均

天水市

在无量殿）等遗址、《羲皇故里》碑、《圣门石子故里》碑、《重修汉平襄侯祠记》碑等文物。

2001年，水帘洞—大像山石窟被列为全国重点文物保护单位。

拉梢寺浮雕佛像

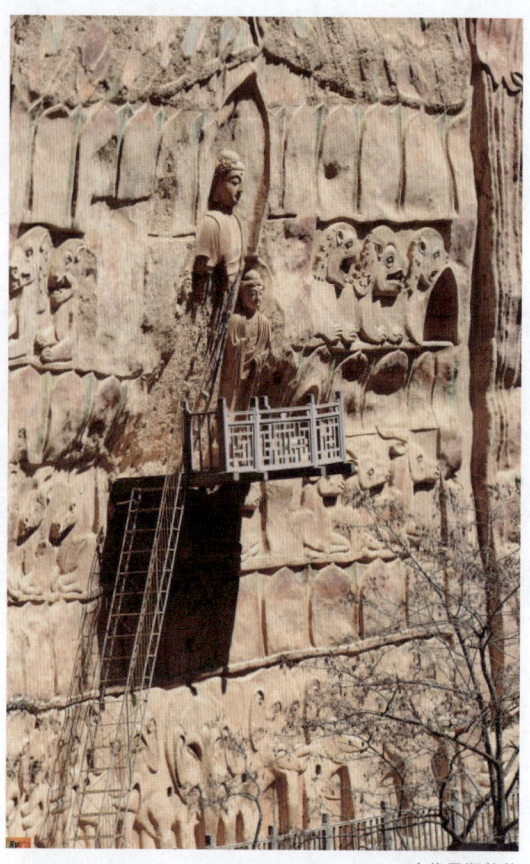

宋代悬塑菩萨

元代的喇嘛教壁画和喇嘛塔

水帘洞寺院1

水帘洞寺院2

千佛洞佛像

千佛洞

千佛洞壁画

21 风云雷雨坛

Wind, Cloud, Thunder and Rain Altar

级　别	省级
年　代	北宋
地　址	武山县城东郊家坡村
看　点	城池建筑，民间祭祀建筑，雕刻
开放方式	可参观

风云雷雨坛位于天水市武山县城东郊家坡村，县城宁远大道路中，为北宋崇宁三年（1104）所建。

现存风云雷雨坛高13米，共分三层，顶层本为周圈墙体，下面两层为夯筑土台，夯土层8～12厘米不等，其间夹有大量红陶片、灰陶片和彩陶片，东北角底部暴露有灰层。每层间均有大放脚，西、南两侧有登坛坡道。顶层原有四门，正门在西，现仅保留南边墙体，墙体留有明显的火烧痕迹，墙顶有垛口，根部有圆孔。整座祭坛古风浓厚，保持了历史的真实性和原始风貌。

《明万历宁远志·文庙》和《清康熙宁远县志》记载："风云雷雨山川城隍坛，在县东。古代祭祀风、云、雷、雨之神，以保风调雨顺，与城隍合祭。"因与城隍合祭，也被称为"风云雷雨城隍坛"，是古宁远县城四大祭坛之一（其他三个祭坛分别为原县南社稷坛、县西八腊坛、县北邑厉坛，均已消失），也是全国罕见的古代祭祀坛，是古代祭祀活动的真实遗存，是研究古代武山城垣建筑和祭祀文化的实物资料，尤其对于研究武山及周边地区北宋历史文化风貌具有十分重要的意义。2016年，风云雷雨坛被列为甘肃省省级文物保护单位。

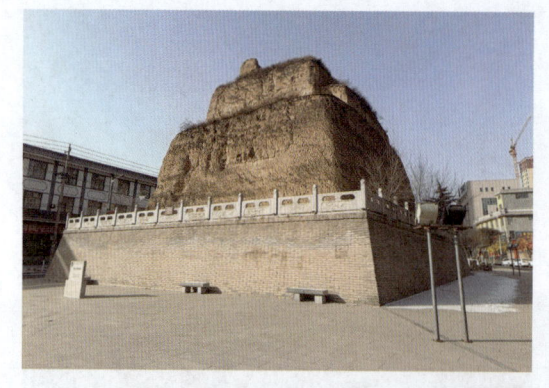

东北角 　　　　　　　　　　　　　　　　　　　　　　　东南角

北面

22 武山官寺	
Wushan Official Temple	
级　别	省级
年　代	元—明
地　址	武山县城关镇东街
看　点	元代建筑，壁画
开放方式	可参观

　　武山官寺是武山县城最早的官办佛寺，原名圣寿寺，位于武山县城原南城门西侧，在美术馆（新华书店对面）南侧，现在的入口在武山县美术馆东侧小路上。武山官寺始建于元代，明、清、民国时多次维修。

原建筑规模较大，占地 3000 多平方米。自北而南，依地势逐级升高，分上、中、下三院。有天王殿、三官殿、股肱殿、钟楼、鼓楼、燃灯佛殿、十八罗汉堂。明、清及近代多次维修。现仅存中院内南正殿——燃灯佛殿及两侧配殿等一组建筑。

　　燃灯佛殿为元代建筑，坐南向北，面阔三间，进深两间，双坡悬山顶。东西配殿为元代始建、明代维修后的遗构，略低于中央的燃灯佛殿，亦为面阔三间，双坡悬山顶。

　　燃灯佛殿是研究元代建筑的珍贵实物，对于研究甘肃省乃至西北的佛教史、古建筑史、建筑艺术、建筑技术有很高的参考价值。1981 年，武山官寺被列为甘肃省省级文物保护单位。

全景

外檐斗拱

内部梁架

甘谷县

23 贯寺李家祠堂
Li Family Ancestral Hall of Guan Temple

级　　别	省级
年　　代	清—民国
地　　址	甘谷县大石乡贯寺村
看　　点	古建筑，牌坊门楼，砖雕
开放方式	可参观

贯寺李家祠堂位于天水市甘谷县大石乡贯寺村，是清代大石乡绅李善吉修建的李家宗祠。贯寺李家祠堂占地面积为495平方米，建筑面积为180余平方米，呈四合院形式，坐北朝南，由堂屋、东西厢房、牌坊构成。牌坊与祠堂沿南北中轴线顺次排列，左右分列厢房。牌坊面阔三间，高11米，明间略高，覆盖歇山顶，次间稍低，为庑殿顶，牌坊明间下部辟拱门可出入，整体为仿木构砖雕建筑。堂屋面阔三开间，单坡硬山顶；东西厢房均面阔三开间，单坡硬山顶。

2016年，贯寺李家祠堂被列为甘肃省省级文物保护单位。

牌坊外景

东厢房立面

上堂屋立面

牌坊门背立面

牌坊门上精细的砖雕人物

24 华盖寺石窟
Huagai Temple Grottoes

级　别	省级
年　代	明—清
地　址	甘谷县二十里铺村东
看　点	石窟，造像，壁画
开放方式	可参观

华盖寺石窟位于甘谷县城西10千米的二十里铺村东，距大像山石窟7千米。岩体为半圆柱形丹霞地貌地质结构，从西望去恰似一顶藏传红教的僧帽，当地人叫它喇嘛帽顶。半崖上洞窟呈"之"字形排列，故称华盖洞。山下原有一处规模宏大的佛教寺院，主殿屋面上有三行铁瓦，人称铁瓦寺，又被称为华盖寺。

华盖寺石窟现存可编号的洞窟18个，根据现存塑像壁画，内容可分为儒、释、道及祖先崇拜四类，以明清两朝代为主。

其中儒教题材的洞窟1个，即14号孔子洞；佛教题材的洞窟5个，即灵揪洞（4号）、地藏洞（5号）、禅窟（10号）、千手千眼观音洞（16号）、释迦洞（18号）；道教题材的洞窟10个，即丘祖洞（2号）、三星洞（3号）、灵官洞（6号）、残窟（7号）、玉皇洞（8号）、药王洞（11号）、二老君洞（12号）、太上老君洞（13号）、无量洞（15号）、太乙真人洞（17号）；祖先崇拜洞窟有2个，即鲁班洞（1号）、伏羲洞（9号）。

目前，尚未找到华盖寺石窟开创年代较为确切的记载，只是在榜题中有"约开辟于元代"的记载。有些文章根据释迦洞（18窟）的壁画推测建于唐宋，有人据山下出土北魏石造佛像塔认为开创于北魏等。2003年，华盖寺石窟被列为甘肃省省级文物保护单位。

浮雕夯土照壁 　　　　　　　　　　　　　半崖上洞窟"之"字形排列

全景 　　　　　　　　　　　　　　　　　山门步道

25 甘谷文庙大成殿

Dacheng Hall of Gangu Confucian Temple

级　别	省级
年　代	明
地　址	甘谷县南街小学院内
看　点	文庙建筑，孔子祭祀
开放方式	可参观

甘谷文庙大成殿位于甘谷县南街小学院内。据县志载，文庙始建于元至元二十四年（1287），明代经过屡次迁建后最终坐落于此，一直作为学堂使用。文庙在民国初年被作为省立甘谷中学。里面的建筑后来被改建。1958 年，将棂星门、泮池等建筑拆除，仅保留了大成殿，在原址基础上加高。殿前尚存 4 株古柏。现存大成殿坐西向东，重檐歇山顶，面阔五间，进深四间，黄绿色琉璃瓦顶，其半拱、耍头和假昂嘴都沿袭了元代做法。

2003 年，甘谷文庙大成殿被列为甘肃省省级文物保护单位。

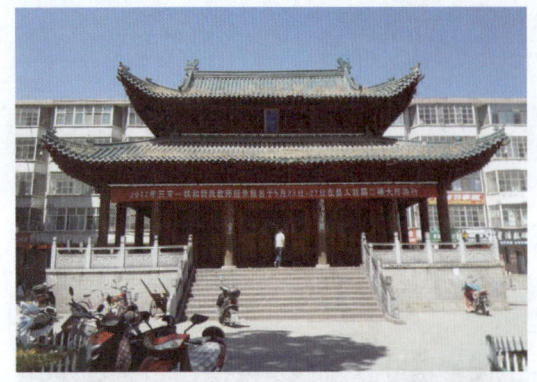

甘谷文庙大成殿外景

山面陡峭，翼角轻盈起翘

假昂嘴、耍头沿袭了元代做法

大成殿屋面由绿、黄两色琉璃瓦履盖，兽吻散佚

采用蜀柱前后廊式构架

转角处做法

26 蔡家寺

Caijia Temple

级　别	省级
年　代	清
地　址	甘谷县渭河北渭阳乡蔡家寺村
看　点	佛教古建筑群，匾额，楹联，铭文
开放方式	可参观

蔡家寺位于天水市甘谷县东北渭水峪火车站（陇海线）以西的渭河北面二级台地上，寺、村同名，寺在村北一山丘上，依山而建，直达山顶。据清乾隆三十四年（1769）《伏羌县志·周志》载，"蔡家寺创建于元顺帝至正年间"。该寺重修碑记载：明万历十五年（1587）重修大雄宝殿，清康熙三十七年（1698）曾再次修缮。现存寺内建筑均为清代所建。

蔡家寺依山而建，坐北朝南。山门面阔三间，采用单翘无昂五踩斗拱。财神殿为重檐楼阁式建筑。还有三国殿、菩萨殿、文昌阁、大雄宝殿、祖师殿、伽蓝殿、讲经堂等。三国殿内完好地保存了三国题材的壁画120幅。与甘谷其他建筑不同的是，大雄宝殿等建筑全部采用悬山顶式，清代风格明显。寺内匾额、楹联及铭文多为邑名士潘钦岳（清初）、何鸿吉（民国）所撰所书，具有较高的观赏价值。2003年，蔡家寺被列为甘肃省省级文物保护单位。

入口牌坊全景

龙王殿与药王殿

一进院

关圣庙侧面　　　　　　　　　　　　　　二进院

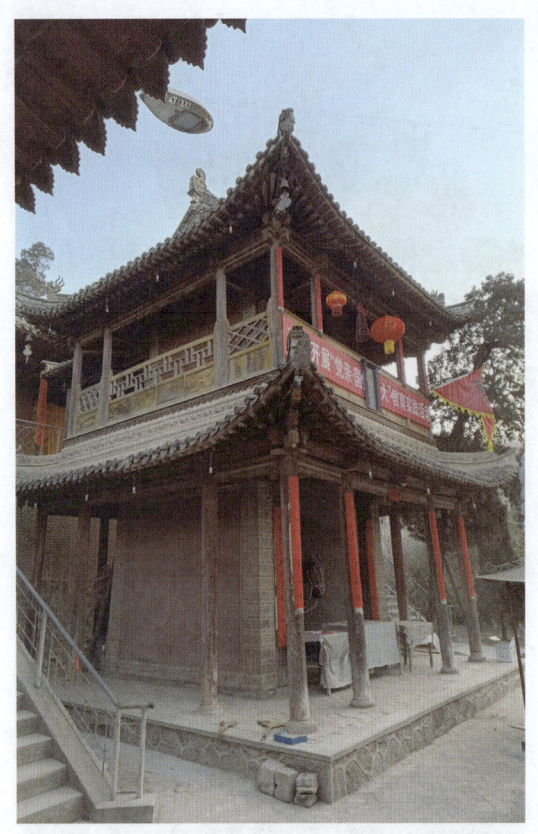

云水堂与圣母殿

寺院整体鸟瞰

秦安县

27 兴国寺
Xinguo Temple

级　　别	国家级
年　　代	元
地　　址	秦安县城北街
看　　点	古建筑群，匾额
开放方式	可参观

兴国寺坐落于天水市秦安县城中心地段的兴国镇，坐东朝西，背山（凤山）面水（葫芦河），原名"兴谷寺"，俗称"官寺"。兴国寺创建于元至顺年间（1330—1333），是一处风格古朴、规模宏大的古刹，明代曾被列为"秦安八景"之一。

胡缵宗在《秦安志》中说："秦少寺，而寺又多陋，兴国佛殿奇巧，稍为可观焉。"自兴国寺建成以后，历代都有修缮。现存兴国寺占地2800平方米，建筑面积442平方米。主要建筑自西向东排列在一条中轴线上，依次为金刚殿、天王殿、接引佛殿（韦驮殿）和主体大殿般若殿，接引佛殿左右分别有钟楼和鼓楼，般若殿之前两侧有伽蓝殿和菩萨殿，左右对称。

般若殿是全寺的主体建筑，也叫大雄宝殿，其建筑风格明显地保留了元代的特征。大殿面阔三间，进深两间三椽，前出外廊，单檐歇山顶。大殿阑额上方，悬挂明嘉靖中丞胡缵宗所书的"般若"匾额（原匾已被县博物馆收藏，属国家二级文物），颜体楷书，字迹古朴雄浑，是珍贵的书法艺术品。般若殿前檐斗拱与其他三面有明显区别，前檐斗拱为六铺作三下昂计心造，每补间施一攒，补间铺作增出45度斜昂。大殿前檐用4根粗大檐柱支撑，将前檐分作五间。

1996年，兴国寺被列为全国重点文物保护单位。

山门近景

般若殿

"般若"牌匾

街景

般若殿前廊

大殿内部结构

接引佛殿左右钟楼和鼓楼

接引佛殿后部的"法界西天"嵌砖刻匾

28 秦安文庙

Qin'an Confucian Temple

级　别	国家级
年　代	明、清
地　址	秦安县城内
看　点	文庙建筑，孔子祭祀，壁绘
开放方式	可参观

秦安文庙地处天水市秦安县城内今青年路南面文化宫后院，旧属县学建筑群。宣统年间的《甘肃新通志》载："元大德元年县尹杨宗建，明洪武初知县康昭重修、后成化至万历时，知县宋珍、徐森、赵威、亢世英、王绩、戴鹏相继重修。"[1] 乾隆年间的《直隶秦州新志》载："康熙五十七年地震，殿宇倾圮，雍正初，知县于鲸重修，三载始毕工，制复备焉。"由此可知，秦安文庙创建于元大德年间，明代历经重修，清代更是因震灾进行大修，因此，现存建筑均为明清所建。现除主体建筑大成殿和戟门外，其余皆改建或被毁。殿外的9株古柏历史久远，早在明嘉靖时期，它们就被誉为"学宫柏盖"。

大成殿坐北朝南，面阔五间，长14米，进深四间，宽10米，建筑面积为240平方米，单檐歇山顶，上覆琉璃筒瓦。其梁架结构、斗拱形制和彩画等均保留有明显的明代建筑特征，是甘肃省保存较完好的明代木构建筑之一。整个殿宇形制古雅，气势宏大，集建筑艺术、绘画艺术于一身，具有较高的历史、艺术和科学研究价值，是研究古代建筑艺术，尤其甘肃省古代建筑艺术不可多得的实物例证。2006年，秦安文庙被列为全国重点文物保护单位；2009年，成为秦安县爱国主义教育基地。

山门现状

---

1. 昇允、长庚：《甘肃新通志》（刻本暨石印本）卷三十三·学校志·贡院，宣统元年（1909），中国国家数字图书馆。

29 秦安泰山庙

Mount Taishan Temple, Qin'an

级　　别	省级
年　　代	元、明、清
地　　址	秦安县城东
看　　点	古建筑群，壁画，楹联牌匾
开放方式	可参观

山门

秦安泰山庙位于天水市秦安县城东，根据明代胡缵宗《秦安志》和清代孙海《秦安县志》考证，泰山庙始建于元大德（1297）之前。泰山庙曾多次遭受灾害和自然破坏，又多次修整和扩建。

山上现存殿宇41座，建在拾阶而上的九个平台上，分一阁、一宫、二洞、三厅、五厦、六山门、二十四殿宇，布局精巧，错落有致，斗拱咬合精细，彩绘绚烂，既富于变化，又浑然一体。经财神洞拾级而上，第一级台阶有财神庙；第二级台阶有东岳天齐庙（泰山庙）、福神庙和蓬莱阁，天齐庙内有主体建筑东岳大殿，东岳大殿后建有蓬莱阁，为重檐歇山顶楼阁建筑；第三级台阶东边有洞宾庙，西边有山神庙和鲁班庙；第四级台阶是五台观建筑群体，有钟楼、灵宫庙、土地庙、无量殿、娘娘庙、华陀庙、仓颉庙、千眼千手观音庙、接引佛殿等；依山而上到第五级台阶，有三清宫，现仅存一座大殿；第六级台阶有玉皇庙，规模宏大，大殿尚存；第七级台阶是老君庙。

全山有树龄在300年以上的古柏32棵、石碑12通、儒、释、道三教塑像63尊，大量彩绘壁画，明清迄今的秦安名人和全国书法名家为凤山题写的楹联牌匾41幅，为研究考察泰山庙的历史文化提供了很好的实物资料。2011年，秦安泰山庙被列为甘肃省省级文物保护单位。

有凤来仪轩

泰山庙院落全景

泰山庙全景

蓬莱阁以上全景

五台观院落

玉皇庙屋顶砖雕

30 秦州张氏民居
Zhang Family Folk Houses in Qinzhou

级　别	省级
年　代	清
地　址	秦安县兴国镇大城社区文化广场
看　点	民居院落
开放方式	可参观

秦州张氏民居位于天水市秦安县兴国镇大城社区文化广场，始建于清代。民居整体布局为四合院形式，北面为主房，南面为倒座，东、西为厢房。整个院落占地面积约385平方米。主房面阔三间，进深两间，前出外廊，双坡硬山顶。倒座的建筑风格原来同南房，后改成单坡铺瓦顶。东、西厢房均面阔三间，进深一间。该民居四合院形制保存较完整，保存着清代建筑风格，对研究秦安地区清代四合院的建筑形式提供了实物资料，具有一定的历史价值。2011年，秦州张氏民居被列为甘肃省省级文物保护单位。

大门

31 人民街古建筑群
Ancient Buildings on People's Street

级　别	省级
年　代	清
地　址	秦安县兴国镇南关社区人民街
看　点	古建筑群，临街商铺
开放方式	可参观

人民街古建筑群位于天水市秦安县兴国镇南关社区人民街，为清代商贸街建筑群。旧称"南上关"，位于县城内南部。据《秦安志》记载，金正隆二年（1157）始建秦安县时，这里就有铺面。明代以后，铺面逐渐增加，清道光时期初具规模。到民国时期，共有私商铺面200余间。街道东西长454.8米，南北宽8.4米，占地面积3820平方米。沿街分布商铺59座180间，其中南侧26座81间，北侧33座99间。较大的商号有"万顺马""复兴成"等20余家。此外，还有其他民居9处15座，总建筑面积约5500平方米。临街铺面多为单坡硬山顶，三开间或五开间，铺面后连接四合院。人民街古建筑群是甘肃省现存最为完好的古代商业街区，对研究当地清代以来商业发展史、商贸活动、商铺建筑及民居等有重要价值。

20世纪90年代,这里先后成为电影《筏子客》、电视剧《麦积烟雨》《望子成龙》等的取景地,人民街也被称为"影视街"。以商贸活动为依托形成的人民街建筑群,不仅承载着那个时代物资流通的记忆,也蕴含着浓厚质朴的人文品格。2016年,人民街古建筑群被列为甘肃省省级文物保护单位。

人民街广场围廊

人民街北入口牌坊

人民街南入口

人民街广场

人民街局部立面

人民街街景

32 南下关清真寺
Nanxiaguan Mosque

级　别	省级
年　代	明
地　址	秦安县兴国镇南下关
看　点	伊斯兰教古建筑，砖雕砖刻
开放方式	可参观

南下关清真寺位于天水市秦安县兴国镇南下关，始建于明洪武年间。它是现今秦安仅有的一座清真寺，占地约1230平方米，是全县回族群众进行宗教活动的中心场所。

现存建筑主要有礼拜堂、邦克楼、东庭子、南庭子、沐浴堂等，建筑面积720余平方米，一进四合院布局。礼拜堂和邦克楼为主体建筑。礼拜殿为厅堂式木构建筑，面阔三间，进深五间，单檐悬山顶，内壁嵌饰花卉图案砖雕和阿拉伯文《古兰经》八条屏砖雕，刻工精密，别具匠心。邦克楼为八角攒尖顶楼阁式木构建筑，八卦悬山梁架造，与礼拜殿勾连搭建，斗拱华丽，飞檐高挑。整个建筑构造巧妙，古朴典雅，庄重肃静，富有民族特色。

南下关清真寺是甘肃现存清真寺建筑中保存较为完整、时代较早的木构建筑之一，为系统研究甘肃伊斯兰教建筑史提供了可靠的实物资料。现由秦安清真寺民主管理委员会管理。2011年，南下关清真寺被列为甘肃省省级文物保护单位。

邦克楼

礼拜堂

全景

张家川回族自治县

33 宣化冈

Xuanhua Hill

级　　别	省级
年　　代	清—民国
地　　址	张家川回族自治县城郊北山
看　　点	伊斯兰教建筑群
开放方式	不开放

宣化冈建筑群位于天水市张家川回族自治县城郊北山，是我国伊斯兰教哲赫忍耶派（以下简称哲派）的朝圣之地。因我国清代和民国时期伊斯兰教哲派领导人马化龙、马进成、马元章、马元超四人的墓庐在此，故又有"宣化冈拱北""北山拱北"之称。"拱北"意为"圆顶屋建筑"，是盛行于阿拉伯和其他一些地区的一种建筑形式，我国穆斯林多指其掌教人、先贤之坟墓。据民国以来的地方志书记载，宣化冈始建于清光绪十五年（1899），后经30多年营建，形成基本规模。

现存宣化冈尚有4座拱北，靠近入口的显著位置有一座三层门楼，正中辟一拱门，上书"宣化冈"。进门是一个场院，正对一面照壁，上有高台，台上有一排屋舍，是重大忌日活动时散油香的房子；左侧为一个砖砌的两层攒尖经亭，入口门楣上刻"春有别"；右侧为一列碑廊。碑廊之后可往通花院（会客院）、锁子厅形式的"接官厅"，更高处的台地上有一月洞门，进月洞门便是"楼院"，为居住静修之用。

宣化冈是我国伊斯兰文化遗产，2016年被列为甘肃省省级文物保护单位。

入口牌坊

楼阁东南角

院外全景

楼阁西南角

天水市

天水市其他文物保护单位列表

区县	名称	年代	级别	地址	类别
秦州区	西山坪遗址	新石器时代—青铜时代	省级	天水市秦州区太京乡葛家新庄村	古遗址
麦积区	放马滩墓群	战国—西汉	国家级	天水市麦积区党川乡放马滩	古墓葬
麦积区	柴家坪遗址	新石器时代—青铜时代	省级	天水市麦积区伯阳乡柴家坪村	古遗址
麦积区	马跑泉遗址	新石器时代—青铜时代	省级	天水市麦积区马跑泉镇什字坪村	古遗址
麦积区	卦台山遗址	新石器时代	省级	天水市麦积区渭南乡	古遗址
麦积区	樊家城遗址	新石器时代—青铜时代	省级	天水市麦积区中滩乡雷王集村背湾西村	古遗址
麦积区	张罗遗址	新石器时代—青铜时代	省级	天水市麦积区花牛镇罗沟村	古遗址
武山县	狼叫屲遗址	旧石器时代、新石器时代	国家级	天水市武山县鸳鸯镇苟家山村	古遗址
武山县	观儿下遗址	新石器时代—青铜时代	省级	天水市武山县郭槐乡观儿下村	古遗址
武山县	东旱坪遗址	新石器时代—明	省级	天水市武山县洛门镇金川村南	古遗址
武山县	西旱坪遗址	新石器时代—青铜时代、战国、汉	省级	天水市武山县洛门镇吉家庄	古遗址
武山县	付家门遗址	新石器时代—青铜时代	省级	天水市武山县马力乡付家门村	古遗址
武山县	石岭下遗址	新石器时代	省级	天水市武山县城关镇石岭村	古遗址
武山县	大坪头遗址	新石器时代	省级	天水市武山县坪塬村	古遗址
甘谷县	毛家坪遗址	周	国家级	天水市甘谷县盘安镇毛家坪村	古遗址
甘谷县	南廊寺遗址	唐、宋	省级	天水市城南2千米的慧意山坳	古遗址
甘谷县	平道地遗址	新石器时代	省级	天水市甘谷县白家湾乡梁家庄	古遗址
甘谷县	礼辛镇遗址	新石器时代—青铜时代、汉	省级	天水市甘谷县礼辛镇礼辛村	古遗址
甘谷县	渭水峪遗址	新石器时代	省级	天水市甘谷县渭阳乡渭水峪村	古遗址
甘谷县	灰地儿遗址	新石器时代	省级	天水市甘谷县新兴镇头甲村	古遗址
秦安县	大地湾遗址	新石器时代	国家级	天水市秦安县五营乡邵店村	古遗址
秦安县	寺咀坪遗址	新石器时代	省级	天水市秦安县郭嘉镇寺咀村	古遗址
秦安县	雁掌坪遗址	新石器时代	省级	天水市秦安县五营乡焦沟村	古遗址
秦安县	苏家峡遗址	新石器时代	省级	天水市秦安县中山乡东部苏家峡水库东西两侧的台地上	古遗址
张家川回族自治县	马家塬遗址	新石器时代、战国	国家级	天水市张家川回族自治县木河乡桃源村马家塬	古遗址
张家川回族自治县	河峪摩崖石刻	东汉	国家级	天水市张家川回族自治县恭门镇河峪村	石窟寺及石刻
张家川回族自治县	长沟墓群	战国	省级	天水市张家川回族自治县刘堡乡杜家村	古墓葬

续表

区县	名称	年代	级别	地址	类别
张家川回族自治县	下城子城址	汉—宋	省级	天水市张家川回族自治县恭门乡下城子村	古遗址
张家川回族自治县	碉堡梁遗址	新石器时代—青铜时代	省级	天水市张家川回族自治县梁山乡杨渠村	古遗址
张家川回族自治县	苗圃园遗址	新石器时代	省级	天水市张家川回族自治县龙山镇西川村	古遗址
清水县	李崖遗址	新石器时代、商、周、汉	国家级	天水市清水县城北侧樊河西岸和牛头河北岸交会处	古遗址
清水县	李虎墓	隋	省级	天水市清水县白沙镇鲁湾村	古墓葬
清水县	刘坪墓群	战国	省级	天水市清水县白驼镇刘坪村	古墓葬
清水县	赵充国墓	汉	省级	天水市清水县城北李崖村	古墓葬
清水县	鲁恭姬造像碑	北周	省级	天水市清水县城西北1千米处的牛头河北岸第一台地上	石窟寺及石刻
清水县	清水宋墓	宋	省级	天水市清水县上邽乡东山山坡地	古墓葬
清水县	永清堡遗址	新石器时代—青铜时代	省级	天水市清水县县城内西南角牛头河南岸	古遗址

陇东地区 >>>

陇东地区是指东部处于宁夏回族自治区与陕西两省夹缝的部分，主要包括平凉市和庆阳市。

自然与人文背景

陇东地区位于六盘山以东，与陕西北部地区一样，属于黄河中游黄土高原沟壑区，在地形地貌上与陇中地区更为相似，而且，与陕西紧邻的地缘特点决定了这里更完整地体现出黄土高原在地形、气候、物产等方面的自然环境影响。陇东地区是中华民族早期农耕文化的发祥地之一，有"陇东粮仓"之称。1920年，在庆阳市华池县上里塬幸家沟发现一块完整的石核，被考古界认定为第一件"旧石器"文化的出土物，也说明陇东地区的文化传统源远流长。陇东地区沟壑纵横，地势起伏较大，交通不便。也正因如此，这里自古就是中原政权踞以防御西部游牧民族侵袭的天然屏障，是兵家必争的战略要地。及至近代，陇东地区成为陕甘宁边区的重要组成部分，是当之无愧的革命老区。

聚落与建筑群体

陇东地区所处黄土高原的地质与地形特征，使得与自然地势、天然土质紧密相关的窑洞及其形成的聚落成为陇东地区具有代表性的建筑场景。窑洞聚落沿着长期以来因水土流失而形成的自然深沟或河道展开，大多会分成高低不同的台地，以街道联系，并且不同台地之间具有相对独立性。根据聚落形成的地质因素，大致可以分为临沟型和临河型，而依据具体的地形特征，建筑布局高低错落，因地制宜，可能呈现带形、阶梯形、团形、自由形，这种自发形成建筑聚落也体现了当地居民对丰富的黄土资源的积极利用与创造。这种注重适宜性低技术的营建理念在非居住类的古建筑遗迹中也有体现。无论是木构建筑单体，还是以砖石为主材的塔，都表现出一种质朴无华、疏朗大气的气质。

建筑类型与风格

从建筑功能方面来看，陇东地区现存的古建筑也是以宗教建筑为主，建筑类型比较集中，其中以佛教和民间祭祀的内容居多，伊斯兰教建筑则明显少于甘肃省的其他地区。可见尽管陇东地区与宁夏回族自治区的东南部紧邻，但是在宗教、文化等意识形态方面，却深受中原腹地的影响。这不仅可以从其祭祀建筑所承载的信仰主题看出，还可以在佛教石窟的洞窟形制、壁画题材、塑像风格等方面找到佛教东传在艺术形式上的中国化历程及传入汉地的佛教反向输出的痕迹。

结合前述对陇东地区自然与人文背景的分析可知，尽管其建筑类型较少，但是根植于黄土、砖石

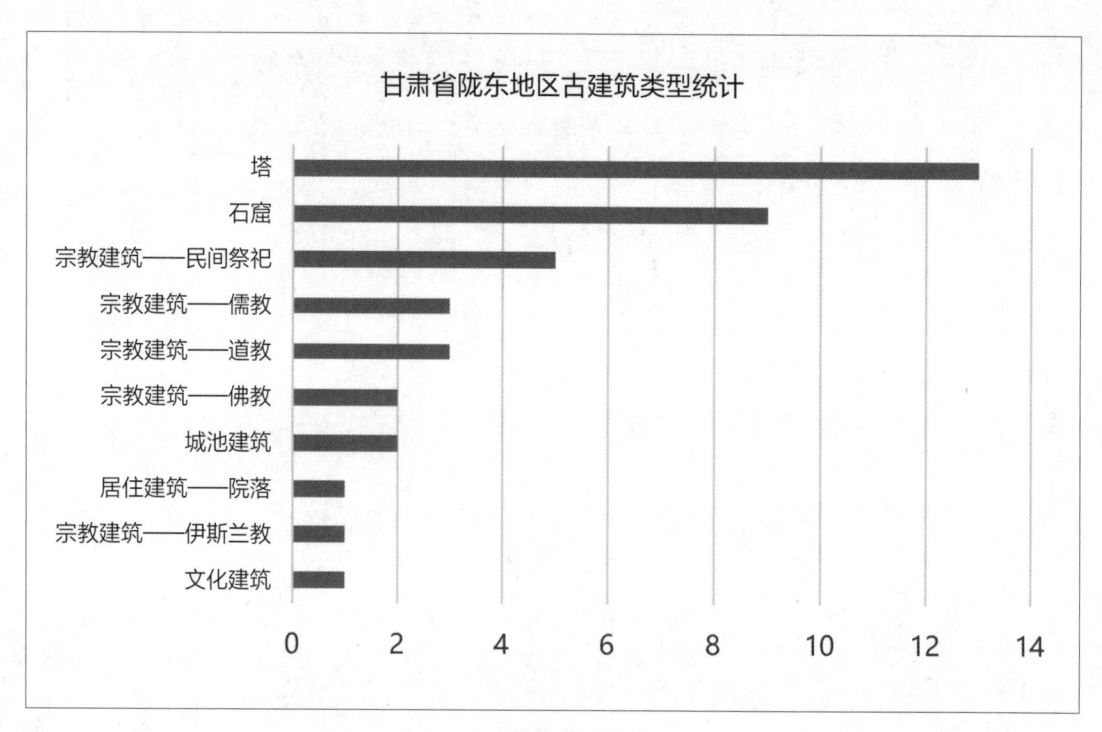

甘肃省陇东地区古建筑类型统计

建筑类型	数量
塔	13
石窟	9
宗教建筑——民间祭祀	5
宗教建筑——儒教	3
宗教建筑——道教	3
宗教建筑——佛教	2
城池建筑	2
居住建筑——院落	1
宗教建筑——伊斯兰教	1
文化建筑	1

古建筑数量/处

的营建思想成就了较为统一的整体建筑风格，建筑形体比例疏朗大方，结构选型与材料选择不拘泥于定式，土坯与木构的混合结构并不少见，而且结合的形式也较为灵活，既有平面内的组合承重情况，也有上下分层构建楼阁式建筑的实例，充分体现出就地取材的营建智慧。

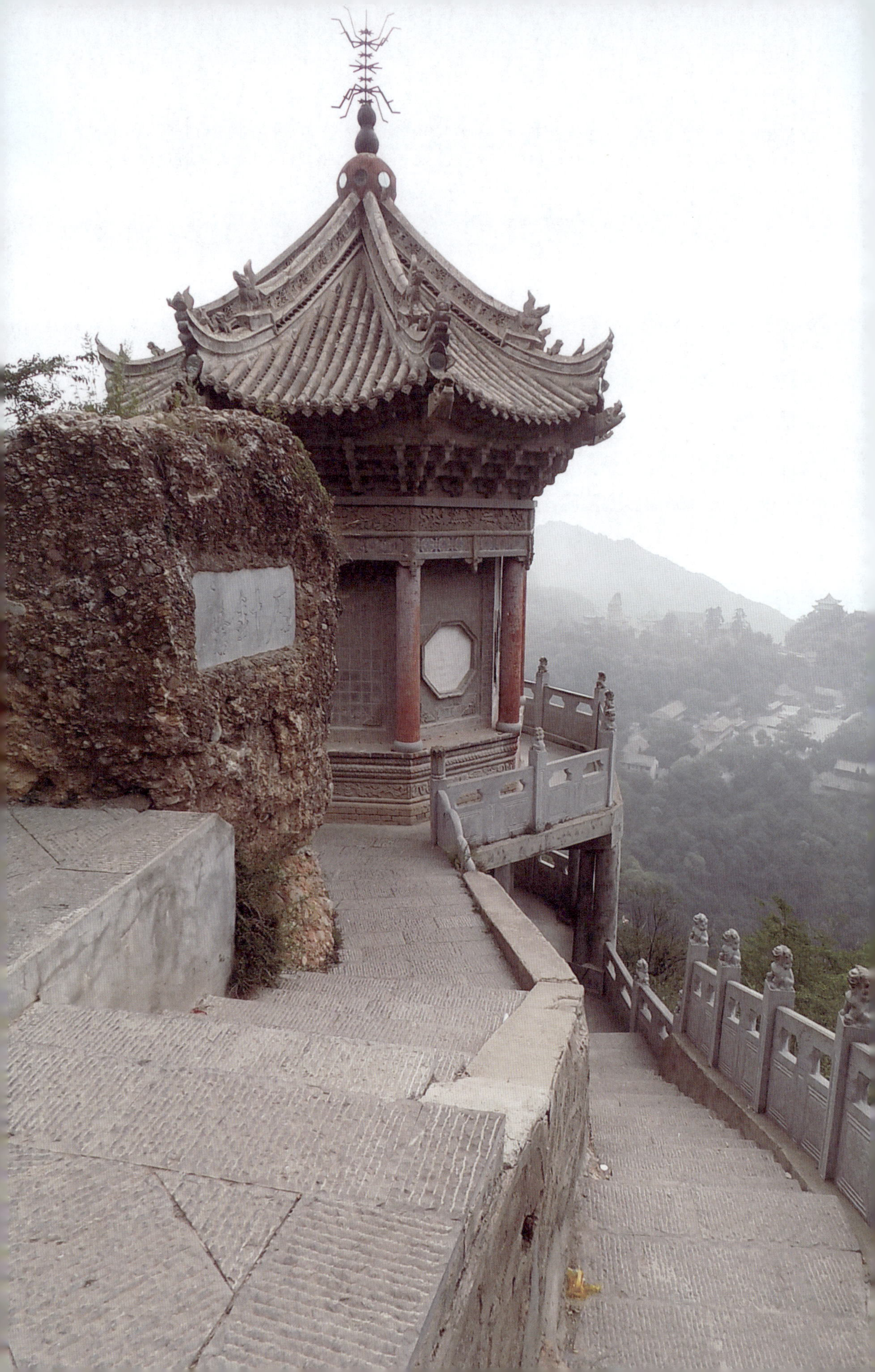

13 平凉市
PINGLIANG

平凉市古建筑分布图
Historical Architectural Map of Pingliang

1. 延恩寺塔
2. 崆峒山古建筑群
3. 平凉隍庙
4. 崆峒山塔群
5. 石拱寺石窟
6. 华亭盘龙寺塔
7. 武康王庙
8. 南石窟寺
9. 王母宫石窟
10. 泾川隍庙
11. 泾州古城
12. 灵台文庙
13. 云崖寺和陈家洞石窟
14. 关帝庙戏楼
15. 静宁文庙
16. 静宁清真寺

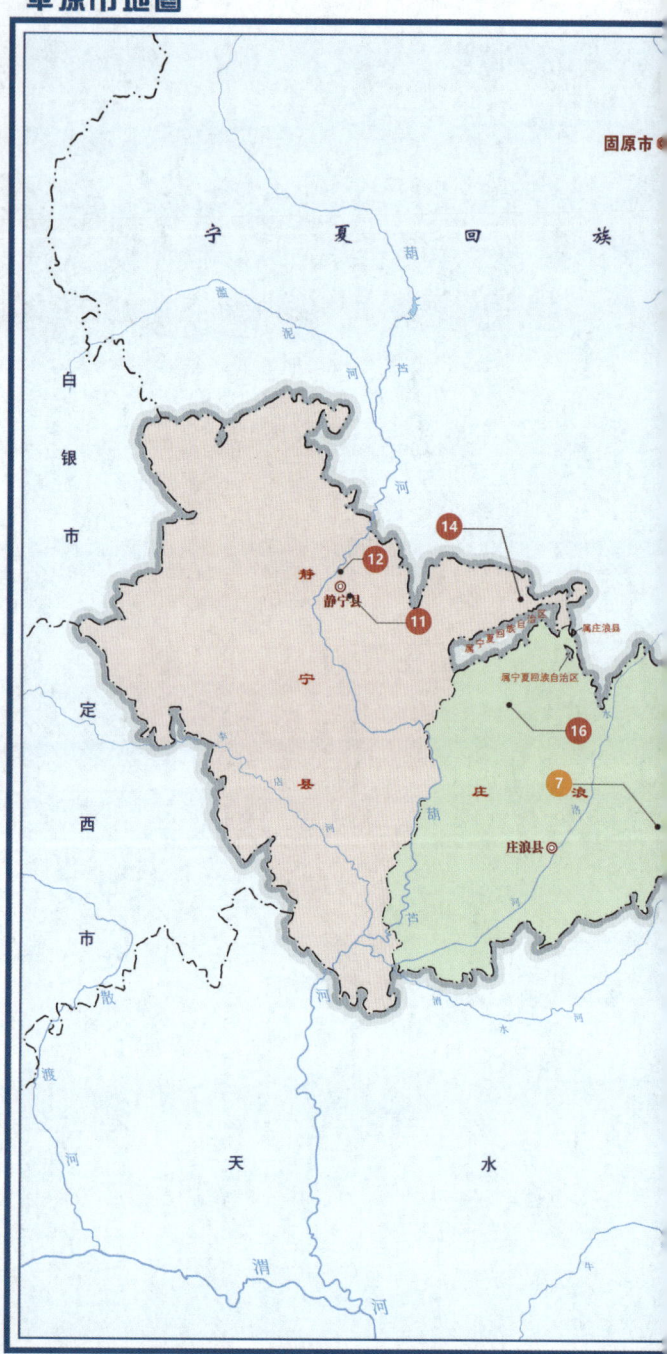

审图号：甘S（2024）22号

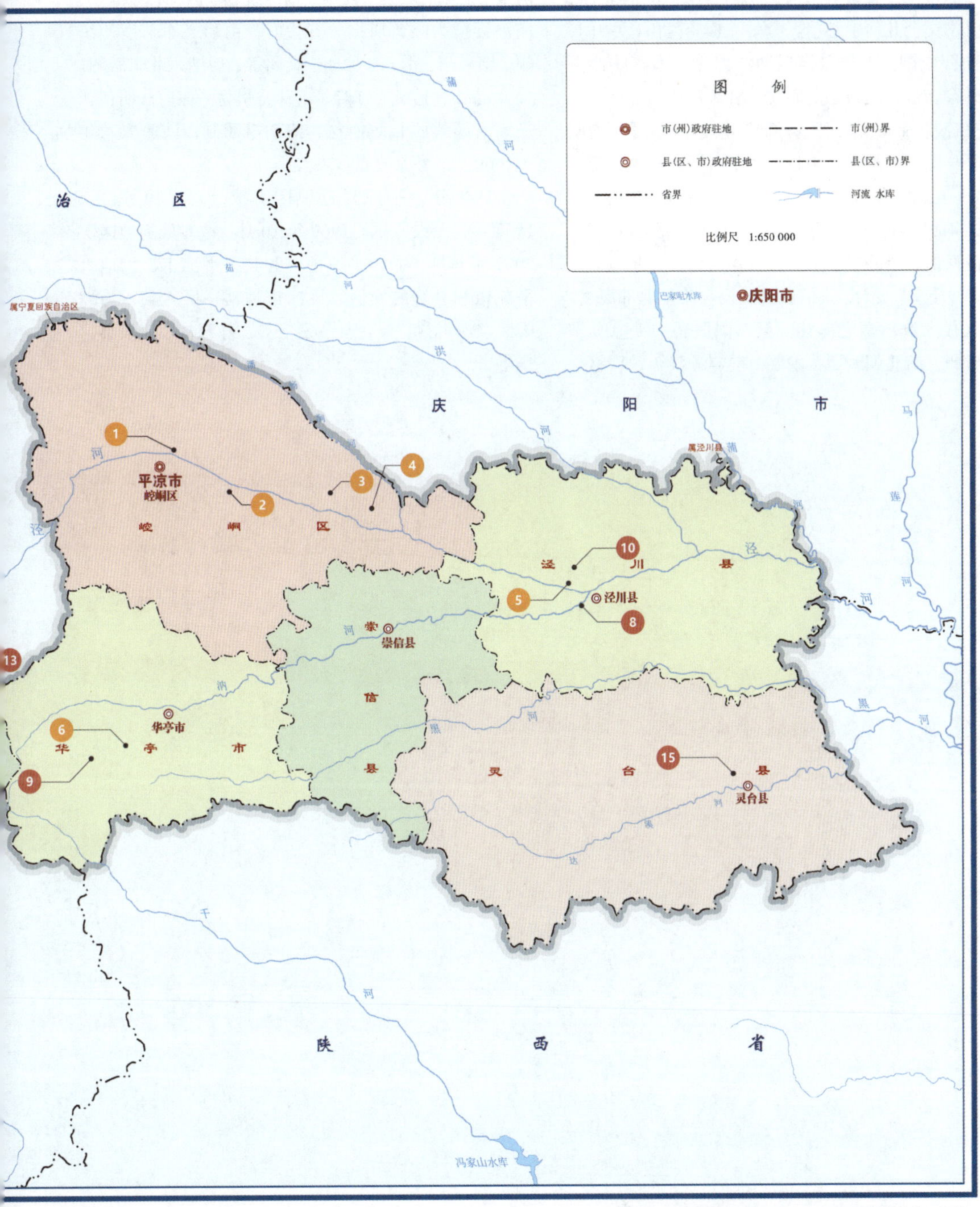

甘肃省自然资源厅监制 甘肃省基础地理信息中心编制

建置沿革

平凉市位于甘肃省东部、六盘山东麓、泾河上游，为陕甘宁交会几何中心"金三角"，横跨陇山（关山），东邻陕西咸阳，西连甘肃定西、白银，南接陕西宝鸡和甘肃天水，北与宁夏固原、甘肃庆阳毗邻。

平凉境内现已发现旧石器时代遗址多处，表明此地很早即有人类繁衍生息。先秦时期，曾为獯鬻、戎、狄、昆夷、狁狁、乌氏、义渠等部族和方国居地。春秋之时，秦伐戎，平凉境内地入秦。战国时期，秦置陇西郡，今静宁、庄浪县属陇西郡；置北地郡，今平凉、泾川、灵台、崇信四县区及今华亭北部属之。

汉代大致承秦之郡县，至三国西晋，平凉今辖区属雍州。南北朝时期，主要由前赵（汉）、后赵、前秦、后秦、大夏、西秦、前凉统辖。唐末，今静宁、庄浪县境为吐蕃所据。五代时，由彰义军节度使统领，辖泾州、渭州、原州、义州等，后纳入北宋版图。金大定二十七年（1187），升渭州为平凉府。明代，平凉府属陕西布政使司。清初沿明制，清康熙八年（1669），平凉改属甘肃。

1949年，平凉附近地区解放，置平凉分区，1955年，改设专区。1969年10月，改专区为地区。2002年6月，撤销平凉地区和县级平凉市，设地级平凉市和县级崆峒区。平凉市现辖一区六县，为崆峒区、泾川县、灵台县、崇信县、静宁县、庄浪县、华亭市。

崆峒区

1 延恩寺塔

Yanen Temple Pagoda

级　别	国家级
年　代	明
地　址	崆峒区宝塔公园东宝塔梁上
看　点	楼阁式砖塔
开放方式	可参观

据考证，延恩寺塔始建于明弘治年间（1488—1505），明正德十年（1515）、明天启七年（1627）及 1985 年重修。寺塔是明代平凉韩王府延恩寺的主体建筑，延恩寺塔与崆峒山的凌空塔双塔呼应，被后世称为平凉古塔"双璧"。延恩寺塔塔体材料以木料与石材为主，属八角七级楼阁式砖塔，石砌塔基之上的塔身通高 33 米有余，底座边长 36 米。高塔首层朝南开券门，门楣上方嵌有楷书"大明"匾额。自高塔第二层起，四面均设置有门龛、窗棂、围栏、斗拱等建筑结构，规格严谨，形式考究。屋面以覆盆式琉璃瓦盖覆顶，塔顶建有铁塔一座，形体效仿主塔而建，塔身玲珑，坐落于高塔顶端。

明代赵时春所作的《东塔寺记》和《塔记》两部古籍详细记载了修建延恩寺塔时的情景。在民国时期，塔身出现较为严重的损毁，已经无法使用。

20 世纪 50 年代，平凉地区地震频发，延恩寺塔毁坏严重，塔刹被震倒。1963 年，延恩寺塔被列为甘肃省省级文物保护单位，2006 年被列为全国重点文物保护单位。

近景

远景

石牌坊　　　　　　　　　　　　　　　　　　　　　　　　　砖牌坊

2 崆峒山古建筑群

Kongtong Mountain Ancient Buildings Group

级　　别	国家级
年　　代	宋、明—清
地　　址	崆峒区崆峒山
看　　点	顺应山势的道教建筑群
开放方式	可参观

崆峒山古建筑群位于平凉市崆峒区崆峒山，距离平凉市区仅10余千米，崆峒山为六盘山的支脉，属于上三叠系紫红色尖硬砾岩构成的丹霞地貌。崆峒山古建筑群初建于唐宋时期，明代进行过大规模的修建，现存主要建筑多为宋代和明代时期修建的建筑。

崆峒山古建筑群包括隍城、雷声峰和凌空塔三处建筑群。隍城建筑群始建于北宋乾德年间（963—967），隍城内有磨针观、十二元帅殿、太白楼、灵官洞、献殿、真武殿、玉皇殿、天师殿、药王殿、老君楼、天仙宫。献殿、真武殿和玉皇殿三座建筑，在建筑布局中呈殿上建殿、殿上有殿、殿后藏殿的格式，充分体现了道教天人合一的观念。老君楼位于隍城西南角，明嘉靖年间重修，建筑面积50平方米，殿内壁间有明代重修时金粉镶嵌彩绘太上老君八十一化图，共82帧。坐落于隍城东南的雷声峰建筑群，顺应山势而建，经过一代代能工巧匠的修葺，形成了现在山高庙险的奇特景象，也体现了道教文化崇尚自然的特点。雷声峰建筑群包括三官殿、玉皇楼、三星殿、

远景

三教洞

雷祖殿4处古建筑。凌空塔位于崆峒山法轮寺院内，高30米，底层周长32米，始建于北宋天圣年间，明万历十三年（1585）维修。塔为八角七级楼阁式空心砖塔，坐北朝南，高32米。

崆峒山古建筑群与道教文化有密不可分的关系。建筑群既自成一体，又相互联系，将博大精深的道教文化以建筑和景观的形式体现得淋漓尽致。除了飞檐翘角、富丽堂皇的宫观庙宇，崆峒山古建筑群还给世人留下了各朝各代的石雕、砖雕、牌匾等文物。2013年，崆峒山古建筑群被列为全国重点文物保护单位。

朝天门

牌坊

三官殿

雷祖殿　　磨针观

凌空塔　　玉皇楼

3 平凉隍庙

Pingliang Town God's Temple

级　　别	省级
年　　代	明—清
地　　址	崆峒区东南隍庙巷
看　　点	明清建筑营造技术
开放方式	可参观

　　平凉隍庙位于平凉市崆峒区东南隍庙巷的一侧，始建于明代，于清光绪二十九年（1903）修缮。平凉隍庙除寝宫之外的其他建筑未能留存至今，寝宫坐北向南，位于隍庙建筑群中轴线的北端，面阔五间，进深三间，歇山顶，建筑面积约为166平方米。寝宫整体保存相对较好，对研究明清时期的历史建筑和营造技术有重要价值。1993年，平凉隍庙被列为甘肃省省级文物保护单位。

寝宫正面

平凉隍庙入口正面

寝宫正面斜拱

寝宫翼角

寝宫背面

4 崆峒山塔群

Kongtong Mountain Pagoda Group

级　别	省级
年　代	清—民国
地　址	崆峒区崆峒山
看　点	形制多样的塔群
开放方式	可参观

　　崆峒山塔群位于平凉市崆峒区城西的崆峒山之上，分布于崆峒山北台与中台之上，是由怀睿和尚塔、道成和尚塔、灵秘塔、灵峰塔、普通塔、隐相塔、大彻塔7处塔组成的古塔塔群。其中，道成和尚塔塔身厚重稳健，始建于民国时期；其余6座佛塔均为清代初期所建。

　　崆峒山塔群屹立于层层山林之中，巍峨耸立，是清代崆峒山地区佛教盛行、香火兴旺、规模庞大的重要历史见证，是研究我国陇东地区砖石类建筑艺术与建造技术的宝贵实物资料，对于研究历史与佛教文化有着十分重要的价值。2016年，崆峒山塔群被列为甘肃省省级文物保护单位。

怀睿和尚塔

灵峰塔

普通塔

大彻塔

华亭市

5 石拱寺石窟

Stone Arch Temple Grottoes

级　别	国家级
年　代	北魏—隋
地　址	华亭市上关乡半川村石拱寺社
看　点	石窟，造像
开放方式	可参观

石拱寺石窟位于平凉市华亭市上关乡半川村石拱寺社的石崖上，出华亭市向东南方向行23千米即可到达。这里群山环抱，树木葱茏，山水相间，秀色宜人，石窟掩映在半川村北侧山梁崖面上，隔汭水支流上关河与中国道教名山龙门洞遥遥相望。石窟整体面向东南方向，东西长120米，距地表高5～10米。

始凿于北魏延昌元年（512），距今已有千余年的历史。西魏、隋代续凿。石窟及其内的雕像基本是由黄砂岩构成的，结构松散，容易受到破坏，因此石拱寺现仅存14个窟龛和约250身造像。

石拱寺窟龛形制多样，有拱形、尖拱形、覆斗形以及马蹄形。其中，北朝洞窟多三壁三龛窟，造像分

石拱寺石窟全景

圆雕和浮雕两种，造像题材有三世佛、菩萨、弟子、飞天、力士、供养人等。石拱寺石窟经明代嘉靖年间"敕旨火化"和清代同治年间焚烧及人为破坏，现存造像有不同程度的损坏。第2号、第6号窟是现存石窟中规模最大的石窟，两窟直径大约10米，宏伟壮观，窟内均造三佛及胁侍菩萨，前壁门两侧雕天王。第6号窟高8米，佛高6米，但如今仅有遗迹可寻，唯有窟壁门侧浮雕供养人56身尚存，均着袍服，是北魏改胡服以后供养人的形象，这也是确定石窟开凿时间的重要佐证。

石拱寺石窟开凿时代较早，其体现的历史与文化内容丰富多彩，雕塑栩栩如生。石拱寺石窟与麦积山石窟遥相呼应，也是丝绸之路佛教艺术文化线路中东段的重要节点，对于研究北朝时期陇山周围佛教及历史、交通等具有重要价值。2013年，石拱寺石窟被列为全国重点文物保护单位。

石拱寺石窟正面

石拱寺全景

9号窟佛像

11号窟佛像

6 华亭盘龙寺塔

Panlong Temple Pagoda, Huating

级　　别	省级
年　　代	明
地　　址	华亭市西华镇草滩村贺寨社
看　　点	八角形石塔
开放方式	可参观

华亭盘龙寺塔目前位于华亭市西华镇草滩村贺寨社以北。寺中石塔原在华亭县西华镇草滩村贺寨社云峰山后盘龙寺旧址，如今寺已毁，石塔被迁至现址。（一说盘龙寺原在关山脚下牛舌堡村，清代被焚毁。）

石塔雕琢于明代嘉靖年间，高 3.9 米，塔身分为十级，皆用石料刻制套装组成，石料材质不同，雕琢精细。塔基为四方形底座，四面雕刻有祥瑞之兽（鹿、麒麟）等。二层塔身呈八角形，五层、七层塔身呈圆形，三层均刻仰莲纹花瓣。第三层塔身呈椭圆形，刻有"嘉靖三十三年重修盘龙寺记"等字样与装饰纹饰。第六层塔身呈四方形，四面铭文清晰可见，西面阴刻楷书"重修盘龙寺""明隆庆二年"，南、北两面刻捐资建塔人姓名，东面刻雕塔人"凤翔洪水寨秦孟春、秦水孝"等铭文。塔刹为宝瓶状。

华亭盘龙寺塔保存较好，整体雕凿技艺熟练，线条流畅，构思合理，是现存石塔中少有的套装组合塔，对研究造塔史、造塔技术和工艺美术史有重要价值。1993 年，华亭盘龙寺塔被列为甘肃省省级文物保护单位。

搬迁前

搬迁后

崇信县

7 武康王庙
King Wukang Temple

级　　别	国家级
年　　代	明—清
地　　址	崇信县城东街
看　　点	元代木构特征
开放方式	可参观

武康王庙位于平凉市崇信县城东街，又名李元谅寝宫，为奉祀唐代武康郡王、陇右节度使李元谅而建，占地约为3337平方米。

武康王庙总体布局呈南北走向，由寝宫和拜殿组成。寝宫坐北向南，厅堂式建筑，面阔五间，进深三间，六椽单檐歇山顶。大木构架具有元代特点，应是在历次迁建修缮后保留了早期构件及其做法，木结构复杂考究。檐柱屋檐比例和谐，雕花精美。拜殿面阔五间，进深一间，四檩卷棚顶，两山做成庑殿式样。

据县志记载，崇信百姓因李元谅"开拓疆土、修筑镇城、德彼（被）民生、感恩王功"而于唐贞元十三年（797）以前在县城东门外120步建祠塑像，春秋祭祀。北宋绍圣四年（1097），崇信知县王需修缮庙貌。明洪武三年（1370），县民李斗等人迁建城内。明天顺七年（1463），崇信知县吉泰将原庙址内4根宋、元时期镌刻石柱移入，建亭于殿前。明万历三十三年（1605），崇信知县边国柱以塑像主次不当，又未能变更，将大殿改为寝宫，另建正殿于前。明崇祯六年（1633），兵燹殿亭俱毁，仅剩寝宫。清光绪二十五年（1899），崇信知县陈兆康修缮大殿，并重修献殿、钟鼓楼、戏楼、山门、东西牌楼等。

正殿侧廊

正殿

武康王庙作为甘肃省境内保存的为数不多的有元代特点的木构建筑之一，其铺作形制、材分制度基本合乎宋《营造法式》的规定，但又融合了明代手法和甘肃地方工艺，具有较高的艺术价值和科学价值。1993年，武康王庙被列为甘肃省省级文物保护单位，2001年，被列为全国重点文物保护单位。

敞厅

敞厅屋架仰视

敞厅翼角

敞厅柱头铺作

正殿角部铺作

正殿柱头铺作

泾川县

8 南石窟寺
South Grottoes Temple

级　别	国家级
年　代	北魏—唐
地　址	泾川县城东 7.5 千米的泾河北岸
看　点	石窟寺，造像
开放方式	可参观

南石窟寺位于平凉市泾川县城东的泾河北岸，俗称东方洞。北魏永平三年（510），泾州刺史奚康生始凿，与庆阳北石窟寺一起被誉为"陇东石窟双明珠"。南石窟寺窟龛开凿在泾河北岸红砂岩上，现存五窟，均坐北向南，1号东大窟和2号西小窟保存较为完整。

第1窟东大窟为南石窟寺的主窟，结构独特，造型宏伟。窟内平面呈长方形，高11米，宽18米，深13米，方形窟门，前壁门顶上开一方形明窗，覆斗形顶。窟内正壁及左右壁台基上雕七身立佛，均高7米，头饰螺髻，高鼻大耳，面部丰满，长衣垂膝，神态庄严安详。每佛两旁均有2尊胁侍菩萨，共14尊，高约3.5米，风姿绰约，亭亭玉立，前壁门两侧各雕一弥勒菩萨，高5米。窟顶东、北、西有浮雕佛传故事，内容有树下诞生、阿私陀占相、宫中观歌舞、逾城出家、树下思维等。以表现七佛为主的七佛窟的出现以此窟和北石窟寺为最早。第4窟为中型方窟，文殊菩萨、普贤菩萨、观音菩萨居中，两侧分三层塑有罗汉、菩萨、力士，均为石胎泥塑，分别为唐代和晚清风格。另存几个唐代小龛，石质皆已风化，造像剥蚀不清。其余三窟规模均较小，剥落处露出早期壁画。

此外，窟内原有"南石窟寺之碑"（现存泾川县文化馆），碑文650余字，南、北两个石窟的开凿时间和主造者都被详细地记录了下来，不仅是考证石窟创建年代的原始依据，而且是研究地方志、职官的实体资料。此外，其书法艺术也为后人所称道，被多种金石书籍收录其中。1988年，南石窟寺被列为全国重点文物保护单位。

全景

近景1　　　　　　　　　　　　　　　　　　　　　近景2

窟内三佛

9 王母宫石窟

The Queen Mother Palace Grottoes

级　别	国家级
年　代	南北朝
地　址	泾川县城西回山脚下
看　点	石窟，造像，壁画
开放方式	可参观

　　王母宫石窟又称大佛洞、千佛洞，位于泾川县城西回山脚下，平凉市东南方向75千米处的泾川县泾、汭两河汇流处，在王母山东北面，距泾川县不到1千米，建于北魏永平三年（510），是典型的佛、道二教寺观建筑。

　　王母宫石窟所处的王母宫始建于西汉元封元年（前110），宋初、明嘉靖年间曾大规模重修，清同治三年（1864）毁于兵燹，仅留石窟、大安铁钟及颂碑等。经过多年的重修，王母宫已基本恢复原貌。

现有景点20多处，包括西王母大殿、东王公大殿、三皇殿、五帝殿、瑶池金母殿、三清殿、祭坛、一天门、二天门、三天门、地宫名人书画馆、瑶池夜月亭、瑶池子孙宫、花圃、圣水池广场、白玉牌坊、大型《瑶池仙乐图》浮雕壁画、九层叠水瀑布、仿石假山、回屋、王母宫石窟、泾川珍藏三碑石、碑墙、西王母水景区、西王母主题公园等。

王母宫石窟开凿于北魏时期，现仅存1窟，依山开凿，坐西面东，平面方形中心塔柱式窟，高11米、深10米、宽12米，柱东、西各有泥塑造像1尊，高4米，建成于唐代。像座后的柱石壁上，有北魏飞天浮雕。柱南、北两面，各有一佛二菩萨石造像。窟壁西、南、北三面造像有三层，中心柱四周中及窟壁三面雕有佛像200余尊，有大小佛龛22个。主佛均为坐佛。上下两层保留较为完整，分别为明清时期改塑与宋元时重塑的作品，但下层风化较为严重，仅存留有些许残迹，塔柱四面开龛，浮雕佛传故事、白象载三级佛塔等，共有造像1万余尊，属唐、宋、清修补痕迹。窟内雕像形态生动，技艺精湛。石窟外有清末依山而建的三层凌云飞阁，遗憾的是窟门现已无迹可寻。王母宫石窟及其内造像等历史文物具有极高的艺术价值、历史价值与宗教价值。

2006年，王母宫石窟被列为全国重点文物保护单位。

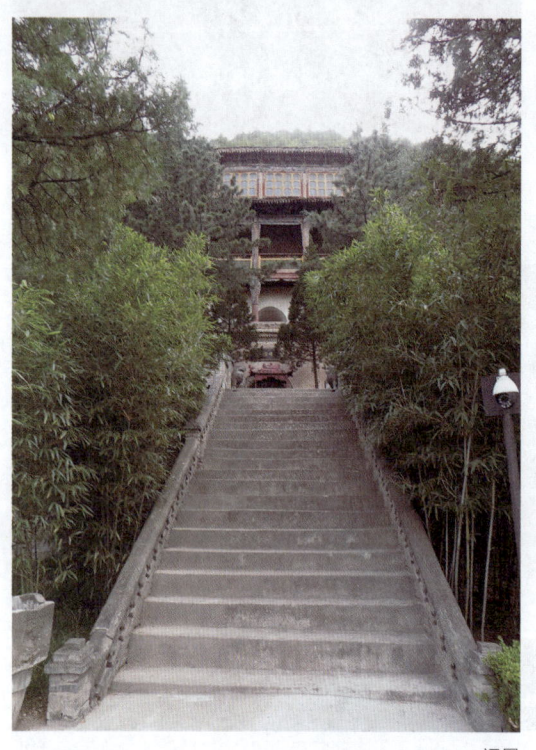

远景

入口

前殿

碑墙

中心柱正面　　　　　　　　　　　　　　　　　　中心柱背面

10 泾川隍庙

Jingchuan City God's Temple

级　别	省级
年　代	明—清
地　址	泾川县城安定街泾川县博物馆院内
看　点	明清建筑，民间祭祀建筑
开放方式	可参观

泾川隍庙位于泾川县城安定街北侧，今泾川县博物馆院内。据《泾川县志》和现存博物馆《重修城隍庙》碑记载，泾川隍庙始建于明洪武三年（1370），经历多次规模较大的修缮，是泾川县境内保存较好的明代古建筑。

泾川隍庙地处县城中心位置，坐北向南，为九檩前后带廊式构架，歇山顶。泾川隍庙面阔五间，进深四间，周匝围廊。殿身及殿前明间用砖砌台阶，前台基用当地石板堆砌而成，应为后人补砌。檐下

泾川隍庙正立面

四面设庞大而雄健的斗拱，具有明代早期风格。后殿面阔五间，进深两间，双坡悬山顶。

泾川县博物馆所藏灰陶瓦上的记载称："中华民国九年二月二十六日起土重修隍庙寝宫、东西书房、对口厢房、大殿、献殿、两廊、曹官殿以及道房、厨房。又创修孤魂坛一座，于中华民国十年八月吉日告竣。"足以见得泾川隍庙规模庞大，宏伟壮观，同时兼具城隍庙建筑的建筑规制与风格。1993年，泾川隍庙被列为甘肃省省级文物保护单位。

翼角

后殿

柱头铺作

11 泾州古城

Jingzhou Ancient City

级　　别	省级
年　　代	汉
地　　址	泾川县城北
看　　点	汉代城池
开放方式	可参观

泾州古城地处平凉市泾川县城北。据《汉书》《泾州志》等古籍的记载以及对出土文物的研究，古城始筑于西汉，北周、唐、宋有所补修，沿袭至元。明初废弃。泾州古城从商周时代开始繁荣，至今已有3000多年历史，其中历史文物众多且极其珍贵。在中国古代的历史发展中有着极高的地位，然而明代成化年间，由于山洪暴发，古城被毁，如今仅存遗迹得以示人。

古城的南城墙位于泾河岸边，福银高速在墙基经过；北城墙于唐代重建，如今仍然可以看到在北侧五龙山的不远外，有外城彩门城的遗址；西城墙于汉代时建成，历史风貌保存较为完好；东城墙在兰家山沟西山巅，北周时重建。整座泾州古城，东西长约5千米，南北长6千米有余，古城分内、外两重。内城区主要在川平地，基本呈长方形，东西长约1200米，南北长约1000米。亦有夯土层城墙（均在兼山根下的平川后），长约500米，平均高12米，宽约8米，全被钻成窑洞，当地人称"城墙窑"。外城在大部分川地和兼山后的山平地，呈不规则长方形，东西长约2400米，南北长约1900米。有夯土层城墙（均在兼山后的塬边上），长约500米，高3～10米，其中夹带墙墩15座，均比墙体突出2.5米。

泾州古城的历史地位极为重要，古时不仅是军事据点，也是西出长安的第一城。泾州和泾州古城"控扼两陲之咽喉，边衢之门户，壮西服而控远夷"。多处历史典故也与泾州古城相关，《史记·秦始皇本纪》中记载："巡陇西、北地，出鸡头山，过回中。"秦始皇从陕西咸阳出发的寻根之途经过这里。泾州古城地处历史厚重之地，古城规模大，城中出土了大量珍贵文物。由于其地理位置的特殊性（陕甘交界，古代丝绸之路必经之处），加上内涵丰富的遗物留存至今，对于研究该地区在各个朝代的政治、历史、文化、地理等方面具有极高的参考价值。2003 年，泾州古城被列为甘肃省省级文物保护单位。

俯视

残存古城墙墩

灵台县

12 灵台文庙

Lingtai Confucian Temple

级　　别	省级
年　　代	明、清
地　　址	灵台县职教中心院内
看　　点	文庙建筑，孔子祭祀
开放方式	可参观

灵台文庙始建于明代洪武年间，现位于平凉市灵台县职教中心院内，目前总占地面积约 3084 平方米。

文庙大成殿位于庙院北侧，坐北面南，砖木结构，面宽为七间，进深为五间。明洪武时，明伦堂、敬一亭、博文斋、约礼斋建成；而后知县李文蛟重新主持修建了学宫庙舍。明崇祯七年（1634），因战乱不断，灵台文庙被迫迁离旧址，随县城迁建于荆山南坡，也就是如今灵台县职教中心的院内。清顺治九年（1652），由地方士绅捐资修葺扩建文庙，栽植柏树，筑教谕宅、以兴儒术，奠教化之基。黄居中撰写的碑文记录了当时扩建文庙以兴儒术的情形，"盖闻三代之道，乡里有教，劝学兴化，崇礼厉贤，以风四方，则学宫为教化之基，由来尚矣。因兵燹之余，遂致茂草繁滋，宫墙废圮，而士习文风，日以不竞，则葺修之举，诚第一要务也"。清道光元年（1821）和清同治十三年（1874），均在此设立书院。清光绪

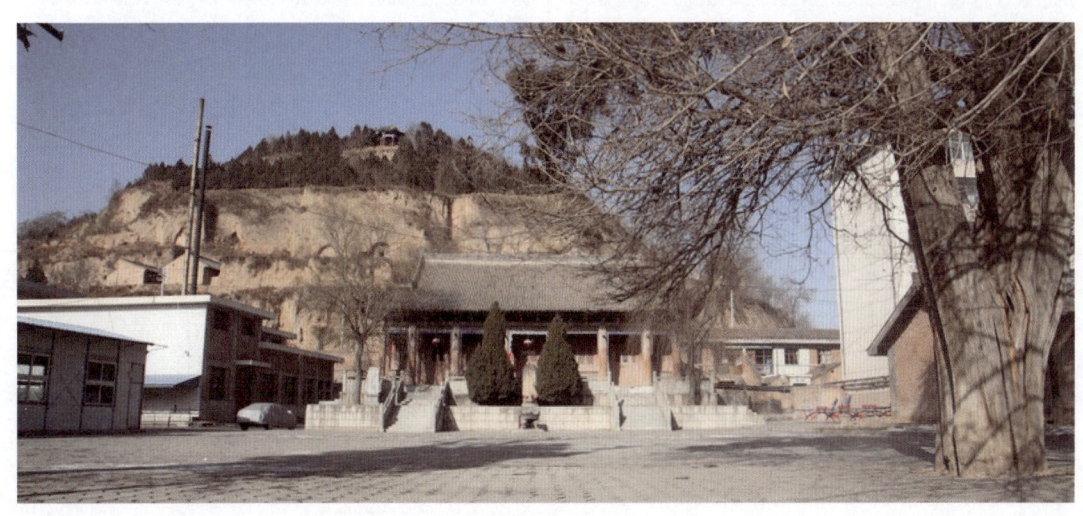

文庙大成殿远景

三十二年（1906），改书院为高等小学堂。民国后用作小学。民国十年（1921）十月，屋舍因驻军失火被焚，仅数棵古柏尚存。次年重修。民国二十六年（1937），又改为灵台县第一完全小学。中华人民共和国成立后，校舍进行扩建后，被设为灵台县第一中学。2003年后，灵台县第一中学整体搬迁，此地成为灵台职教中心和城关中学所在地。

灵台文庙见证了灵台教育发展的历史。2011年，灵台文庙被列为甘肃省省级文物保护单位。

文庙大成殿近景

文庙大成殿廊柱

庄浪县

13 云崖寺和陈家洞石窟
Yunya Temple and Chenjiadong Grottoes

级　别	国家级
年　代	南北朝—明
地　址	庄浪县韩店乡黄草村与通化乡陈家堡村
看　点	石窟，造像，壁画
开放方式	可参观

云崖寺石窟位于庄浪县韩店乡黄草村东南2.7千米处。分布在长500米、高80米的三处崖壁上。洞列三层，窟龛共计19座，层层相叠，遍布崖间。有北魏、北周石造像18尊、泥塑55身、宋代壁画14平方米。如今岩壁上的栈道已无迹可寻，有些石窟若不借助专业的工具已经无法到达。窟龛分层分布，崖前有一石窟，内塑一佛、二菩萨、二胁侍弟子的造像，具有宋元时期的明显特征。周边山峦重叠。2号窟为倒"凹"字形坛基的方形平顶窟，内雕三佛及胁侍菩萨，为北周作品。3号窟为大型造像龛，内雕一佛二菩萨，造像风格拙朴，面相浑圆，躯体粗壮，为北魏风格。6号窟为方形平顶窟，面阔7.2米，进深4.25米，高4.7米。内塑二菩萨二弟子十八罗汉等。7号窟称五方佛窟，又名白云洞，为方形石窟，内塑五佛十菩萨和二十四尊小菩萨，两窟造像造型得体，彩绘细腻，是难得的明代佳作。第二层的南侧，是9号洞窟。窟内有碑文，即为云岩撰《主山白云洞成碑记》和修平撰《云崖刊石撰书碑》。碑文显示出当时的修复情况、住持僧人的来历以及云崖寺教区范围，具有极高的研究与宗教价值。12号窟右侧有墨书题记，落款为"成化十年"；10号窟为方形平顶窟，内存两通明碑。云崖寺石窟保存较好，对研究甘肃省东部地区石窟特征和佛教艺术有重要价值。

陈家洞石窟分布在长100米、高60米的崖壁上，为摩崖窟和平顶窟，造像无存。现存露天石造像3尊，为3尊立佛，高均在5米左右，高肉髻，面相清癯，肩窄体长，着双领下垂衣，胸前结节，大衣衣纹作有规律的弧线，头光雕莲花纹饰，双足立于莲花形台座上，为北魏晚期作品。窟中存有金天德四年（1152）、金泰和元年（1201）石刻题记及清代、民国重修龙眼山陈家洞碑6通。这几通碑均记述该石窟之规模及名称由来，未提及石窟修造与沿革。石窟中有明代壁画18平方米。洞前台地上有一座高约8米的六角七级砖塔，上两层残缺，为六面阁楼式，高7.5米，底径4米，有仿木券门，斗拱，吊栏，具有唐代风格。

云崖寺石窟对于中国晚期石窟与佛教艺术的探讨和研究具有重要的史学和艺术价值。云崖寺保存最为完整的两座明代成化年间的石窟，是整个云崖寺石窟艺术的精华所在。2006年，云崖寺和陈家洞石窟被列为全国重点文物保护单位。

云崖寺石窟外景

云崖寺石窟

陈家洞石窟侧景

陈家洞石窟残塔

云崖寺6号窟泥塑佛造像

14 关帝庙戏楼

Opera House of Guandi Temple

级　　别	省级
年　　代	清
地　　址	庄浪县南湖镇南门村中心街关帝庙院内
看　　点	戏楼
开放方式	可参观

关帝庙戏楼位于平凉市庄浪县南湖镇南门村中心街关帝庙院内，始建于清康熙七年（1668）。关帝庙戏楼坐南朝北，单檐歇山顶，面阔三间10米，进深一间5.7米，高8米有余。

关帝庙戏楼具有典型的地方建筑建造工艺及特点。戏楼中梁竖书墨书题记："康熙七年岁次戊申孟夏谷旦，敕授之林郎知庄浪县事，温陵王钟鸣喜捨白金壹佰两重建，都绿首邑民蒙习仪。"由此可知，清康熙七年（1668），重建关帝庙戏楼。关帝庙戏楼为典型的陇东乡土建筑，是研究清代戏楼建筑形制和建筑风格的珍贵实物资料。2017年，关帝庙戏楼被列为甘肃省省级文物保护单位。

戏楼正面

戏楼山墙及斗拱

戏楼屋顶内部梁架

戏楼背面

静宁县

15 静宁文庙
Jingning Confucian Temple

级　　别	国家级
年　　代	明—清
地　　址	静宁县城东南 500 米的静宁县一中校园内
看　　点	文庙建筑，孔子祭祀
开放方式	可参观

静宁文庙位于静宁县城东南 500 米的静宁县一中校园内，建于明嘉靖二十一年（1542），清康熙三十五年（1696）重修。占地面积约 1.8 万平方米。文庙坐北向南，中轴对称，沿轴线依次布局牌坊、戟门、大成殿、厢房等，整体布局严谨，建筑气宇轩昂。如今庙门两旁的雁翅坊被拆毁，现庙门为牌坊式棂星门，面积约 50 平方米，四柱三楼。戟门、大成殿为歇山顶，大成殿面阔五间，进深三间，施五踩斗拱、象鼻昂。

静宁文庙保存情况较好，对研究明清古建筑的布局、结构、建筑技术等有重要价值，2019 年被国务院公布为全国重点文物保护单位。

戟门

静宁文庙全景

棂星门

大成殿

棂星门斗拱

学宫

大成殿斗拱

16 静宁清真寺

Jingning Mosque

级　　别	省级
年　　代	明—清
地　　址	静宁县城关镇站院巷北端
看　　点	伊斯兰教建筑
开放方式	可参观

静宁清真寺位于静宁县城关镇站院巷内，始建于明嘉靖十四年（1535），明清时期多次增修扩建，一度从700余平方米扩建至约3400平方米，是甘肃现存不多的明代清真寺。建筑布局按中轴线由西向东依次为礼拜大殿、邦克楼、牌坊，两侧建有厢房，建筑风貌严整考究。后来，除现存的礼拜大殿之外，其余建筑均遭到毁坏。礼拜大殿保护相对完好，平面呈"凸"字形布局，采用中国传统建筑样式，屋面形式由歇山、悬山屋顶以及两卷棚连搭组合而成，其颇为独特的屋面构造在中国的古建筑中实属少见。

静宁清真寺结构独特，构造精巧，是静宁县穆斯林活动的重要场所之一，具有重要的历史与宗教研究价值。2003年，静宁清真寺被列为甘肃省省级文物保护单位。

大殿全景 　　大殿正面

大殿南侧 　　大殿北侧

平凉市其他文物保护单位列表

区县	名称	年代	级别	地址	类别
崆峒区	东沟遗址	新石器时代—青铜时代	省级	平凉市崆峒区安国乡黑刺洼村	古遗址
崆峒区	别家沟墓群	汉、元	省级	平凉市崆峒区白水乡别家沟村	古墓葬
崆峒区	寺山（上）遗址	新石器时代—青铜时代	省级	平凉市崆峒区白水镇白水村	古遗址
崆峒区	苏家台遗址	新石器时代—青铜时代	省级	平凉市崆峒区柳湖乡吊庄村	古遗址
崆峒区	潘原故城	汉—唐	省级	平凉市崆峒区四十里铺镇曹湾村	古遗址
崆峒区	安塬坪遗址	新石器时代—青铜时代、周	省级	平凉市崆峒区四十里铺镇郿岘村	古遗址
崆峒区	瓦窑山遗址	新石器时代—青铜时代、周	省级	平凉市崆峒区四十里铺镇下甲积峪村	古遗址
崆峒区	治平寺天圣铜钟	北宋	省级	平凉市崆峒区治平寺	其他
华亭市	安口杨家沟瓷窑址	宋—清	省级	平凉市华亭市安口镇杨家沟村	古遗址
华亭市	建沟石佛群	金—明	省级	平凉市华亭市河西乡建沟村	石窟寺及石刻
华亭市	铜场沟铜矿址	宋—明	省级	平凉市华亭市麻庵乡三角城村铜场沟	古遗址

续表

区县	名称	年代	级别	地址	类别
崇信县	鲁家原遗址	新石器时代	省级	平凉市崇信县	古遗址
崇信县	李元谅墓	唐	省级	平凉市崇信县锦屏镇梁坡村	古墓葬
崇信县	梁坡遗址	新石器时代—青铜时代、周	省级	平凉市崇信县锦屏镇梁坡村	古遗址
崇信县	刘家沟墓群	西周—汉	省级	平凉市崇信县锦屏镇刘家沟村	古墓葬
崇信县	平头沟遗址	新石器时代—汉	省级	平凉市崇信县锦屏镇平头沟村	古遗址
崇信县	九功塬遗址	新石器时代	省级	平凉市崇信县九功村	古遗址
崇信县	于家湾墓群	西周、十六国、宋—元	省级	平凉市崇信县九功乡于家湾村	古墓葬
泾川县	牛角沟遗址	旧石器时代	国家级	平凉市泾川县泾明乡白家村东庄社牛角沟	古遗址
泾川县	圆嘴山遗址	新石器时代—青铜时代、周	省级	平凉市泾川县	古遗址
泾川县	枣林子遗址	新石器时代—青铜时代	省级	平凉市泾川县丰乡枣林子村	古遗址
泾川县	长武城	隋—元	省级	平凉市泾川县泾明乡长武城村	古遗址
泾川县	向明西坪遗址	新石器时代—青铜时代	省级	平凉市泾川县王村乡向明村	古遗址
灵台县	桥村遗址	新石器时代、西周、汉	国家级	平凉市灵台县西屯乡北庄村桥村社	古遗址
灵台县	西山遗址	新石器时代—商	国家级	平凉市灵台县中台镇许家沟村唐家河社	古遗址
灵台县	蒋家咀遗址	新石器时代—青铜时代	省级	平凉市灵台县百里镇稔沟村	古遗址
灵台县	齐家岭遗址	新石器时代—青铜时代	省级	平凉市灵台县百里镇稔沟村	古遗址
灵台县	灵台明昌铁钟	金	省级	平凉市灵台县城内寺嘴子	其他
灵台县	告王河墓群	汉	省级	平凉市灵台县吊街乡告王村	古墓葬
灵台县	姚李遗址	新石器时代—青铜时代	省级	平凉市灵台县吊街乡姚李村	古遗址
灵台县	景村墓群	西周	省级	平凉市灵台县独店乡景村	古墓葬
灵台县	皇甫谧墓	晋	省级	平凉市灵台县独店乡张鳌坡村	古墓葬
灵台县	阳面岭遗址	新石器时代—青铜时代	省级	平凉市灵台县梁塬乡杜家沟村	古遗址
灵台县	西堡子山遗址	新石器时代—青铜时代	省级	平凉市灵台县梁塬乡横渠村	古遗址
灵台县	草脉殿遗址	新石器时代—青铜时代	省级	平凉市灵台县什字镇丁家沟村	古遗址
灵台县	东庄墓群	西周	省级	平凉市灵台县新集乡崖湾村	古墓葬
灵台县	牛僧孺墓	唐	省级	平凉市灵台县新开乡牛村	古墓葬
庄浪县	余家塬遗址	新石器时代—青铜时代	省级	平凉市庄浪县	古遗址
庄浪县	庄浪吴玠墓	南宋	省级	平凉市庄浪县白堡乡赵家坟山村	古墓葬
庄浪县	刘堡坪遗址	新石器时代	省级	平凉市庄浪县刘堡坪村	古遗址
庄浪县	石阳墓群	汉	省级	平凉市庄浪县南湖镇	古墓葬
庄浪县	徐李碾遗址	新石器时代—青铜时代	省级	平凉市庄浪县南湖镇北关村	古遗址
庄浪县	双堡子沟遗址	旧石器时代	省级	平凉市庄浪县南湖镇双堡子沟	古遗址
庄浪县	川口柳家遗址	新石器时代—青铜时代	省级	平凉市庄浪县水洛镇川口柳家村	古遗址
庄浪县	古洞门遗址	新石器时代—青铜时代	省级	平凉市庄浪县阳川乡李家湾村	古遗址

续表

区县	名称	年代	级别	地址	类别
庄浪县	大嘴梁遗址	新石器时代	省级	平凉市庄浪县岳堡乡岳堡村大嘴梁	古遗址
庄浪县	庄浪梯田	现代	省级	平凉市庄浪县赵墩乡大庄村	近现代重要史迹及代表性建筑
庄浪县	吴家沟遗址	新石器时代—汉	省级	平凉市庄浪县朱店镇吴沟村	古遗址
庄浪县	长尾沟门遗址	旧石器时代—新石器时代	省级	平凉市庄浪县朱店镇中街村	古遗址
静宁县	成纪故城遗址	秦—宋	国家级	平凉市静宁县治平乡刘河村、李店镇五方河村、王沟村交界处	古遗址
静宁县	静宁古城遗址	宋、西复	省级	平凉市静宁县古城乡邹河村古城社	古遗址
静宁县	张嘴墓群	汉	省级	平凉市静宁县红寺乡二河村	古墓葬
静宁县	窦家坪遗址	新石器时代	省级	平凉市静宁县贾河乡窦坪村窦坪社	古遗址
静宁县	界石铺红军长征旧址	1936年	省级	平凉市静宁县界石铺镇继红村	近现代重要史迹及代表性建筑
静宁县	靳寺墓群	汉	省级	平凉市静宁县靳寺村东的龚龙山	古墓葬
静宁县	庙儿坪遗址	新石器时代—青铜时代	省级	平凉市静宁县李店乡王家沟村	古遗址
静宁县	武家塬墓群	汉	省级	平凉市静宁县威戎镇新华、新胜两村	古墓葬
静宁县	大园子遗址	新石器时代	省级	平凉市静宁县新店乡新店村大园子社	古遗址

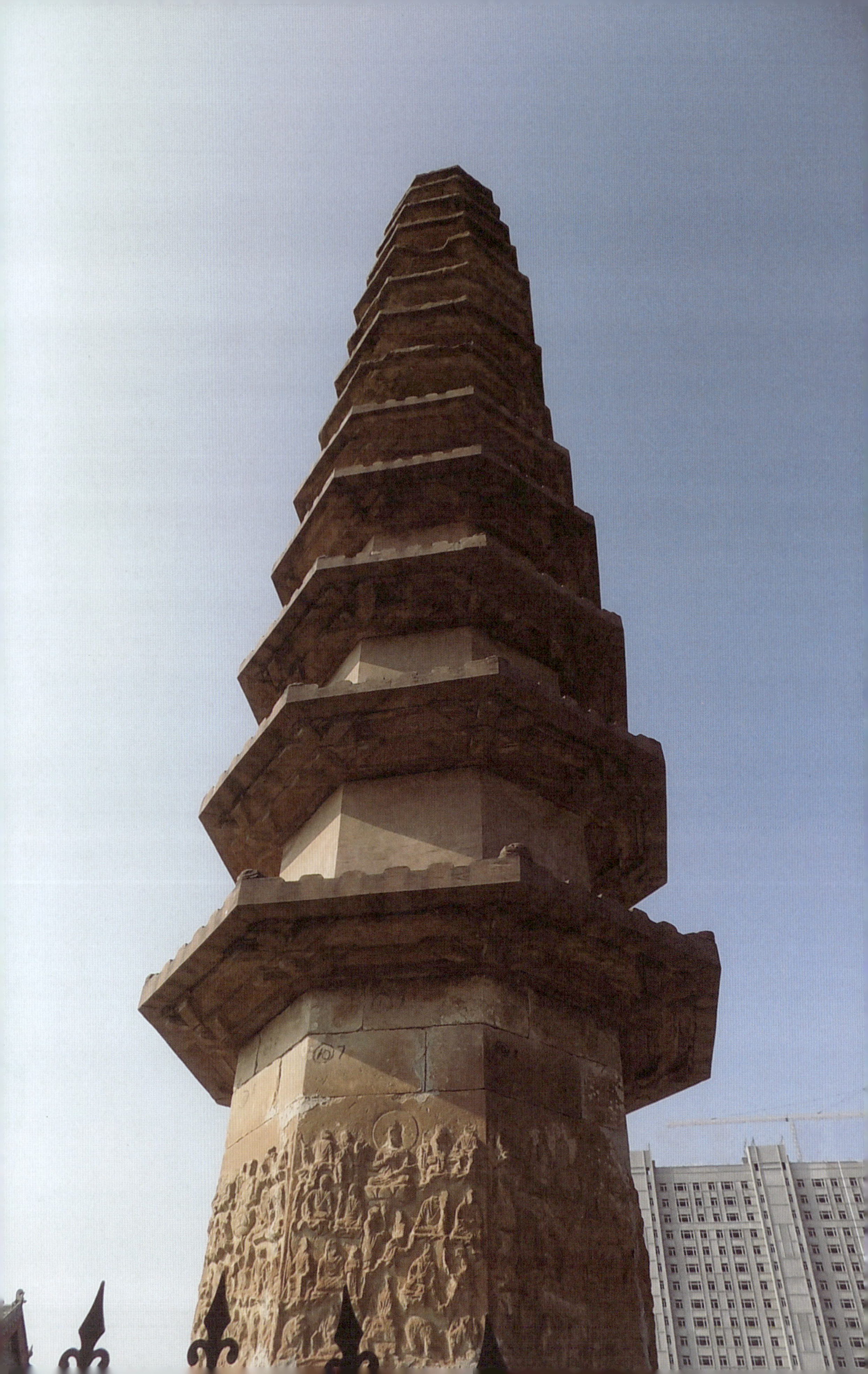

14 庆阳市
QINGYANG

庆阳市古建筑分布图
Historical Architectural Map of Qingyang

① 北石窟寺
② 肖金塔
③ 石空寺石窟
④ 玉山寺石窟
⑤ 环县塔
⑥ 兴隆山古建筑群
⑦ 何家寺窑洞庙宇
⑧ 白马造像塔
⑨ 东华池塔
⑩ 脚扎川万佛塔
⑪ 双塔寺造像塔
⑫ 新堡庙
⑬ 周旧邦木坊
⑭ 普照寺大殿
⑮ 塔儿湾造像塔
⑯ 保全寺—张家沟门石窟
⑰ 莲花寺石窟
⑱ 塔儿庄塔
⑲ 湘乐砖塔
⑳ 凝寿寺塔
㉑ 辑宁楼
㉒ 政平书房
㉓ 正宁文庙
㉔ 罗川赵氏石坊

庆阳市地图

审图号：甘S（2023）103号

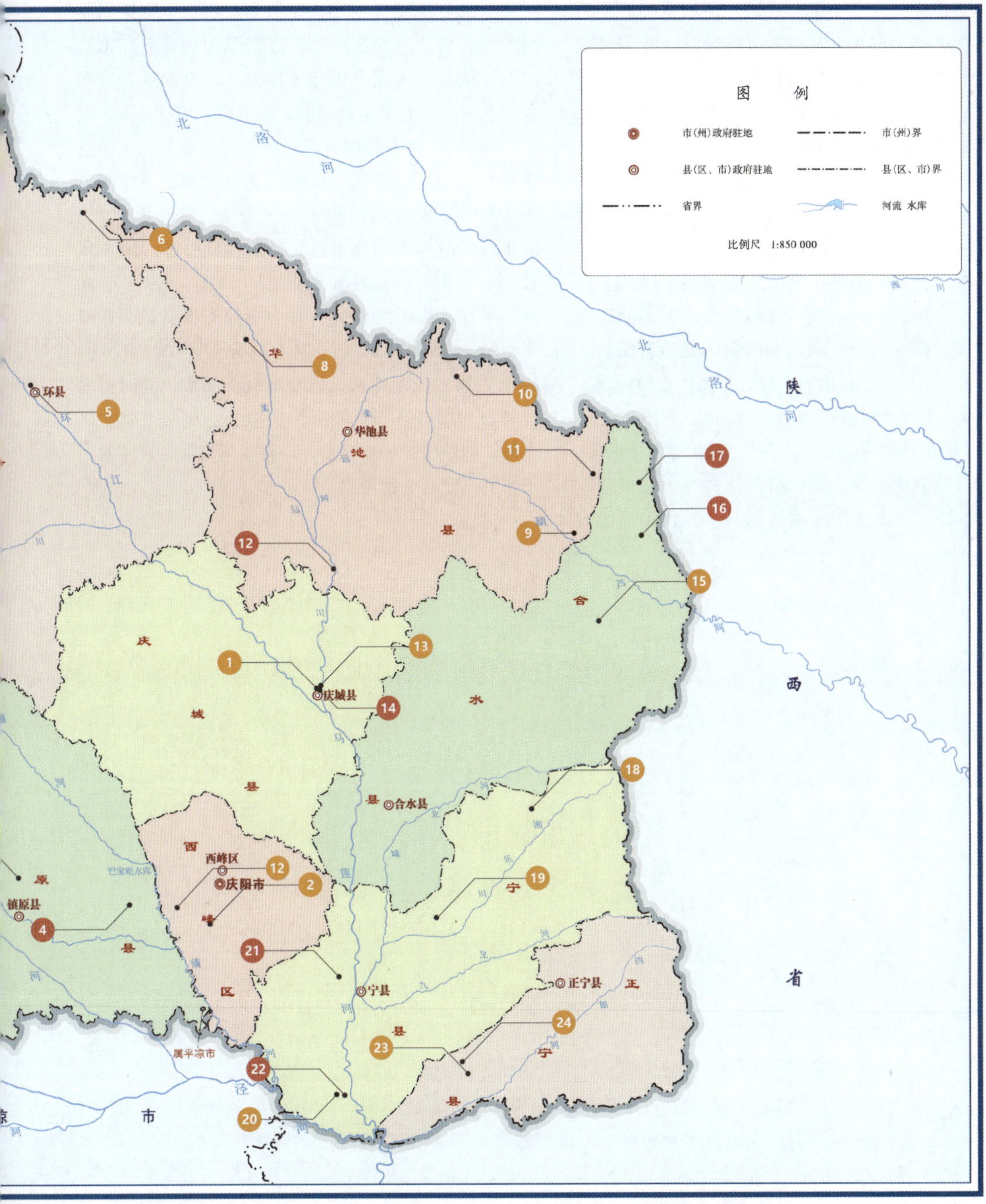

甘肃省自然资源厅监制　甘肃省基础地理信息中心编制

建置沿革

庆阳市位于甘肃省东部，为陕西、甘肃、宁夏三省区交会处，为"陇东"之地。市域东接陕西省的宜君、黄陵、富县、甘泉、志丹等县，北邻陕西省吴起、定边及宁夏回族自治区的盐池县，西与宁夏的同心、固原县接壤，南与甘肃省的泾川县及陕西省的长武、彬县、旬邑县相连。

先秦以前，庆阳曾为鬼方、北豳、戎狄、羌方、义渠等部族和方国之地，周先祖不窋率族也曾在此定居，耕作生活。秦昭襄王三十六年（前271），秦灭义渠戎国，置北地郡，全境为秦属地。汉代，此有北地、安定、上郡三郡。魏晋时期，大部分地方被少数民族部族占领；南北朝时期，先后为前赵、后赵、前秦、后秦、夏国，北魏、西魏、北周属地。

隋代，境内郡州转换频繁。唐代，境内建置经历弘州、庆州总管府、庆州、宁州、安化郡都督府等。五代时，境内庆、宁、原、衍四州并存。北宋宣和七年（1125），设庆阳府辖诸州县。元代，境内有庆阳府及宁、环、镇原三州。明代，设庆州府辖诸州县，另设庆阳卫、环县守御千户所，全境隶属陕西行省，后改陕西布政司。清初承明制，后在辖境内设庆阳府，清康熙四年（1665），改隶属甘肃布政司，清雍正五年（1727），裁卫所归府统辖。

1934年11月，陕甘宁边区苏维埃政府在华池县南梁成立，后又成立华池等县苏维埃政府。1937年，成立关中分区，后划归陇东分区管辖。1949年8月，陇东分区改为庆阳分区行政督察专员公署。1949年12月，庆阳专员公署属甘肃省人民政府。1955年10月，平凉、庆阳两专区合并为平凉专区管辖。1961年12月，庆阳专区与平凉专区分置。2002年6月22日，撤销庆阳地区，设立地级庆阳市，同时更名西峰市为西峰区，庆阳县为庆城县。庆阳市辖一区七县，即西峰区、庆城县、环县、华池县、合水县、正宁县、宁县、镇原县。

西峰区

1 北石窟寺

North Grotto Temple

级　　别	国家级
年　　代	北魏—清
地　　址	西峰区董志乡寺沟川村的覆钟山下
看　　点	石窟，造像
开放方式	可参观

北石窟寺位于庆阳市西峰区西南25千米的董志乡寺沟川村的覆钟山下。石窟开凿于黄砂岩之上，山崖高20米，向西而立。北石窟寺始建于北魏，因其开凿年代与平凉市泾川县南石窟寺相同，两窟相距约45千米，为了南北对应，故得此名。北石窟寺历经西魏、北周、隋、唐、宋、清各代的相继扩建与修葺完善，最终形成了规模庞大的石窟类建筑群，成为丝绸之路上的重要节点之一。清同治七年（1868），北石窟寺因战乱而遭到人为破坏。现存窟龛296个，其中北魏7窟、西魏3窟、北周13窟、隋63窟、唐209窟、宋1窟。石雕及造像2126身，此外还有大量壁画及名人碑刻留存，隋至清各代墨书题记等珍贵文物150方，历史古迹数不胜数。

窟龛依山分为三层，其间以回廊连接，布局合理清晰，主次分明。有代表性的洞窟包括北朝的165号、240号窟和盛唐时期的32号、222号、263号窟。其中造像神态逼真，工艺精湛，艺术价值极高，集中体现了陇东汉唐文化之精华所在，是中华文化之瑰宝，在中国佛教石窟艺术史上占有十分重要的地位。

165号窟为北魏时奚康生主持开凿的七佛窟，是北石窟寺的第一座石窟，地位极其重要。窟高14.6米，宽21.7米，深15.7米。平面呈长方形布局，覆斗顶。内造七佛（均高8米）。胁侍十四菩萨，窟门内两侧雕交脚弥勒、乘象普贤菩萨和阿修罗天等造像。造像工艺精湛，神态自然，褒衣博带，秀骨清像。窟门两侧各雕一力士，虽略有残损，但仍然可以看出造像姿态自然，衣纹流畅，体态丰满健美，栩栩如生，反映了当时工匠们高超的雕刻技艺。窟顶之上有浮雕佛传故事"宫中娱乐"、本生故事"舍身饲虎"等，记录了佛像开凿的年代与人物。窟内塔基于宋代重修，明

入口

全景

窗两侧有宋刻十六罗汉，窟门内外两壁留有许多宋、元、明墨书碑刻及题咏。165号窟内共有大型石雕造像23身，四壁还有千佛、飞天、乐人、佛传及佛本生故事浮雕造像110多身，各个姿态优美，造型逼真，其为北石窟寺窟群中规模最为庞大、历史信息最为丰富的洞窟。其后的240号窟同前者，都是北石窟寺北周时期的洞窟。其中造像的风貌充分体现了北石窟寺佛教艺术从北魏向隋唐过渡转折时期的特点。

唐代是北石窟寺佛教艺术的黄金时期，有窟龛200多个，以平面长方形或马蹄形平顶、穹窿顶窟及方形圆拱顶浅龛最为多见。造像有一佛二弟子二菩萨二力士、一佛二菩萨、一佛二弟子二菩萨等，皆姿态优美生动，雕刻工艺精湛娴熟，动态造型流畅自然。

北石窟寺是我国石窟艺术难得的珍品，具有较高的历史文化、宗教艺术、科学技术等研究价值。1963年，成立了庆阳北石窟寺文物保管所。1988年，北石窟寺被列为全国重点文物保护单位。

钟楼遗址

戏楼

崖面近景

上层石窟

第 3 号窟内景

第 1 号窟内景

2 肖金塔

Xiaojin Pagoda

级　　别	国家级
年　　代	宋
地　　址	西峰区肖金镇街道中心
看　　点	仿木楼阁式砖塔
开放方式	可参观

　　肖金塔位于庆阳市西峰区肖金镇街道中心,建于北宋年间,为八角七级仿木构楼阁式砖塔。肖金塔塔室内为空心筒式结构。原在此地建有金城寺,砖塔建于寺中,但寺院未能留存至今。

　　肖金塔由塔基、塔身和塔刹三部分组成,现仅存六层。塔身整体由青砖和黄土泥砌筑而成,每面有砖制仿木斗拱、上承叠涩出檐,塔檐处施飞檐、滴水,无瓦件盖顶,其上装饰由条砖锯磨而成,檐上施仿木雕花栏板,上亦施以装饰,檐下施砖制仿

近景

斗拱。塔体檐角以细白砂石雕成飞天和龙头，设铁吊环于檐孔下，悬风铃。塔体向上逐层收分缩小，因各层收分较小，造型挺拔稳重。古塔一层开券门，二、三、四层每面四柱三间，于二、四层东南、东北、西南、西北明间辟门，次间有直棂盲窗；而其余四面明间均为假版门，次间为棱形盲窗；古塔五至七层每面两柱一间。门窗布置六与四层同，五、七层与三层同，券门内高低不同。二层正面勾栏底部有砖刻文字。各层楼板除最上层外现已无存，仅存卯口痕迹，无法登临。

肖金塔是董志塬上保存较为完整的一处宋代古塔，结合了大量砖雕艺术，在造型和结构上体现了宋代建筑特征，为研究西北地区砖石建筑提供了重要的实物参考资料。1981年，肖金塔被列为甘肃省省级文物保护单位，2013年被列为全国重点文物保护单位。

正面

塔身局部

镇原县

3 石空寺石窟

Shikong Temple Grottoes

级　　别	国家级
年　　代	宋
地　　址	镇原县城关镇金龙自然村
看　　点	石窟，造像
开放方式	可参观

石空寺石窟位于镇原县城关镇金龙自然村茹河南岸的石崖上。石窟东西长200米，南北宽50米，窟龛距地表高约10米。现有9个窟龛，保存相对完整的有1号、2号窟，共存石胎彩绘造像14尊。1号窟窟高8米，宽9.5米，进深残存4.7米，平面为半圆形布局，有一佛二菩萨及二弟子造像。2号窟窟高7.5米，宽11米，进深残存4.3米，马蹄形平面，有五佛四菩萨造像留存至今。3～9号窟，平面均为长方形，窟内的造像如今无存。

据历史碑记和石窟内造像的造型特点，石空寺石窟更接近宋代时期石窟特点，而后明清时期相继扩建与不断修缮，是佛、道、儒三教合一的宣传场所，其艺术风格和典型的民间特色极具代表性，对研究陇东石窟艺术的发展具有重要价值。2013年，石空寺石窟被列为全国重点文物保护单位。

全景

佛像1

佛像2

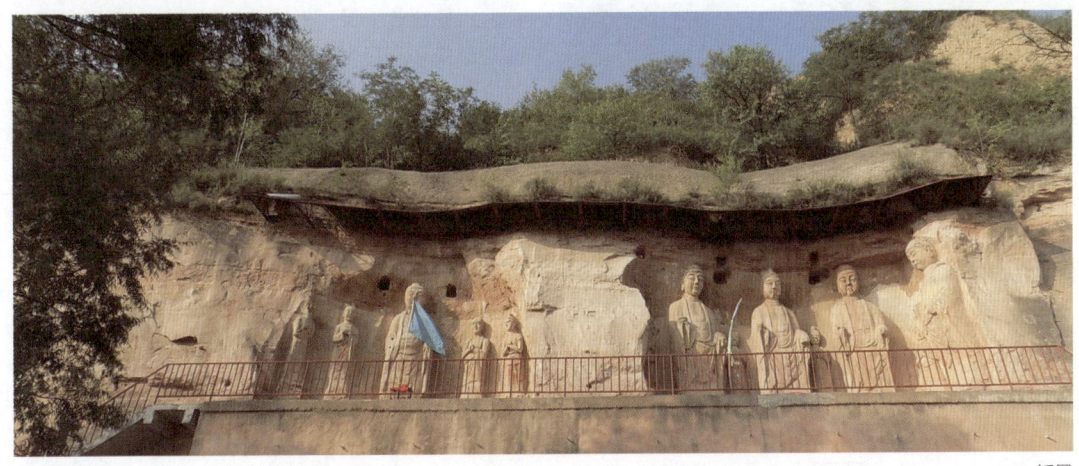

近景

庆阳市

4 玉山寺石窟

Yushan Temple Grottoes

级　　别	省级
年　　代	宋
地　　址	镇原县彭阳乡刘大夫村
看　　点	石窟，造像
开放方式	可参观

玉山寺石窟位于庆阳市镇原县彭阳乡刘大夫村南的茹河北岸砂岩崖上。全长40米，共有洞窟5个，造像82身。1号和5号窟仅存残龛，2～4号窟尚可见得，共存石雕造像82身。其中2号窟平面呈长方形，宽4.1米，深5.8米，高约3米，圆拱形藻顶壁画已因侵蚀脱落，窟内主佛像已无存，损坏较为严重。侧壁的圆拱浅龛分为两层，上层龛内均雕半浮雕佛像1尊，下层龛内均雕文仕造像1尊。3号窟平面呈长方形，宽4.5米，深6米，高3.6米，门内两侧雕有佛、弟子和菩萨8身，两侧有三层浅龛，上两层每龛有1尊坐佛，下层为长方形浅龛，有武士像，武士姿态威武雄健，造型逼真。4号窟平面为长方形，平闇式顶，宽4.1米，深5.8米，高2.9米，主像已毁，上有藻井，绘有花朵和飞禽走兽，两壁各有两排圆拱浅龛，上下龛内均有半浮雕佛像。

玉山寺石窟保存较好，具有一定的历史和艺术价值，对研究宋代石窟特征和佛教艺术有重要价值。1993年，玉山寺石窟被列为甘肃省省级文物保护单位。

远景

第4号窟现状

环县

5 环县塔

Huanxian Pagoda

级　　别	国家级
年　　代	宋
地　　址	环县环城镇红星村北关组环江东岸
看　　点	仿木楼阁式砖塔
开放方式	可参观

环县塔位于庆阳市环县环城镇以北1千米处的红星村北关组环江东岸第二级阶地上，建于元中统五年，即宋景定五年（1264）。

环县塔为八角五级仿木构楼阁式的砖塔，塔身呈八角形，共分五层，底层基础牢固，塔身向上逐层收缩，顶有塔刹，通高22米。塔身外镶青砖而砌成。首层离地较高，内外无台阶，超过塔高的1/4。每面宽3.13米，向南有门，其内辟八角形塔室。各层塔檐出拱形式为双杪华拱，各面补间有斗拱两朵，再上出叠涩若干层。每层塔间间隔的一面设有门或雕刻版门和直棂窗，不同层之间方向不尽相同。门为单砖券顶，两侧装饰有浮雕莲花饰，出叠涩若干层，工艺精湛，精巧优美。塔内版门外设方形门框，紧闭不开，门面有"丁"字形装饰物。古塔各级塔檐上部施平座，平座下斗拱与檐下相互连接贯通，平座上设栏杆，人可通行。塔顶为镀金铜质塔刹，下部为圆台体，顶部呈药葫芦状。

环县塔造型美观，奇巧秀丽，设计合理，工艺考究，堪称艺术精品，环县砖塔及塔内陈设保存相对完整，对研究宋代建筑形式和建筑工艺、艺术风格等都具有较高价值。2013年，环县塔被列为全国重点文物保护单位。

远景

正面近景

背面近景

6 兴隆山古建筑群

Ancient Buildings in Xinglong Mountain

级　　别	国家级
年　　代	明、清
地　　址	环县四合原乡四合原村东北
看　　点	山地建筑群，地区性建筑装饰，革命圣地
开放方式	可参观

兴隆山古建筑群位于环县四合原乡四合原村东北四合塬以东6千米处，现存14座建筑，始建于明，清康熙、道光年间曾两次修复和扩建，总建筑面积达570平方米，现存的清道光二十年（1840）《无量祖师庙记》碑文称："兴隆山者，盖延庆之重镇也。其岭岗蜿蜒数十余里，上结三峰，势若捧笏，众山缭绕，累累如贯珠。"

兴隆山，又称东老爷山，地处陕甘宁三省（区）交界处，位于甘肃省庆阳市环县东北部四合原乡，北侧接壤宁夏盐池，东侧临近陕西定边，有"鸡鸣听三省"的说法，海拔1700余米，是历史建筑保存完整，资料丰富，颇负盛名的道教名山。

兴隆山古建筑群建筑众多，且都工艺精湛，保存完整。可以大致分为三个组成部分：首先是东南峰外围建筑区域，如今有马王庙、牛王庙、城隍庙及魁星楼等建筑物；其次便是位于中峰东南坡上的建筑群，该区域多为庙宇建筑单体，这些建筑在许多台地上分布得并不规则，由下而上依次有前门楼、牌坊、中门楼、三进门楼、关帝庙和药洞等主要建筑；最高处为中峰峰顶主建筑群区域，以无量祖师大殿、献殿和山门作为整体建筑群的中轴线，两侧有佛殿、菩萨殿、钟楼、鼓楼，共同构成了典型的对称规整布局，现存建筑布局严谨，疏密有致，巧妙地将自然地貌与建筑布局完美结合在一起。

前门楼是兴隆山的首道门，为二层楼阁，由砖发券砌筑而成的，二层为砖砌仿木歇山屋顶形制，首层为券顶形门洞形制，其顶部以屋脊代回廊栏杆，屋檐出水短坡。墙体形四方，檐高4.6米，边长6米。门洞内有暗道式楼梯，隐在门楼第一层的侧墙内，楼梯踏步共23级，曲折而上至第二层屋内。二层檐下有雕花砖刻，内容以"琴棋书画""建筑四宝"为主，各种奇珍异兽也在其中。上层墙体也为四方形，圆券顶，开东南向门，上层屋顶为仿木歇山顶，共有脊13条，兽14个。屋内设有神坛及绘有人物的屏风壁画，部分塑像已遭损毁。

牌坊为砖砌仿木歇山顶，与门楼结构相似，略小。屋檐下有一横匾，楷体阳刻"蟠龙泊凤"四字，牌坊两侧有人物浮雕。

中门楼为纯砖楼阁结构。下层为正方形，有一发券门洞，下层为两层平砌素砖出檐，每面均有两个仿木倒挂垂莲柱，四角有仿木斗拱。上层结构与前门楼相似，但形制略小，歇山屋顶。东南侧开圆拱门，屋内有神坛。

三进门楼同其他门楼建筑，以砖木结构为主。下

全景

献殿　　　　　　　　　　　　　　　　　　　　　　　　　　　砖雕

层为正方形，檐下有雕花砖和云纹雕花仿木雀替砖，题材为琴棋书画和八仙题材。上层为歇山顶，正脊有"寿"字装饰的团龙。这三道门楼不仅使得建筑群布局层次分明，分区合理，也有所谓"三界"意味。

关帝庙位于三进门楼的左侧，同为砖木结构硬山顶，前廊有四明柱。正脊为镂空双龙图案，脊中有宝珠，为二龙戏珠之意，宝珠之上为狮驮宝塔。关帝庙供奉的主神为蜀汉大将关羽，曾被汉献帝封为"寿亭侯"，"帝君"之称则为后世统治者追加。

药王洞位于中峰东南山坡中部南侧，属黄土窑洞建筑。从这里到中峰顶的距离约为50米，碎石铺道，有排洪之用。峰顶有平台周边砖砌围墙，围墙呈八角形，山门前有"兴隆宝山"四个大字。

兴隆山的山门为砖木结构的歇山顶造型。通高53米，建造于悬崖之巅，屋檐飞翼角，险峻之势十分显著。

钟楼和鼓楼位于山门之后，两座建筑造型完全相同，均为砖木歇山顶的高台基二层建筑单体。台阶高1.3米，平面为正方形，开有拱券门洞，除二层围墙外，其余三面均有圆形窗。

庭院后便是献殿，主体结构为三架梁结构，斗拱结构为一斗二升交麻叶。仿木构件有仿木雀替和倒挂垂莲柱等砖雕装饰。在戗砖位置有砖雕，条砖刻双鹤与单鹿，中间为雕麒麟图案的方砖。献殿三开间，廊进深1米，两边廊墙上各有砖雕。西廊墙上部则为"耕、读、渔、樵"，下部为"丹凤赐福"图案。东廊墙上部展示"琴、棋、书、画"，下部为"四福降临"图案。

献殿之后为祖师大殿，与献殿同为面阔三间的歇山顶建筑物。两者左右山墙也在一条线上，前后檐紧接，之间有50厘米宽的小天井。大殿为歇山顶，各檐下的斗拱为单斗只替，屋架结构为穿斗式。大殿两山墙上有无量祖师成道彩绘壁画。

佛殿位于大殿左侧3米处，坐北面南。单间歇山顶建筑，四面平砌砖墙，五层叠涩，此外殿内有西游记故事彩绘壁画。

菩萨殿位于祖师大殿右侧，坐北面南，砖木硬山顶结构，原为五架梁，前带廊子。因后改造，前廊、前檐用砖墙包砌，用五层叠涩出檐，再用砖件刻出仿木椽头和飞头。面墙有圆券顶版门，门两侧有对联，上书："摆动慈云救八难，施行法雨淋苍生。"对联外侧有圆形窗。

牛、马王庙位于东南峰，现仅存牛、马王庙和城隍庙两座建筑，其他建筑均已被毁。牛、马王庙为歇山顶单间建筑。

城隍庙与牛、马王庙距离不足10米，为纯砖发券成四角攒尖的单间建筑，攒顶为两层塔式楼阁八角天宫，每面开圆拱门或圆形窗，顶部有莲座和宝珠。坐北面南，面墙开圆拱顶门，门侧有砖刻对联，上书："举念奸邪任尔焚香无益，存志正直见吾不拜何妨。"

兴隆山古建筑群可追溯到元明时期，而现存的建筑基本上属于清代建筑。兴隆山古建筑造型小巧玲珑，布局疏密有致，是人工建造与山形地貌天衣无缝的结合。除献殿为卷棚顶外，其余建筑多为单体歇山顶或硬山顶建筑，结构多为砖木结构。建筑内外壁画精美，情节丰富多彩、寓意深刻。檐下构图严谨，深浅浮雕制作的精工砖雕实属少见，充分体现了清代环庆地区的建筑艺术特征。此外，兴隆山古建筑群也是陇东现代革命圣地之一。1935年长征途中的中央红军二、三纵队在此地宿营，司令部和电台办公室就设在祖师殿内，叶剑英、邓发、蔡树藩、张经武等曾经在神龛下过夜。兴隆山古建筑群是国家AAA级旅游景区、省级森林公园，2013年被列为全国重点文物保护单位。

7 何家寺窑洞庙宇

Hejiasi Cave Temple

级　　别	省级
年　　代	明—清
地　　址	环县小南沟乡汪天子村
看　　点	雕刻彩画
开放方式	可参观

何家寺窑洞庙宇位于庆阳市环县小南沟乡汪天子村，现存窑洞4孔，另有新建庙房3座。窑内有壁画、泥塑、浮雕古建筑等，其中两侧有大小泥塑神像16尊，造像部分残缺，泥塑坐像3尊，造像神态各异，建筑构件雕琢精致细腻。窑洞庙宇的造像壁画技艺精湛，体现了古代工匠们杰出的雕刻技艺与艺术修养，是研究陇东地区明清时期雕塑彩画的重要实物资料，具有较高的艺术和科学研究价值。2016年，何家寺窑洞庙宇被列为甘肃省省级文物保护单位。

全景

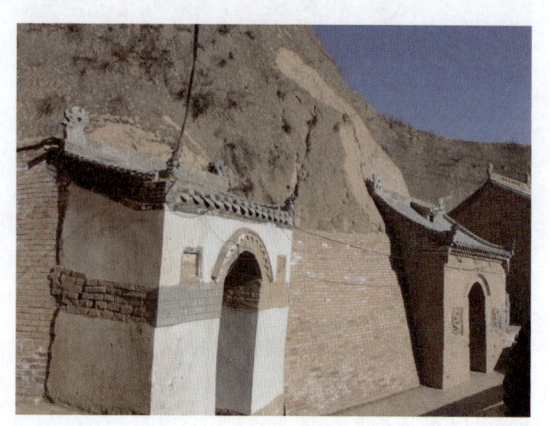

近景

内景

华池县

8 白马造像塔
White Horse Statue Pagoda

级　　别	国家级
年　　代	北宋
地　　址	华池县白马乡王沟门村柴砭自然村白马河北岸
看　　点	楼阁式石造像塔
开放方式	可参观

　　白马造像塔位于庆阳市华池县白马乡王沟门村柴砭自然村白马河北岸第一阶台地上，为北宋初期所建。塔高5米有余，为六角形，分七层，如今塔顶已有部分残缺。古塔以红砂岩石凿磨镶砌而成，为楼阁式石造像塔，塔身呈六面体，由塔座、塔体、塔檐组成。

　　造像塔底部平铺石条，上砌塔身，塔身各层有檐，檐下有石雕仿木斗拱，每面两朵，檐上有仿木方椽铺以瓦垄。第一层每面宽84厘米，各面浮雕有鹿、凤、羊、狮、奔马和人物，其中，西面雕一身高20厘米、

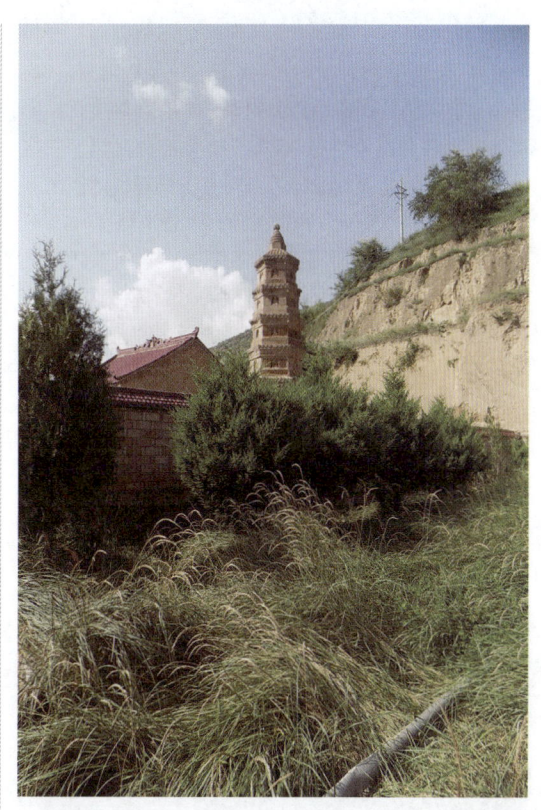

远景

全景

近景

手扶拐杖的长者，有 4 个高 8 厘米的小侍面向长者拱手揖拜。以上各层各面均开一小佛龛、龛内雕有佛像，佛像面容丰满，螺髻偏高，袒胸，通身披袈裟，端坐于前。全塔共雕有佛像 36 尊，已有部分残损，三层佛像已毁，西北面造像与塔身均有不同程度的风雨剥蚀情况。塔刹塔顶呈六角攒尖顶，上置宝瓶。

　　白马造像塔整体造型古朴优美，雕刻工艺精美绝伦，塔体各层浮雕及佛像造型优美独特，对研究宋代佛教文化和造像艺术具有重要的历史和艺术价值。2013 年，白马造像塔被列为全国重点文物保护单位。

塔身石窟

9 东华池塔

Donghuachi Pagoda

级　　别	国家级
年　　代	北宋
地　　址	华池县林镇乡东华池村的大风川与葫芦河交会处的宝塔山上
看　　点	楼阁式砖塔
开放方式	可参观

　　东华池塔位于庆阳市华池县林镇乡东华池村的大风川与葫芦河交会处的宝塔山上，距华池县城东北约 60 千米，为北宋时期建筑。

　　东华池塔塔身平面为八角形，底边长约 3.29 米，七层，高 26 米，无基座，古塔向上各层塔身逐渐收分缩减，为典型的楼阁式砖塔。古塔第一层塔身高度较高，每面平素，仅在东北面开有券门。塔身二至七层每面以八角柱分隔成三段，以砖砌筑，各层每面上下交错开真门，并附假门及假窗。各层塔檐以五铺作双杪斗拱承挑叠涩出檐，出檐施假飞子、方

正面近景

背面近景

椽及瓦垄，栌斗坐于普拍枋上，普拍枋在转角处出头处有十字相交，隐刻横拱而成；真、假门两侧均有破子棂窗或毯纹格子窗相辅，假版门上雕门簪二枚。第一、二、三层檐上施平座，并设有以五铺作双杪斗拱承托平座栏杆，可通人，栏杆为斗子蜀柱华版式样，蜀柱头雕坐斗，华版雕勾片文、云纹及鹿、凤、虎等动物，以勾片文最多。塔顶置石质砖刹，塔刹上雕圆光、露盘和宝珠，为葫芦、宝珠塔刹顶。

除第一、七层塔檐砖风化脱落外，塔体保存较完好，全塔造型玲珑俊秀，具浓郁的宋代建筑风格。2001年，东华池塔被列为全国重点文物保护单位。

塔心仰视

塔身砖雕斗拱

风铎

10 脚扎川万佛塔

Jiaozhachuan Wanfo Pagoda

级　　别	国家级
年　　代	宋
地　　址	华池县紫坊畔乡川畔村杨道坡自然村北部
看　　点	八角造像石塔
开放方式	可参观

脚扎川万佛塔位于庆阳市华池县紫坊畔乡川畔村杨道坡自然村北部的塔儿洼，大约建于宋代。

脚扎川万佛塔采用当地红砂岩石凿磨镶砌而成，古塔塔身平面呈经典的八角形布局，塔顶部分残损，现存11层，残高8米。万佛塔整体由塔体、塔檐两部分连接而成，底层每面宽约40厘米，各层均有塔檐。每层塔身向上逐层略微收缩。古塔塔身通体布满浮雕佛像，各面均有3层佛像浮雕，每层排列6身，浮雕佛像1200躯，少部分佛像已经被毁。所雕造像内容均为佛说法图，形制统一规则，均以佛坐于莲座中为原型，形态庄严，井然有序，造像自成一体，工艺古朴精致。

脚扎川万佛塔建筑风格独具特色，是研究西北地区宋代建筑历史、宗教文化、建造技术与工艺的宝贵实物之一。2013年，脚扎川万佛塔被列为全国重点文物保护单位。

塔檐局部

塔体局部1

塔全貌

塔体局部2

11 双塔寺造像塔

Shuangta Temple Statue Pagoda

级　　别	国家级
年　　代	金
地　　址	华池县柔远镇东山森林公园
看　　点	密檐式石造像塔
开放方式	可参观

双塔寺造像塔原位于庆阳市华池县城东60千米处的子午岭林区王台村东侧山腰双塔寺遗址。双塔相距8米有余，并列屹立于村东山腰小台地南端，约建于金正隆至大定年间（1156—1189）。此处曾有寺院，但因年代久远，加之人为因素影响，仅存遗迹。2001年9月，双塔寺造像塔被迁建于柔远镇东山森林公园。

双塔为十三级密檐式石造像塔，均由莲座、塔檐、塔体几部分组成。塔身以红砂岩石经过工匠打制凿磨镶砌而筑成。双塔结构坚固，外观瘦削，建造工艺精湛。自东向西分为一号塔与二号塔。

一号塔（东塔）通高 13 米。塔身通体遍布浮雕，每层雕有大小佛像，共有雕像 3500 余尊，工艺精巧。塔顶有石制刹柱，刹座上置钵、相轮与宝珠。各层塔檐出塔身些许，塔身置于圆形仰莲盆中。第一层为八面体，每面宽 40 厘米，有佛像 400 余尊，内容为说法图。第二层以上为十面体，雕涅槃像，四周为佛门弟子，出檐角雕有蔓花装饰。第三层以上雕有众多大小佛像，均以佛说法图为主尊，形象生动逼真，线条流畅自然，雕工精湛，周围同样布满弟子。塔身各层面均布满佛像雕刻，排列密集，造像内容多为佛说法图和供养人。一、二层浮雕造像均有不同程度的

全景

双塔之一

双塔之二

塔身局部 1

风化与损坏；三层以上自然剥蚀较轻，人为损坏较少，基本完整。

二号塔（西塔），高约12米。建造方法和塔身结构与东塔基本相同，平面呈八角形，塔座为四方形，现存11层，第一层塔身每面边长45厘米，第一、二、三层塔身均有大量浮雕小佛造像、说法图、比丘形象等。第四层一面设有佛龛，内浮雕一佛二弟子。七层以上均为素面无雕饰。

双塔浮雕数量众多，在甘肃省境内仅此一处，同时在我国古塔中极其鲜见，堪称古代石雕艺术的珍品，是研究我国古代石塔建筑和石雕艺术的宝贵实证资料。2013年，双塔寺造像塔被列为全国重点文物保护单位。

塔身局部2

12 新堡庙

Xinbao Temple

级　别	省级
年　代	清
地　址	华池县悦乐镇新堡村
看　点	建筑造型与砖雕技艺
开放方式	可参观

新堡庙位于庆阳市华池县悦乐镇新堡村。此庙始建于清道光年间，又于光绪年间多次修复，占地面积约1580平方米，由玉皇楼、菩萨楼、三阴宫、偏殿、小配殿、大配殿分前中后三院组合而成。

新堡庙造型独特，具有鲜明的清代寺庙的特点，浮雕砖雕造型生动，工艺精湛，为研究陇东地区清代建筑与雕塑艺术提供了宝贵的实物资料。2016年，新堡庙被列为甘肃省级文物保护单位。

前殿

全景　　　　　　　　　　　　　　　后殿

亭　　　　　　　　　　　　　　　配殿

庆城县

13 周旧邦木坊

Zhoujiubang Wooden Memorial Gate

级　　别	国家级
年　　代	明
地　　址	庆城县南大街水利局巷
看　　点	木构技艺
开放方式	可参观

周旧邦木坊位于庆城县南大街水利局巷，建于明弘治十八年（1505）。木坊坐北朝南，四柱三间三楼庑殿顶，主体为木质结构，因木坊檐下有一匾，匾面正书"周旧邦"三字故得其名。匾下横梁上书题字"弘治十八年九月，庆阳知府前监察御史郝镒建，炮绪辛巳年仲冬中浣吉旦知府倭什鉴额重修，二十八年，知府庆霖重修"。

木坊东西长 14 米，南北宽 4.2 米，高 12 米，占地面积约 70 平方米。木坊划分为三间，4 根立柱支撑，戗柱已毁，故为四柱三门。柱上施有五层斗拱叠涩镶砌负托木坊顶，叠叠镶嵌，十分复杂。平板枋上为九踩斗拱支撑檐部出挑，装饰性极强。木坊以青瓦覆于坊顶，层层叠叠，庑殿顶正面出垂脊，脊瓦面留有莲花等纹饰。

周旧邦木坊结构精巧，历时 500 多年而留存至今，是研究甘青地区古代牌坊建筑的重要实物资料。2013 年，周旧邦木坊被列为全国重点文物保护单位。

正面

坊檐仰视

侧面

斗拱

14 普照寺大殿

The Main Hall of Puzhao Temple

级　别	省级
年　代	明
地　址	庆城县城北街
看　点	明清建筑工艺与风格
开放方式	可参观

　　普照寺大殿位于庆阳市庆城县城北街东侧普照寺内。普照寺始建于北宋太平兴国年间（976—984），寺院中原有五佛殿、眼光殿、三佛殿、钟楼、岳王庙、砖塔等其他建筑，占地面积约4000多平方米。建成以后经过了历代集资修缮与维护，然因民国九年（1920）地震，大量建筑遭到毁坏，仅有大殿留存至今。

　　普照寺大殿为歇山顶式，坐北向南，东西长23米，南北宽约9.5米，建筑面积约为320平方米。房脊两端施鸱吻饰。柱头斗拱为双杪，正面有斗拱11组。

柱上有彩绘。六棱柱石柱础侧面雕有卧狮图样。

　　普照寺大殿对研究明清建筑工艺、建筑风格及建造技术史有重要的参考价值。1993年，普照寺大殿被列为甘肃省省级文物保护单位。

山门

夹道

大殿

合水县

15 塔儿湾造像塔
Taerwan Statue Pagoda

级　别	国家级
年　代	北宋
地　址	合水县陇东古石刻艺术博物馆院内
看　点	密檐式石造像塔
开放方式	可参观

塔儿湾造像塔原位于庆阳市合水县太白乡苗村川塔儿湾村，坐落在苗村河北岸第一级阶地上，现移至合水县城异地保护，位于合水县陇东古石刻艺术博物馆院内。塔儿湾造像塔建于北宋徽宗崇宁年间（1102—1106）。

塔儿湾造像塔为八角十三级密檐式石造像塔，由塔身、塔檐及塔刹组成。石雕仿木构密檐，无台基和基座。塔身直出地面，第一层特别高，约占全高的1/9。石雕造像塔用当地红砂岩石凿刻而成，塔体为空心筒式结构，每层用塔檐隔开，在《中国名塔》中，被誉为"中国最为纤细的古塔"，是我国极为罕见的古建筑。底层直径129厘米，逐层缩小，到顶层塔身直径仅59厘米。第二、四层南面各设一假门，每层塔檐上刻有筒瓦瓦垄，檐下八角刻有转角铺作。第一层塔身布满浮雕五百罗汉，共有600身之多，每面都有浮雕石刻造像，每面雕像分为5幅，共40幅，雕像纤巧细腻，优美流畅，疏密有序。每幅雕像13～15身，在别的塔上极为少见。造像雕刻艺术精湛，具有极高的艺术研究价值，浮雕姿态各异，但内容多为佛说法图，一佛居中，坐在莲花座或方形束腰座上，结跏趺坐，身披袈裟。有的造型姿态优美，袒露右胸及右肩。佛像的左右两侧还有十数身罗汉，或拱手，或踞坐，形态各异，栩栩如生，有的苦心思索，有的倾心交谈，有的匍匐跪拜，表现出对佛无比的虔诚。塔顶为石雕刹柱，刹基以上为相轮三匝，华盖一层上置宝珠。

塔儿湾造像塔造型独特，是宋塔的精品之作，对研究西北地区宋塔建造技术、特征、分期断代具有重要价值。2013年，塔儿湾造像塔被列为全国重点文物保护单位。

远景

陇东古石刻艺术博物馆入口

近景　局部

塔身石刻1　塔身石刻2

16 保全寺—张家沟门石窟

Preservation Temple-Zhangjiagoumen Grottoes

级　　别	省级
年　　代	北魏
地　　址	合水县太白乡平定川西岸
看　　点	石窟，造像
开放方式	可参观

　　保全寺石窟位于庆阳市合水县太白乡平定川西岸的红砂岩石崖上，建于北魏中晚期，是合水规模最大的石窟。保全寺石窟开凿于南北长约40米、高约8米的崖壁上，坐西向东，共有窟龛25个，多为圆拱形，还有石雕造像150余尊。由于历史悠久，风霜雨雪侵蚀严重，残龛较多。造像的雕刻题材多为北魏佛教，以释迦、多宝二佛并坐及弥勒菩萨较多，还有胁侍菩萨。佛像造型独特，方颐丰面，着通肩大衣，雕刻精细，形象丰满，又或结跏趺坐，面形方圆，着半披肩大衣，浅阴刻平行衣纹，躯体粗犷

健硕,有太和改制以前的造型与雕塑风格。其中3号、4号、5号、6号龛的规模较大。最大为4号窟,平面呈方形,高、宽、深各3米,正壁造释迦、多宝二佛及弥勒菩萨,南北两壁各有造像二身、门口侍立二菩萨,其余均为浅龛。

张家沟门石窟分布在长约12米、高3米的红砂岩崖壁上,建于北魏太和十五年(491)。现存8个窟龛,其中共有石雕造像31身,平面基本为半圆形的拱形浅龛。张家沟门石窟中有4个窟保存较好。其中2号、3号龛之间岩面阴刻"太和十五年太岁在未癸巳朔三月十五日佛弟程弘庆供养佛时造石坎(龛)佛一躯"造像题记。造像具有北魏中期孝文改制以前的造型与雕刻风格,是极具代表性的佳作,也是陇东地区发现最早有明确纪年的北魏石窟造像。佛龛大小均高0.85米,宽0.82米。佛高0.7米,菩萨高0.5米。

保全寺—张家沟门石窟对研究陇东地区早期石窟特征和佛教艺术有重要价值,1981年被列为甘肃省省级文物保护单位。

保全寺石窟全景

张家沟门石窟造像

17 莲花寺石窟
Lotus Temple Grottoes

级　　别	省级
年　　代	唐、宋
地　　址	合水县太白乡平定川口
看　　点	石窟,造像
开放方式	可参观

莲花寺石窟位于庆阳市合水县太白乡平定川口。唐天宝十年(751)依山势开凿,距今已有千余年历史,石窟分布于长19米、高6.4米的红砂岩崖壁上,共有25个窟龛,错落有致,层次分明,石窟内共计造像100多身。唐龛中有纪年题记数篇,浅龛0.4～0.8米见方,造像主要为阿弥陀佛、一佛二菩萨、一佛二弟子二天王等宗教题材内容。宋代造像有五百罗汉及"三教诸佛"龛,表现释迦牟尼涅槃后五百罗汉聚集的情景,分为佛涅槃像、金棺、房屋楼阁、舍利塔四个中心,下部为"八亿八千众生"聚集的场面,有爬山、越岭、

全景

攀崖、过桥、牵马、持杖、提裙等现实情节。"三教诸佛"正中刻有坐佛，人物有孔子、老子，是儒、释、道三教合流的题材。

莲花寺石窟依山就势，满布佛身造像，是陇东地区唐宋时期的代表石窟寺之一，对研究我国宗教历史和思想有重要参考作用，具有极高的历史与艺术价值。1981年，莲花寺石窟被列为甘肃省省级文物保护单位。

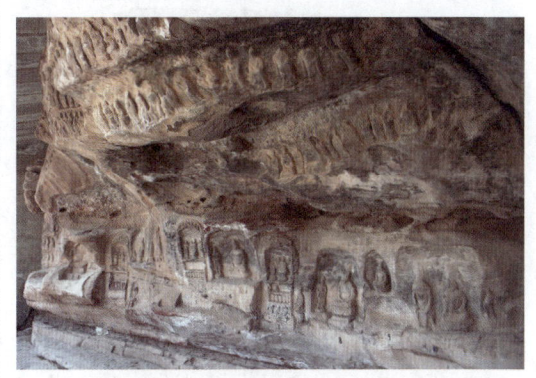

内部造像1

内部造像2

宁县

18 塔儿庄塔

Taer-Country Pagoda

级别	国家级
年代	五代
地址	宁县盘克镇罗山府林场子午岭西麓
看点	楼阁式砖塔
开放方式	可参观

塔儿庄塔位于庆阳市宁县盘克镇罗山府林场子午岭西麓，西南距盘克镇约60千米，建于五代时期，清咸丰五年（1855）维修。

塔儿庄塔塔身直立于地面之上，平面呈正方形，无台基、无基座，是一座三级楼阁式砖塔，塔身向上逐渐缩小。顶部有残损。整塔通高约11米，底边长3.73米，塔体表层砖经过精心打磨雕琢而成，工艺精湛，结构合理。塔体一层南侧设有单砖券顶门，塔室内为正方形布局，内壁三面墙体之上有精美彩绘壁画，另有两篇文字记录了重修事宜。古塔各层有木质楼板，内壁一层为重修，磨砖对缝，显得十分规整。室外的二、三层檐部施斗拱二朵，檐上方椽有瓦垄，均施平座、栏杆，四周栏杆所砌砖面刻有各种花卉和动物图案。第二层四面均刻版门和窗，版门施方形门框，窗施直棂和八棂拼成的九格窗。

第三层南北面设门，门两侧设刻版九格窗，单砖券顶，古塔东西两面均设刻版门与窗。

塔儿庄塔是宁县境内三座塔中唯一有彩绘壁画的砖塔，造型精美考究，设计严谨，庄严稳重，工艺精湛，

砖塔全貌

木质结构工整，棱角规整，砖缝弥合如线，天衣无缝，整体保存较好，为研究我国古塔提供了珍贵的实物资料，具有极高的史料和文物价值，对研究西北地区唐及五代建筑结构、建造技术和工艺等具有较高价值。2013年，塔儿庄塔被列为全国重点文物保护单位。

砖塔正北面

砖塔二、三层檐部斗拱

砖塔二层雕花砖

19 湘乐砖塔

Xiangle Brick Pagoda

级　　别	国家级
年　　代	宋
地　　址	宁县湘乐镇正街
看　　点	楼阁式砖塔
开放方式	可参观

湘乐砖塔位于庆阳市宁县湘乐镇境内，建于北宋。

湘乐地区历史悠久。据史书记载，汉时襄洛县在此，后魏徙治于此，因此改为襄乐。《资治通鉴》记载："后周俱废。唐属宁州。金仍之。元至元七年（1270）并入宁州。明设巡检司。清为镇。"如今，此地为湘乐公社驻地。湘乐古城的建立时间已经无从考证，但城垣保留至今。

湘乐砖塔位于古城内的西北角。平面为六角形，是六角七层楼阁式砖塔，各边长6米，通高约22米。第一层，塔身最高，无台基和台座，南面辟券门，北施龛室，龛高2米，宽1米。各层檐下出双杪华拱，斗拱五朵，上施替木。古塔第二、三层施平座，其下斗拱同檐下斗拱，塔身各层间隔一面设真门，门为圭角形门洞，或砖雕方形版门与直棂窗，方向各异。第六层檐下斗拱为三朵。

湘乐砖塔保存较好，造型考究独特，对研究宋塔风格和建造技术及佛教艺术史有重要价值。1981年，湘乐砖塔被列为甘肃省省级文物保护单位，2006年，被列为全国重点文物保护单位。

砖塔近景

20 凝寿寺塔

Ningshou Temple Pagoda

级　　别	国家级
年　　代	五代、宋
地　　址	宁县政平乡政平村泾河北岸
看　　点	仿木楼阁式砖塔
开放方式	可参观

　　凝寿寺塔位于庆阳市宁县政平乡政平村泾河北岸，位于马莲河、泾河、无日天沟河三河的交汇处，塔因寺得名。此地山水秀丽，唐代设定平县，明代设政平驿，清代设镇，不少古城遗址在此地被发现，至今犹存。凝寿寺始建于唐代，宋代香火最为旺盛，宋代文学名家张舜民曾说："政平山不如水，水不如寺，寺不如凝寿。"清末，寺院遭到山洪毁坏，仅寺塔得以留存。凝寿寺塔始建年代不详，但其造型与风格与西安大雁塔相近，据推测约建于唐宋时期。

　　凝寿寺塔为仿木结构的青砖塔，以黄胶泥进行黏合以封闭砖缝。塔平面为四方形，五层楼阁式，单壁中空，古塔顶部已残损，现高约19米。第一层边长6米，每面枋上施补间铺作二朵，一斗三升，斗口跳出短耍头，普拍枋承担，斗拱上面叠涩14层砖跳出塔檐。第二、四层的东西侧和第三、五层的南北侧开券门。华拱券板有损，在拱眼壁上绘有牡丹、莲花、菊花和"璀"形图案，但多素面砖。檐上方椽铺筒瓦。古塔二至五层塔身逐渐缩小。古塔二、三层有砖雕仿木栏杆，各式花纹雕刻于栏杆之上，从第四层开始以

近景

全景

背面

上无座。塔内有室，进深 2 米，宽 2 米，各层华版多为素面，仅五层栏板作勾片式样，依梯形直通塔顶，各层木楼板已毁，仅四层木梁有存。塔顶为叠涩上安宝顶。此塔似西安大雁塔造型，稳重敦厚。

凝寿寺塔是庆阳市境内年代最早、保存最完整的砖塔之一。1981 年，凝寿寺塔被列为甘肃省省级文物保护单位，2001 年，被列为全国重点文物保护单位。

仰视

塔心仰视

21 辑宁楼

Jining Building

级　别	省级
年　代	清
地　址	宁县县城
看　点	州署谯楼
开放方式	可参观

辑宁楼位于宁县县城，据现存于县文化馆的牛公碑上所记"刺史牛公建修衙之记"，辑宁楼始建于后梁宁州刺史牛知业修建宁州州衙时，约在 10 世纪末。辑宁楼原为州署谯楼，清康熙年间在旧址上重建，一度是明清时期宁县县城的发展与繁荣的象征。

辑宁楼坐北向南，占地面积 300 平方米，面阔五间、进深三间。砖木结构。外有檐廊，厅外可见明柱 16 根，单檐歇山顶，屋顶上有五脊六兽。整体保存较好，但是楹联缺失，原为"往事竟何如看青山横廊白水绕城思古伤今经营风雨飘摇后，此心别有愿愿农服先畴士食旧德升高望远戚楼台指顾间"。

辑宁楼对研究清代建筑形制和建筑历史有重要的参考价值。1993 年，辑宁楼被列为甘肃省省级文物保护单位。

全景

正面近景 　　　　　　　　　　　　　　　　　　　　　　　　　　　　背面近景

22 政平书房

Zheng Ping's Study

级　别	省级
年　代	清
地　址	宁县政平乡政平村南部堡子山上
看　点	民居院落
开放方式	不开放

　　政平书房位于宁县政平乡政平村南部堡子山上，为清嘉庆年间贡生张宪的私宅。政平书房整体为古朴的四合院式布局，建筑风格和谐考究。南北全长25米，东西宽19米。共有上、下房7间，厢房各6间，大小房舍共20间，均为砖木结构。上房长约19米，宽9.6米，阶高0.9米，走廊宽1米，可见明柱4根，明柱承檐，檐下斗拱翘角。门窗施以雕花，内容为花卉、博古架等装饰图案。整体建筑布局合理，保存完整。2003年，政平书房被列为甘肃省省级文物保护单位。

全景

入口

内景

照壁

内院

正宁县

23 正宁文庙
Zhengning Confucian Temple

级　　别	国家级
年　　代	元
地　　址	正宁县永和镇城关村正宁二中院内
看　　点	文庙建筑，孔子祭祀
开放方式	不开放

正宁文庙位于庆阳市正宁县永和镇城关村正宁二中院内。初建于元至正年间（1341—1368），明洪武二年（1369）知县郭均重修，明末因战乱遭到损毁，清代重新进行修葺。

文庙大成殿坐南朝北，面阔16.5米，进深8.5米，高6.2米，占地面积约200平方米，大殿前有一棵汉代古柏。歇山屋顶，两端有吻兽，柱头斗拱为双杪下昂，柱头有卷杀。

正宁文庙对研究中国古代建筑历史与建筑工艺具有较高的参考价值。2019年，正宁文庙被列为全国重点文物保护单位。

近景

背面

翼角

全景

内部结构

24 罗川赵氏石坊

Zhao Stone Memorial Gate, Luochuan

级　　别	国家级
年　　代	明
地　　址	正宁县罗川镇正街
看　　点	石坊建造技艺与装饰
开放方式	可参观

罗川赵氏石坊位于正宁县罗川镇的中轴线上，始建于明万历四十年至四十二年（1612—1614）。罗川赵氏石坊共有清官坊、天官坊、奉天敕命坊（恩宠坊）3座石坊，东西向排列，四柱三间五楼，均为庑殿顶，高10米。奉天敕命坊立于明万历四十五年（1617），为明吏部稽勋司郎中赵邦清为其嫡母刘氏、生母高氏所建。天官坊和清官坊则为当地府县官绅为赵邦清所立。全部用石料雕凿出山水、花卉、人物等图样，形象生动逼真，造型优美，雕工细腻。

罗川赵氏石坊是甘肃省境内保存较好的石坊类建筑，对研究石坊建造技术和历史有重要参考价值。2006年，罗川赵氏石坊被列为全国重点文物保护单位。

全景

近景

铁旗杆底部

仿木石雕

铁旗杆

石雕

庆阳市其他文物保护单位列表

区县	名称	年代	级别	地址	类别
西峰区	南佐遗址	新石器时代	国家级	庆阳市西峰区南佐行政村王嘴自然村	古遗址
西峰区	白马原遗址	新石器时代	省级	庆阳市西峰区	古遗址
镇原县	王符墓	汉	省级	庆阳市镇原县临泾乡湾湾村	古墓葬
镇原县	彭阳古城	汉—宋	省级	庆阳市镇原县彭阳乡井陈家村	古遗址
镇原县	黑土梁遗址	旧石器时代	省级	庆阳市镇原县平泉镇八山村	古遗址
镇原县	大塬遗址	新石器时代	省级	庆阳市镇原县三岔镇大塬村	古遗址
镇原县	高庄遗址	新石器时代—青铜时代	省级	庆阳市镇原县三岔镇庄门村	古遗址
镇原县	胡国珍墓	北魏	省级	庆阳市镇原县上肖乡翟池村	古墓葬
镇原县	川口遗址	新石器时代	省级	庆阳市镇原县曙光乡川口村	古遗址
镇原县	段家坪遗址	新石器时代—青铜时代	省级	庆阳市镇原县曙光乡徐沟村	古遗址
镇原县	姜家湾遗址	旧石器时代	省级	庆阳市镇原县太平镇蒲河南岸姜银成庄	古遗址
镇原县	洞洞沟遗址	旧石器时代	省级	庆阳市镇原县王咀子乡郭咀子村洞洞沟	古遗址
环县	河连湾陕甘宁省苏维埃政府旧址	1936—1937年	国家级	庆阳市环县洪德乡河连湾村	近现代重要史迹及代表性建筑
环县	山城堡战役旧址	1936年	国家级	庆阳市环县山城乡山城堡	近现代重要史迹及代表性建筑
环县	环县故城	宋	省级	庆阳市环县县城	古遗址
环县	尚西坪遗址	新石器时代—青铜时代	省级	庆阳市环县合道乡尚西坪村	古遗址
环县	刘家岔遗址	旧石器时代	省级	庆阳市环县虎洞乡龚家塬村	古遗址
环县	白马城遗址	宋	省级	庆阳市环县芦家湾乡庙儿掌村	古遗址
环县	楼房子遗址	旧石器时代	省级	庆阳市环县曲子镇楼房子村	古遗址
环县	甜水城遗址	宋	省级	庆阳市环县甜水镇甜水街村北街组	古遗址
华池县	南梁陕甘边区革命政府旧址	1934—1935年	国家级	庆阳市华池县林镇乡四合台村寨子湾自然村	近现代重要史迹及代表性建筑
华池县	碾子塘遗址	新石器时代	省级	庆阳市华池县怀安乡碾子沟门村	古遗址
华池县	抗日军政大学第七分校校部旧址	抗日战争时期	省级	庆阳市华池县林镇乡东华池村	近现代重要史迹及代表性建筑
华池县	桥儿沟积善桥	明	省级	庆阳市华池县林镇乡东华池村杨兰沟自然村	古建筑

续表

区县	名称	年代	级别	地址	类别
华池县	二将城城址	宋	省级	庆阳市华池县山庄乡二将城子村	古遗址
华池县	兰沟门遗址	新石器时代	省级	庆阳市华池县五蛟乡五蛟村	古遗址
庆城县	慈云寺女真文铁钟	金	省级	庆阳市庆城县钟楼	其他
庆城县	庆阳古城遗址	宋	省级	庆阳市庆城县	古遗址
庆城县	明摹刻黄庭坚云亭宴集诗碑	明	省级	庆阳市庆城县博物馆	石窟寺及石刻
庆城县	天庆观老子道德经幢	北宋	省级	庆阳市庆城县博物馆	石窟寺及石刻
庆城县	重建宋范韩二公祠堂记碑	明	省级	庆阳市庆城县博物馆	石窟寺及石刻
庆城县	普照寺贞元铜钟	金	省级	庆阳市庆城县博物馆院内	其他
庆城县	陇东中学礼堂	1940年	省级	庆阳市庆城县庆城镇南街庆阳中学院内	近现代重要史迹及代表性建筑
庆城县	麻家暖泉遗址	新石器时代	省级	庆阳市庆城县庆城镇暖泉村	古遗址
庆城县	傅介子墓	汉	省级	庆阳市庆城县庆城镇石马坳村南	古墓葬
庆城县	巨家塬遗址	旧石器时代	省级	庆阳市庆城县温泉乡巨家塬村	古遗址
庆城县	吴家岭遗址	新石器时代	省级	庆阳市庆城县吴家岭村柔远河东南岸	古遗址
合水县	瓦岗川遗址	新石器时代—青铜时代	省级	庆阳市合水县板桥乡柳沟行政村柳沟自然村309国道南侧瓦岗川口台地	古遗址
合水县	卜家崾岘遗址	新石器时代—青铜时代	省级	庆阳市合水县店子乡卜家崾村	古遗址
合水县	九站遗址	青铜时代	省级	庆阳市合水县蒿嘴铺乡九站（后九站）村	古遗址
合水县	程家川遗址	新石器时代	省级	庆阳市合水县吉岘乡程家川村	古遗址
合水县	干沟桥遗址	新石器时代—青铜时代	省级	庆阳市合水县老城镇五里坡村	古遗址
合水县	东关遗址	新石器时代	省级	庆阳市合水县太白乡	古遗址
正宁县、宁县、华池县、合水县	秦直道遗址庆阳段	秦	国家级	庆阳市正宁县、宁县、华池县、合水县	古遗址
宁县	康家岭遗址	新石器时代—青铜时代、周	省级	庆阳市宁县坳马乡康家岭村东	古遗址
宁县	老庄沟遗址	新石器时代—青铜时代	省级	庆阳市宁县和盛镇庙底村	古遗址
宁县	小坡遗址	新石器时代—青铜时代、周、汉	省级	庆阳市宁县和盛镇杨庄村	古遗址
宁县	王家河遗址	新石器时代	省级	庆阳市宁县米家沟村王家河灯笼梁上	古遗址

续表

区县	名称	年代	级别	地址	类别
宁县	张堡遗址	新石器时代—青铜时代	省级	庆阳市宁县南义乡张堡村	古遗址
宁县	石岭子遗址	新石器时代—青铜时代	省级	庆阳市宁县石鼓乡石岭子村	古遗址
宁县	王孝锡烈士墓	现代	省级	庆阳市宁县太昌乡太昌村	近现代重要史迹及代表性建筑
宁县	店子沟遗址	新石器时代	省级	庆阳市宁县新华乡店子沟村南	古遗址
宁县	庙嘴坪遗址	新石器时代—青铜时代、周、汉	省级	庆阳市宁县新宁镇庙嘴村	古遗址
宁县	修筑新子州州墙及署衙记碑（牛公碑）	五代（梁）	省级	庆阳市宁县新宁镇庙嘴村东	石窟寺及石刻
宁县	雨落坪遗址	新石器时代	省级	庆阳市宁县新庄镇雨落坪村	古遗址
宁县	石家遗址及墓群	周、汉	省级	庆阳市宁县早胜镇西头村石家社	古遗址
宁县	遇村遗址	周	省级	庆阳市宁县早胜镇遇村	古遗址
正宁县	苟仁遗址	新石器时代、周	省级	庆阳市正宁县湫头乡苟仁村	古遗址
正宁县	承天观之碑	北宋	省级	庆阳市正宁县文化馆	石窟寺及石刻
正宁县	汉子遗址	新石器时代	省级	庆阳市正宁县永和乡罗儿沟圈汉子村	古遗址
正宁县	燕氏家族墓地	元	省级	庆阳市正宁县周家乡燕家村	古墓葬
正宁县	周家遗址	新石器时代	省级	庆阳市正宁县周家乡周家村	古遗址

宁夏回族自治区
NINGXIA

宁夏回族自治区分片索引
Map Index of Ningxia

- ① 银川市 / 429
- ② 石嘴山市 / 453
- ③ 吴忠市 / 465
- ④ 固原市 / 481
- ⑤ 中卫市 / 495

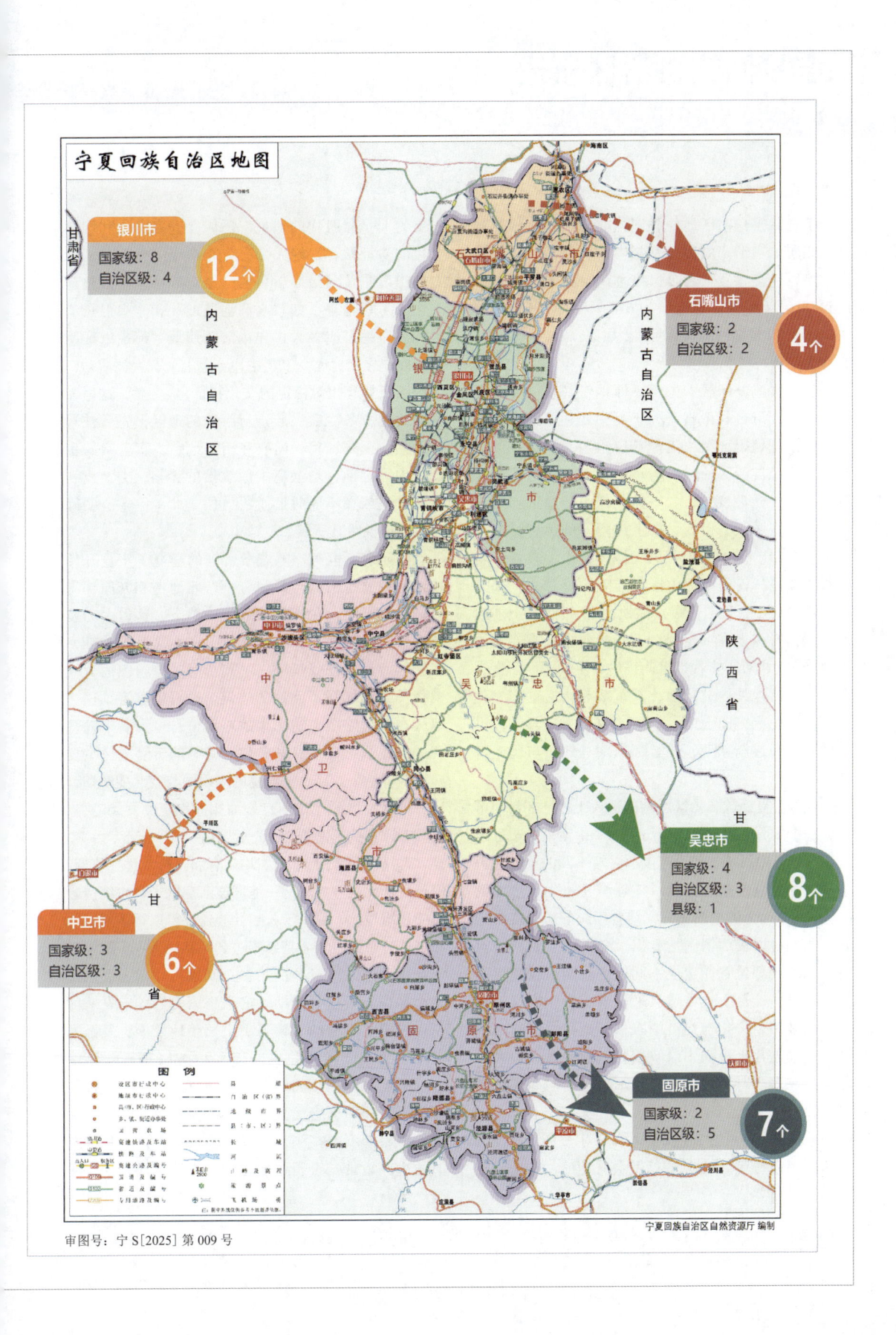

宁夏回族自治区地图

银川市
国家级：8
自治区级：4
12个

石嘴山市
国家级：2
自治区级：2
4个

吴忠市
国家级：4
自治区级：3
县级：1
8个

中卫市
国家级：3
自治区级：3
6个

固原市
国家级：2
自治区级：5
7个

审图号：宁S[2025]第009号

宁夏回族自治区自然资源厅 编制

宁夏回族自治区概述

宁夏回族自治区地处我国西北地区，所辖地域呈南北向十字形，周边分别与内蒙古自治区、甘肃省、陕西省交界。全区面积约为6.64万平方千米，截至2016年年底，总人口为674.9万人，其中回族人口占36%，是全国最大的回族聚居区，辖5个地级市，22个县、市（区）。[1]

宁夏大部分地区均位于高原地带，整体地势南高北低。黄河自甘肃省流入宁夏中西部，并沿西侧贺兰山东麓蜿蜒北上，流经首府银川，横穿自治区北部。整个自治区的气候与环境特点也随地形由北至南呈现多样性变化，"一是北部引黄灌区。地势平坦，土壤肥沃，素有'塞上江南'的美誉。二是中部干旱带。干旱少雨，风大沙多，土地贫瘠，生存条件较差。三是南部山区。丘陵沟壑林立，部分地域阴湿高寒，是国家级贫困地区之一"。[2] 上述地理与气候特点也在一定程度上影响着宁夏古建筑的类型分布。相对于古代以汉族统治为主的中原而言，宁夏自古就地处西北边陲，其军事意义远重于文化与经济的发展。正因如此，千百年来这片土地因多民族的交融而逐渐繁荣，并孕育出别具地域与民族特色的文化。

现今宁夏回族自治区所辖的这片土地，在目前可考证的中国历史记载中，经历了一个由蛮荒的边远地区逐步纳入中原统治势力范围、并在不断的汉夷之争中动荡、发展的过程。通过梳理谭其骧先生主编的8卷本《中国历史地图集》，结合相应的历史文献记载，我们可以较为清晰地看出，今天的宁夏回族自治区因其地理位置而造成不同历史时期行政建置的复杂变迁，这片土地虽然从来也未成为中原汉地统治者的政治、文化与经济中心，但是其重要的军事意义促使这片土地与中原政权疆域的关系在很大程度上反映着当时统治者在政治军事方面与西部少数民族的相互牵制。

根据现有的考古发掘成果可知，宁夏回族自治区所辖范围内约有10余处原始社会时期的文化遗址，主要为旧石器时代的遗址，还偶有齐家文化和仰韶文化的遗址留存，绝大部分分布在今宁夏的北部沿贺兰山以东黄河沿岸。目前已经完成系统发掘整理工作的考古遗址，如"水洞沟遗址"和"中卫长流水和固原地区诸多太古先民活动遗址"都足以证明在夏商周之前，现今宁夏这片土地上就有人类活动，甚至已经具有相对稳定的文化特征[3]。之后，这里一直是西北方各少数民族进行游牧的地区，先后被冠以荤粥、鬼方、狁、匈奴和胡等地名，直至秦始皇统一中国之前，均远离中原统治的管辖，羌、戎和匈奴等民族在不同时期游牧居住于此，但未有明确考古证据说明其所属。

公元前3世纪，随着秦帝国的建立，宁夏开始被纳入中原统治的行政建置中，北地郡和九原郡得以设立；同时，在中央政府的扶植下，这里大力发展农耕，兴修水利，引黄灌溉。在西汉武帝时期，基于对西部的征伐策略，汉武帝通过有组织的大规模移民继续加强了此地的建设，这不仅奠定了这一地区在西征路线上的军事战略地位，也为后来的社会经济发展提供了有利条件，此时的宁夏地区主要归安定郡治下。尽管在动荡的十六国与南北朝时期，这一地区没能延续之前良好而相对稳定的发展趋势，且随着政权的不断更迭，先后归属后赵、前秦、后秦、夏、北魏、西魏、周，前期均未有固定行政建置管理。但是自从北魏开始，这一地区逐渐摆脱了政权统治版图的边缘地位，荒废已久的社会经济得以逐步复苏，加之这一时期统治者持续推进的"移民兴屯"政策，宁夏终于迎来了发展的第一个高潮，"塞上江南"的美称也始于这一时期。进入隋唐之后，宁夏地区一直在中央政权的管辖下稳定繁荣地发展，及至安史之乱以后，由于李亨在灵武登基称帝（即唐肃宗），这一地区的政治地位达到了史无前例的高度。然而，好景不长，随着唐代政权逐渐没落，西部的吐蕃在唐代中后期不断扩张，宁夏地区又一次处于政权统治的边界地带，直至西夏。对于这片土地来说，尽

---

1. 数据来源：宁夏回族自治区政府官方网站。
2. 资料来源：宁夏回族自治区政府官方网站。
3. 宁夏回族自治区民族事务委员会：《宁夏历史》，载中国民族建筑研究会编《2007中国民族和地域特色建筑及规划成果博览会/2007民族和地域建筑文化可持续发展论坛论文集》，2007。

宁夏省行政区域图 (1941)

管之前在经济、政治与军事方面都所有发展，但是由于所处地理位置，多元经济与民族交流都未能有机会滋养形成稳定而明确的地域文化。1038 年，逐渐发展壮大的北方少数民族西羌族的一支——党项族，在时任部族首领李元昊的带领下，突破了周边辽、宋、吐蕃及回鹘的限制，凭借宁夏地区富庶的社会经济与良好的地理位置建立了大夏国，又因其位于西部，史称"西夏"，以今银川为都城，谓之"兴庆府"，形成了延续近两百年的稳定政权。1227 年，元灭西夏后，设宁夏府路，始有宁夏之名号，明代先后设宁夏卫诸卫及宁夏镇，成为典型的以军事镇戍为核心的边镇。清代，宁夏属陕西布政司，后改宁夏府，编列州县。1929 年，成立宁夏省。1949 年中华人民共和国成立后，1954 年宁夏省撤销，1958 年 10 月 25 日，宁夏回族自治区成立。

自然与人文背景

宁夏回族自治区地处东部季风区、西北干旱区和青藏高原区三大自然区域的交会地带，这"使得宁夏的自然环境具有显著的过渡性、复杂性和不均衡性"。整体来看，南北向纵向延伸的省域呈现北低南高的地势变化，由北向南依次为贺兰山脉、宁夏平原、鄂尔多斯高原、黄土高原与六盘山地等。相较而言，北部地势更为平坦，尽管被沙漠三面包围，但是由于处于黄河流域，水利灌溉条件较好，素有"塞上江南"的美称。而南部则更多地呈现出黄土高原沟壑纵横的丘陵地貌，是回族人民的主要聚居区，也因为历史上丝绸之路重镇——原州的区域影响力，形成了古文化聚集区。

水洞沟遗址的发掘说明早在三万年前的旧石器时代，宁夏就已经有人类生活的痕迹。宁夏具有得天独厚的地理条件与气候特征，这里是游牧文化和农耕文化的过渡地带，这里还是北方草原与南部高原的交界区，黄河和丝绸之路都在其境内穿行而过。此外，来自中原方向的周祖、伏羲、炎帝三大文化也对宁夏产生了潜移默化的作用。因此，形成了宁夏多元交会融合的地区文化特征。

聚落与建筑群体

就目前已经公布的全国重点文物保护单位与自治区级文物保护单位来看，在宁夏回族自治区范围内的古遗址涉及年代从旧石器时代到元代，其中以宋代古遗址最为集中，约占三分之一，主要分布在自治区南部地区，尤以固原市居多，应与宋代以固原地区置镇戍军有关。固原市作为治所所在地，逐渐发展成为军

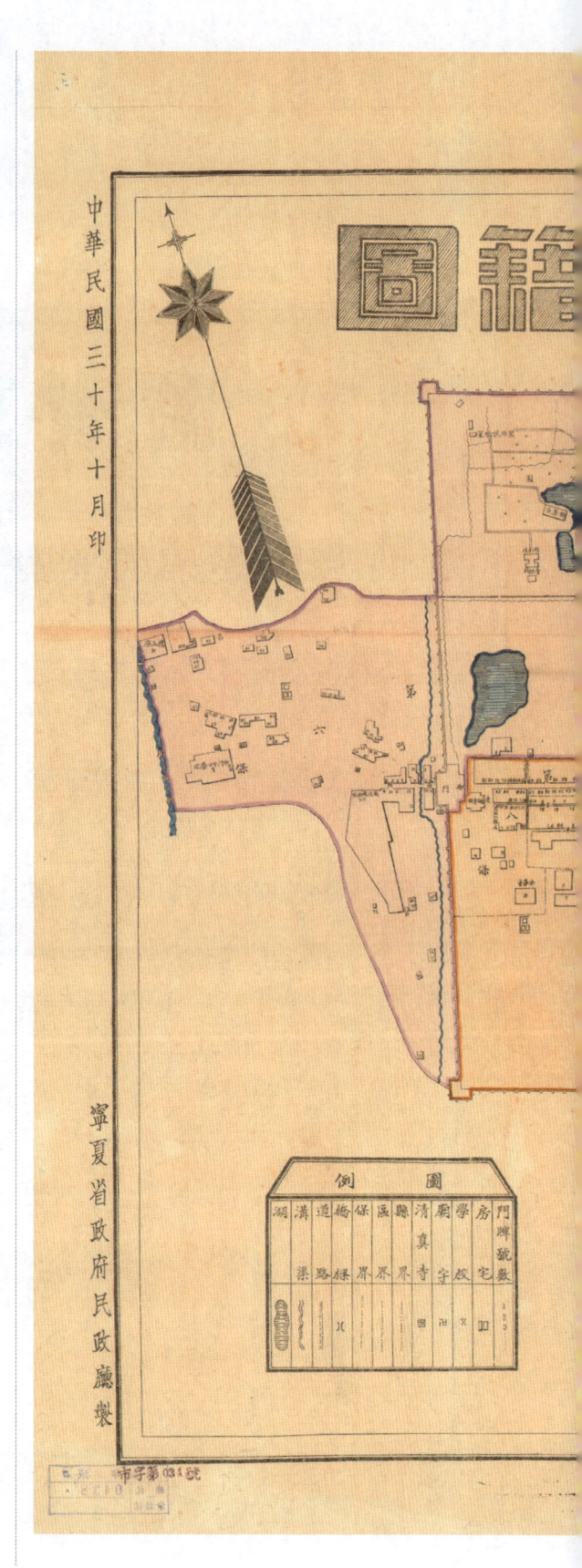

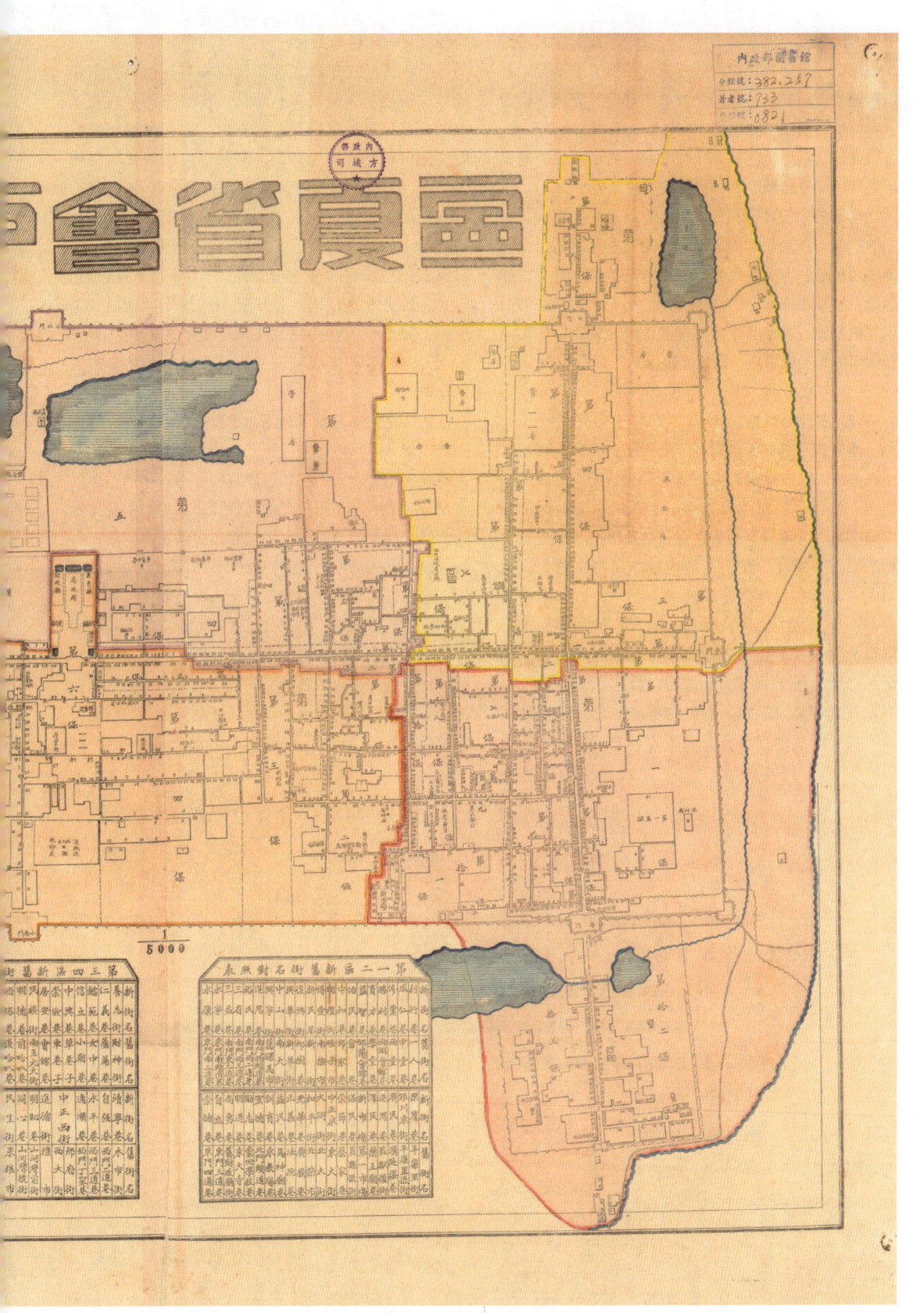

宁夏省会户籍图（1941）

事中心，兴建了大量军事堡寨，促进了地区性人居活动的稳定开展。从针对这些古遗址的研究中也可以看出明显的军事防御特征，比如城门外设置瓮城、设置多重壕堑以及城墙的筑造技艺与建造细部。及至明代，可以发现这些城址主要分布在陆路或者水路的交通要道附近，并且已经形成一些成规模的聚居地。

宁夏的地理环境和气候特点，以及其在军事防御上的地位与作用，都深深地影响着这里聚落的选址、形成与形态。因此，现在保存比较完整的古村寨一般都具有"背山面水"的环境特征，用于交通联系的道路因地制宜，宽度与走向不规则，因此建筑单体和民居院落的布局较紧凑，高低错落。

建筑类型与风格

就建筑功能方面来看，宁夏回族自治区现存的古建筑也是以宗教建筑为主，所承载的祭祀主题以民间祭祀、佛教、伊斯兰教为主。尽管列入文物保护单位的清真寺并不具有绝对优势，但是伊斯兰教建筑，如清真寺、拱北，在宁夏境内分布非常密集，且因为大多是随村落配建，规模大小不一，形制也不尽完备，反而是类似下文所列的纳家户清真寺和童心清真大寺这样的伊斯兰教建筑，延续时间较长、建筑风格较为统一且影响较大。宗教建筑整体呈现出多宗教共存且发展较为稳定的特点，也与宁夏地区在历史上因其地理位置而承载的军事防御与民族融合的意义一脉相承。

从建筑形式来看，塔和石窟相对其他结构与建造形式的建筑明显居多，而且还有在中国佛教艺术史上具有一定地位的须弥山石窟。现存古塔所选取的建筑材料基本均为砖石，形制也以楼阁式与密檐式居多。但是，在布局策划与形式构思方面不拘一格，为我们留下了诸如一百零八塔这样规模宏大、设计精巧的实例，也有在形式上融合多民族文化喜好的宏佛塔。总之，尽管在空间位置上宁夏地区地处边地，但是，历史上这里仍然是华夏文明的发祥地之一，地缘的特点也同样为这片土地奠定了多民族、多宗教、文化融合的发展基调，为后代留下多姿多彩的文化遗产。

从文化传播的角度来看，宁夏地区的建筑文化也能够体现出因其地缘特征所产生的与中原汉地文化、西域外来文化之间的互动。固原须弥山石窟的洞窟形制在时间上的分布则呈现出与敦煌石窟相似的总体趋势，但是存在相当数量由塔院窟改为僧房窟的洞窟与墓室窟，反映出使用目的对总体布局与石窟空间的影响。此外，洞窟内部的绘塑组合情况反映出的信仰主题则相对较为稳定，即以公元五六世纪盛行于我国北方的三世十方诸佛信仰为主，结合大量佛殿窟主室三壁均设佛龛或佛台的现象，亦可在某种程度上印证上述信仰特征对应的佛事活动对佛寺空间布局与殿阁配置的影响。

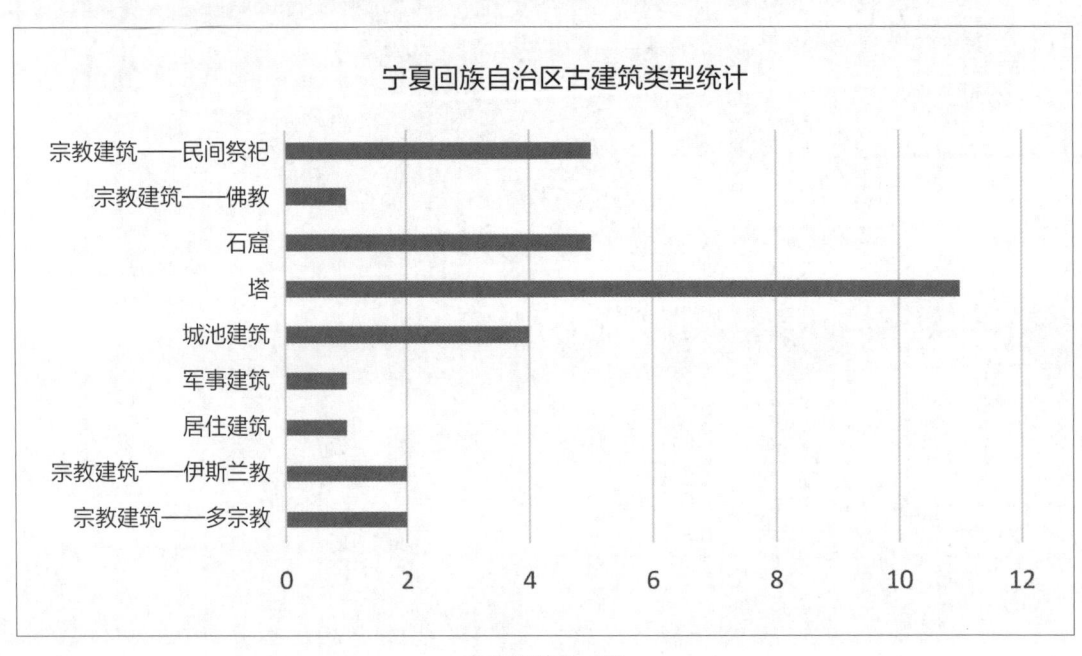

宁夏回族自治区古建筑类型统计

类型	数量
宗教建筑——民间祭祀	5
宗教建筑——佛教	1
石窟	5
塔	11
城池建筑	4
军事建筑	1
居住建筑	1
宗教建筑——伊斯兰教	2
宗教建筑——多宗教	2

古建筑数量/处

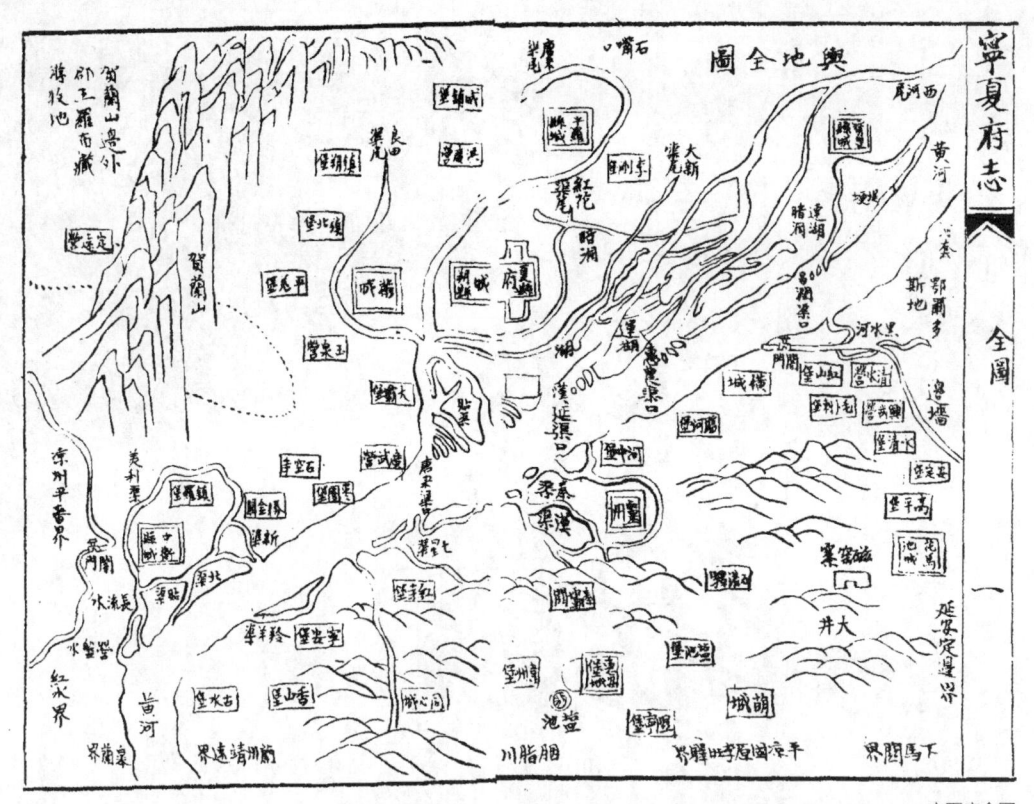

宁夏府全图

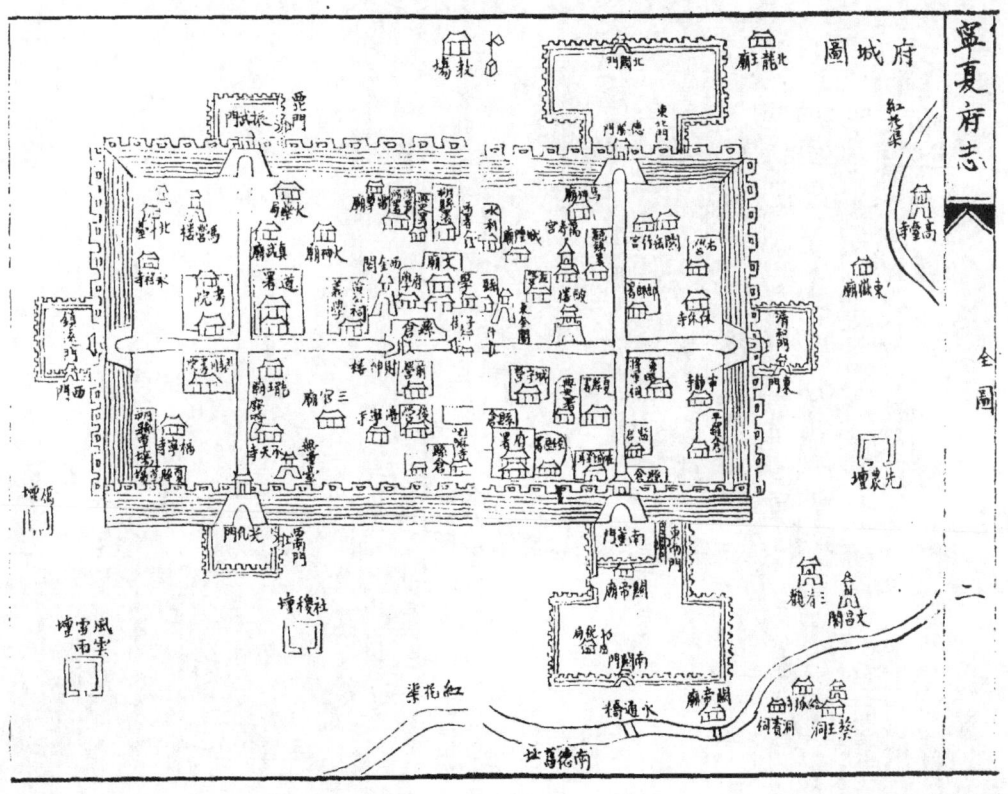

宁夏府府城图

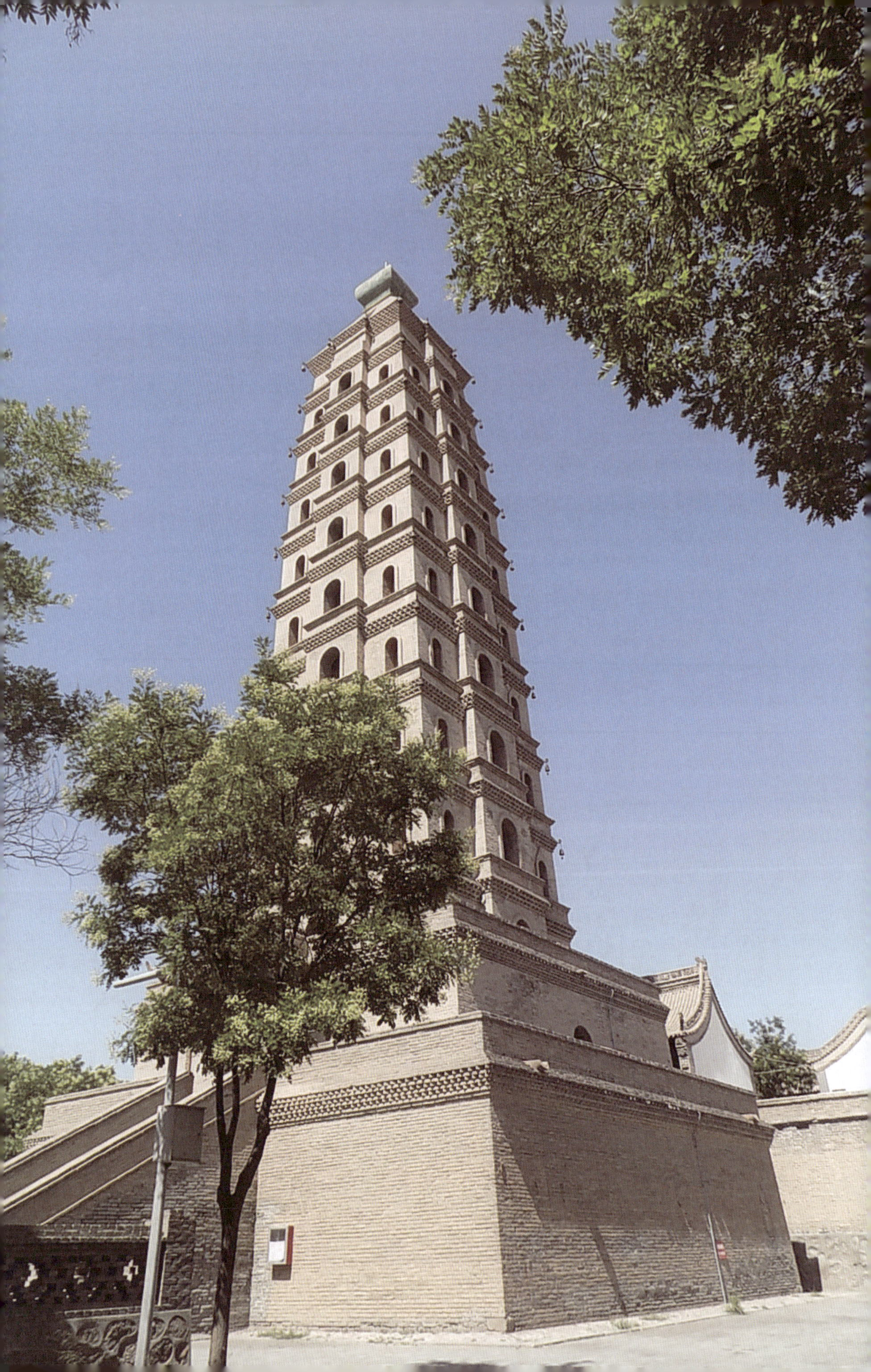

1 银川市
YINCHUAN

银川市古建筑分布图
Historical Architectural Map of Yinchuan

1. 海宝塔
2. 银川玉皇阁
3. 承天寺塔
4. 银川钟鼓楼
5. 南门楼
6. 镇北堡古城址
7. 贺兰山岩画（贺兰口）
8. 西夏王陵
9. 拜寺口双塔
10. 宏佛塔
11. 纳家户清真寺
12. 镇河塔

银川市地图

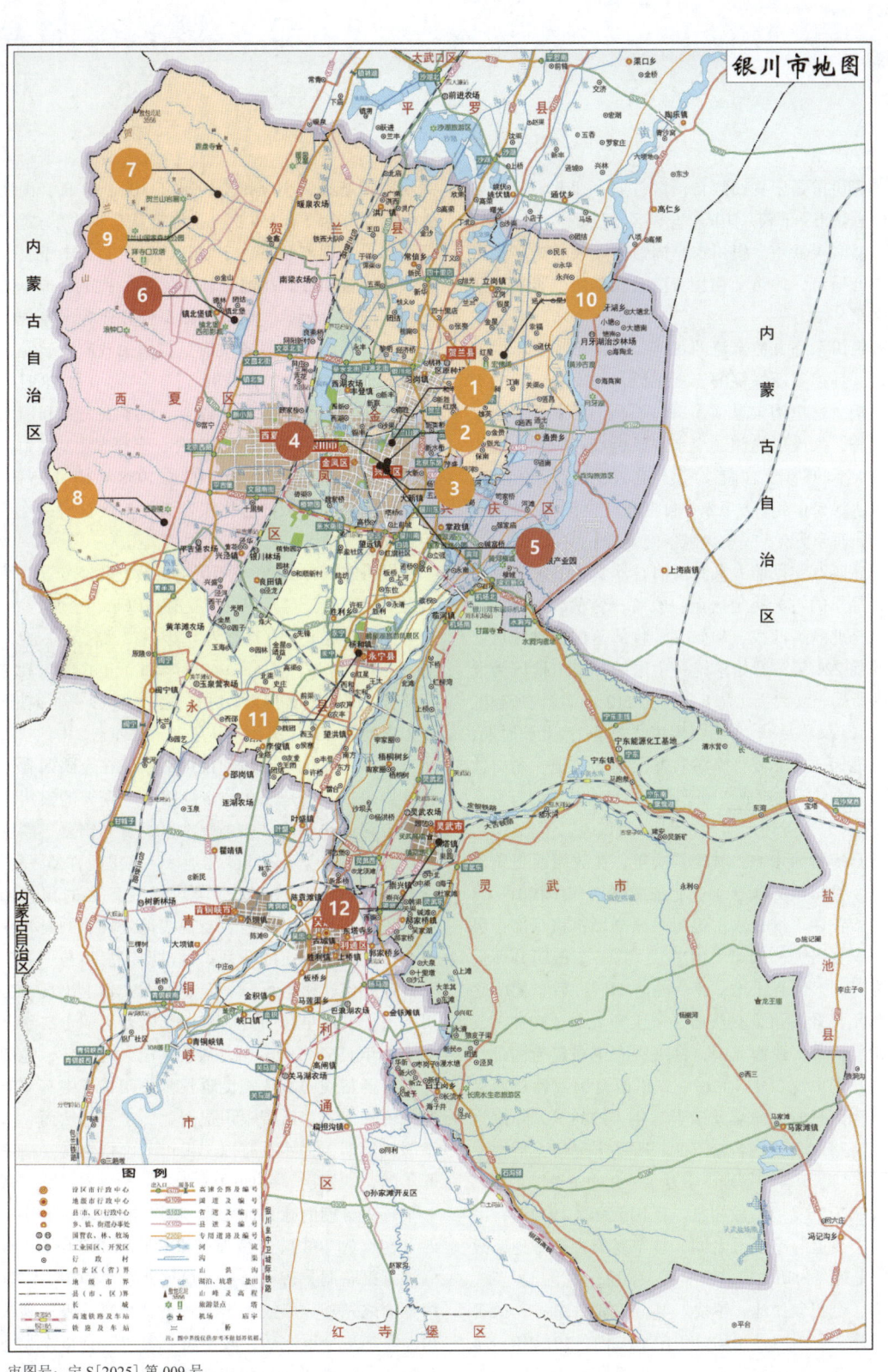

审图号：宁S[2025]第009号

建置沿革

银川市是宁夏回族自治区首府，西北地区重要的中心城市，下辖兴庆区、金凤区、西夏区、永宁县、贺兰县和灵武市。银川市是周边宁蒙陕甘毗邻地区的中心城市，1986年由国务院公布的第二批国家历史文化名城之一。

银川东临九曲奔流的黄河，西依雄浑巍峨的贺兰山，怀抱美丽富饶的宁夏平原，是安居乐业的天府之地。这里沟渠纵横，田园如画，稻麦舒浪，瓜果飘香，大漠风光和江南水乡景色交相辉映，成为名闻天下的"塞上江南"。银川有200多个湖泊湿地，面积达到530多平方千米，自古就有"七十二连湖"之称，而今更有"塞上湖城"之美誉。

三四万年以前，水洞沟旧石器文化遗址是银川地区最早的古人类定居点。殷商、春秋战国时期，这里是北狄、西戎、匈奴等游牧部落的活动地区。公元前221年，秦始皇统一中国后，银川地区为北地郡所属。汉武帝元鼎五年（前112），境内所建北典农城（又称吕城），为银川建城之始。南北朝时期，银川地区成为北方许多游牧部族的居牧地，名曰饮汗城。大夏国改建成"丽子园"，为大夏王的行宫、御花园。北周置怀远郡、怀远县。唐仪凤二年（677），怀远县遭黄河水淹，城废。次年，在故城西更筑新城（今银川市兴庆区）。北宋咸平四年（1001），党项族首领李继迁攻占银川平原全境，移总部于灵州。宋真宗天禧四年（1020），其子李德明升怀远镇为兴州，大兴土木，建为临时都城。后李德明之子李元昊升兴州为兴庆府。宋宝元元年（1038），李元昊称帝，建西夏国，将兴庆府正式定为国都。蒙古汗国中统二年（1261），以西夏国故疆建西夏中兴等路行省。元至元二十五年（1288），降改为中兴府路，宁夏之名始于此。明设宁夏镇，下辖七卫，实行军政合一管理，宁夏系"九边重镇"之一。清改制为宁夏府，辖州县。民国元年（1912），因清代宁夏道与宁夏县名同，且宁夏为古朔方地，故改宁夏道名为朔方道，领宁夏、宁朔、中卫、平罗、灵武、金积、盐池、镇戎八县，仍属甘肃省。道署及宁夏、宁朔两县治均设于宁夏城内。1913年，宁朔县治移驻新满城，后又迁至今永宁县望洪镇和青铜峡市瞿靖镇、小坝镇。1928年10月17日，国民党中央政治会议第159次会议将宁夏道（即朔方道）旧属八县（即宁夏县、宁朔县、平罗县、中卫县、灵武县、金积县、盐池县和平远县）和宁夏护军使辖地（即阿拉善旗、额济纳旗）合并建为宁夏省。1944年1月，经宁夏省政府呈报国民政府行政院，建议将宁夏省城命名为银川市。1947年4月18日，银川市正式成立，为宁夏省会。中华人民共和国成立之初，仍为宁夏省会。1954年，宁夏省建制撤销，银川市为甘肃省银川专署所在地。1958年10月25日，宁夏回族自治区成立，银川市为自治区首府，是自治区政治、经济、文化中心。

银川建城有2000多年历史，城址几经变迁，城名也屡次更改。自元初设宁夏府路以来，至明、清、中华民国，这里一直被称为宁夏（省、路、镇、卫、道、府、县）城。直至1947年4月，正式成立具有行政建置意义的银川市，并一直沿用至今。"银川"作为古地名，最早见于《新唐书·地理志》中的"银州银川郡"。这个银州和银川郡故址在今陕西省米脂县境内，并不是现在的宁夏银川。今天的银川地区，古为灵州属地，史书中常以灵夏、银夏、麟夏为地名，泛指今宁夏和陕北地区。这里所称的"夏"指夏州，故址在陕北，灵夏、银夏地名的频繁出现，说明宁夏、银川地名与古代地处陕北的夏州、银州等地名有一定的联系，也说明宁夏早与"银"字彼此相连，密不可分。宁夏地方文献上出现"银川"一词，最早在明万历末期。明万历四十二年至四十六年（1614—1618），刘敏宽任三边总督，他的《秋日杨楚璞中丞抚临良晤长城关四首》中有"俯凭驼岭临河套，遥带银川挹贺兰"之句。然而，直至明代后期，仍然没有以"银川"确指镇城。清康熙年间，"银川"一词的含义发生了质的飞跃，从一个较为含糊的咏景词变为较明确的地名。清康熙四十七年（1708），宁夏监收水利同知王全臣在《重修汉延渠暗洞》诗中云："唐徕西绕兰山麓，汉延绵亘唐之东。……或是天公聊小试，暂移鳅穴到银川。"在王全臣之后，较早将"银川"直接作为地名来使用的是清廷兵部侍郎通智，他于清雍正四年

(1726)奉旨到宁夏主持修凿惠农、昌润二渠,在撰写的《惠农渠碑》开头即说:"黄河发源于昆仑,历积石,经银川,由石嘴而北……"这里的"银川"已作为宁夏城的别名在使用。清乾隆十八年(1753),宁夏知府赵本植在府城西门内创办银川书院,这是首次以银川作为宁夏府城的别名来正式命名的半官方机构。赵本植所聘的家庭教师汪绎辰,又于清乾隆二十年(1755)完成《银川小志》一书,这是以"银川"代替宁夏府地名的第一部重要文献。中华民国时期,宁夏省城中还出现以"银川"为名的剧院(银川舞台)、书店(银川书局)等。"银川"之称,已渐渐家喻户晓,除了具有城市或地区的地名意义外,"银川"也可看作含有黄河及灌溉平原的初始意义在内,可谓一语双关。1947年,银川市正式得名。

兴庆区

兴庆区古建筑分布图

- ① 海宝塔
- ② 银川玉皇阁
- ③ 承天寺塔
- ④ 银川钟鼓楼
- ⑤ 南门楼

1 海宝塔

Haibao Pagoda

级别	国家级
年代	清
地址	兴庆区民族北街海宝塔寺内
看点	楼阁式砖塔
开放方式	可参观

海宝塔，也称赫宝塔、黑宝塔、北塔，位于银川市兴庆区民族北街海宝塔寺内，是"宁夏八景"之"古塔凌霄"所在，与银川市西南的承天寺塔遥遥相望。

海宝塔始建年代不详，据史载称由赫连勃勃（北朝政权大夏国国王，407—427）重修，这也是赫宝塔之名的由来，后代经过多次破坏与重修。现存海宝塔为清代乾隆年间因地震毁塌后重新修建而成。现存海宝塔门朝向东方，为方形楼阁式空心砖塔。塔建在高约6米的方形包砖台基上，塔身9层，连同台基总共11级，通高约54米，砖砌塔身接近正方形，稍有收分，四面中间又各有一块突出，呈"亚"字形平面，每层四面置券门，每层之间挑出棱角牙子和叠涩砖檐。塔刹呈四角攒尖式，上置绿琉璃桃形刹顶。塔室为方形空间，以木梁楼板相隔，沿木梯攀登可达顶层。海宝塔的整体造型在我国古塔中别具一格。

海宝塔因塔而有同名佛寺著称，海宝塔位于寺的东西向中轴线上，自东向西依次为山门、天王殿、钟、鼓楼、大雄宝殿、韦陀殿、卧佛殿等殿宇，海宝塔耸立于大雄宝殿和韦陀殿之间。寺内香烟袅袅，晨钟暮鼓。

1961年，海宝塔被列为全国重点文物保护单位，1983年，国务院将海宝塔定为全国重点开放寺院之一，划归宗教部门管理。

天王殿背面

山门

大雄宝殿

海宝塔侧面

海宝塔全景

卧佛殿

2 银川玉皇阁

Yinchuan Jade Emperor Pavilion

级　别	国家级
年　代	明—清
地　址	兴庆区解放东街和玉皇阁北街的交会处
看　点	地方风格建筑，谯楼
开放方式	可参观

银川玉皇阁坐落在银川市兴庆区解放东街和玉皇阁北街的交会处。玉皇阁始建年代不详，在明嘉靖《宁夏新志》中即以"旧谯楼"出现，说明玉皇阁至迟在明中期以前就已存在。清乾隆三年（1738），玉皇阁毁于地震，震后重修，后多次修葺。清乾隆《银川小志》载："极崇焕轩敞，上供真武帝。"乾隆以后，重修此楼，内置玉帝，遂称其为玉皇阁。2006年完成落架维修，并清除水泥墙皮，还原青砖本色。

玉皇阁建筑整体建在高大宽阔的砖砌台座上，由台基、大殿、东西配殿及钟鼓楼组成，台基夯土筑成，外包青砖，正中辟有一南北向拱形过洞，可通车与行人，西北侧有台阶登楼。台基中央主体建筑是一座坐北朝南的两层重檐歇山顶大殿，面宽五间，大殿底层朝南接出卷棚顶抱厦五间，抱厦明间向南又接出一小抱厦，突出在台基外；向北又接出一殿一卷棚顶抱厦各三间。大殿东西两侧为对称的三重檐十字脊亭式钟、鼓楼。东侧建有硬山卷棚顶厢房三间，西侧建有一殿一卷棚顶配殿三间。整个建筑结构严谨、布局精巧，是一组具有浓郁地方风格的古建筑群。

玉皇阁是银川市仅存的古代木结构高层楼阁，充分体现了银川古代能工巧匠的精湛技术。1963年，银川玉皇阁被列为第一批自治区级文物保护单位，2013年被列为全国重点文物保护单位。

远景

近景

后侧部

3 承天寺塔

Chengtian Temple Pagoda

级　　别	国家级
年　　代	西夏—清
地　　址	兴庆区进宁南街西侧承天寺中
看　　点	楼阁式砖塔
开放方式	可参观

承天寺塔位于银川市兴庆区进宁南街西侧承天寺中，是我国目前唯一现存准确修建年代记载的西夏古塔。据明嘉靖《宁夏新志》中夏国皇太后《新建承天寺瘗佛顶骨舍利碣铭》记载，该塔始建于西夏天祐垂圣元年（1050）。西夏开国皇帝李元昊死后，其子年幼登位，西夏皇太后没藏氏为珍藏宋代所赐《大藏经》，并为其子（毅宗）谅祚登基祈求佛佑、巩固皇基而建造此塔。

承天寺塔是一座八角形十一层楼阁式砖塔，通高约65米。方形塔基，塔门面东，可通过券道进入塔室，塔室内有木梯进入各层。塔身一至二层各面设券门窗式壁龛，三、五、七、九层设南北券门式明窗，塔身各层收分较大，每层之间的塔檐上下各挑出三层棱牙砖。四、六、八、十层设东西向多门式明窗，十一层设四明四暗圆窗。塔顶建有八面攒角刹座，其上立绿色琉璃桃形塔刹。塔寺建成后，与当时凉州护国寺、甘州卧佛寺齐名，是西夏著名的佛教圣地之一，承天寺塔与灵武镇河塔互称为"姊妹塔"。

现存承天寺寺院坐西朝东，由前后两进院落组成。前院是五佛殿和承天寺塔，后院有韦驮殿和卧佛殿。元明时期，承天寺塔曾遭兵燹和地震的危害，明初时仅存一塔。后来，朱元璋的第十六个儿子明庆靖王朱栴重修了寺院，增建了殿宇，承天寺以"梵刹钟声"成为当时八景之一。清乾隆三年（1738），发生地震，寺塔被毁，清嘉庆二十五年（1820）重建，保留了原西夏佛塔的基本形制。2006年，承天寺塔被列为全国重点文物保护单位。

全景

近景

翼角飞扬

自塔上俯瞰承天寺

塔内砖券

4 银川钟鼓楼

Yinchuan Bell and Drum Tower

级　别	自治区级
年　代	清
地　址	兴庆区解放东街与鼓楼南北街交会处
看　点	钟鼓楼建筑
开放方式	可参观

银川钟鼓楼位于银川市兴庆区解放东街与鼓楼南北街交会处，也被称为"鼓楼""十字鼓楼""四鼓楼"，建于清道光元年（1821），后屡有修葺。

钟鼓楼通高30余米，下部为高大的方形台基，底边长24米，高8.5米，青砖砌筑，台基下为券顶洞形十字通道，四面洞额有石刻字迹，东曰"迎恩"，西曰"挹爽"，南曰"来薰"，北曰"拱极"。台基四面券顶通道，分别与解放东西街、鼓楼南北街相通。东面门洞两侧各辟一券门，南券门额上题为"坤阖"，内为一耳室；北券门额上题为"乾辟"。从北券门沿券砌暗道石阶可登至台基之上。台基中心建有十字歇山顶重檐二层楼阁，四面各带一歇山卷棚顶抱厦，二层楼面带平座围廊。台基四角各建有一歇山卷棚顶角坊。

钟鼓楼结构严密紧凑，造型俊俏华丽，是一座体现清代汉族建筑风格的古建筑，也是银川市的标志性建筑之一，反映了中国古代汉族劳动人民的聪明智慧和高超的建筑技艺。1988年，银川钟鼓楼被列为宁夏回族自治区级文物保护单位。

钟鼓楼也是银川市的一处爱国主义教育基地。1926年9月，第一次国共合作时期，为配合中国共产党在国民军联军中的工作，以李临铭为负责人的宁夏第一个中国共产党的组织"中共宁夏特别支部"成立，办公地址就设在钟鼓楼的东北角坊。1949年宁夏解放，9月26日，时任十九兵团司令员和政委的杨得志、李志民与地方人士一同在钟鼓楼上检阅了人民解放军的入城仪式。1996年，钟鼓楼被公布为银川市爱国主义教育基地。

正面　　　　　　　　　　　　　　　　　　　　　背面

5 南门楼
South Gate Building

级　别	自治区级
年　代	清—民国
地　址	兴庆区南薰路与中山南街交叉口
看　点	城池建筑
开放方式	可参观

南门楼坐落于南薰路与中山南街交叉口处，为宁夏城六座城门中仅存的一座，又称"南薰楼"。南门楼坐北朝南，面临广场，是银川市内的必经之地。南门楼通高27.5米。砖包台基高7米，长88米，宽24.5米。台基正中壁有一南北向拱形门洞。台基北面门洞两侧有对称式的台阶，可登临而上。在高大的台基中央，建三重檐二层歇山顶楼阁，室内有木梯上二楼，二楼外侧环绕围廊。整座建筑结构严谨，廊檐彩绘，红墙碧瓦，气势宏大，又因台基两侧建有观礼台，素有"小天安门"之誉。

南门楼始建年代不详，有传说为1020年西夏党项族首领李德明将都城从灵州（灵武）迁至怀远（银川），大起宫室，扩建城池时建造。明洪武年间，重修宁夏卫城，有"南曰南薰，上建南薰城"之记载，可能更为可靠。清乾隆三年（1738）发生大地震，府城尽毁，城门亦坍塌。清乾隆五年（1740）又重建，有"南楼秋色"一景。清宣统三年（1911），南门楼毁于战火。民国初年再次修复。1953年，南门楼东西两侧的城墙被拆除，开辟为南门广场。1979年，在门楼两侧修筑观礼台，南北种植花草树木。

1985年，南门楼被列为银川市文物保护单位，2005年，被列为宁夏回族自治区级文物保护单位。

全景

近景　　　　　　　　　　　　　　　　　　　　　　　背面

西夏区

6 镇北堡古城址
Zhenbeibao Ancient City Site

级　别	自治区级
年　代	明—清
地　址	西夏区北端
看　点	古代城池
开放方式	可参观

镇北堡古城址位于银川市西北方向，西夏区北端。镇北堡原为明代长城沿线的宁夏右屯卫所属屯堡之一，包含一南一北两座古代城堡遗址，均坐西朝东，是明清时期为防御贺兰山以北各族入侵府城（银川城）而设置的驻军要塞，镇北堡也因此得名。

镇北堡古城址的两座城堡遗址被当地群众分别称为"老堡"和"新堡"，或"明城"和"清城"。其中，"明城"始建于明弘治十三年（1500），平面约呈方形，东西长175米，南北宽160米，城墙墙体用黄土夯筑而成，存高3～9米，顶宽4～8米，西侧开门，清乾隆三年（1738）因地震损毁。清乾隆五年（1740），在旧堡北侧约200米处修筑新堡，即"清城"。"清城"坐西朝东，平面呈长方形，墙体为黄土夯筑，上筑女墙，东墙设城门，用青砖砌筑成拱形门洞，顶部建有门楼，城门外设

堡墙

半圆形瓮城，南向开门。城墙四角残留有角楼的痕迹。2005 年，两处城堡被列为宁夏回族自治区级文物保护单位。

随着历史的发展，这些堡垒逐渐失去了它的军事价值而大部分被废弃。近 20 年来，镇北堡古城址主体成为西部影视城所在地和旅游区，以原始、粗犷、古朴、荒凉及民间化为特色，成为中国西部题材和古代题材的电影、电视外景拍摄基地。曾在此作为主要拍摄地的影片有《大话西游》《新龙门客栈》《双旗镇刀客》《大旗英雄传》《红河谷》《黄河绝恋》等，镇北堡及镇北堡古城址内，现在保留和复原了部分影片拍摄时的场景和道具，供游人观赏。

内景

烽火台

角楼

贺兰县

7 贺兰山岩画（贺兰口）
Rock Painting of Helan Mountain（Helankou）

级　　别	国家级
年　　代	春秋—西夏
地　　址	贺兰县
看　　点	景观，岩画，石刻
开放方式	可参观

在贺兰山东麓北起石嘴山南至中卫胜金关的20多个山口、南北长200多千米内，发现早期岩画20多处。贺兰山在古代是匈奴、鲜卑、突厥、回鹘、吐蕃、党项等北方少数民族驻牧游猎、生息繁衍的地方。他们把生产生活的场景凿刻在贺兰山的岩石上，来表现对美好生活的向往与追求。贺兰山岩画反映了他们当时的审美观、社会习俗和生活情趣，内容十分丰富，包括放牧、狩猎、战争、动物、人物、类人首、符号和彩绘岩画等多种。贺兰山岩画在不同的地点有着不同的内容：石嘴山一带以森林草原动物为主，如北山羊、岩羊、狼等形象；贺兰山一带多以形形色色的类人首为题材；青铜峡、中卫、中宁一带的岩画则以放牧及草原动物北山羊为主。在贺兰山白芨沟等地，还发现了成片彩绘岩画，内容以乘骑征战人物形象及北山羊、马等动物形象为主。岩画的制作方法有三种：磨刻法、敲击法、线刻法，刻制年代在春秋战国与西夏之间。贺兰山岩画是不同历史时期、不同民族共同创造的民间艺术画廊。

其中最为集中和最具有代表性的是贺兰口岩画。贺兰口距银川城50余千米，位于贺兰山中段的贺兰县金山乡境内，山势高峻，海拔1448米，俗称"豁了口"。贺兰口岩画主要集中分布在贺兰口沟内外的山壁上和沟外洪积扇坡地上。岩画内容有图腾崇拜、游牧狩猎、生殖崇拜、巫术活动、战争场景、欢庆舞蹈及各种符号等。共发现岩画2194组，单体图案5509幅。在整个岩画中，以符号岩画为最多，占单体图的一半以上，其次为羊、马、牛等动物活动等。贺兰口岩画的形成，经历了较长的时期，是不同时期居住在贺兰山地区的多个少数民族留下的艺术作品。

贺兰口岩画反映了古代人类在不同历史时期的经济生活、社会生活和宗教信仰，是人类活动在不同历史阶段的真实记录，是研究中国人类文化史、宗教史、原始艺术史的文化宝库。1996年，贺兰山岩画被列为全国重点文物保护单位。

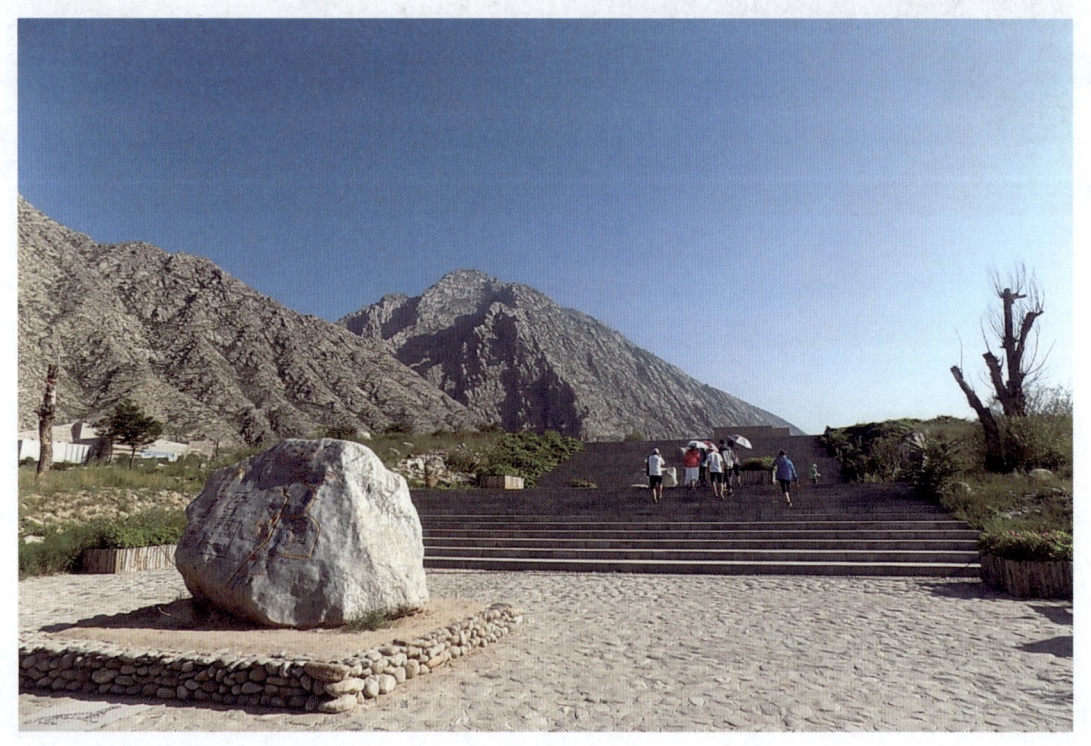

入口

山谷　　　　　　　　　　　　　　　　　　　　　　　　　　　　　　岩画

8 西夏王陵

Xixia Royal Mausoleum

级　别	国家级
年　代	西夏
地　址	贺兰县贺兰山东南麓
看　点	景观，陵寝序列，遗址形制
开放方式	可参观

　　西夏王陵位于今宁夏银川市西部约30千米的贺兰山东南麓，是谜一般西夏王朝留下的重要遗存。

　　西夏王陵陵区北起泉齐沟，南至银巴公路，南北长约10千米；东界西干渠，西靠贺兰山东麓，东西宽约5千米，范围约50平方千米。随着地势的起伏，大小陵墓，如塔林立，星罗棋布。据新近调查统计，陵区已发现帝陵9座，陪葬墓208座。有观点认为，贺兰山东南麓被择为陵园之地，一方面是因为与都城及离宫联系便利，另一方面则也因其地势的优越，如《西夏书事·卷十》提到，"（兴庆府）西北有贺兰山之固，黄河绕其东南，西平为其障蔽，形势便利"。

　　西夏王陵陵园选址有如下特点：

　　第一，高亢开阔。陵区位于贺兰山中段南端东侧，为山前洪积扇地带，近距山麓，地势较高，居高临下，

入口全景

陵区全景

面向银川平原，视野开阔，远望山麓，陵台高踞，气势雄伟。

第二，背风向阳。贺兰山体横亘，阻挡了西北风，山麓平坦开阔能接受较多阳光，温度较高，年降水量少，发生山洪的频率低，有利于陵园建筑的保存。

第三，地基良好。地表遍布砾石、粗砂，地基承载力强，保水性差，自然排水条件好。春冬不受土层冻融作用的影响，水文工程地质条件优越，也便于地下施工构筑墓室。

陵区每个陵园占地约 10 万平方米以上，都是一个单独完整的建筑群体，坐北朝南，呈长方形，四角建角楼，标志陵园界至。陵园形制大体相同，由南往北由门阙、碑亭、外城、内城、献殿、灵台等组成，四周以神墙围合，内城四面开门；外城内御道两侧置二列或三列石像生；内城之中建有献殿、陵寝等建筑。陵塔为陵园中之主体建筑，设于墓室后方、平面呈八角形，高五层或七层，下大上小，逐层收分，形似巨大的麦垛。从残存其上的砖瓦堆积推想，陵塔在初建后的一段时期，曾是宏大成群、雄伟壮观的建筑，突起于各陵园空间之上，高低错落，前呼后应，使整个陵区呈现着一种神秘静穆、神圣庄严的气氛和景象。

西夏王陵陵园虽仅存陵塔土胎及少量神墙，其他地面建筑均已毁失，但从遗迹可明显看出其建造形制对唐、宋陵园的参仿，对于研究西夏政治、历史、文化有重要价值。1988 年，西夏王陵被列为全国重点文物保护单位。

见诸相关史籍的有明确编号的西夏帝王陵共有 9 座，如下表所示（表 1）。

表 1　西夏王陵名称及帝王下葬时间

埋葬帝王	陵名称	下葬时间	陵编号
太祖李继迁	裕陵	1038 年	1 号
太宗李德明	嘉陵	1038 年	2 号
景宗李元昊	泰陵	1048 年	3 号
毅宗李谅祚	安陵	1068 年	4 号
惠宗李秉常	献陵	1086 年	5 号
崇宗李乾顺	显陵	1139 年	6 号
仁宗李仁孝	寿陵	1193 年	7 号
桓宗李纯祐	庄陵	1206 年	8 号
襄宗李安全	康陵	1211 年	9 号
神宗李遵顼	不详	1226 年	不详
献宗李德旺	不详	1226 年	不详
末帝李睍	不详	1227 年	不详

注：截至 2014 年，西夏王陵遗址中只确认出 9 座陵墓，其他墓主人尚无法确认。

月城遗址

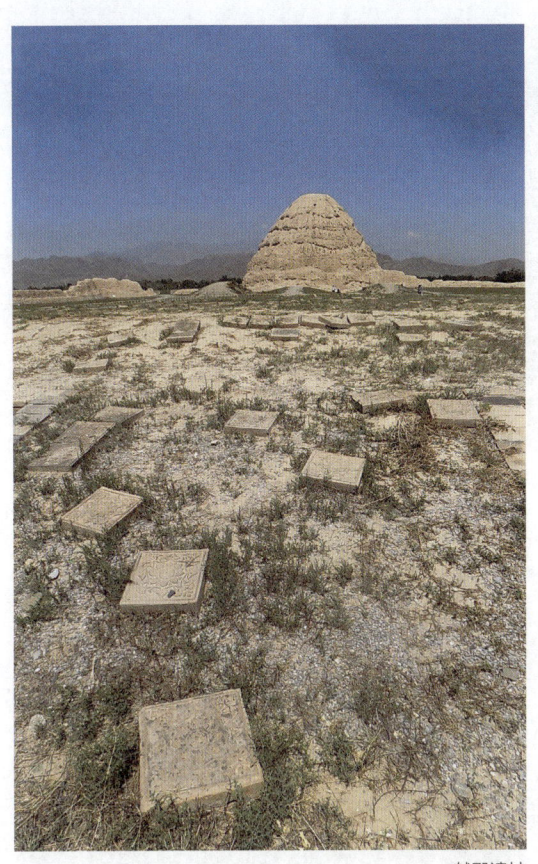

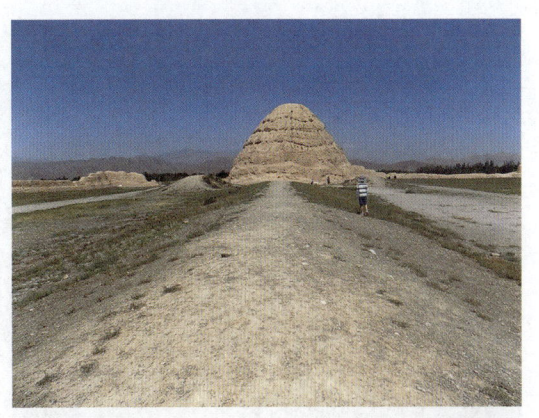

墓道及陵塔

献殿遗址

其他陵塔

9 拜寺口双塔

Baisikou Sikou Twin Pagodas

级　别	国家级
年　代	西夏—明
地　址	贺兰县贺兰山东麓拜寺口沟北侧山坡
看　点	密檐式砖塔，双塔
开放方式	可参观

拜寺口双塔位于银川市西北约50千米的贺兰山东麓的拜寺口沟北侧山坡台地上。双塔东西对峙，相距约百米，皆为平面八角形的十三层密檐式砖塔。两塔平素无饰，正南辟拱券门，可进入厚壁空心筒状塔室。拜寺口双塔始建于西夏中晚期。有考证认为，元明两代曾对双塔进行过较大规模的修缮。20世纪80年代，政府对双塔进行了大规模修缮，但大致保持初建时的原貌。1988年，拜寺口双塔被列为全国重点文物保护单位。

在山口平缓的坡地上，考古发现有大片寺庙建筑遗址，双塔就建在中间的台地上，相传此地也是西夏景宗李元昊离宫建筑的一个组成部分。双塔东西对峙，造型优美，山口东侧的塔称为东塔，13层塔檐下，各面都有各种兽头的浮雕，塔高39米；与之对应的为西塔，西塔也是13层高，外形呈抛物线状，塔高41米。

东塔塔身呈锥体，每层由叠涩棱角牙和叠涩砖构成腰檐，腰檐外挑。底层每面边长2.93米，塔身第一层较高，以上各层逐层收缩，二层以上，每层每面都贴有砖砌兽面两个，左右并列，怒目圆睁，獠牙外露，十分威猛。兽面口衔彩绘红色连珠。兽面之间，是彩绘云托日月图案。塔壁转角处装饰彩塑宝珠火焰。塔顶上砌八角莲花瓣形平座，平座中间为一圆形宝刹，上置11层相轮。塔内室平面为圆形，木板楼层结构，原设有木梯可登至顶层。

西塔比东塔粗壮，也更为华丽。底层每面边长3.1米，二层以上由数层叠涩棱角牙和叠涩砖构成腰檐平座，每层每面均饰佛像与两个砖砌兽头。各层壁面中心各砌进一个长方形浅佛龛，龛内有砖雕佛

银川市

远景

像一尊，以及彩塑动物和八宝图案等。塔壁转角处有宝珠火焰、云托日月的彩塑。塔身有多处西夏文题记和梵文字。

拜寺口双塔建筑综合了中原佛塔传统特点，又把绘塑和雕刻艺术结合起来，构成了两座雄伟壮观、绚丽多彩的艺术珍品。嘉靖《宁夏新志》载有明代安塞王朱秩炅所作《拜寺口》诗赞双塔：

风前临眺豁吟眸，万马腾骧势转悠。
戈甲气销山色在，绮罗人去辇痕留。
文殊有殿存遗址，拜寺无僧话旧游。
紫塞正怜同罨画，可堪回首暮云稠。

全景

东塔近景 　　　　　　　　　　　　　西塔近景

10 宏佛塔

Hongfo Pagoda

级　　别	国家级
年　　代	西夏—清
地　　址	贺兰县金贵镇红星村
看　　点	密檐式和覆钵式混合风格砖塔
开放方式	可参观

　　宏佛塔位于银川市贺兰县金贵镇红星村，始建于西夏时期，明清修葺过，俗称"王澄塔"。

　　宏佛塔是一座八角形空心复合式砖塔，高度近30米，上部喇嘛式塔（高约12米）复合于塔下部三层八角形仿木密檐式塔身之上。下部塔身每层均有叠涩砖挑塔檐，檐下有斗拱，在转角上有悬挂风铃的方木，底层南面辟有券门可通塔室，券门门额饰有砖雕龙凤等。塔身二层以上未设门窗，塔室亦无楼梯。上部喇嘛砖塔由刹座、刹身和刹顶三部分组成。喇嘛塔座平面为十字对称折角多边式，往上逐层收分，塔身为束腰宝瓶形，塔顶为相轮托起尖顶，使塔形成一曲线优美的锥形，素雅壮美，浑厚古朴。

　　宏佛塔造型独特，风格古朴，体现了西夏境内各民族文化相互交流的特点。宏佛塔的砌筑，不设大型须弥座，直接建在夯筑的地基上，采用仿辽的沟纹砖与条砖，而且有西夏独具的掌纹砖，这为国内现存的宋辽佛塔中所仅见，犹为珍贵。

　　1990年，在落架维修时，在宏佛塔的上部结构天宫内发现西夏雕版文字残片、西夏时期泥佛像、唐卡、玉人等396件珍贵西夏文物，被评为1990年全国十大考古新发现之一。1988年，宏佛塔被列为自治区文物保护单位；2013年，被列为全国重点文物保护单位。

远景

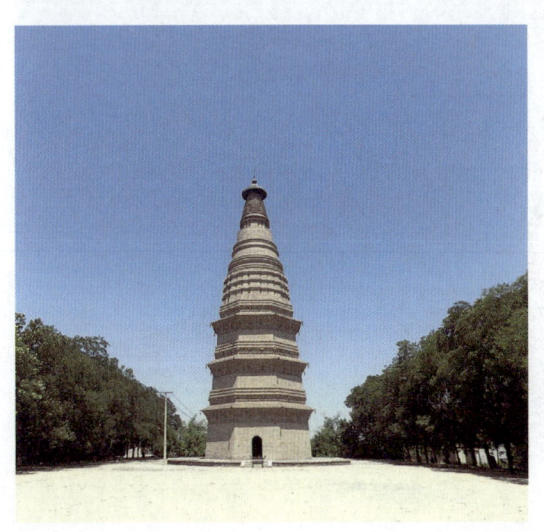

全景

局部

银川市

永宁县

11 纳家户清真寺

Najiahu Mosque

级　　别	国家级
年　　代	明—清
地　　址	永宁县城西纳家户村
看　　点	伊斯兰教建筑整体布局，礼拜厅
开放方式	可参观

纳家户清真寺位于银川市永宁县城西纳家户村，始建于明嘉靖三年（1524），占地面积9000余平方米，现有建筑面积2200平方米，是一处融阿拉伯风格和汉地建筑艺术于一体的清真寺。

寺院坐西朝东，平面呈长方形，由门楼、邦克楼、望月楼、礼拜大殿、厢房、书房、沐浴房构成整体合院院落。门楼为拱券过洞式，过洞上部壁面是一组砖木结构的挑檐平拱斗拱，还有纵向的荷花柱及伊斯兰风格的精美砖雕。过洞上部正中，为三层的歇山顶邦克楼，邦克楼两侧是阿拉伯式的三层望月楼。门楼与望月楼、邦克楼合为一体，在这组建筑群里最为醒目，整体类似于城门，底部是一座由夯土筑成、外部包上青砖的台座。台座高8米、宽9.5米、长14米，中间辟有五道拱门。进入门楼，即可前往寺院的主体建筑礼拜大殿。

望月楼高21米，面阔各三间，是一座重檐歇山顶三层楼阁式木构建筑，朱门彩柱，气势轩昂。望月楼左右各附有一座高19米的尖顶邦克楼，与望月楼辉映耸立在砖砌台座之上。

穿过门楼券门，南北两侧是左右厢房各8间，分别为教长诵经室、教长住室、贵宾接待室、阿訇学习室。正中面对的是寺院主体建筑礼拜大殿，是目前全自治区最大的礼拜大殿，大殿内部面阔五间，进深七间，面积1102平方米，可同时容纳千余人礼拜。屋顶采用五脊四卷的勾连搭形式，即五个单檐歇山顶与四个卷棚顶组合共同覆盖了整座礼拜大殿。

纳家户清真寺有悠久的历史渊源。据传，元代贵族纳速剌丁担任陕西平章政事，他的四个儿子分别以纳、苏、剌、丁为姓。随着时代变迁，这支大家族开始慢慢向外迁徙，其中一支纳姓子孙从陕西

邦克楼

入口广场

移居到了今纳家户村一带，并于明代建起了纳家户清真大寺。寺中保留至今的一块楹联匾额上还记载着："吾家弃秦移居西夏，吾寺起建于明嘉靖年间。"明清以后，纳家户清真寺屡遭损毁，后来陆续修复，由于年代久远，加上地震和战乱的破坏，原来的建筑早已无存。现存的清真寺主要建筑年代可上溯至清末，此后又几度修葺。20世纪80年代，纳家户清真寺经过全面整修。1988年，纳家户清真寺被列为宁夏回族自治区级文物保护单位；2013年，被列为全国重点文物保护单位。

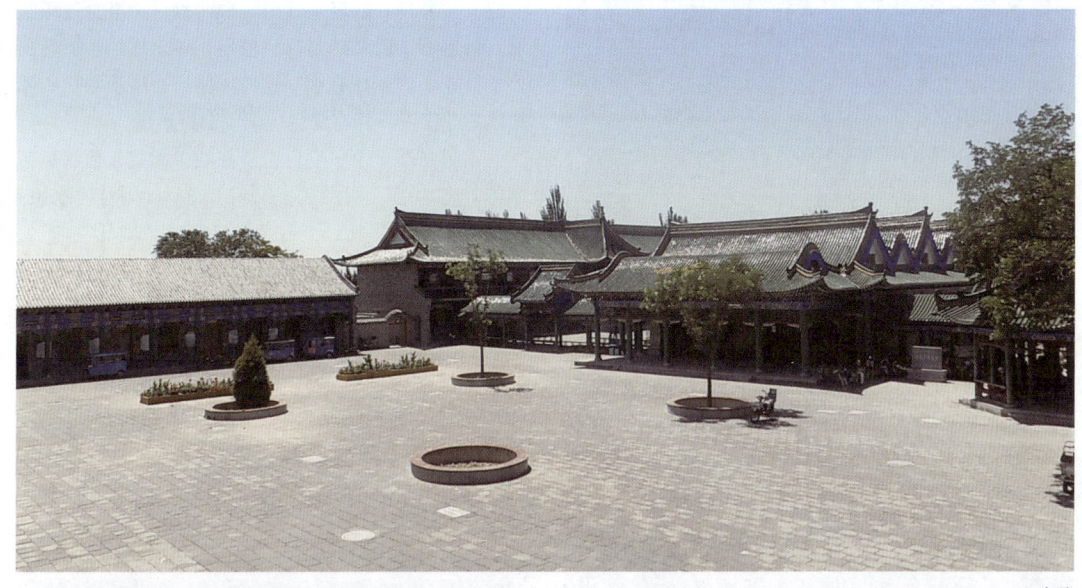

内院

邦克楼屋顶梁架内部

礼拜厅

礼拜厅前廊

灵武市

12 镇河塔

Zhenhe Pagoda

级　别	自治区级
年　代	元—清
地　址	灵武市东塔镇东塔寺内
看　点	楼阁式砖塔
开放方式	可参观

镇河塔，当地俗称"东塔"，位于银川市灵武市东南约2千米处东塔镇东塔寺内，与银川市承天寺里的西塔对应为姊妹塔。根据塔内发现的元代遗物可知，镇河塔始建于元代或元代以前。据《重建镇河塔碑记》载，此塔在1709年和1718年两次地震时倾圮，现存塔是清康熙六十一年（1722）所建。

镇河塔是一座八角十一级楼阁式砖塔，通高约44米，塔底边长5.7米，每层逐级收缩，顶上为琉璃砖雕须弥座，上托绿色琉璃质宝瓶形塔刹。每级塔身以叠涩砖出桃檐，每层塔檐转角处悬铁铎风铃。塔室平面亦呈八角，塔门面西，原有木梯可盘旋而上。塔内壁涂白灰，一至二层之间绘有人物、花卉、飞鸟等图案，第三层有清雍正三年（1725）刻制的佛经金刚咒文、募捐者姓名及其施舍钱两数目。塔身逐级收缩，每层有7层悬砖与3层棱角牙砖出檐，各层转角处木铎龙头上悬挂有铜、铁铸风铃。在塔顶八面砖雕琉璃莲花座上，托有绿色琉璃宝葫芦形顶。

古灵州城（今宁夏吴忠市古城）始建于西汉惠帝四年（前191），明洪武十七年（1384）因黄河水患，城被河水淹没。此后，古灵州经历了"城凡三徙"，于明宣德三年（1428）迁至今灵武市为灵州"新城"。为防黄河水患继续冲圮，灵州新城不再被河水淹没、迁徙，清康熙年间始建了这座镇河塔，后历经重建，寺与塔同时建，初名镇海塔，因塔在清灵州城东门外，又名东塔。镇河塔寺院宽阔，两侧建有天王殿，塔东依次为观音殿和大雄宝殿。

1982年，镇河塔被列为宁夏回族自治区级文物保护单位。

近景

塔刹

银川市其他文物保护单位列表

区县	名称	年代	级别	地址	类别
兴庆区	民国宁夏政府旧址	民国	省级	银川市兴庆区	近现代重要史迹及代表性建筑
兴庆区	兵沟汉墓群	汉	省级	银川市兴庆区月牙湖乡	古墓葬
西夏区	滚钟口西夏遗址	西夏	省级	银川市西夏区滚钟口	古遗址
西夏区	贺兰口沟西夏遗址	西夏	省级	银川市西夏区贺兰口沟内	古遗址
西夏区	石灰窑石刻	西夏—清	省级	银川市西夏区苏裕口沟内	石窟寺及石刻
贺兰县	昊王渠遗址	西夏	省级	银川市贺兰县、吴忠市青铜峡市、石嘴山市惠农区	其他
贺兰县	暖泉汉墓	汉	省级	银川市贺兰县贺兰山东麓	古墓葬
灵武市	水洞沟遗址	旧石器时代	国家级	银川市灵武市	古遗址
灵武市	灵武窑址	宋—明	国家级	银川市灵武市	古遗址
灵武市	南磁湾恐龙化石	侏罗纪晚期—白垩纪早期	省级	银川市灵武市磁窑堡	古遗址
灵武市	回民巷窑址	西夏	省级	银川市灵武市临河乡	古遗址
灵武市	石沟驿古城址	明	省级	银川市灵武市石沟驿镇	古遗址

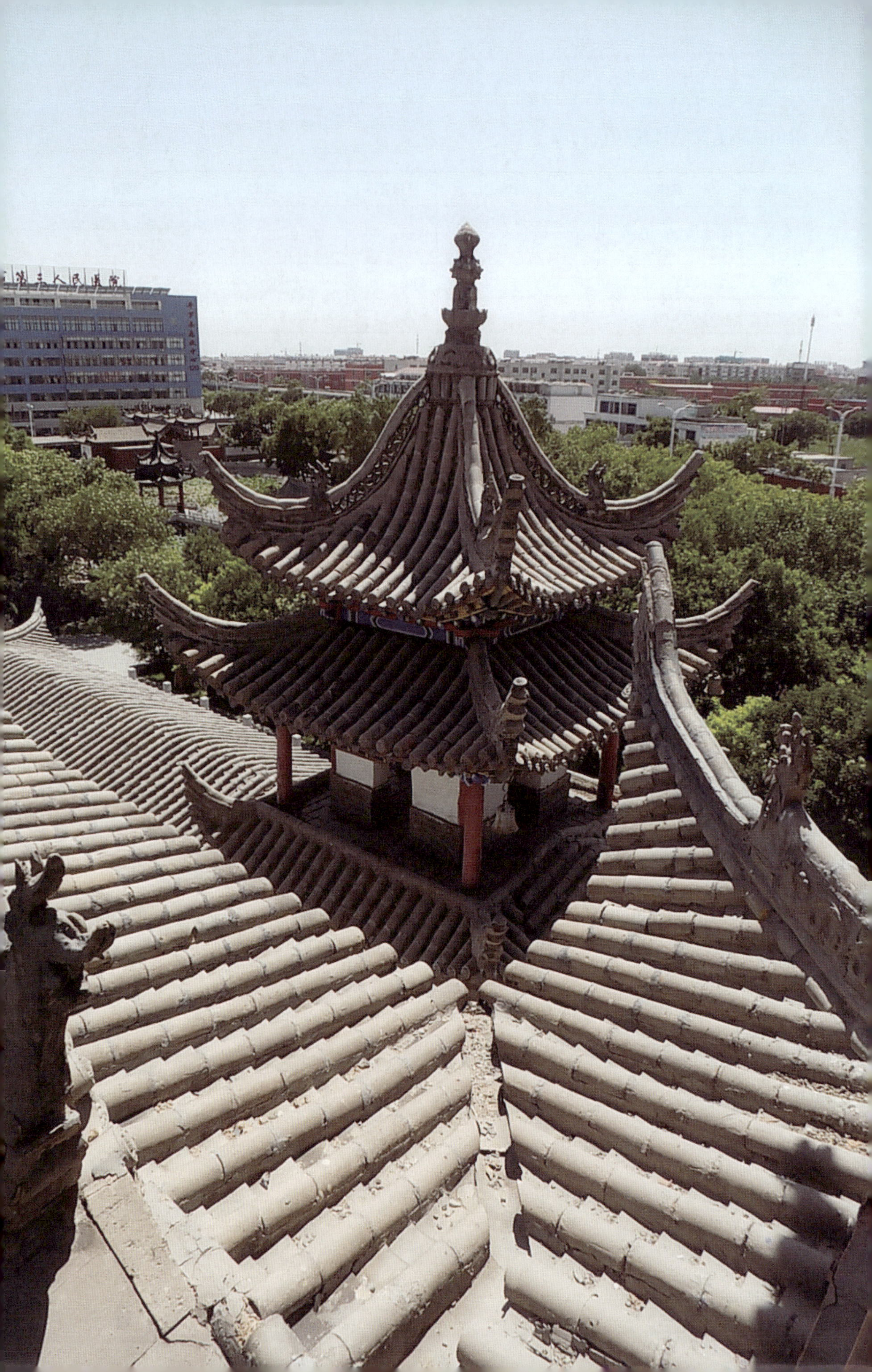

2 石嘴山市
SHIZUISHAN

石嘴山市古建筑分布图
Historical Architectural Map of Shizuishan

1. 武当庙
2. 平罗玉皇阁
3. 田州塔
4. 平罗钟鼓楼

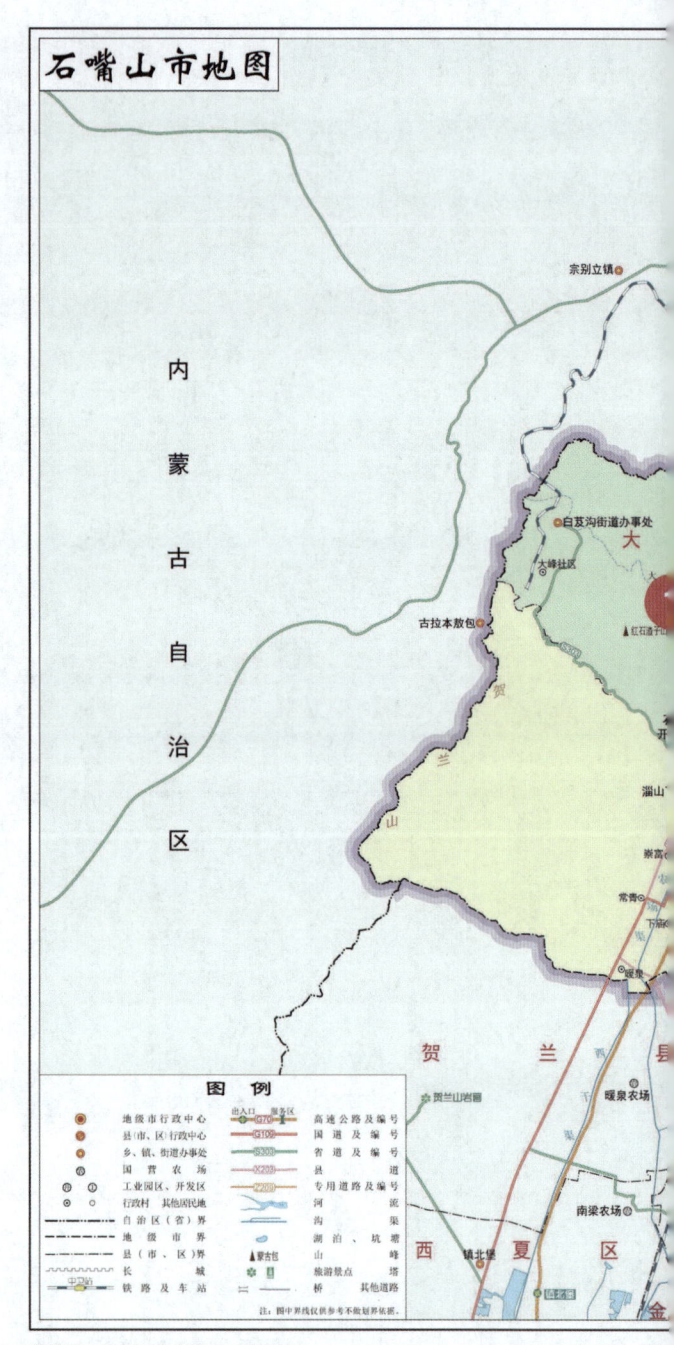

审图号：宁 S[2025] 第 009 号

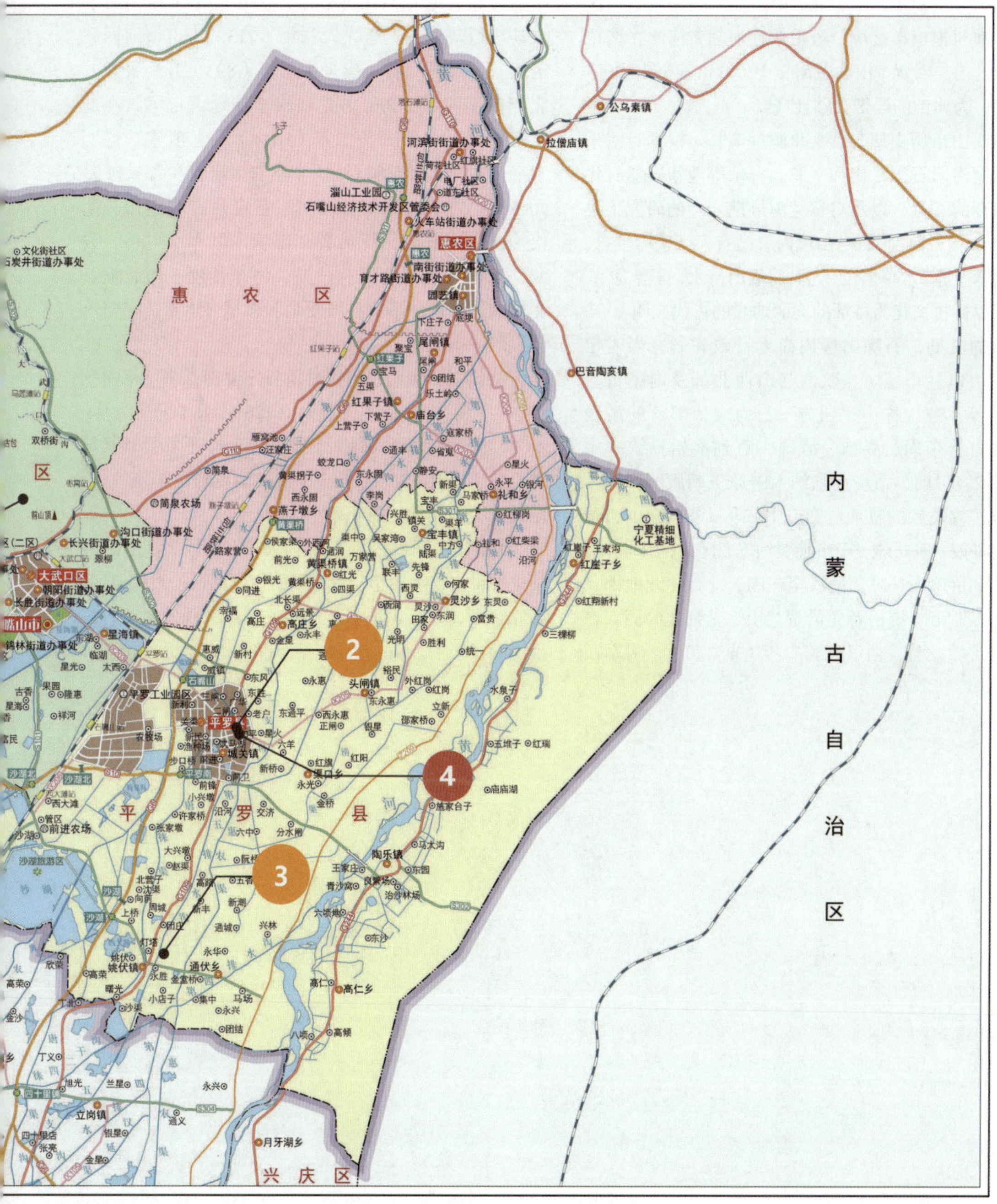
惠农区
惠农区
河滨街道办事处
红旗社区
电厂社区
育花社区
淄山工业园
石嘴山经济技术开发区管委会
火车站街道办事处
南街街道办事处
育才路街道办事处
园艺镇
尾闸镇
红果子
红果子镇
庙台乡
礼和乡
宝丰镇
黄渠桥镇
燕子墩乡
简泉农场
沟口街道办事处
长兴街道办事处
大武口区
朝阳街道办事处
长胜街道办事处
锦林街道办事处
星海镇
平罗工业园区
平罗县
城关镇
平罗县
高庄乡
头闸镇
灵沙乡
渠口乡
陶乐镇
高仁乡
通伏乡
姚伏镇
立岗镇
月牙湖乡
兴庆区
红崖子乡
宁夏精细化工基地
公乌素镇
拉僧庙镇
巴音陶亥镇
内蒙古自治区
2
3
4

建置沿革

石嘴山市是宁夏回族自治区辖地级市,位于宁夏回族自治区最北端,东、北、西三面与内蒙古自治区毗邻,南与银川市接壤。该市东临滔滔黄河水,西依巍巍贺兰山,因贺兰山与黄河交会处"山石突出如嘴"而得名,为典型的温带大陆性气候。

石嘴山市历史悠久,文化源远流长。根据对陶乐南界水洞沟旧石器时代和平罗、陶乐等地新石器时代文化遗存的发掘,以及对贺兰山早期岩画的研究,早在4万~1.5万年前,石嘴山境内就已有人类繁衍生息。当时林木葱茏、水草繁茂,先民们依山傍水,狩猎为生,创造了以畜牧文化为特征的绚丽灿烂的古代文明。

西周时期,石嘴山境内尚无行政建制,当时宁夏全境(包括市境)、陕西与山西北部及内蒙古河套地区等,被统称为"朔方",为戎狄部落的游牧之地。自从东周、春秋、战国一直到秦始皇统一中原(前221)前,市境尚未纳入中原王朝版图,为古代北方游牧民族的牧地。秦三十三年(前214),蒙恬北击匈奴,筑长城,于市境黄河东侧(现陶乐境内)设立军事重镇浑怀障。两汉至三国,北地(北地郡,今鄂尔多斯市)统治者凭借贺兰山、黄河之险固,在市境内筑城设县。西汉元狩二年(前120),将军霍去病、公孙敖出北地退匈奴,迁移民,在今平罗县下庙乡暖泉村附近兴筑廉县城,为石嘴山市境内第一个县级行政建制。唐先天二年(713)于市境河西置定远军,后升为县;唐景福二年(893)升为警州。北宋咸平四年(1001)党项族李继迁占定远,在此设置定州。北宋天圣二年(1024),党项族李德明于定州黄河东岸筑省嵬城(今惠农区庙台乡省嵬村)。元至元八年(1271),任中兴在定州驻军屯田。明代(1368—1644)统治者在市境内驻军、屯田、设城、筑长城。现有旧北长城、河东长堤、西长城、北长城等遗址。平罗县城便是明嘉靖三十年(1551)设置的平房城。

清代,石嘴山市境属甘肃省宁夏府,将"平房"改称"平罗"所。清雍正四年(1726),升平罗所为县;不久,先后沿黄河滩地设置新渠县(今平罗县姚伏镇附近)、宝丰县(今平罗县宝丰镇)。清乾隆三年(1735),地震毁城,二县复并于平罗县。

1949年,石嘴山解放。1960年1月7日,国务院批准设立石嘴山市。现石嘴山市辖两区(大武口区、惠农区)、一县(平罗县)和一个经济开发区(隆湖经济开发区)。

大武口区

1 武当庙

Wudang Temple

级　别	自治区级
年　代	清
地　址	大武口区贺兰山东麓武当山韭菜沟口
看　点	佛道合一寺院建筑
开放方式	可参观

武当庙，也称"北武当庙"，位于石嘴山市大武口区贺兰山东麓武当山韭菜沟口，旧名"寿佛寺"，是一座佛道合一的古寺院。据记载，北武当庙是从清康熙四十八年（1709）开始逐步在一座小庙的基础上扩建起来的，清乾隆、嘉庆年间扩建成型。寺北依贺兰山而建，为四进院落，布局自然和谐、严整紧凑，殿塔亭阁集于一体，蔚为壮观。整组建筑坐北朝南，中轴线上自南而北依次为山门、灵观殿、观音楼、无量殿、多宝塔、大佛殿，两侧有配殿、僧房、回廊、钟鼓楼。其中，多宝塔是一座楼阁式砖塔，平面呈折角四边形，五层，高25米，边长约5米，每层四面设有券门或佛龛，刹座为覆斗状，刹顶为桃形攒尖式，保存较好。2005年，武当庙被列为宁夏回族自治区级文物保护单位。

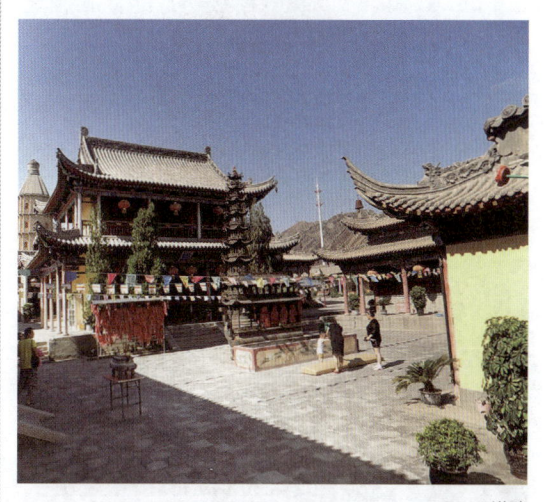

二进院

入口全景

一进院

观音楼

多宝塔

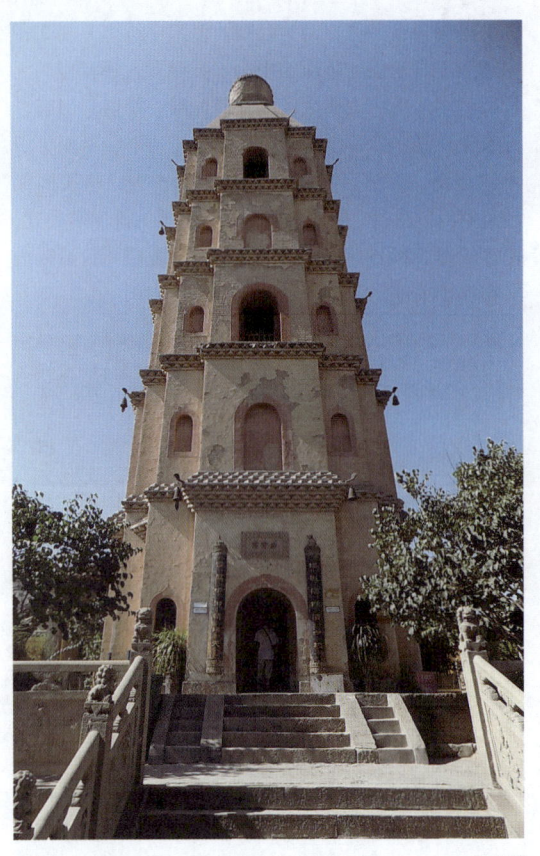

大佛殿

大佛殿梁架仰视

平罗县

2 平罗玉皇阁

Pingluo Jade Emperor Pavillion

级　别	国家级
年　代	清末民初
地　址	平罗县城关镇玉皇阁社区北大街
看　点	建筑布局，多宗教建筑群
开放方式	可参观

　　平罗玉皇阁位于平罗县城关镇玉皇阁社区北大街。整座建筑前低后高，由老玉皇阁、新玉皇阁两进院落组成，占地面积3.6万平方米。老玉皇阁是九脊歇山顶的两层建筑，居于院中，由城隍殿、观音殿、娘娘殿、三清殿、斗母宫及玉皇大殿等建筑组成，建于清光绪元年（1875）。新玉皇阁是两个并列的十字歇山顶的三层建筑，居于后院，由山门楼、文昌阁、关帝阁、无量殿、三官殿、洞宾殿、三皇殿、三母殿等建筑组成，建于民国二十八年（1939）。主体建筑前院两侧置配殿、钟楼、鼓楼等附属建筑，对主体建筑起到了很好的衬托作用，从前到后由台阶回廊、过洞、天桥相连。庙中塑像在"文革"中被毁。2007年，政府对玉皇阁进行了保护维修。平罗玉皇阁的整组建筑气势恢宏，布局严谨，建筑艺术精湛，是一组具有浓郁地方特色的古建筑群，具有很高的历史价值和艺术价值。

　　玉皇阁整体由南向北分为三层高台，结构精巧，层次分明，错落有致，从前到后形成四进院落组团，每进院落分别以山门楼、城隍殿、玉皇阁、三母殿为正殿，逐级抬升，殿阁亭台别有意趣。

　　在山门顶上建有观音阁，山门里有一个不大的庭院，两侧是厢房，上房便是城隍殿，城隍殿后，两侧各有一配殿，东为观音殿，西为娘娘殿，在钻门顶上分别建有两座精巧别致的小楼，黄虎灵官楼在东，黑虎灵官楼在西。过钻门为南天门，门里是第三进庭院，上房是一座庄穆秀丽、峻然挺拔的两层楼。下层又分

全景

为三清殿和斗母宫，上层就是玉皇大帝的高阁。院两侧各配厢房三间。斗母宫后为另一小院，院内东西两侧各有一座二层小楼，高10米，下层是两个八仙阁，上层东为文昌阁，西为关帝阁。小院上房是一座巍峨矗立的三层楼，下层五间，隔为三殿：无量殿居中，三官殿、洞宾殿左右相配。无量殿后正中向北开一大门，门里两侧各竖木梯，可登上二楼、三楼。二楼前东西两侧延伸向天桥一座，称"八面天桥"，与文昌、关帝二阁相连，可通玉皇阁。第三层高台即第四进院落，正殿是无量殿，其二层是三母殿独处高位，上覆金碧辉煌的五凤朝阳盘龙顶，四周围是1米高的雕花木栏杆。登上三母殿凭栏远眺，美景尽收眼底。

城隍殿面阔五间，进深三间，卷棚歇山顶，后带三间抱厦，卷棚硬山顶，木结构。台基台明较高，台明面用本地砂石砌筑，明间前设六步垂带踏步均用本地砂石砌筑，平面为"凸"字形，地面方砖错墁。斗拱形式为座斗直接承挑抱头梁，拱雕刻成云纹。从北侧象抬梁抹泥情况看，建筑原可能是山门，后改为独立殿宇。南天门面阔三间，进深一间，歇山顶，后带一间抱厦，卷棚歇山顶，木结构。台明座于玉皇阁二层高台之上，两山墙开门与两侧廊相接，山墙向前檐出墀头状砖雕墙体。现建筑为1985年修复。三清殿面阔五间，进深三间，二层歇山两滴水，四周带廊，前出三间抱厦，卷棚歇山顶，木结构。台明较高，台明面用本地砂石砌筑，明间前设十步垂带踏步均用本地砂石砌筑，平面为"凸"字形。现建筑后殿在1939年改造建设。无量殿建于1939年，面阔七间，进深四间，三层三滴水，四周带廊木结构。该建筑经过扩建，将清代建筑三母殿移到二层上。观音殿、娘娘殿面阔五间，进深二间，前带廊歇山顶。黑、黄虎灵官楼面阔一间，进深二间，歇山顶，前带抱厦，卷棚歇山顶，砖木结构。钟、鼓楼平面方形，各开一间，二层三滴水，上层重檐攒尖顶，砖、木结构。文昌阁、关帝阁平面六边形，二层二滴水，四周带廊，六角攒尖顶，木结构。

1963年，平罗玉皇阁被列为宁夏回族自治区级文物保护单位；2013年，被列为全国重点文物保护单位。

城隍殿

南天门

石嘴山市

三母殿

三清殿

文昌阁

三母殿藻井

3 田州塔

Tianzhou Tower

级　　别	国家级
年　　代	西夏—清
地　　址	平罗县姚伏镇灯塔村
看　　点	楼阁式砖塔
开放方式	可参观

　　田州塔位于石嘴山市平罗县姚伏镇灯塔村，俗称姚伏塔，始建于西夏时期，现存塔身为清乾隆四十八年（1783）重修。

　　田州塔是一座平面呈六角形、八层的楼阁式砖塔。田州塔建立在高 4 米、南北长 70 米、东西宽 40 米的台基上。塔身外观八层内八层，一层有暗层，八层砌为实心，总高 34.24 米。塔体为砖砌，塔内每层以木楼板相隔，无楼梯，上塔须搬动梯。一层塔墙身高 4.15 米，底边长 4.45 米，仿木结构。砖制平板枋上置砖雕三彩斗拱，角科六攒，平身科二十四攒，令拱呈帷幕状相连六边，平板枋下各边置垂花倚柱四根承接斗拱，倚柱间以砖雕阑额相连，令拱、拱眼壁、阑额雕饰四季花卉、福禄寿等吉祥图案。檐部砖制椽飞，椽出 13 厘米，飞出为 11 厘米。屋面为布瓦屋面设围脊，翼角设木制角梁下挂风铃，以立砖立瓦使翼角飞翘，有升起但无冲出。从外观看，塔一层与二层以上有明显不同，一层墙体有向内收分 5 厘米，二层以上无收分。一层设斗拱、阑额、平板枋等且雕饰花丽、精细，二层以上无斗拱、阑额、平板枋。一层檐部设砖制椽飞、布瓦屋面，二层以上檐部为砖制菱角檐、屋面叠涩回收。塔身外观每层各边均开砖券半圆门，除三、八层外，各层均坐北向南开门与外界相通，其余砌实为装饰门，三层南、北开门，八层无开门。向外门券内均画有佛像壁画，现已无存。塔体内部砌为矩形，墙面抹白灰。塔刹为覆斗形宝珠顶，南北各有券门互通，东西两面开券顶壁龛，塔门楣石匾上刻有"田州古塔"四个大字和"乾隆四十八年六月维修和尚募款重修"字样。

　　整个建筑结构严谨，造型挺拔素雅，是研究西夏砖雕艺术的最好史证。2005 年，田州塔被列为宁夏回族自治区级文物保护单位；2013 年，被列为全国重点文物保护单位。

远景

山门

平座仿木砖雕

近景

4 平罗钟鼓楼

Pingluo Bell and Drum Tower

级　　别	自治区级
年　　代	清
地　　址	平罗县城中心
看　　点	钟鼓楼建筑
开放方式	可参观

平罗钟鼓楼位于平罗县城中心，始建于明万历二十五年（1597），清乾隆三年（1738）毁于大地震，重修后又于清宣统三年（1911）遭火灾而毁，后于民国二年（1913）重建，屡经重修，保存至今。

钟鼓楼的台基约12米见方，高约4米，下部砖券洞可以通向东西南北四条街道，供路人穿行。砖砌台基上部为二层重檐歇山顶楼阁，平面十字形，主体高约15米，外形似三层，实为两层。下层为洞宾殿，原塑八仙之一——吕洞宾泥像，为道教教徒所供奉。

顺木梯拾级而上则是财神阁，原塑赵公元帅为道教所供奉的财神。2005年，平罗钟鼓楼被列为宁夏回族自治区级文物保护单位。

正面

背面

石嘴山市其他文物保护单位列表

区县	名称	年代	级别	地址	类别
惠农区	省嵬城	西夏	国家级	石嘴山市惠农区庙台乡省嵬村	古遗址
惠农区、大武口区	贺兰山石刻塔	西夏—元	省级	石嘴山市惠农区（涝坝口）；石嘴山市大武口区（大枣沟）	古建筑
平罗县	大水沟西夏遗址	西夏	省级	石嘴山市平罗县大水沟口	古遗址
平罗县	大水沟题记	明	省级	石嘴山市平罗县大水沟内	石窟寺及石刻
平罗县	大西峰沟西夏遗址	西夏	省级	石嘴山市平罗县大西峰沟内	古遗址
平罗县	大西峰沟岩画	新石器时代—隋、唐	省级	石嘴山市平罗县大西峰沟内	石窟寺及石刻
平罗县	干沟题刻	明	省级	石嘴山市平罗县干沟内	石窟寺及石刻
平罗县	白芨沟赭色岩画	汉—唐	省级	石嘴山市平罗县汝箕沟内	石窟寺及石刻
陶乐县	高仁镇新石器遗址	新石器时代	省级	石嘴山市陶乐县城南高仁乡河边坡地上	古遗址

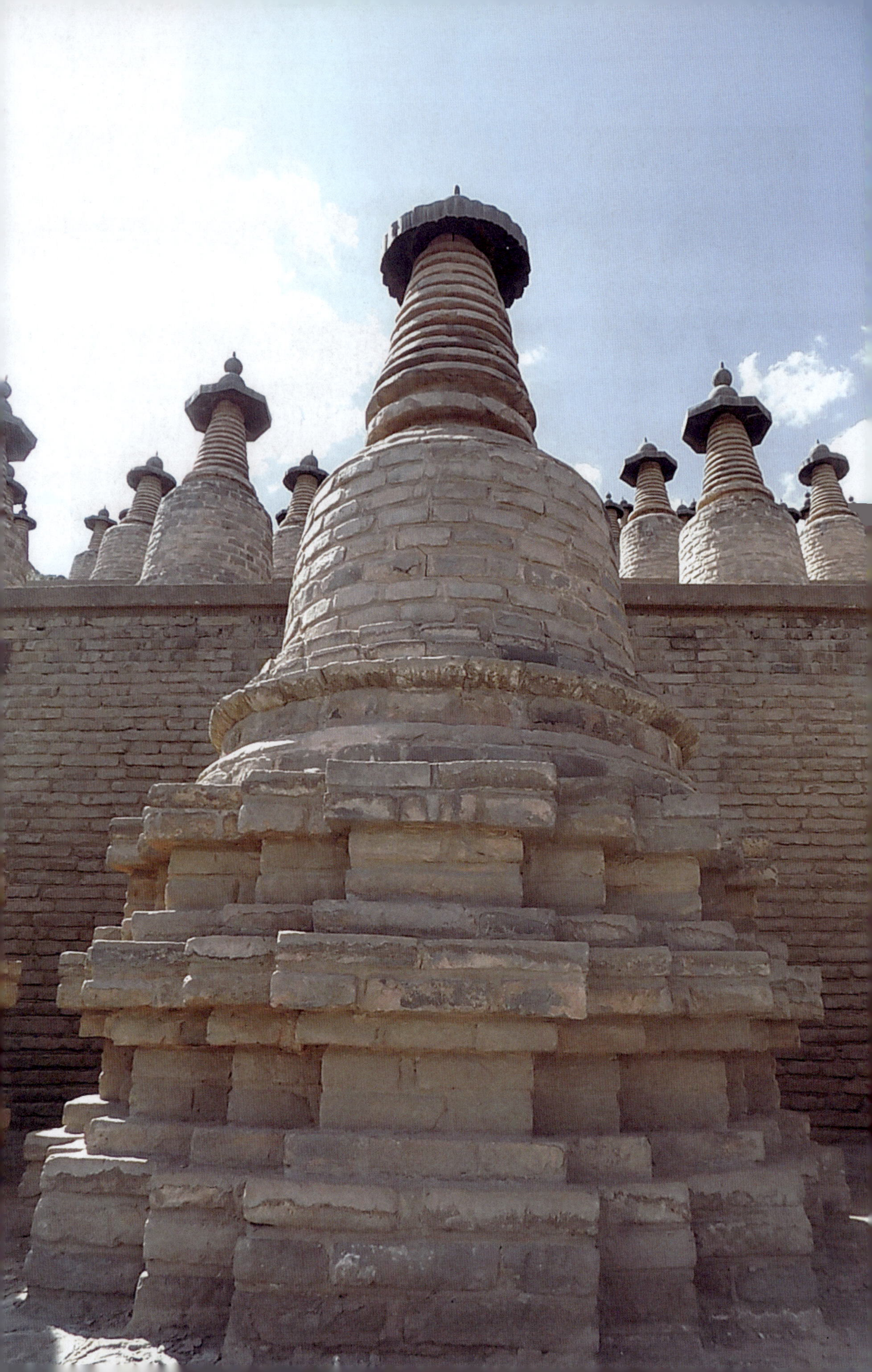

3 吴忠市
WUZHONG

吴忠市古建筑分布图
Historical Architectural Map of Wuzhong

1. 董府
2. 一百零八塔
3. 牛首山寺庙群
4. 同心清真大寺
5. 康济寺塔
6. 明王陵
7. 韦州古城
8. 元代喇嘛教塔

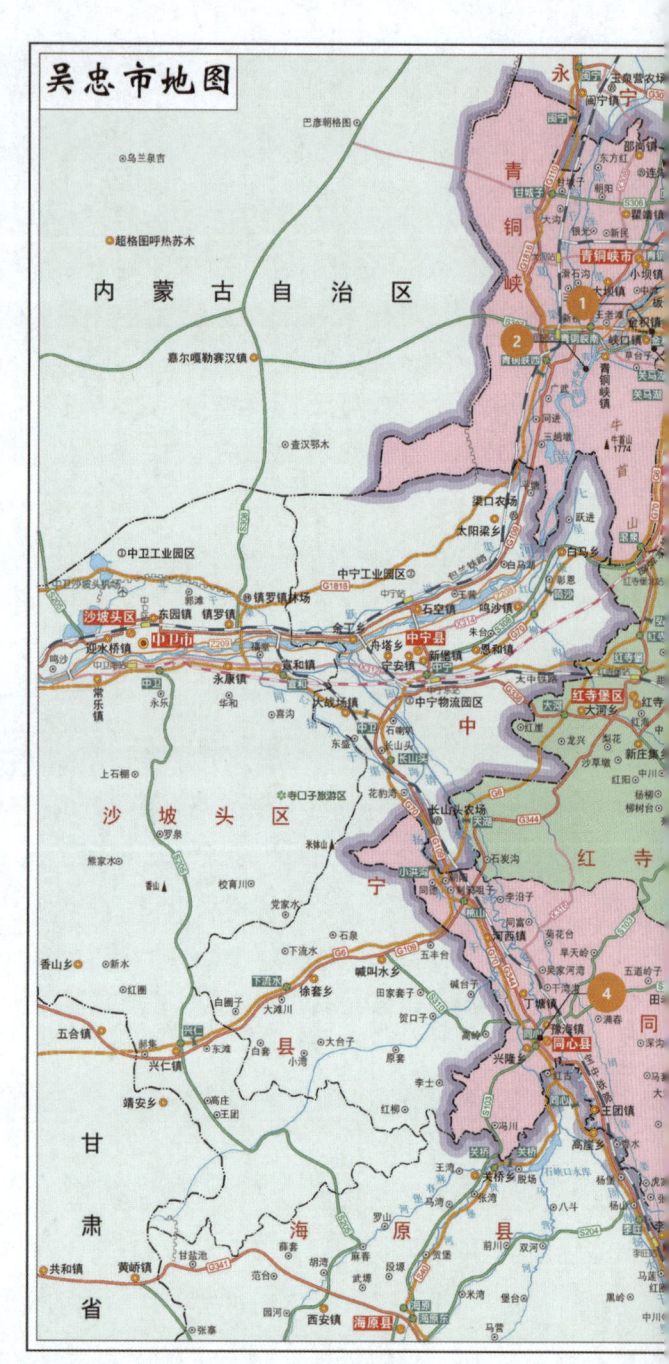

审图号：宁 S[2025] 第 009 号

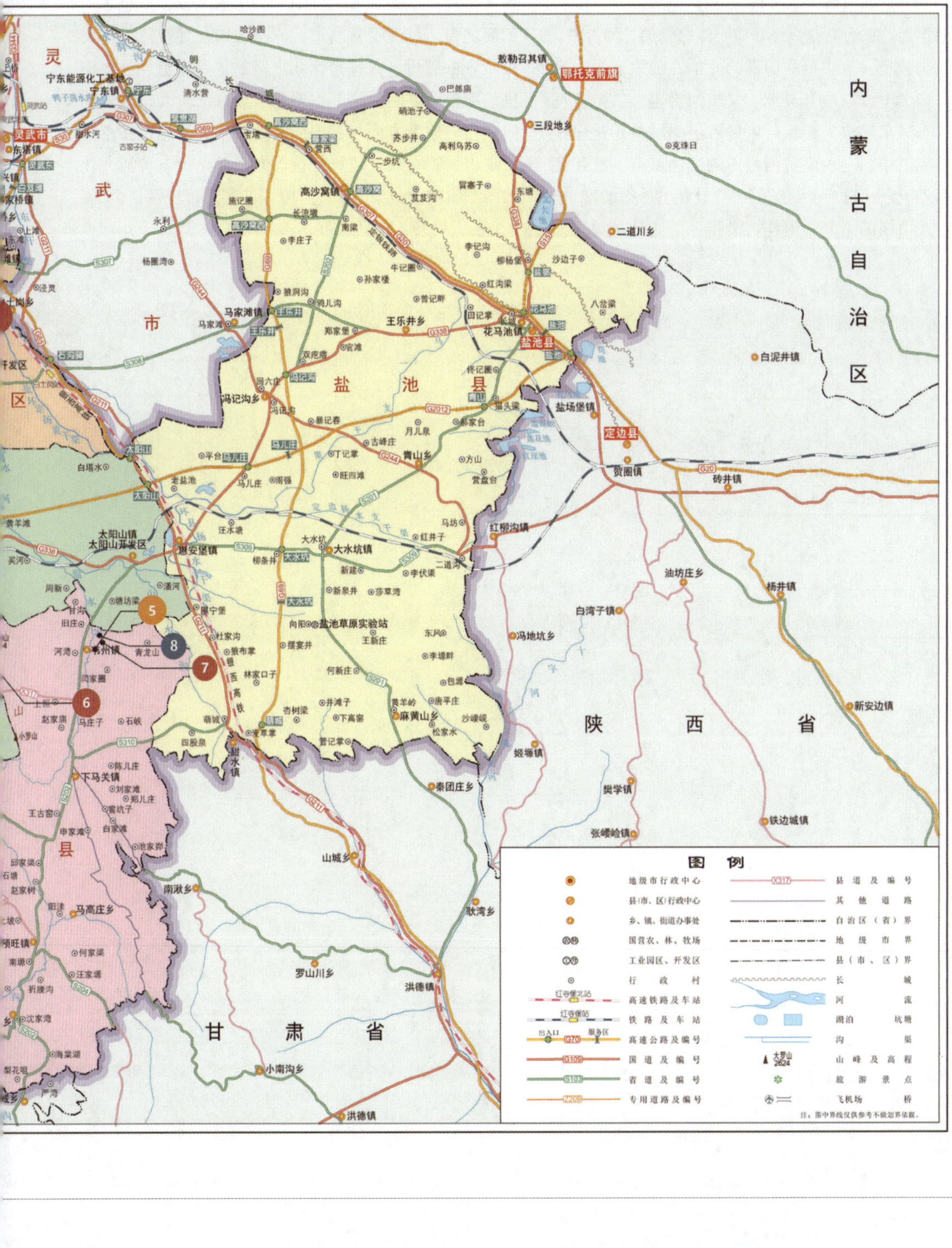
内蒙古自治区
陕西省
甘肃省
盐池县
灵武市
定边县
鄂托克前旗
敖勒召其镇
三段地乡
二道川乡
白泥井镇
宁东能源化工基地
宁东镇
灵武市
高沙窝镇
施记圈
长流墩
李庄子
硝池子
苏步井
高利乌苏
冒寨子
东塘
二步坑
芨芨沟
南梁
李记沟
柳杨堡
沙边子
牛记圈
孙家楼
红沟梁
狼洞沟
鸦儿沟
王乐井乡
马家滩镇
郑家堡
官滩
双疙瘩
花马池镇
盐池县
八岔梁
佟记圈
回六庄
冯记沟乡
暴记春
月儿泉
郝家台
盐场堡镇
贺圈镇
砖井镇
平台
马儿庄
丁记掌
古峰庄
青山乡
方山
营盘台
老盐池
马儿庄
雨强
旺四滩
太阳山镇
太阳山开发区
惠安堡镇
汪水塘
大水坑
大水坑镇
柳条井
新建
红井子
马坊
二道湾
红柳沟镇
李伏渠
新泉井
莎草湾
隰宁堡
向阳
盐池草原实验站
王新庄
东风
杜家沟
狼布掌
李塘畔
何新庄
林家口子
萌城
井滩子
杏树梁
下高窑
黄羊岭
唐平庄
麻黄山乡
沙崾岘
包塬
松家水
四股泉
甜水镇
管记掌
秦团庄乡
姬塬镇
樊学镇
张崾岘镇
铁边城镇
新安边镇
杨井镇
油坊庄乡
白湾子镇
冯地坑乡
山城乡
南湫乡
耿湾乡
罗山川乡
洪德镇
小南沟乡
洪德镇
韦州镇
下马关镇
马高庄乡
图例
地级市行政中心
县(市、区)行政中心
乡、镇、街道办事处
国营农、林、牧场
工业园区、开发区
行政村
高速铁路及车站
铁路及车站
高速公路及编号
国道及编号
省道及编号
专用道路及编号
县道及编号
其他道路
自治区(省)界
地级市界
县(市、区)界
长城
河流
湖泊 坑塘
沟渠
山峰及高程
旅游景点
飞机场 桥
注：图中界线仅供参考不做划界依据。

吴忠市

建置沿革

宁夏回族自治区吴忠市古城即古灵州,始建于西汉惠帝四年(前191)。《前汉书》记载:"灵洲,惠帝四年置。有河奇苑、号非苑,莽曰令周。师古曰:'苑谓马牧也。水中可居曰洲,此地在河之洲,随水高下,未尝沦没,故号灵洲。又曰河奇也。二苑皆在北焉。'"东汉改为灵州。可见古灵州城最初是建在黄河沙洲之中,是一座黄河沿岸的滨河城市。唐代诗人吕温(771—811)《奉送范司空赴朔方(得游字)》诗曰:"山横旧秦塞,河绕古灵州。"这是对颜师古灵州城"在河之洲"的生动描述。古灵州得益于黄河灌溉之利,本是"塞上江南"、鱼米之乡,但也累受黄河之害,黄河经常改道,淹没农田,并曾淹没古灵州城。古灵州自古就是丝绸之路的重要通道,吴忠市也是新丝绸之路经济带重要的节点城市。因市域范围内在自然地理方面与黄河的密切关系,吴忠市在整体景观、城镇布局、建筑特色等方面都显示出黄河文化的深刻影响。截至2022年10月,吴忠市现辖2个区,2个县,代管1个县级市。

利通区

1 董府

Dong Mansion

级　别	国家级
年　代	清
地　址	利通区金积镇田洼子村
看　点	名人故居，建筑雕刻
开放方式	可参观

董府是清末著名将领甘肃提督董福祥的宅邸，位于宁夏回族自治区吴忠市利通区金积镇田洼子村，东距吴忠市14千米，西北距青铜峡市24千米。

董福祥（1839—1908），汉族，宁夏固原人。曾追随左宗棠参加了收复新疆的战役，屡立战功，战后率部戍守西陲十数载，义和团运动时期，奉调入京，充武卫后军统领，受慈禧太后宠爱。1900年，八国联军攻打北京，董福祥率甘军抗击八国联军，杀死日本外交官和德国公使，围攻外国使馆，血战正阳门。北京沦陷后，董福祥率兵保护慈禧太后、光绪皇帝逃至西安。因董福祥在清末加授太子少保衔，董府又称"宫保府"。

董福祥去职还乡后，于清光绪二十八年（1902）在此开始兴造府邸，整体建筑由内寨（居住生活）、外寨（屯兵存粮）、护府河和主体建筑群落四部分组成，占地百余亩，现仅存内寨和主体建筑。内寨墙平面略呈长方形，周长约440米，其中东西长115米，南北长105米。院落空间布局严谨，以三路两进院落为基础，分为北院、中院、南院三部分。这些院落组群，又通过走廊和过间穿插为整体，构成董府内寨的统一建筑群。建筑主体有别于传统民居坐北朝南的做法，而是坐西向东布置，正门位于建筑群的东北角。南院和北院的格局完全对称，以北院为例，为前后两进院落，砖木结构，一层平顶，前院为临时接待之所，后院为家眷居住的院落。前后院落之间以一座面阔三间、进深三间的过厅相隔。

中院是房屋主人董福祥日常活动的院落，也是整个府邸的核心，前后两座四合院皆为砖木结构，卷棚硬山顶，倒座面阔三间，六架梁，南北厢房面阔四间，对称布置。院内东南、东北各开一个侧门，东南向侧门通往南院，东北侧门则与府门内天井相连。前后也是需要经过一过厅方可到达后院，过厅两层，面阔三间，进深三间，左右各有一偏房。后院是主人居住的院落，四周都是两层砖木结构，卷棚歇山顶，正房为董家的祠堂，用以祭拜祖先，其余厢房皆为主人及近亲居住之所。

四面距内寨墙都有宽走道，尤其以东大门的寨墙与中院前院门之间的距离为最宽，北侧为主人停放轿子的地方，南边是马厩。南北两院的侧面，又分别有东、西两个门，供家小和贴身的佣人出入。西寨墙根还建有私塾三间，曾是董家子孙们读书之所。

砖雕、木雕、石雕等建筑雕刻艺术在董府建筑中随处可见，种类繁多，雕刻精湛。砖雕多见于建筑顶基或是墙基处，其中以戗檐、墀头、照壁、廊心墙的图案最为丰富。图案多与日常生活有关，动物题材包括牛、羊、龟、狮、马、鹿等，植物题材既有传统象征高雅的梅兰竹菊，也有日常的瓜果蔬菜，大部分都是取吉祥之意，表达生活富足、家庭美满的寓意。石雕多见于柱础和抱鼓石，可见雕刻牡丹、麒麟等图案。木雕多见于门楼垂柱、中院后院落地门窗、楼阁栏杆和门楼撑拱。雕刻的图案也多以吉祥鸟、麒麟送子、二龙戏珠等富有吉祥意义的题材为主。

近年多次维修。2006年，董府被列为全国重点文物保护单位。

入口

门道

青铜峡市

2 一百零八塔

One Hundred and Eight Pagodas

级　别	国家级
年　代	西夏—元
地　址	青铜峡市青铜峡水库上游古峡西 1.5 千米处西岸崖壁下
看　点	喇嘛塔群
开放方式	可参观

一百零八塔位于银川市南 60 千米的青铜峡水库上游古峡西 1.5 千米处西岸崖壁下。塔群坐西向东，背山面水，108 座喇嘛塔随山就势，分别排列在 12 级护坡平台上，整体平面布局呈等腰三角形。该塔群因为其独特的数目和排列形式，是中国古塔建筑群组合中的重要范例。

一百零八塔依山势自上而下，按 1、3、3、5、5、7、9、11、13、15、17、19 的奇数排列成十二层。明代《大明一统志》记载："峡口山，一名青铜峡，上有古塔一百八座。"明代时即称为古塔，足见一百零八塔修建年代久远。明清两代，这里曾是香火旺盛的佛教寺院建筑的中心地带，得到善男信女的养护与崇拜。20 世纪 80 年代，政府对塔进行维修时，从塔群内出土了西夏文帛画、彩塑和彩绘图案、题记等文物遗迹，据此推测，塔的始建年代为西夏中晚期。

一百零八塔中的大多数塔，在初建时推测为塔心正中立一竖木，土坯砌筑，外施粉彩。后代重修时，在土坯塔体外另抹泥皮或砖包砌等。在 108 座塔中，位于最高处的塔较为高大，塔底直径约 3 米，有塔心室。其他 107 座塔的大小基本相近，均为实心塔，塔底直径在 2 米左右。塔身多使用半块残砖，而基座多使用整砖。这 108 座塔的塔身形制有覆钵形、葫芦形、圆筒形、折腹式四类，其塔基座形制有十字折角和八角形束腰须弥座两类。塔刹形式为相轮伞盖宝珠顶。

第一层的 1 座塔和第十二层的全部 19 座塔的基座均为十字折角形平面，塔身为覆钵形；第二层至第六层全部 23 座塔的基座为平面八角束腰须弥座，塔身呈葫芦形；第七层全部 9 座塔的基座均为平面八角束腰须弥座，塔身呈圆筒形；第八层至第十一层全部 56 座塔的基座为平面八角束腰须弥座，塔身为折腹式。有说法指出，佛教把人生烦恼归结为 108 种，建一百零八塔是为消除烦恼。据说，来一百零八塔游览的人们只要数塔拜塔，就可以消除烦恼，带来吉祥和好运，不少游人至此都要数塔。

一百零八塔的形制具有藏传佛教建筑特色，说明西夏时期藏传佛教在此间之繁盛。一百零八塔在历代屡经修葺，因年久失修，破损严重，20 世纪 80 年代曾进行大规模修缮。1988 年，一百零八塔被列为全国重点文物保护单位。

全景 1

全景 2

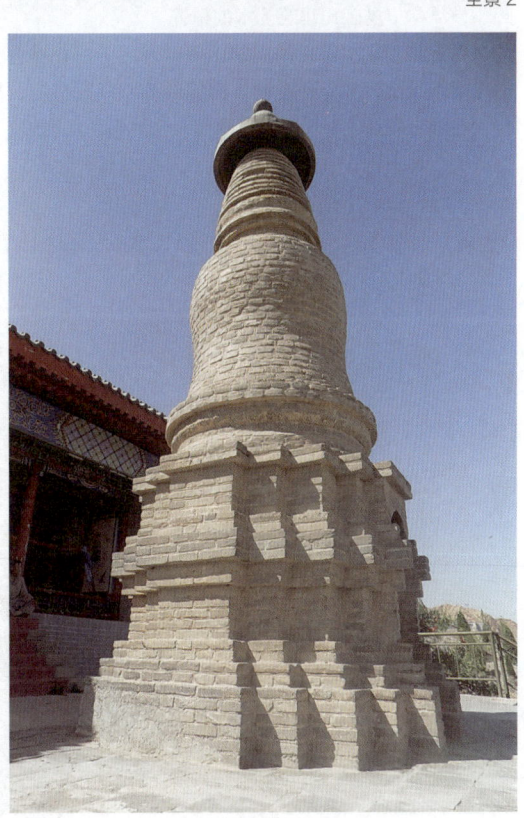

近景　　　　　　　　　　　　　　　　单塔

吴忠市

3 牛首山寺庙群

Niushou Mountain Temple Complex

级　　别	自治区级
年　　代	元—清
地　　址	青铜峡市青铜峡镇
看　　点	宁夏最大佛教寺庙群，砖雕
开放方式	可参观

牛首山位于青铜峡市区以南20千米处的黄河东岸，群山整体走向为南北向，最高海拔可达1774米。南侧陡峭，北侧平缓，因两座主峰小西天（文华峰）和大西天（武英峰）南北耸峙，宛若牛首而得名。牛首山山峦层层起伏，陡峭巍峨，滔滔黄河水从山下穿过，气势磅礴壮观。山上寺观庙宇因势而建，高低错落，共45座，总称为牛首山寺庙群。

牛首山的古寺庙群可分东、西两大区，初建于唐代以前，"可与四方九华、普陀、峨眉、五台名山胜地，同其高深"，是宁夏境内建筑规模最大的古寺庙群。历代屡遭破坏，又多次维修。民国以来的寺院建筑多采用砖拱结构、砖雕贴面的建筑形式，特别是西寺的砖雕，堪称宁夏砖瓦建筑艺术的精粹。

西寺修建在牛首山西麓的山峡幽谷之中，背靠青山，前临深涧，"以峦走向，沟谷形势，以石垒垣，伐木而成，颇具匠心"。以万佛阁、睡佛殿、大西天、小西天、净土寺、三教堂为中心，向周围延伸。寺庙坐落在沟谷两侧依山势开凿的平台上，台院以石砌筑。在净土寺周围，南有大鸿庵、观音台和极乐寺等庙宇，北有滴水寺、万寿庵和地喑塔，地喑塔前方还有文殊殿、弥陀殿、普贤殿等。

东寺位于西寺之东，相距约5千米。以金宝塔寺为中心，寺门向北。寺前是娘娘庙，北面的山坳里是大鸿庵，庵后有高约百米的舍身崖，崖上建有一寺，称保安寺。由保安寺向东的山巅上，是青峰寺。半山腰建有苦工庙。沿山南行，依次排列着药王庙、睡佛洞和还魂堂。山顶上还有观音堂，南山脚下建有几座无名的小庙。再向西又依次排列着三佛殿、四量庵和西方境。再向西则是龙泉寺，寺下有清凉透澈的泉水喷涌而出。龙泉寺的上面是山神庙，再向上是十王殿。沿山路继续向上，蜿蜒曲折，行至山顶，建有太阳宫，其南又有无量殿。站在此处，回首东南，东寺全貌尽收眼底。

金宝塔，又名金宝舍利塔，是牛首山东寺庙群核心建筑中最古老的寺庙之一。金宝塔坐西向东，塔院开阔，总占地面积约3300平方米，由大雄宝殿、三清圣殿、观音殿、天王殿、桃花娘娘殿、牛马王爷殿、药王殿、瘟神殿、子孙宫、眼光殿、山神土地殿和孤魂殿等殿宇组成。金宝塔分为上、中、下三院，其中三清宝殿为上院的主要建筑，三清殿面阔五间，单檐歇山式建筑风格，顶脊中央有镀金铜法轮和上书"三清宝殿"的木匾一块。中院为大雄宝殿，大殿内庄严肃穆，佛和菩萨造像栩栩如生。下院为观音殿和天王殿。现存寺院为改革开放后重新修建的。

金宝塔寺

极乐寺是牛首山西寺庙群中规模较大的佛教寺院之一，整座寺院坐东朝西，位于高台之上。由石砌台阶通向建筑，有佛光普照殿、灵官殿、山神土地殿等主要建筑，以及禅房僧舍等辅助建筑。2005年，建成极乐寺大雄宝殿，寺院后面百余米处建有和尚塔一座。寺院总占地面积约3.3万平方米，总建筑面积约5000平方米，以歇山式建筑为主，并配有硬山建筑等。寺院布局合理，错落有序。

牛首山寺庙有两大传统庙会，分别在农历三月十五日和七月十五日。其中三月十五日的庙会规模最大，游人香客络绎不绝，大小庙宇，香烟缭绕，热闹非凡。2005年，牛首山寺庙群被列为宁夏回族自治区级文物保护单位。

赵家寺娘娘庙

青峰寺

西方境与普光寺

同心县

4 同心清真大寺

Tongxin Mosque

级　别	国家级
年　代	清
地　址	同心县同心镇
看　点	伊斯兰教建筑
开放方式	可参观

同心清真大寺位于宁夏回族自治区吴忠市同心县同心镇西北角的高地上，是宁夏现存历史最悠久、规模最大的一座伊斯兰教建筑。相传建于明万历年间（1573—1619）。从照壁、礼拜殿脊檩处墨书题记看，清乾隆五十六年（1791）和清光绪三十三年（1907）曾两次重修。有礼拜大殿、南北讲经堂、照壁、宣礼楼及牌坊等。

同心清真大寺为中国传统建筑风格，建筑面积为2870平方米。全寺分为内外两院，外院较为宽敞，重大节日时，穆斯林常聚于此处会礼。寺门前有长9米、高6米之照壁，为"月藏松柏"砖雕图案。与照壁形成对照的是3个砖砌券门，镌刻有阿拉伯文砖雕和花卉图案，技艺精湛，栩栩如生。中门上书"清真寺"3个大字，左右两个券门分别上书"忍心""忍耐"门额。券门上部为四角攒尖顶的二层邦克楼。从券门入内沿阶而上，内院高台有礼拜大殿，坐西朝东，视野开阔，殿前有南北讲堂各五间，与大殿形成三合院式布局。大殿由两座歇山顶和一个卷棚顶勾连搭，面阔五间，进深九间，内有20余根明柱支撑，木板铺地，墙壁装饰有《古兰经》文书法。大殿宽敞，可以容纳千余人同时礼拜。殿外装饰精致，翘檐斗拱，庄重朴素。

1988年，同心清真大寺被列为全国重点文物保护单位。

吴忠市

474

山门　　　　　　　　　　　　　　　　　　照壁

山门楼阁

全景

侧面

门头仿木砖雕

砖雕

5 康济寺塔

Kangji Temple Pagoda

级　别	国家级
年　代	西夏—明
地　址	同心县韦州镇韦二村
看　点	密檐式砖塔
开放方式	可参观

康济寺塔位于同心县东北82千米的韦州镇韦二村，是西夏仁宗李仁孝在位后期所建。塔前两块石碑证明，明嘉靖六年（1527）和明万历九年（1581）两度进行了大规模的维修。清乾隆三十一年（1766）又修葺过一次。1985年，政府对塔进行了全面的维修，并在维修过程中在第十三层塔刹中发现了佛、道教铜造像27尊，佛、道教经卷15种29册，西夏文印方砖4块。

康济寺塔是一座八角形十三层密檐式空心砖塔，高约43米，塔的底边为正八边形，边长3.65米，直径8.74米，由塔身、刹座、宝顶三部分组成。塔体是在夯实的黄土地上用方砖按一定尺寸和收分比例在塔身上砌出叠涩腰檐和平座，用以增加塔身厚重、密实、多变的形体。除了底层南面开有通往塔心室的券门和第十三层塔身各面砌装有垂柱帐形砖雕假门龛及角柱，其余各层塔身均为素面，无门龛。每层檐角均装有角木，挂有铁铃。塔心室高33.8米，随外形往上内收至十三层合拢。其内壁共砌出四道台檐，并在其间装有四道交叉梁。原宝顶早年已塌毁，现在的金属宝顶是1985年加固修缮时设计制作的。新装宝顶由相轮、宝盖、宝瓶三部分组成。

在西夏时期，韦州地区是古代游牧民族和中原农业民族互相影响、共同发展、繁荣昌盛的地方。康济寺塔的建筑风格和塔内出土的珍贵的文物，为研究西夏建筑、宗教艺术提供了重要的实物例证。1963年，康济寺塔被列为宁夏回族自治区级文物保护单位；2010年，被列为全国重点文物保护单位。

吴忠市

远景　　　　　　　　　　　　　　　　　　　　　　　　　　近景

6 明王陵

Ming Royal Tomb

级　别	自治区级
年　代	明
地　址	同心县韦州城西约5千米的大罗山东麓
看　点	陵墓
开放方式	可参观

　　明王陵位于吴忠市同心县韦州城西约5千米的大罗山东麓，分布有朱元璋第十六子朱㮵及其后继藩王及嫔妃等的墓地。陵区分布在今北起周新庄，南至陶庄，东起任庄，西到罗山约30平方千米的范围内。

　　据史料记载，明洪武二十四年（1391），朱元璋封第十六子朱㮵为庆王，随后在今宁夏同心县的韦州就藩，是宁夏及其附近地区的直接统治者。明正统三年（1438）农历八月初三，庆王朱㮵在银川庆王府去世，谥号为"靖"，史称庆靖王，其葬地即在此，故明王陵也被称为"明庆王墓"。此后庆王封地虽有变动，但历代庆王及后来庆藩分封诸王及嫔妃等去世后，都在这里陪葬，遂有明王陵72座陵墓之说。

　　明王陵陵园坐西朝东，呈长方形，选址在两条山水沟的交会处，使陵台左右二沟环绕，在风水上象征着"二龙戏珠"，陵园东面原有门楼。每座陵墓全部为坐西朝东，但是根据主人生前身份不同，规模大小也不尽相同，大部分都曾遭受到不同程度的盗掘和破坏。

　　庆靖王墓早已被盗，在此曾出土有墓志，高大的圆形陵台在陵园西端正中间，陵台下即为墓室。整个墓室由甬道、前室、中室、后室和左右耳室六部分组成，墓室门向东开，全长约20米，宽约14米，全部使用

远景

磨光的青灰色长条砖砌筑，白灰勾缝，砌工及砖质极佳，配室为券顶，前、中、后室为穹窿顶，整个墓室结构严密，宏大宽敞；除所用建筑材料的质地和规格逊于北京明十三陵中的万历帝朱翊钧的定陵外，基本形制则完全相同，在接近地表的墓砖之间，还浇铸铁水以达到加固的目的。陵园围墙已坍塌，呈土垄状，从陵园内地面遗留的大量琉璃瓦等构件来看，陵园内原有不少富丽堂皇的地面建筑，现已全部损毁。近年，又发掘了今位于任庄西500米的一座王墓，其陵园和墓室结构的规模与庆靖王陵墓相同，通过墓志考证判断为庆康王朱秩煃的陵寝。

1988年，明王陵被列为自治区级文物保护单位。

全景

近景

封土

护墙

7 韦州古城

The Ancient City of Weizhou

级　别	自治区级
年　代	西夏—明
地　址	同心县韦州镇
看　点	古代城池
开放方式	可参观

韦州古城位于吴忠市同心县东北85千米的韦州镇，地处青龙山与大罗山之间，扼守南北交通要道。韦州古城所处地理位置很关键，向南经下马关、豫旺可达固原，向北过太阳山，经惠安堡可直抵灵州，因此这里历来为古代南北边防重地。

韦州现存古城遗址，部分始建于西夏。据史料记载，唐咸亨三年（672），此地属安乐州，后被吐谷浑慕容部所占；唐至德二年（757），又被吐蕃所占；唐大中三年（849），收复，更名威州；北宋咸平五年（1002），韦州被西夏攻占。西夏时期，复置威州，又称韦州、南威州，并在此修建城池，韦州成为西夏的十二监军司之一，属"左厢"，也称静塞军。元代仍称为韦州。

明洪武二十四年（1391），明太祖朱元璋第十六子在韦州受封"庆王"，建立王府，设宁夏群牧千户所，亦称韦州群牧千户所。据明万历《朔方新志》记载,"旧不知其名,宋张舜民诗,'青冈峡里韦州路',故相传为韦州"。明成化元年(1465)立石的碑文(石碑在康济寺塔后)记载:"考自洪武辛巳,受封西夏垣。以韦州富美地,携宫室立行府。"这记述的正是明初庆靖王朱栴受封于韦州"西夏垣"的事情。"西夏垣",即西夏时期所建的城池,此亦可为证。

韦州古城现存平面近似方形,东西长571米,南北宽540米,城墙为黄土夯筑,高12～14米。残墙高5～8米,顶宽4米,基宽10米。南墙正中设门,门外绕以瓮城,约40米见方;月门向东,城门倾圮后,成为宽约6米的豁口。城墙四周有马面49座,间距43米。在韦州老城的地表上,散布着很多古代建筑材料残件和陶瓷残片,其中多具明代特征,但也有少量外饰暗瓦纹、内饰乳钉纹的灰包陶片和具有冰裂纹的青、白瓷片,当为宋、西夏时期的遗物。韦州古城内现存古塔两座:一座位于城东南角,为西夏时期的密檐式砖塔,即康济寺塔;另一座位于城西北角,为元代喇嘛教墓塔,被称为"小白塔"。如今城垣城内建筑早已荒废。1966年,韦州古城被列为宁夏回族自治区级文物保护单位。

城墙遗址2

城墙遗址1

城墙遗址3

8 元代喇嘛教塔

Yuan Dynasty Lamaism Pagoda

级　　别	县级
年　　代	元
地　　址	同心县韦州镇韦州古城西北角
看　　点	喇嘛塔
开放方式	可参观

元代喇嘛教塔,当地俗称"小白塔",位于吴忠市同心县韦州镇韦州古城西北角,与古城东南角的康济寺塔遥遥相对,是县级文物保护单位。

元代喇嘛教塔,塔高约15米,塔基为单层八角须弥座。塔身近似圆柱体,上部比下周略宽大。在覆钵体与塔基施莲花瓣一周。塔身之上,砖砌逐级分成八边形十三层密檐实心体,是"十三天极轮"的变体做法。塔体外包以砖,内为土筑。外表原来通体抹白灰,故有"白塔"之称,现因年久风化,白灰已脱落,砖体裸露。塔体西南上设一小龛,称"眼光门",原为放置佛像、佛经的地方。其建造艺术很有特色,是宁夏境内保存至今较为典型的喇嘛教形制的塔。

关于此塔的始建年代,学界尚无定论,按其建造形制和结构看,一般认为是元代修建。但也有一些专家认为,此塔应建于西夏时期,因西夏的威福军司所在地(今甘肃额济纳旗黑城)在西夏时就已有喇嘛教式塔的建筑实例,可作有力旁证,当时西夏和吐蕃关系十分密切,在此创建喇嘛教塔也很有可能。这个观点如果成立,对喇嘛教式塔由西藏传入内地的时间有所提前,一般认为是元代才传入。另外,从韦州喇嘛教塔的现存主体建筑材料来看,使用的青砖规格尺寸为44厘米×21厘米×10厘米,这与韦州明代王陵区内使用的青砖规格完全一致，推测应在明代也进行过修缮、加固，延至今日，仍保留着明代的修建风貌。

明代常史刘牧曾作《白塔晨钟》一诗，诗曰："白塔去州六十里，清晨长视炊烟起。太平久不见烽烟，客行道路似流水。方今大一统华夷，昔人还宿归招提。会看居上人烟剩，鸡鸣犬吠闻边陲。"此诗中所提"白塔"一般被认为是指韦州喇嘛教塔。2010年，该塔被列为同心县文物保护单位。

全景

近景

吴忠市其他文物保护单位列表

区县	名称	年代	级别	地址	类别
利通区	板桥道堂	1943年	省级	吴忠市利通区板桥乡	近现代重要史迹及代表性建筑
利通区	东塔古墓群	北魏—唐	省级	吴忠市利通区东塔乡	古墓葬
利通区	马月波寨子	近现代	省级	吴忠市利通区东塔乡	近现代重要史迹及代表性建筑
青铜峡市	鸽子山遗址	旧石器时代	国家级	吴忠市青铜峡市	古遗址
青铜峡市	关马湖汉墓	西汉末—东汉	省级	吴忠市青铜峡市牛首山北麓山坡下	古墓葬
青铜峡市	干城子古城址	明	省级	吴忠市青铜峡市干城子乡	古遗址
青铜峡市	四眼井岩画	新石器时代—北朝	省级	吴忠市青铜峡市广武乡四眼井	石窟寺及石刻
青铜峡市	四眼井西夏遗址	西夏	省级	吴忠市青铜峡市广武乡四眼井	古遗址
同心县	沙嘴古城址	宋	省级	吴忠市同心县城关乡沙嘴城村	古遗址
同心县	红城水古城址	唐	省级	吴忠市同心县下马关乡红城水	古遗址
同心县	高庄滩红军西征遗迹	1933年	省级	吴忠市同心县下马关乡红城水娘娘庙	近现代重要史迹及代表性建筑
盐池县	张家场城址	汉	国家级	吴忠市盐池县	古遗址
盐池县	兴武营城址	明	国家级	吴忠市盐池县	古遗址
盐池县	窨子梁唐墓	唐	国家级	吴忠市盐池县苏步井乡	古墓葬
盐池县	花马池古城址	明	省级	吴忠市盐池县城关镇	古遗址
盐池县	李塬畔革命旧址	近现代	省级	吴忠市盐池县后洼乡	近现代重要史迹及代表性建筑
盐池县	北破城古城	唐—西夏	省级	吴忠市盐池县惠安堡乡	古遗址
盐池县	铁柱泉古城址	明	省级	吴忠市盐池县惠安堡乡	古遗址
盐池县	老盐池古城址	唐—明	省级	吴忠市盐池县老盐池村	古遗址

吴忠市

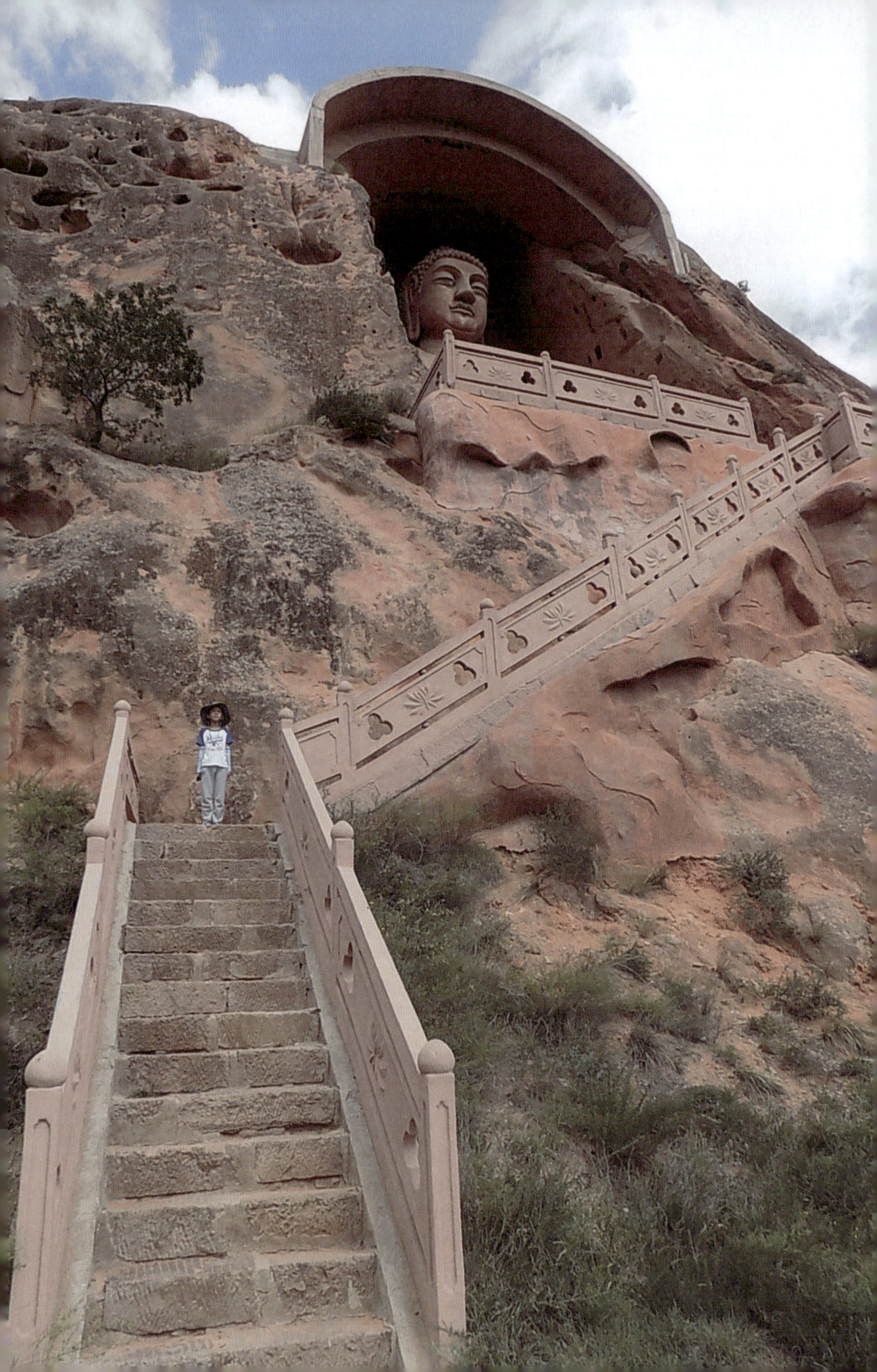

4
固原市
GUYUAN

固原市古建筑分布图
Historical Architectural Map of Guyuan

1. 开城遗址
2. 须弥山石窟
3. 文澜阁
4. 财神楼
5. 城隍庙
6. 无量山石窟
7. 火石寨石窟

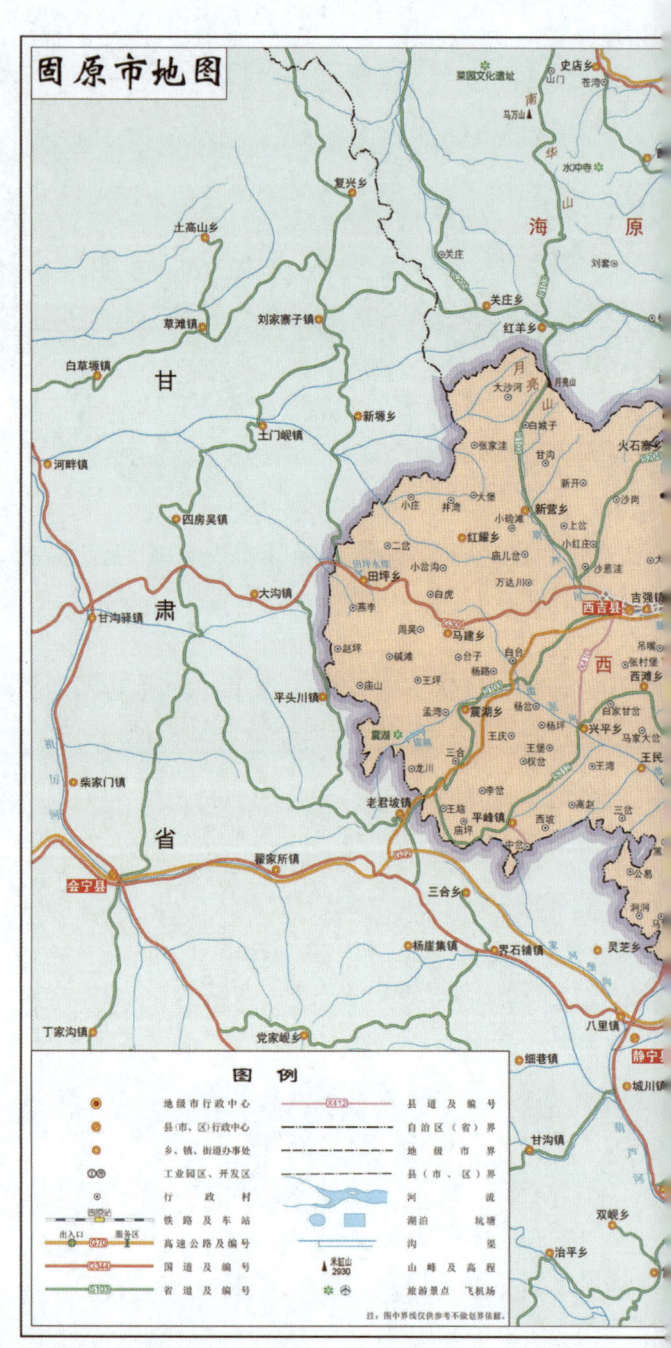

审图号：宁 S[2025] 第 009 号

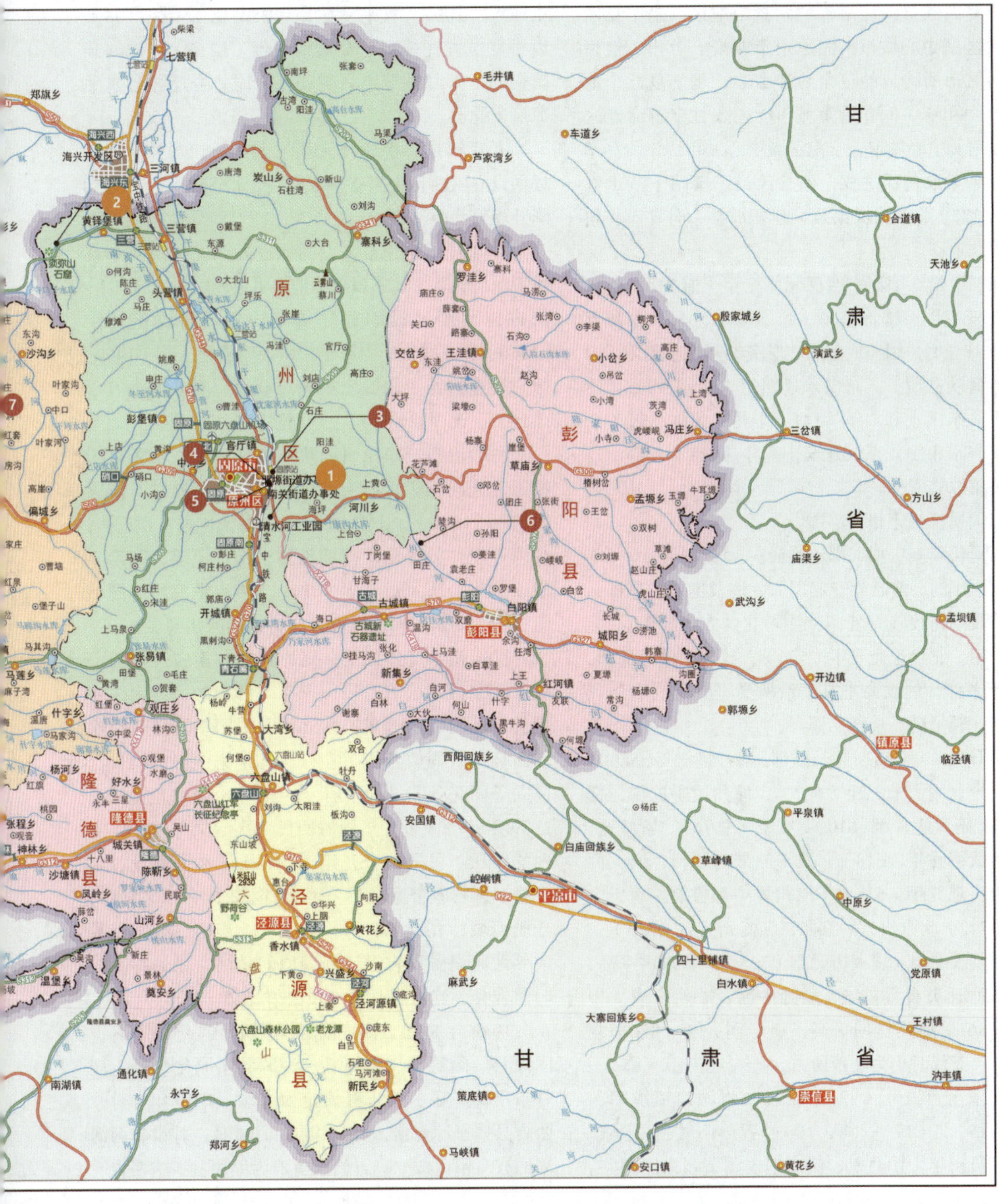
甘
肃
省
甘
肃
省
原
州
区
彭
阳
县
隆
德
县
泾
源
县
六
盘
山
固原市
原州区
彭阳县
隆德县
泾源县
平凉市
镇原县
崇信县
七营镇
郑旗乡
海兴开发区
三河镇
黄铎堡镇
三营镇
炭山乡
寨科乡
头营镇
彭堡镇
官厅镇
中河乡
河川乡
清水河工业园
北塬街道办事处
南关街道办事处
张易镇
开城镇
罗洼乡
王洼镇
交岔乡
小岔乡
冯庄乡
草庙乡
孟塬乡
古城镇
白阳镇
城阳乡
新集乡
红河镇
大湾乡
六盘山镇
好水乡
城关镇
沙塘镇
神林乡
杨河乡
山河乡
温堡乡
奠安乡
香水镇
黄花乡
兴盛乡
泾河源镇
新民乡
毛井镇
车道乡
芦家湾乡
合道镇
天池乡
殷家城乡
演武乡
三岔镇
方山乡
庙渠乡
武沟乡
孟坝镇
开边镇
郭塬乡
临泾镇
西阳回族乡
安国镇
白庙回族乡
草峰镇
平泉镇
崆峒镇
中原乡
麻武乡
四十里铺镇
白水镇
党原镇
大寨回族乡
王村镇
策底镇
纳丰镇
马峡镇
安口镇
黄花乡
南湖镇
通化镇
永宁乡
郑河乡
沙沟乡
偏城乡
什字乡
观庄乡
马莲乡
张程乡
风岭乡
1
2
3
4
5
6
7

固
原
市

建置沿革

固原，古称大原、高平、萧关、原州，简称"固"，位于宁夏回族自治区南部的六盘山地区，是宁夏回族自治区副中心城市。固原位于西安、兰州、银川三省会城市所构成的三角地带中心，是宁夏五个地级市之一和唯一的非沿黄城市，《陕甘宁革命老区振兴规划》中心城市、宁南区域中心城市。

秦惠王取乌氏之戎，建乌氏县。秦昭王三十五年（前272），秦灭义渠戎，建朝那县，时乌氏、朝那皆属北地郡。

汉初，沿秦旧制。西汉元鼎三年（前114）析北地郡置安定郡，郡治高平（今固原）。东汉永初五年（111）三月，因羌族起义，安定郡寄治于美阳（今陕西省武功县境）。东汉永建四年（129）四月，还治高平。东汉永和六年（141）十月，复徙扶风（今陕西省兴平市）。东汉建安十六年（211），郡治迁临泾（镇原县南）。

三国属曹魏雍州安定郡。

西晋仍属安定郡，郡治临泾。

十六国时，前赵分安定郡部分地及增设陇东郡，以高平设朔州牧领陇东、安定郡。北魏太延二年（436）置高平镇。北魏正光五年（524），改高平镇为原州，并置高平郡，倚设高平县，治所高平。北周设原州总管府，领平高、长城二郡。

隋开皇二年（582）废长城郡。隋开皇三年（583），废高平郡。隋大业三年（607），原州改平凉郡，郡治平高。隋大业六年（610），废原州总管府，置牧监。

唐武德元年（618），改平凉郡为原州，属关内道。唐贞观五年（631）于原州置中都督府。唐天宝元年（742）改原州为平凉郡，唐乾元元年（758），平凉郡复改原州。唐大历元年（766）吐蕃攻占平高，原州治所迁灵台百里城，后迁平凉及临泾。唐大中三年（861）原州迁回平高，唐广明元年（880）复迁临泾。五代时仍为吐蕃所占。

北宋至道三年（997）以故原州城设镇戎军，属陕西路。北宋咸平六年（1003）置彭阳城、陇干城。北宋庆历初年（1041），镇戎军改属渭州隶泾源路。北宋庆历三年（1043）以陇干城建德顺军。北宋绍圣四年（1097）置平夏城，北宋大观二年（1108）以平夏城置怀德军。金贞祐四年（1216），德顺升防御州，十月升节镇名陇安。金时，今泾源县属平凉府安化县。

元废镇戎、德顺。元至元九年（1272），在开远堡设立陕西行中书省开成府路，元至治三年（1323）降开城府为州。

明降开城州为县，设固原巡检司，属陕西布政司平凉府，隆德县亦属平凉府。明景泰二年（1451），修古原州废城设固原守御千户所。明成化二年（1466），开城县迁固原千户所，明成化五年（1469）千户所升固原卫。旋增三边总制府。明弘治十五年（1502）设固原州、卫，均属陕西都指挥使。

清顺治初，固原州属陕西省平凉府，不久改固原道，连同三边总制府、固原卫均驻固原城。清康熙初年（1662），迁镇、设平凉道，治固原。雍正初，废固原卫，乾隆初，固原设平、庆、泾道，同治年旋改为平、庆、泾、固、化道，移治平凉。清同治十三年（1874）固原设直隶州，领硝河州判。

民国初年（1912），固原州属甘肃省泾原道，后属陇东行政公署，民国三年（1914），废固原州设县。民国二十五年（1936），中国工农红军自陕北西征进入固原县境，在以庙儿掌为中心的地带，成立了固北县苏维埃政府。1938年，固北县撤销。1939年，海固事变（固海回民三次起义）被国民党残酷镇压。民国二十九年（1940），在固原设甘肃省第二区行政督察专员公署。民国三十一年（1942），迁硝河城，在固原、海原、隆德、静宁、会宁五县边界地区设置西吉县，划固原的硝河、张易等乡村归西吉县。建西吉县后专员公署撤销。

1949年8月2日，固原解放。1949年10月，固原县、隆德县、海原县、泾源县（原化平县）属甘肃平凉专区、西吉县属定西专区。1950年2月，西吉县属平凉专区。1953年11月1日，甘肃省西海固回族自治区成立，自治区首府为固原县，辖西吉、海原、固原三县。1955年11月18日，国务院批准，西海固回族自治区改名为固原回族自治州。1958年10月，宁夏回族自治区成立，撤销固原回族自治州，成立固原专区，辖西吉、海原、固原、隆德、泾源五县。1970年，固原专区改为固原地区行政公署，行署驻固原县，辖固原、海原、西吉、隆德、泾源五县。2002年7月撤地设市，改固原地区为固原市，固原县改称原州区，辖海原县、西吉县、隆德县、泾源县、彭阳县和原州区。2004年6月，海原县划归中卫市。现固原市辖四县一区：西吉县、隆德县、泾源县、彭阳县和原州区。2008年2月，又将原州区北部的黑城镇、七营镇、甘城乡划归中卫市海原县管辖。

原州区

1 开城遗址

Kaicheng Ruins

级　别	国家级
年　代	元
地　址	原州区开城镇开城村
看　点	元代王府遗址
开放方式	可参观

开城遗址位于固原市原州区开城镇开城村，处在六盘山东边缘清水河与泾河、茹河、葫芦河的分水岭上，是元代安西王设在六盘山地区的王相府。遗址的主要遗存年代为元代，面积2.86平方千米。开城遗址出土大量黄琉璃龙纹瓦、圆形瓦当、雕龙石座等大型建筑构件，表明这里是一处较高级别的遗址。

据记载，元世祖忽必烈第四子忙哥剌曾驻兵六盘山，不久皇子安西王分治秦蜀，在开城设王府。后来，忙哥剌被封秦王，在此设王府，夏居开城，冬处长安。开城遗址后来因地震逐渐衰落，至明代降为县，后废。开城遗址面积大，等级高，性质比较明确，对研究元代社会，元、明时期西北地区的行政沿革有较高学术价值。遗址中大量元代以龙和黄色为主调的琉璃龙纹瓦当、滴水描金鎏银等建筑装饰构件的发现，以及专门为祭祀成吉思汗而建的宗庙遗址的发现，都为揭开成吉思汗亡故之谜提供了史据。2001年，开城遗址被列为全国重点文物保护单位。

开城遗址1

开城遗址2

2 须弥山石窟

Xumi Mountain Grottoes

级　别	国家级
年　代	北朝—唐
地　址	原州区寺口子河北麓山峰
看　点	石窟，造像
开放方式	可参观

须弥山石窟位于固原市西北55千米六盘山支脉寺口子河（古称石门水）北麓的山峰上。须弥山石窟所处的位置自古以来就是中原通往河西走廊、大漠南北的交通枢纽。最早开凿于北魏时期，之后的西魏、北周，以及隋、唐继续营造，以后各代陆续修葺，是国内现存具有重要艺术价值的早期大型石窟艺术造像。

须弥山石窟现存石窟150多座，分布在连绵2千米的8座山峰上，自南而北有大佛楼、子孙宫、圆光寺、相国寺、桃花洞、松树洼、三个窑、黑石沟八个区域。北魏石窟集中于子孙宫区崖面上，以第14号、第24号、第32号、第33号窟为代表，多是3～4.5米见方的中心塔柱式窟。这种形式的窟室是从印度"支提"式支窟演化而来的。塔柱四面分层开龛造像，第32号窟塔柱多达7层。第24号窟塔柱上层龛内雕刻佛传故事。

窟内多是一佛二菩萨：佛像较大，居中端坐；菩萨矮小，侍立两旁。但也有特殊情况，如须弥山开凿最早的第14号窟，其中佛像有雕刻的也有彩绘的，除一个龛内为释迦多宝佛外，其余的龛内都是一尊佛像，没有旁侍菩萨。纵观这些造像，造法古朴，面形丰满，与云冈、敦煌石窟的早期造像有相似之处。

北周石窟开凿工程向北发展，集中于圆光寺、相国寺区域，规模大、造像精，现存主要窟有第45号、第46号、第51号、第67号窟等，都是平面方形的中心塔柱式窟。塔柱每面各开一大龛，四壁亦开龛，有的一壁三龛，龛形雕饰华丽。第45号窟和第46号窟是须弥山最繁丽的洞窟。第51号窟由前室、主室和左、右耳室四部分组成，主室宽13.5米、高10.6米，是须弥山最大的中心柱式窟。后壁通宽的宝坛上并列3尊坐佛，高达6米，雄伟壮观，是现存北周造像中最罕见的杰作。

隋唐石窟主要分布在相国寺区以北、以唐代石窟数量最多，一般4～5米见方，沿正壁和左右壁设马蹄形佛坛，成铺的造像配置坛上，5尊或7尊，多至9尊，不另开龛。第105号窟是一座大窟，俗称桃花洞，主室内有近6米高的中心柱，柱四面和壁面开大龛，表现出磅礴的气势。第5号窟（大佛楼）是一座巨大的摩崖造像龛。龛内倚坐佛像高达20.6米，是现存为数不多的唐代大佛像之一。须弥山石窟保存着造像350余身，题记、壁画多处，明代石碑3通，雕刻精致，充分显示了中国古代工匠的高超技艺和雄伟气魄。

须弥山石窟的历史、艺术和科学研究价值，可与敦煌、麦积山、炳灵寺、克孜尔、云冈、龙门等石窟媲美，是研究我国石窟艺术、民族宗教历史不可多得的宝贵实物资料。须弥山石窟是丝绸之路文化的珍贵遗存和中西文化交融的见证。1982年，须弥山石窟被确定为第二批全国重点文物保护单位。

远景1

大佛楼

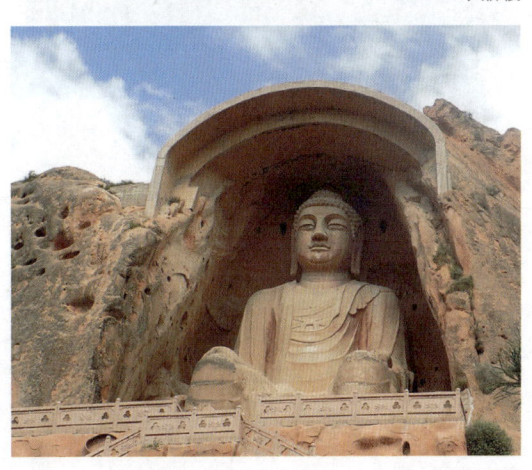

远景2

大佛楼近景

固原市

石门开　　　　　　　　　　　　　　　　　　　　　　　第1号窟

3 文澜阁

Wen Lan Pavilion

级　别	自治区级
年　代	清
地　址	原州区中山街
看　点	木构楼阁建筑
开放方式	可参观

　　文澜阁位于固原市原州区中山街，旧名魁星楼，占地约200平方米，高12.3米。文澜阁建于26米见方的高台之上，主体为六边形三重檐攒尖顶木结构建筑，列柱里外两排，各角起脊施兽，翼角翘起，仅上檐用斗拱，有南方建筑风格。文澜阁始建于清光绪末年，至民国年间，大书法家于右任先生登楼揽胜时曾题"瑞应须弥山，翠接文澜阁"之楹联，褒其壮美，由此，魁星楼又得名文澜阁。2005年，文澜阁被列为宁夏回族自治区级文物保护单位。

全景　　　　　　　　　　　　　　　　　　　　　　　近景

4 财神楼

The God of Wealth's Building

级　　别	自治区级
年　　代	明
地　　址	原州区过店街
看　　点	民间祭祀建筑
开放方式	可参观

财神楼位于原州城区南过店街，始建于明代，曾于清代重修，但主体仍然保持建造当年的建筑风格。目前，财神楼是原州区唯一保存完好的城楼式建筑，主要建筑位于青砖基座之上，以中央阶梯门道分为两组，分别为歇山顶建筑与卷棚顶建筑，其中歇山顶建筑正面与背面的明间门楣上均悬挂"财神楼"字样的牌匾。其正下方为穿过式门洞，偏于阶梯门道一侧，门洞南端上方刻有"五原重关"字样，北面则为"天衢"字样。2003 年，财神楼被列为宁夏回族自治区级文物保护单位。

全景

背面

入口

上层建筑

固原市

5 城隍庙

Town God's Temple

级　　别	自治区级
年　　代	明
地　　址	原州区粮食局副食厂院内
看　　点	民间祭祀建筑
开放方式	可参观

　　固原城隍庙现存于原州区粮食局副食厂院内，始建于明景泰二年（1451），曾于清代重修。城隍庙面阔五开间，硬山绿琉璃瓦顶，现状大殿的主体结构保存较好，但部分构件与油漆彩画现状堪忧。据编纂于明代的《嘉靖固原州志》所载"创建城隍庙碑记"，当时的城隍庙形制完整，"殿宇廊庑，焕然一新，左司右司，六曹分列东西，后为寝殿，前揭庙榜，圣母土地，秩然而有序"。现存主要建筑仍有城隍大殿、城隍坐殿、城隍行宫，但是仅大殿可以参观。2005年，城隍庙被列为宁夏回族自治区级文物保护单位。

近景

内部梁架

砖雕

彭阳县

6 无量山石窟

Wuliangshan Grottoes

级　　别	自治区级
年　　代	宋
地　　址	彭阳县川口乡田庄村
看　　点	石窟；造像
开放方式	可参观

　　无量山石窟位于彭阳县城西北约25千米的川口乡田庄村，背靠无量山，面向石峡河。石窟开凿于半山腰石崖上，共有两窟，中间相隔约50米，坐南面北，沿石峡河东西排列。东窟建于北宋天圣十年（1032）。窟顶呈窿形，进深0.8米，有5尊石质佛像，其中4尊保存完好，3尊主佛并排而坐，造像通高2.1米，崖壁铭刻题记2处，左刻"天圣十年"、右刻"张行□□"。西窟佛像雕凿于北宋景祐二年（1035），共有20尊佛像，为一佛、二菩萨、十六罗汉、一护法神像，整个造像从左到右依次编号为01～20号，一线排列在距地面高0.9米、长8.2米的石崖上。造像最高0.8米，最低0.38米，其中7身保存较好。在距地面约2.6米处有一题记，上书："景祐二年四月十二日刘绪等公修罗汉人。"1988年，无量山石窟被列为宁夏回族自治区级文物保护单位。

全景　　　　　　　　　　　　　　　　　　　　　　　　　　窟内1

窟内2

窟檐建筑　　　　　　　　　　　　　　　　　　　　　　　　窟内3

固原市

西吉县

7 火石寨石窟
Huoshizhai Grottoes

级　　别	自治区级
年　　代	北魏—宋
地　　址	西吉县火石寨乡
看　　点	石窟寺，石刻
开放方式	可参观

火石寨石窟位于固原市西吉县城以北15千米的火石寨乡，这里独特的丹霞地貌具备开窟雕造佛像的良好自然条件，与须弥山石窟有相似的地貌特征，是我国北方面积最大的丹霞地貌分布区，也是我国迄今发现的海拔最高的丹霞地貌群。

火石寨石窟开窟造像始于北魏，兴盛于隋唐时期，所有石窟群就依附在这万壑纵横的山间。现在，这里已被辟为国家自然地质公园。现存扫帚岭、石寺山、禅佛寺等石窟始建年代以隋唐为主，均凿建在百余米高的石崖绝壁上。

扫帚岭石窟位于火石寨乡南5千米。扫帚岭主峰垂直高约113米，宽330米。这里属六盘山余脉，四周绝壁，唯东北方向有人工开凿的石阶可攀。扫帚岭石窟是火石寨最多的石窟，有玉皇阁、大佛殿、菩萨殿、牛王殿、万寿宫等，分布在330米长的绝壁上，窟室多为长方形平顶式，少数为圆形穹隆顶。较完整的石造像已经不多。须弥座、神台上雕刻的各种图案仍清晰可辨。

石寺山石窟位于火石寨乡西南，因石峰上凿有石窟寺而得名。石寺山呈"山"字形，石峰高达百余米，拔地而起，绝壁巍峙，如欲登山，唯东面人凿石阶可登。石窟凿于隋唐，现存长方形大小石窟8孔、水窖4眼，石窟内造像被毁，残存佛龛、壁画。

禅佛寺石窟位于西吉县城北30千米处，此地名蝉窑村，当地俗传全名"须弥山禅佛寺"。石窟凿在高120多米的宝塔式的石峰上，石峰东西现存10个石窟和5个水窖，残存壁画、石雕须弥座等。其中距峰顶15米处有一个最大的石窟，呈长方形，高3米，长5米，宽4米，内有一神台。在两峰之间沿石缝人工开3个大石窟，其中一个石窟最深达15米，宽4米，高5米，可容纳200人左右。石窟开凿年代不详，但不晚于明代已具规模。

火石寨石窟

固原市其他文物保护单位列表

区县	名称	年代	级别	地址	类别
原州区	固原古城遗址	汉—清	国家级	固原市原州区	古遗址
原州区	大营城址	宋—明	国家级	固原市原州区中河乡	古遗址
原州区	固原北朝隋唐墓地	北朝—唐	国家级	固原市原州区	古墓葬
原州区	黄铎堡古城	宋、西夏	省级	固原市原州区黄铎堡镇黄铎堡村	古遗址
原州区	二十里铺拱北	清	省级	固原市原州区开城镇二十里铺	古建筑
原州区	固原西、南郊墓地	唐	省级	固原市原州区西、南郊乡	古墓葬
彭阳县	彭阳古城址	宋	省级	固原市彭阳县城内	古遗址
彭阳县	古城新石器遗址	新石器时代	省级	固原市彭阳县城西北	古遗址
彭阳县	城阳古城址	宋	省级	固原市彭阳县城阳镇东	古遗址
彭阳县	小岔沟革命旧址	近现代	省级	固原市彭阳县小岔乡	近现代重要史迹及代表性建筑
彭阳县	璎珞宝塔	明	省级	固原市彭阳县小岔乡	古建筑
彭阳县	耳朵古城址	宋	省级	固原市彭阳县小岔乡耳朵村	古遗址
西吉县	将台堡革命旧址	1936年	国家级	固原市西吉县	近现代重要史迹及代表性建筑
西吉县	火家集古城址	宋	省级	固原市西吉县将台乡火家集村	古遗址
西吉县	偏城古城址	宋	省级	固原市西吉县偏城乡偏城村	古遗址
西吉县	沙沟回教陵园	近现代	省级	固原市西吉县沙沟乡沙沟村	近现代重要史迹及代表性建筑
西吉县	硝河古城址	宋	省级	固原市西吉县硝河乡老城村	古遗址
西吉县	单南清真寺	近现代	省级	固原市西吉县兴隆镇	近现代重要史迹及代表性建筑
隆德县	页河子遗址	新石器时代	国家级	固原市隆德县城南	古遗址
隆德县	石窑寺石窟	宋	省级	固原市隆德县何家山	石窟寺及石刻
隆德县	周家嘴头新石器遗址	新石器时代	省级	固原市隆德县神林乡周家嘴头	古遗址
泾原县	果家山遗址	汉	省级	固原市泾原县城北瓦窑山	古遗址
泾原县	瓦亭古城	北魏—宋	省级	固原市泾原县大湾乡瓦亭村	古遗址
泾原县	凉殿峡遗址	元	省级	固原市泾原县泾河源镇	古遗址
泾原县	石窟湾石窟	宋	省级	固原市泾原县新民乡胜利村	石窟寺及石刻

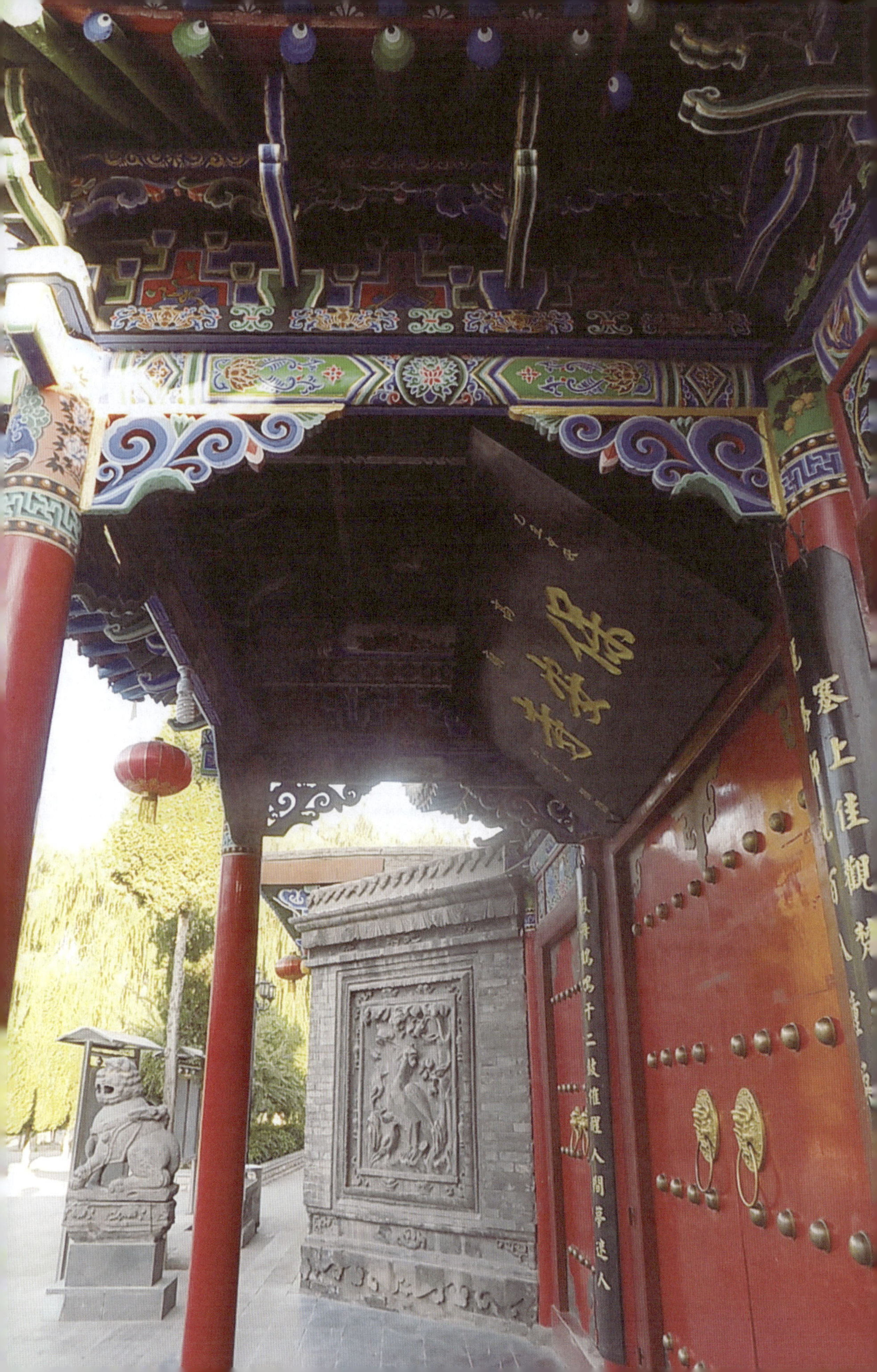
塞上佳觀

5
中卫市
ZHONGWEI

中卫市古建筑分布图
Historical Architectural Map of Zhongwei

1. 中卫高庙
2. 中卫鼓楼
3. 鸣沙洲塔
4. 石空寺石窟
5. 华严塔
6. 天都山石窟

中卫市地图

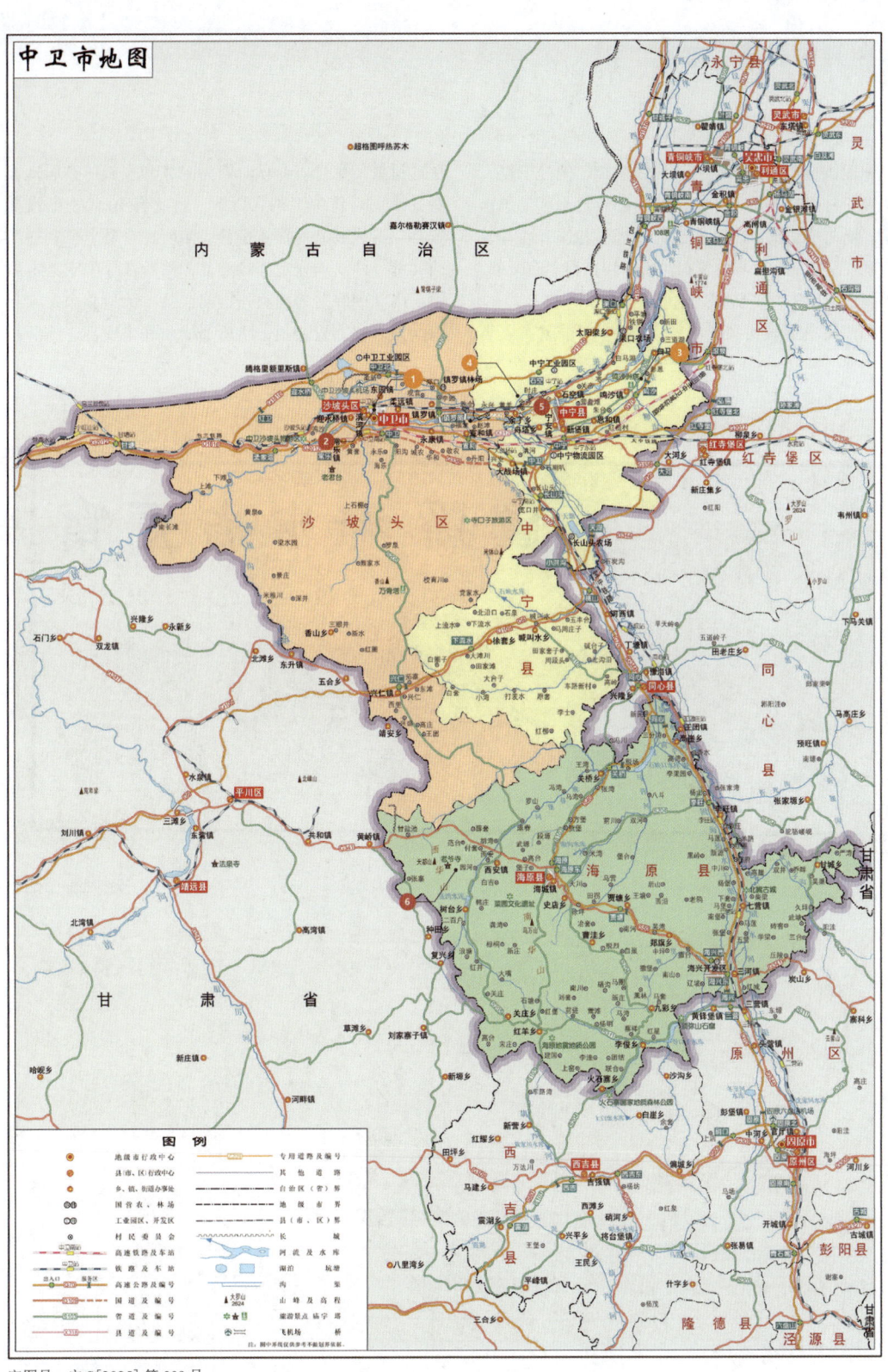

审图号：宁S[2025] 第009号

建置沿革

中卫市位于宁夏回族自治区中西部，地处宁夏、内蒙古、甘肃交界地带，东与宁夏回族自治区吴忠市接壤，南与宁夏固原市及甘肃省靖远县相连，西与甘肃省景泰县交界，北与内蒙古自治区阿拉善左旗毗邻。全市国土面积1.7万平方千米。

中卫历史悠久，源远流长，3万多年前就有人类在这里繁衍生息。春秋时期为羌族和戎族的杂居地，秦并六国后将中卫纳入版图，自此有10代王朝设郡置县。秦代属北地郡富平县，治所在今吴忠市利通区西北部。西汉属安定郡昫卷县，治所在今中宁县古城镇。南北朝和北魏属灵州郡鸣沙县，治所在今中宁县鸣沙镇。北周置会州，隋唐属雄州和丰安县，治所在

中卫县图（1941）

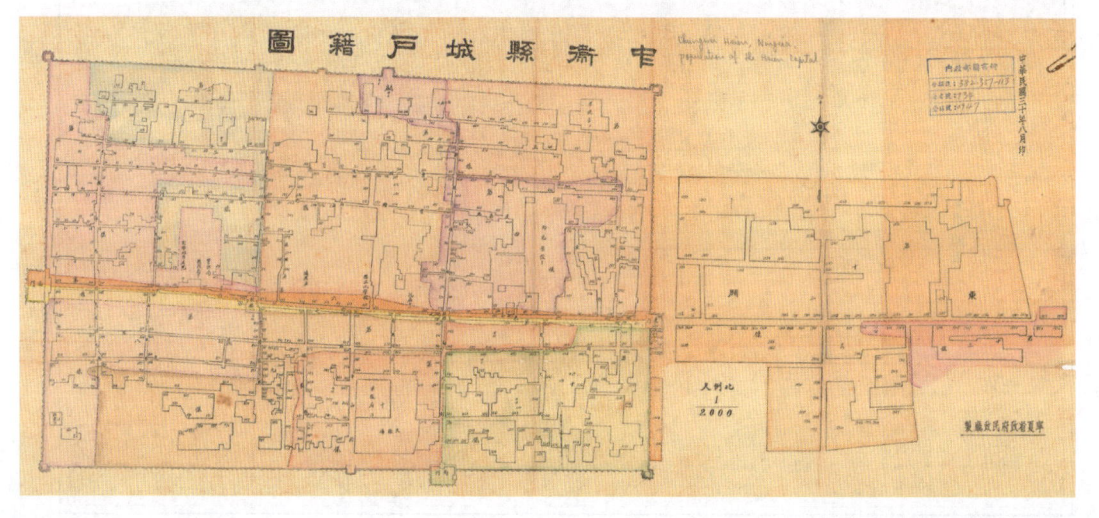

中卫县城户籍图（1941）

今中宁县石空镇石空堡村。北宋属昌化镇，治所在今中卫市附近。西夏建国后，境内设县建制为应吉里寨，后升为应理州，治所在今中卫市。元代仍设应理州。明永乐元年（1403），由右护卫改置为宁夏中卫，清雍正二年（1724），改称中卫县（含今沙坡头区、中宁和青铜峡部分地区），属宁夏府，海原县属平凉府。1933年，中卫县分成中卫、中宁两县。1954年，宁夏并入甘肃省，中卫属银川专区。1958年宁夏回族自治区成立后，中卫、中宁县先后划归银南地区、吴忠市管辖，海原县归固原地区、固原市管辖。2004年，设立中卫市，辖沙坡头区（原中卫县）、中宁县、海原县和海兴开发区。

沙坡头区

1 中卫高庙

Zhongwei High Temple

级　别	国家级
年　代	明—清
地　址	沙坡头区滨河镇鼓楼北街长城路
看　点	三教同源建筑群
开放方式	可参观

中卫高庙位于中卫市沙坡头区滨河镇鼓楼北街长城路，始建于明永乐年间，明初称"新庙"，清代改名"玉皇阁"，整体建在连接城墙的高台上，到了近代，把高台下的保安寺也包括在内，形成一座古寺庙建筑群。中卫高庙占地面积6000多平方米，共有殿堂楼阁280余间，主楼通高29米。清康熙四十八年（1709）发生地震，上层倒塌后重修增建。1978年开始对损毁部位基本上按原貌修复，恢复塑像、彩绘。

中卫高庙由南至北可分三部分，以魁星楼、大雄宝殿、南天门、中楼为中轴，东西对称布局，由南向北逐次增高，形成错落有致的建筑格局。前部称保安寺，山门上建魁星楼，门内建单檐歇山顶大雄宝殿。殿后为二十四级砖砌台阶。台阶处建有一座三间砖砌牌楼，俗称"南天门"，南天门后为两层三重檐四面坡顶的中楼。中楼之北为三层重檐歇山顶五岳庙，是建筑群中最高的建筑，其两侧又建有钟鼓楼和文武配殿。整个建筑群均衡紧凑，巍峨壮观，是宁夏境内重要的一处释、儒、道三教合一的古建筑群，在西北地区闻名遐迩。

从原有的广场戏楼直通向魁星楼（山门）、大雄宝殿、南天门、中楼、主楼，依这条中轴线，所有建筑左右两两相对称，逐次向北延伸升高。整个建筑物虽然层楼重叠，檐角飞翘，但显得十分稳重均衡，布局紧凑巧妙。主体建筑和辅助建筑之间多用飞桥相连接。整体建筑雄伟壮丽，重楼叠阁，错落有致，回廊曲栏，清幽雅致；砖雕木刻，精巧绚烂，彩绘华美，装饰和谐。高庙的全部塑像中有法名的就有170多尊，都出自明清两代的能工巧匠之手，形态各异、形神兼备、造型典雅，衣冠服饰富有质感，充分体现了劳动人民的智慧和精湛的技艺。

1963年，中卫高庙被列为宁夏回族自治区级文物保护单位。2013年，被列为全国重点文物保护单位。

远景

山门 　　　　　　　　　　　　　　　　　　　　　山门梁架仰视

天王殿 　　　　　　　　　　　　　　　　　　　　中楼

主楼 　　　　　　　　　　　　　　　　　　　　　主楼背面

砖雕1 　　　　　　　　　　　　　　　　　　　　砖雕2

2 中卫鼓楼

Zhongwei Drum Tower

级　别	自治区级
年　代	明—清
地　址	沙坡头区中心
看　点	钟鼓楼建筑
开放方式	可参观

中卫鼓楼地处宁夏中卫市区中心，是中卫市的地标建筑。中卫鼓楼始建于明崇祯四年（1631），清嘉庆二十二年（1817）失火被焚毁，清道光十一年（1831）重建。

中卫鼓楼是一座台基四方开拱洞的楼阁建筑。主楼为十字形平面，每面三开间，三层三檐，十字脊歇山顶，每层有十二个起翘翼角，最上两层四面有观景廊坊，高23米左右。砖砌台基平面呈矩形，南北长为22.4米，东西宽为16.65米，基座正中为十字形过洞，分别通四面街道。基座西南开一小门，可通过台阶达楼基上部，台基四角建陪屋4座。鼓楼基座四面拱门上有匾额，按方位反映了中卫的地理形胜，其东曰"锁扼青铜"，南曰"对峙香岩"，西曰"爽挹沙山"，北匾为"控制边陲"。最上层四面有观景回廊，可俯瞰中卫全城。1949年以来，政府对鼓楼进行了多次整饬修缮。1983年，恢复"文革"期间被损毁的砖匾后，中卫鼓楼被列为宁夏回族自治区级文物保护单位。

鼓楼近景

北立面

屋顶细部

中宁县

3 鸣沙洲塔
Ming Sha Zhou Tower

级　　别	国家级
年　　代	西夏—明
地　　址	中宁县鸣沙镇鸣沙村
看　　点	楼阁式砖塔
开放方式	可参观

鸣沙洲塔位于中宁县城东面约20千米的鸣沙镇鸣沙村黄河故道的南岸上。鸣沙洲塔原名安庆寺永寿塔，原是一座八角十三级楼阁式砖塔。据《嘉靖宁夏新志》记载，"安庆寺，寺内浮屠，相传建于谅祚之时"。此塔约始建于西夏第二代皇帝李谅祚时期（1049—1068）。明嘉靖四十年（1561）发生大地震被毁，明隆庆三年（1569）重修。清康熙四十八年（1709）上半部震塌，近年又进行了加固维修。

鸣沙洲塔建在一座高出地面1.5米的夯土台上，夯土台长15米，高2米，青砖包砌。塔底边长3.14米，高度为42米。塔身底层较高，为6.64米，往上逐层高度渐渐缩短。每级塔身都以叠涩砖作挑檐，檐下每面正中与转角处饰以斗拱，檐角挂有风铃，一层向南开有券形塔门，高1.7米，宽0.7米，塔壁厚3.05米。塔身的二、四、六级各开有南北券门相通，三、五级开有东西相通的券门，七级以上为实心体，内有木梯可登高远眺。

1963年，鸣沙洲塔被列为宁夏回族自治区级文物保护单位，2013年被列为全国重点文物保护单位。

远景

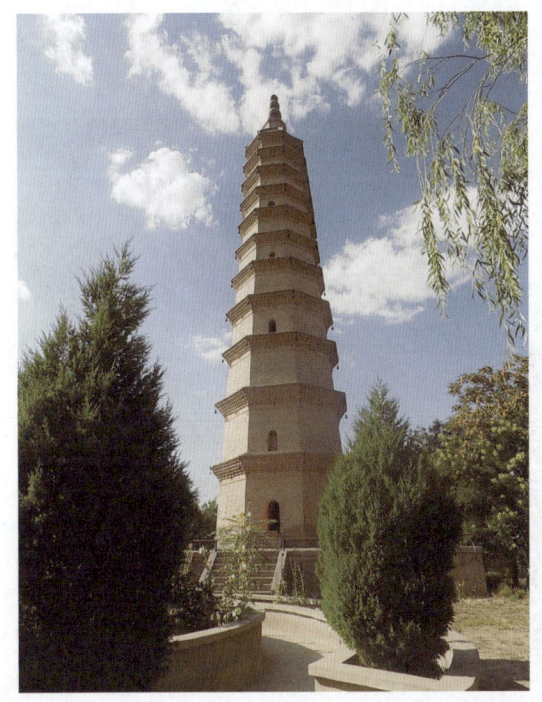

近景

塔身细部

4 石空寺石窟

Shikong Temple Grottoes

级　别	国家级
年　代	唐—清
地　址	中宁县余丁乡
看　点	石窟，造像，壁画
开放方式	可参观

石空寺石窟位于中宁县余丁乡双龙山南麓，俗称"大佛寺"，因双龙山古称"石空山"而命名。石空寺石窟凿于山崖峭壁之下的沙砾岩上，坐北朝南，自东向西绵延1.5千米。这里因地处腾格里沙漠南缘，历史上曾多次被流沙掩埋。1981年，自治区文管会组织人员对已被流沙掩埋的石空寺进行了考古发掘和清理，清理出洞窟13个，其中汉传佛教洞窟4个、藏传佛教洞窟1个，道教洞窟8个，分别是九间无梁洞、万佛洞、百子观音洞、焰光洞、睡佛洞、龙王洞、娘娘洞、药王洞、财神洞、无量洞、玉皇洞、三清洞、炼丹洞。

在石空寺石窟已清理出来的13个洞窟中，只有1座开凿于地平，其余12座均开于半山腰上，高低错落有致，洞口全部向南开。石窟形制均为小开口、大洞窟，其中4座窟顶为覆钵穹窿式，9座窟顶为券拱式。其中，九间无梁洞规模最为宏大，窟高25米，深8米，宽13米，内塑88尊佛像，加上菩萨、罗汉、神话传说人物等造像，共有360尊之多，从窟顶自上而下分三层排列，正中的石胎大佛高达5米，大佛寺因此而得名。从窟内壁画脱落的部分看，窟内壁画共有三层，外层为明代绘制，最内的一层为唐代绘制，具有极高的艺术价值。万佛洞、焰光洞窟顶窟壁的贴塑小万佛有须弥座、莲花座、镏金饰、彩绘饰等多种艺术造型，其艺术价值可与敦煌千佛洞相媲美。8个道教洞窟内的玉皇大帝、三清老祖、阎王、龙王及天神武将雕塑，代表了道教艺术的极高境界。

洞窟内还出土了佛祖、菩萨、罗汉、道仙等小型彩塑像近百尊。有汉族、藏族、蒙古族、阿拉伯人以及黑色、棕色人种，造型多样，被国家文物局鉴定为二级珍贵文物。同时出土的还有铜佛、铜镜、银莲、古币、砖雕、木雕、石刻、绢花以及多种少数民族文字、各种版本的经书、绘画数百件。

石空寺石窟开凿于唐代，据史书《陇右金石录》引《甘肃新通志稿》载，"石空寺以窟得名，寺创于唐时，就山形凿石窟，窟内造像皆唐制"。据专家考证，窟内造像、壁画的制作手法和艺术风格与敦煌唐代石窟一脉相承，有盛唐之风，证明史书记载无误。另据清代《乾隆中卫县志》记载，石空寺石窟为"元昊建"，即西夏的开国皇帝李元昊所建，证明唐代开凿了石窟后，西夏又在窟外修建了庙宇。又据明代《嘉靖宁夏新志》记载，石空大佛寺为"元故寺"，即元代的古老寺庙，证明元代时寺又被维修扩建了。目前已发掘清理出的焰光洞、万佛洞、菩萨殿内的造像均为元代雕塑，印证了这一说法。

1963年，石空寺石窟被列为宁夏回族自治区级文物保护单位，2013年被列为全国重点文物保护单位。

入口

院落 　　　　　　　　　　　　　　　　　　　　　窟前建筑

窟前建筑仰望 　　　　　　　　　　　　　　　　　残窟

5 华严塔

Hua Yan Tower

级　别	自治区级
年　代	清
地　址	中宁县恩和乡华寺村
看　点	楼阁式砖塔
开放方式	可参观

华严塔位于宁夏中卫市中宁县恩和乡华寺村，又名砖塔。华严塔始建于明代，清乾隆二年（1737）重修，是一座楼阁式砖塔。塔坐北向南，平面呈八角形，塔身七层，通高25米，塔顶呈覆斗状，上置桃形攒尖琉璃塔刹。塔原建在寺中，寺庙早毁，一塔独存。

据民间传说，华严寺和华严宝塔是为镇沙而建，

华严塔底层外周长13.12米，分八边，每边长1.64米，内亦为八边形，每边长0.58米。塔体共七级，通高25米，加上塔刹总高30米。底级最高，为3.6米，其余六级依层递减。第一级为厚壁空心室，八角形穹窿顶，与二级不能相通。自二级起，有砖阶可供登高远眺。六、七级为实心体。七级以上为八面覆斗塔刹，上置八面琉璃攒尖。底层有南北券门各一，且相通，券门高1.7米，宽0.6米。二级以上各有券门一个，方向不同。二级在东，三级在西，四级在北，五级在南，六、七级为实心体，无券门。二级以上多有佛龛，方向错落。二级东南、东北、西北、二、四、六级西南，二、四、六、七级南，六级西北各有一座佛龛，每龛内供砖雕坐佛或菩萨一尊。各级塔沿拐角处，有木柄挑檐，悬挂风铃，共计56个。

2005年，华严塔被列为宁夏回族自治区级文物保护单位。

远景 近景

底层券门

海原县

6 天都山石窟
Tiandu Mountain Grottoes

级　　别	自治区级
年　　代	宋—西夏
地　　址	海原县西安乡
看　　点	石窟形制
开放方式	可参观

　　天都山石窟，也称西华山石窟，位于宁夏中卫市海原县西安古城 7.5 千米处。天都山石窟前临悬崖，后靠峭壁，开凿于宋和西夏时期，明、清以来多次重修，尤其是寺庙群建筑雕梁画栋，金碧辉煌。崖壁坐西向东，长约 2 千米，有窟 30 余孔，现存 6 个洞窟保存较好。因民间传说在山中发现过金牛，故天都山石窟又叫金牛寺，当地人又因石窟中有神佛塑像，亦称之为老爷寺。另外，古代还有荣光寺之称。

　　天都山石窟的平面皆为长方形，平顶直壁，窟室较大，主要洞窟进深 9～13 米，窟内造像已毁，窟室完好。这里除了石窟外，尚存大小殿宇 13 处。2005 年，天都山石窟被列为宁夏回族自治区级文物保护单位。

远景

三皇殿等

中卫市其他文物保护单位列表

区县	名称	年代	级别	地址	类别
沙坡头区	照壁山铜矿遗址	汉	国家级	中卫市沙坡头区镇罗镇以北	古遗址
沙坡头区	大麦地岩画	新石器时代—西夏	国家级	中卫市沙坡头区卫宁北山	石窟寺及石刻
沙坡头区	下河沿瓦窑遗址	西夏—元	省级	中卫市沙坡头区常乐镇大湾	古遗址
海原县	菜园遗址	新石器时代	国家级	中卫市海原县	古遗址
海原县	七营北嘴城址	宋—明	国家级	中卫市海原县	古遗址
海原县	柳州城址	宋—明	国家级	中卫市海原县	古遗址
海原县	柳州古城	宋、西夏	省级	中卫市海原县城关乡扒子洼村	古遗址
海原县	七营北嘴古城	隋—明	省级	中卫市海原县七营镇北嘴村	古遗址
海原县	凤凰古城址	宋	省级	中卫市海原县高崖乡草场村	古遗址
海原县	九彩坪拱北	清	省级	中卫市海原县九彩坪乡九彩坪村	近现代重要史迹及代表性建筑
海原县	西安州古城	宋、西夏	省级	中卫市海原县西安乡	古遗址
海原县	盐池古城址	宋	省级	中卫市海原县盐池乡	古遗址
中宁县	洪岗子道堂	清	省级	中卫市中宁县喊叫水乡	近现代重要史迹及代表性建筑
中宁县	石马湾岩画	新石器时代—西夏	省级	中卫市中宁县石空镇岌岌沟内	石窟寺及石刻
中宁县	黄羊湾岩画	新石器时代—西夏	省级	中卫市中宁县余丁乡黄羊湾村	石窟寺及石刻

参考文献（References）

著作类

[1] 中华人民共和国住房和城乡建设部. 中国传统建筑解析与传承：甘肃卷 [M]. 北京：中国建筑工业出版社，2017.

[2] 吴昊，翁萌. 甘肃古建筑 [M]. 北京：中国建筑工业出版社，2015.

[3] 李慧. 甘肃建筑文化的传承与发展 [M]. 兰州：甘肃人民美术出版社，2012.

[4] 郝志伦. 中华古塔文化研究 [M]. 北京：中国戏剧出版社，2009.

[5] 刘致平. 中国伊斯兰教建筑 [M]. 北京：中国建筑工业出版社，2010.

[6] 中国建筑工业出版社. 中国古建筑之美：道教建筑 [M]. 北京：中国建筑工业出版社，2010.

[7] 陈泽泓，陈若子. 中国名塔 [M]. 广州：广东人民出版社，1993：70.

[8] 王振复. 建筑美学笔记 [M]. 天津：百花文艺出版社，2005：105-130.

[9] 安邑江，马国俊. 甘肃美术史话 [M]. 兰州：甘肃文化出版社，2009.

[10] 刘政. 井坳 [M]. 兰州：甘肃文化出版社，2011.

[11] 西北师范大学古籍整理研究所. 甘肃古迹名胜辞典 [M]. 兰州：甘肃教育出版社，1992.

[12] 杨明基. 甘肃金融发展五十五年 [M]. 兰州：甘肃人民出版社，2006.

[13] 两当兵暨红军长征在两当党史资料编纂办公室. 红色两当 [M]. 兰州：甘肃文化出版社，2008：125.

[14] 武卫国，唐默. 甘肃乡镇地名来历 [M]. 兰州：兰州大学出版社，2009：204.

[15] 徐日晖. 秦州史记 [M]. 西安：陕西人民美术出版社，1994：71-97.

[16] 天水市地方志办公室. 天水民居 [M]. 兰州：甘肃文化出版社，2002.

[17] 江宁. 人文天水 [M]. 乌鲁木齐：新疆美术摄影出版社，2009.

[18] 天水市政协文史资料委员会. 天水名人 [M]. 兰州：甘肃文化出版社，1998.

[19] 吴钰. 天水回族史略 [M]. 兰州：甘肃人民出版社，2009.

[20] 甘肃省地方史志编纂委员会，甘肃省宗教志编纂委员会. 甘肃省志：第七十一卷 宗教志 [M]. 兰州：甘肃人民出版社，2005.

[21] 阿莽班智达. 拉卜楞寺志 [M]. 玛钦·诺悟更志，道周，等，译注. 兰州：甘肃人民出版社，1997.

[22] 释道世. 法苑珠林校注 [M]. 周叔迦，苏晋仁，校注. 北京：中华书局，2003：122.

[23] 陇西县志编纂委员会. 陇西县志 [M]. 兰州：甘肃人民出版社，1990.

[24] 道宣. 释迦方志：下卷 [M]. 北京：中华书局，2000：96-97.

[25] 甘肃省两当县志编纂委员会. 两当县志 [M]. 兰州：甘肃文化出版社，2005：713.

[26] 郭从道. 徽郡志（明嘉靖四十二年刊本）[M]. 台北：成文出版社有限公司，1970：40.

[27] 董杏林. 徽县新志：第2卷 [M]. 梁晓明，田凌宇，点校. 香港：天马图书有限公司，2006：60.

[28] 榆中县志编纂委员会. 榆中县志 [M]. 兰州：甘肃人民出版社，2001.

[29] 张家川回族自治县地方志编纂委员会. 张家川回族自治县志 [M]. 兰州：甘肃人民出版社，1999：153，316-318.

[30] 贾缵绪. 天水县志 [M]. 兰州：兰州国民印刷局，1938.

[31] 武山县地方志编纂委员会. 武山县志 [M]. 北京：中华书局，2020.

[32] 王军，燕宁娜，刘伟. 宁夏古建筑 [M]. 北京：中国建筑工业出版社，2015.

[33] 杨森翔. 吴忠溯源 [M]. 银川：宁夏人民出版社，2010.

[34] 张宝玺. 河西北朝石窟 [M]. 上海：上海古籍出版社，2016.

[35] 敦煌研究院. 敦煌石窟内容总录 [M]. 北京：文物出版社，1996.

[36] 敦煌研究院. 榆林窟 [M]. 南京：江苏美术出版社，2017.

[37] 甘肃省文物工作队炳灵寺文物保管所. 永靖炳灵寺 [M]. 北京：文物出版社，1989.

[38] 麦积山石窟艺术研究所. 天水麦积山 [M]. 北京：文物出版社，2013.

[39] 甘肃北石窟寺文物保护研究所. 庆阳北石窟寺内容总录[M]. 北京：文物出版社，2013.

[40] 宁夏回族自治区文物管理委员会，北京大学考古系. 须弥山石窟内容总录[M]. 北京：文物出版社，1997.

[41] 张涛，郝峰. 明珠凤城[M]. 银川：宁夏人民出版社，2012.

论文类

[1] 陈华. 兰州五泉山古建筑群研究[D]. 西安：西安建筑科技大学，2009.

[2] 苏醒. 兰州白塔山古建筑群研究[D]. 兰州：兰州理工大学，2019.

[3] 答小群，赵鑫宇. 兰州白塔山宗教建筑史考[J]. 史志学刊，2017(3).

[4] 葛野. 兰州白云观道教研究[D]. 西安：西北师范大学，2009.

[5] 刘袖瑕. 甘肃省孔庙遗存状况研究[D]. 兰州：兰州大学，2010.

[6] 邓明. 明远楼与甘肃贡院的兴废[J]. 档案，2008(5):36-38.

[7] 王超. 兰州金天观古建筑群分析[J]. 山西建筑，2010,36(4):27-28.

[8] 叶明晖，孟祥武. 永登鲁土司衙门建筑形制述略[J]. 华中建筑，2009,27(8):178-181.

[9] 魏文. 甘肃红城感恩寺及其壁画研究[D]. 北京：首都师范大学，2009.

[10] 罗文华，文明. 甘肃永登连城鲁土司属寺考察报告[J]. 故宫博物院院刊，2010(1):60-84,158.

[11] 宿白. 甘肃连城鲁土司衙和妙因、显教两寺调查记[J]. 考古学研究，1994(0):1-9,435-439.

[12] 筱华，吴莉萍. 河西走廊的古建筑瑰宝：甘肃永登鲁土司衙门[J]. 古建园林技术，2004(1):41-45.

[13] 任贵. 兰州青城镇明清民居分析[J]. 建筑与文化，2008(6):79-81.

[14] 钱斌. 浅论甘肃省榆中县金崖镇古建四合院的特点和文化内涵[J]. 文物鉴定与鉴赏，2021(24):17-19.

[15] 杨永生. 城市演进中的文化胎记[J]. 北方作家，2013.01.15.

[16] 荣新江. 敦煌城与莫高窟的历史概观[J]. 敦煌研究，2016(5):19-24.

[17] 李娟. 鸠摩罗什佛传故事画与不同材质艺术表现研究[D]. 兰州：兰州交通大学，2020.

[18] 陶玉乐. 关于金塔县塔院寺金塔几个问题的考证[J]. 丝绸之路，2016(14):49-51.

[19] 王惠民. 肃北五个庙石窟内容总录[J]. 敦煌研究，1994(1):130-132.

[20] 郭子睿. 肃北五个庙石窟第1窟研究[D]. 西安：陕西师范大学，2021.

[21] 李殿元. 阳关、玉门关、嘉峪关考察[J]. 文史杂志，2011(1):20-23.

[22] 吴晓冬. 张掖大佛寺及山西会馆建筑研究[D]. 天津：天津大学，2007.

[23] 丁得天，焦成. 甘肃省民乐县童子寺石窟内容总录[J]. 敦煌研究，2016(3):17-25.

[24] 李慧国. 河西走廊中东部石窟寺遗存与保护现状概述[J]. 大足学刊，2019(0):354-364.

[25] 李甜. 文殊山石窟研究的回顾与展望[J]. 石河子大学学报（哲学社会科学版），2017,31(1):29-37.

[26] 卢秀善. 浅谈武威秦延德故居建筑风格[J]. 丝绸之路，2015(4):36-37.

[27] 孙一. 武威瑞安堡堡寨民居营建模式与设计应用研究[D]. 西安：西安建筑科技大学，2020.

[28] 闫有喜，吴永诚. 河西走廊生土民居：瑞安堡[J]. 建筑设计管理，2011, 28(1):78-80.

[29] 张艳玲. 洮州"屯堡文化"研究[D]. 兰州：兰州大学，2015.

[30] 李敏，许新亚，王鹏. 甘南藏传佛教寺院建筑装饰特色研究：以郎木寺为例[J]. 建筑与文化，2019(2):219-220.

[31] 张永权. 西北古廊桥装饰艺术特征与民俗文化意蕴：以甘肃康县平洛古廊桥为例[J]. 艺术研究，2013(3):6-9.

[32] 丁哲. 第九次玉帛之路（关陇道）考察纪要[J]. 百色学院学报，2016,29(2):14-18.

[33] 张振宇. 陇东塔文化：平凉、庆阳名塔概说[J]. 丝绸之路，2016(14):35-43.

[34] 崔惠萍，张多勇，张亚萍. 庆阳北石窟寺的研究现状与尚未解决的问题[J]. 敦煌学辑刊，2009（3）：66-76.

[35] 薛正昌. 丝绸之路与宁夏石窟文化[J]. 现代哲学，2010（6）：121-125.

[36] 蒲向明. 关于两当起义遗址的调查与研究[J]. 兰州文理学院学报（社会科学版），2014，30（3）：7-16.

[37] 杨益民，宋钢. 宋代福津广严院[J]. 丝绸之路，1996（6）.

[38] 孙晓峰. 八峰崖石窟散记[J]. 丝绸之路，2000（5）.

[39] 王百岁. 陇南八峰崖石窟内容总录[J]. 敦煌学辑刊，2005（4）：88-91.

[40] 孙崇玉. 两当县文庙大殿木结构分析[J]. 丝绸之路，2003（2）.

[41] 温明霞. 天水市玉泉观选址及建筑布局浅谈[J]. 中华民居，2014（9）：183-184.

[42] 项一峰. 丝绸之路与麦积山石窟的营建[J]. 中国文化遗产，2016（1）：4-14.

[43] 楚妗. 一座布满伤痕的古城：千年泾州古城遭破坏现状调查[J]. 中华建设，2012（7）：40-41.

[44] 前进中的静宁一中[J]. 中学语文园地，2002（Z3）：2.

[45] 陈晓斌. 庄浪县关帝庙戏楼考析[J]. 文物鉴定与鉴赏,2017（4）:104-105.

[46] 张瑞琴. 浅谈秦安兴国寺的建筑特色[J]. 丝绸之路，2017(14).

[47] 王书万. 论中国古建筑室内外砖雕装置[J]. 装饰，2006(12).

[48] 张萍，陈华. 回汉糅合：天水后街清真寺建筑艺术特色[J]. 华中建筑，2014，32（6）.

[49] 张建军. 浅谈天水胡氏古民居：南宅子的建筑特色[J]. 文艺生活，2011(5).

[50] 王虹，王康. 张掖大佛寺及其寺藏文物概述[J]. 图书与情报，2015（1）：2, 142-145.

[51] 冯霞. 张掖西来寺历史考述[J]. 河西学院学报，2016, 32（1）：38-43.

[52] 王慧慧. 佛传中的洗浴太子：从经文到图像的转变[J]. 敦煌研究，2014（6）：1-7.

[53] 张世明. 美丽的海藏寺[J]. 小作家选刊，2014（6）.

[54] 刘畅，吴葱. 明朝河西地区移民背景下的民勤圣容寺建筑研究[J]. 古建园林技术，2015（4）：56-60.

[55] 王巍. 河西走廊地区寨堡建筑[D]. 西安：西安建筑科技大学,2010.

[56] 王其英. 天梯山石窟的地位和影响探源[J]. 发展，2011（4）：53.

[57] 洪方舟. 天梯山石窟的历史地位及艺术价值探析[J]. 大众文艺，2009（23）：117-118.

[58] 宋立彬. 清代武威山陕会馆考述[J]. 发展，2015（7）：87-88.

[59] 黎大祥. 西夏凉州护国寺历史变迁述论[J]. 西夏学，2013（2）.

[60] 曹鹏，杨林平，余明永. 甘南藏区传统村落的保护研究：以临潭县红堡子村为例[J]. 城乡建设，2018（16）：64-66.

[61] 伊尔·赵荣璋. 拉卜楞寺的建筑布局及其设色属性[J]. 中央民族大学学报，1998（4）：40-45.

[62] 于洁. 浅析拉卜楞寺建筑布局及空间[J]. 江西建材，2016（3）：26-27.

[63] 赵烜. 略论藏传佛教名刹禅定寺[J]. 文物鉴定与鉴赏，2017（8）：62-63.

[64] 孙晓峰，臧全红. 甘肃武山木梯寺石窟调查简报[J]. 敦煌研究，2008（1）.

[65] 董玉祥. 仙人崖石窟（上）[J]. 敦煌研究，2003（6）.

[66] 王来全. 甘谷华盖寺石窟[J]. 敦煌学辑刊，2004（1）：153-157.

[67] 李惠峰. 西北传统古民居建筑在当代民俗旅游资源中的保护与开发：以天水66号贾家公馆为例[J].旅游纵览(下半月),2018(2):174-175.

[68] 叶明晖，孟祥武. 精雕细刻的艺术，质朴含蓄的寓意：论天水山陕会馆门楼砖雕艺术的文化内涵[J]. 雕塑，2012（1）：60-61.

[69] 高占福. 丝绸之路上的甘肃回族[J]. 宁夏社会科学，1986（2）.

[70] 刘雁翔. 天水古今民族源流考[J]. 天水师专学报，1998（2）.

[71] 张萍，陈华. 甘肃清真寺建筑的风格特征[J]. 建筑设计管理，2012(12).

[72] 马守途，青觉. 浅析宣化冈建筑群的中阿建筑特色及美学价值[J]. 西北民族大学学报，2004（6）.

[73] 王军锋，杨富学. 天水石门山道观的调查与研究[J/OL]. 宝鸡文理学院学报（社会科学版），2020,40（4）：50-56.

[74] 张梦娇. 明清时期河西走廊民间信仰祠庙研究[D]. 兰州：西北师范大学，2015.

[75] 冉海琴. 明代洮州卫研究[D]. 兰州：西北师范大学，2015.

[76] 刘建军. 明长城甘肃镇防御体系及其空间分析研究[D]. 天津：天津大学,2013.

[77] 韩瑗婷. 拉卜楞寺建寺背景及兴建始末研究（1636—1721年）[D]. 北京：中央民族大学，2018.

[78] 赵延俊. 甘肃永昌圣容寺遗址区调查与保护[D]. 兰州：西北师范大学，2016.

[79] 刘袖瑕. 甘肃省孔庙遗存状况研究[D]. 兰州：兰州大学，2010.

[80] 范文玲. 武威文庙建筑研究[D]. 西安：西安建筑科技大学，2014.

[81] 王有才. 纵观南门话沧桑[J]. 宁夏画报，2001(6):32-36.

[82] 汪一鸣，许成. 论西夏京畿的皇家陵园[J]. 宁夏社会科学，1987(2): 88-93.

[83] 王瑞. 宏佛塔建筑成就及出土文物价值探论[J]. 宁夏大学学报（人文社会科学版），2010,32(6):97-101,108.

[84] 张媛. 宁夏境内西夏塔的研究与保护[D]. 兰州：西北师范大学,2015.

[85] 许成，吴锋云. 韦州古城[J]. 固原师专学报（社会科学版),1984(3):87,106.

[86] 李苏. 固原古城的保护与提升 [J]. 重庆建筑,2020,19(6):24-29.

[87] 李江. 明清时期河西走廊建筑研究 [D]. 天津: 天津大学,2012.

报纸类

[1] 蔺学伦. 话说魁星楼 [N]. 张掖日报, 2006-04-07(004).

网络类

[1] 宁夏回族自治区人民政府官网, http://www.nx.gov.cn/.

[2] 甘肃省人民政府官网, http://www.gansu.gov.cn/.

[3] 甘肃省文物局官网, http://wwj.gansu.gov.cn/wwj/index.shtml.

[4] 中国国家数字图书馆官网.

[5] http://blog.sina.com.cn/u/1070515480.

[6] http://blog.sina.com.cn/u/1219741127.

[7] http://blog.sina.com.cn/u/3132049321.

[8] http://blog.sina.com.cn/u/1684077482.

图片来源（Illustrations）

甘肃省

甘肃省概述

图片名称	图片来源
甘肃邮区舆图（1942）	1942年地图

1 兰州市

	图片位置	图片名称	图片来源
3	五泉山建筑群	所有图片	第七批国保申报材料
11	天齐庙	所有图片	甘肃省文物局
15	皋兰县文庙	所有图片	刘晓华，http://blog.sina.com.cn/s/blog_48b3c5c70102y81g.html
16	鲁土司衙门旧址	所有图片	鲍子文，http://www.lotour.com/zhengwen/4/lg-jc-75822.shtml
17	显教寺和雷坛	所有图片	http://blog.sina.com.cn/s/blog_4bdf989101019su4.html
20	青城古民居	所有图片	第七批国保申报材料
21	金崖古建筑群	所有图片	甘肃省文物局
22	兴隆山卧桥	所有图片	https://m.zol.com.cn/dcbbs/d167_266885.html

本章其余图片均为作者摄。

2 白银市

	图片位置	图片名称	图片来源
1	红山寺石窟	所有图片	风景摄影_fzv，http://blog.sina.com.cn/s/blog_3f0f8c750101aut5.html
2	仁和张氏民居	所有图片	甘肃省文物局
3	寺儿湾石窟	全景鸟瞰	甘肃省文物局
3	寺儿湾石窟	山门特写、外景、窟前建筑1、窟前建筑2	http://bbs.8264.com/thread-2138130-1-1.html
4	法泉寺石窟	所有图片	刘晓华，http://blog.sina.com.cn/s/blog_48b3c5c70102uwrx.html
5	靖远钟鼓楼	所有图片	甘肃省文物局
6	屈吴山朝云寺	所有图片	甘肃省文物局
7	五佛沿寺石窟	窟前建筑	甘肃省文物局
8	关川道堂	所有图片	甘肃省文物局

本章其余图片均为作者摄。

3 定西市

图片位置		图片名称	图片来源
4	巩昌府文庙大成殿	除"棂星门"外的图片	甘肃省文物局
6	保昌楼	保昌楼及所在院落、保昌楼全景	甘肃省文物局
10	临洮城隍庙大殿及寝宫	所有图片	甘肃省文物局
12	清水关帝庙	所有图片	甘肃省文物局

本章其余图片均为作者摄。

4 临夏回族自治州

图片位置		图片名称	图片来源
3	八坊十三巷80号院	除"80号院入口"与"街景"外的图片	美篇 @HSM
		80号院入口	https://www.sohu.com/a/412455783_120813614?_trans_=000014_bdss_dklgqxj

本章其余图片均为作者摄。

5 酒泉市

图片位置		图片名称	图片来源
5	玉门关及长城烽燧遗址（包括大方盘、小方盘）	所有图片	郑权
8	阳关遗址	所有图片	刘振
10	昌马石窟	昌马石窟全景	著作类参考文献 [34]
11	东千佛洞石窟	所有图片	甘肃省文物局
12	榆林窟	全景	甘肃省文物局
		东崖栈道、西崖栈道、唐代第17窟主室内景、宋代第38窟主室内景、西夏时期的第4窟内景	著作类参考文献 [36]
13	道德楼	所有图片	甘肃省文物局
15	五个庙石窟	所有照片	著作类参考文献 [34]
16	明水要塞遗址	所有图片	http://www.360doc.com/content/17/0820/19/19083799_680681925.shtml

本章其余图片均为作者摄。

6 嘉峪关市

本章图片均为作者摄。

7 张掖市

图片位置		图片名称	图片来源
7	吉祥寺砖塔	吉祥寺砖塔外观	甘肃省文物局

续表

图片位置		图片名称	图片来源
9	东古城城楼	东古城城楼外观	http://toutiao.com/i6217706094165230082/
12	圆通寺塔	近景	著作类参考文献 [2]
13	童子寺石窟	所有图片	著作类参考文献 [34]
14	四家魁星楼	全景	著作类参考文献 [2]
15	上花园戏台	所有图片	甘肃省文物局
16	马蹄寺石窟群	所有图片	著作类参考文献 [34]
17	文殊山石窟	文殊山全景	第七批国保申报材料
		其余照片	著作类参考文献 [34]
18	卯来泉城堡	所有图片	邱建军，http://www.dili360.com/article/p5489266a4f95603.htm
19	景耀寺石窟	全景	甘肃省文物局
20	红山魁星楼	所有图片	知乎 @ 张明弘寻根长城

本章其余图片均为作者摄。

8 金昌市

图片位置		图片名称	图片来源
1	圣容寺塔	圣容寺塔全貌	http://blog.sina.com.cn/s/blog_4de9e7510100vhbd.html
		大塔	http://blog.sina.com.cn/s/blog_51ec9abf0102x72l.html
2	永昌钟鼓楼	所有图片	重庆渝帆
3	永昌北海子塔	永昌北海子塔外观	http://blog.sina.com.cn/s/blog_4a154a510102y1pe.html
4	三沟魁星阁	三沟魁星阁外观	http://bbs.zol.cn/dcbbs/d167_425311.html

本章其余图片均为作者摄。

9 武威市

图片位置		图片名称	图片来源
1	雷台汉墓	一号汉墓、一号汉墓之张道陵墓道	https://www.meipian.cn/uldhyy5
4	天梯山石窟	所有图片	http://www.360doc.com/content/14/0201/13/13005549_349160214.shtml
9	陆氏民居	鸟瞰、主楼、厢房	甘肃省文物局
10	雷台观	雷祖殿、三星殿	甘肃省文物局
11	秦氏民居	鸟瞰、内院	甘肃省文物局
12	莲花山塔	近景	甘肃省文物局
13	下双大庙及魁星阁	所有图片	美篇 @ 兜鍪看剑
14	圣容寺	所有图片	第七批国保申报材料
15	瑞安堡	外景、门楼、院落	http://www.naic.org.cn/html/2018/gjzg_0330/41590.html
		内景鸟瞰 1、内景鸟瞰 2	http://baijiahao.baidu.com/s?id=1650541250616625005&wfr=spider&for=pc

续表

	图片位置	图片名称	图片来源
16	东镇大庙	所有图片	第七批国保申报材料
17	二分大庙双楼	所有图片	甘肃省文物局
18	镇国塔	所有图片	甘肃省文物局
25	天祝东大寺	所有图片	甘肃省文物局
26	天堂寺	所有图片	甘肃省文物局

本章其余图片均为作者摄。

10 甘南藏族自治州

	图片位置	图片名称	图片来源
1	明长城及沿线城障烽燧	明代陕西甘肃镇长城示意图	论文类参考文献 [76]
2	汉长城及沿线城障烽燧	汉长城 1	http://blog.sina.com.cn/s/blog_14ecea62f0102xytb.html
		汉长城 2、汉长城遗址 1、汉长城遗址 2	https://baijiahao.baidu.com/s?id=1592095000086048212&wfr=spider&for=pc
3	拉卜楞寺	拉卜楞寺建筑分布图	著作类参考文献 [2]
		其他图片	ZCOOL@ 佛系魏
10	俄界会议旧址	所有图片	https://baike.baidu.com/pic/%E4%BF%84%E7%95%8C%E4%BC%9A%E8%AE%AE%E6%97%A7%E5%9D%80/8316220/1161394847/728da9773912b31bc80670ca8f18367adbb4e1ef?fr=lemma#aid=1161394847&pic=5882b2b7d0a20cf4d10b433c7f094b36adaf99be
11	多儿水磨群	所有图片	http://culture.gansudaily.com.cn/system/2016/03/21/015958490_03.shtm
12	杰迪寺	全景	http://wwj.gansu.gov.cn/wwj/c105528/201801/e2e5367417a44717971e-464cbed3f2f6.shtml
13	察干外香寺	所有图片	you.ctrip.com/travels/maqu1446182/1707028.html
14	郎木寺	郎木寺 1	http://www.sohu.com/a/112504625_107726

本章其余图片均为作者摄。

11 陇南市

	图片位置	图片名称	图片来源
4	梓潼文昌帝君庙	所有图片	甘肃省文物局
9	两当文庙大殿	所有图片	甘肃省文物局
12	黎氏民居	所有图片	https://www.sohu.com/a/337264989_262975
13	谈家院	所有图片	http://www.sohu.com/a/138869871_372113
15	合作化桥	桥全景	http://tieba.baidu.com/p/1297676089?pid=15625983507&cid=0
		桥面、自桥上望栏杆、桥近景	https://mp.weixin.qq.com/s/EjeFmn0R01KO36jgX11kCA
		伸臂 10 层	http://tieba.baidu.com/p/1297676089?pid=15625983507&cid=0
16	文县文昌楼	所有图片	甘肃省文物局

本章其余图片均为作者摄。

12 天水市

	图片位置	图片名称	图片来源
6	连腾霄宅院	所有图片	http://blog.sina.com.cn/s/blog_5d9b89040101q5dy.html
12	秦州关帝庙	所有图片	甘肃省文物局
15	汪氏民居	所有图片	甘肃省文物局
16	麦积山石窟	所有图片	http://blog.sina.com.cn/s/blog_6566a12e0100s753.html
18	石门山古建筑群	所有图片	李志昊
19	木梯寺石窟	所有图片	http://blog.sina.com.cn/s/blog_5d9b89040101ba1b.html
20	水帘洞—大像山石窟	所有图片	http://blog.sina.com.cn/s/blog_48b3c5c70102vvxw.html
23	贯寺李家祠堂	所有图片	甘肃省文物局
25	甘谷文庙大成殿	所有图片	曲泓

本章其余图片均为作者摄。

13 平凉市

	图片位置	图片名称	图片来源
5	石拱寺石窟	所有图片	第七批国保申报材料
6	华亭盘龙寺塔	所有图片	甘肃省文物局网站
11	泾州古城	所有图片	甘肃省文物局网站
12	灵台文庙	所有图片	甘肃省文物局网站
13	云崖寺和陈家洞石窟	所有图片	第七批国保申报材料
14	静宁文庙	所有图片	甘肃省文物局网站
15	静宁清真寺	所有图片	第七批国保申报材料
16	关帝庙戏楼	所有图片	甘肃省文物局网站

本章其余图片均为作者摄。

14 庆阳市

	图片位置	图片名称	图片来源
4	玉山寺石窟	所有图片	甘肃省文物局
6	兴隆山古建筑群	所有图片	甘肃省文物局
7	何家寺窑洞庙宇	所有图片	甘肃省文物局
10	脚扎川万佛塔	所有图片	第七批国保申报材料
16	保全寺—张家沟门石窟	所有图片	甘肃省文物局
17	莲花寺石窟	所有图片	甘肃省文物局
18	塔儿庄塔	所有图片	第七批国保申报材料

本章其余图片均为作者摄。

宁夏回族自治区

宁夏回族自治区概述

图片名称	图片来源
宁夏省行政区域图 (1941)、宁夏省会户籍图 (1941)	1941 年地图
宁夏府全图、宁夏府府城图	［清］张金城 修．杨浣雨 辑．宁夏府志（清嘉庆三年刊本）．成文出版社影印．

1 银川市

本章图片均为作者摄。

2 石嘴山市

本章图片均为作者摄。

3 吴忠市

	图片位置	图片名称	图片来源
3	牛首山寺庙群	金宝塔寺、赵家寺娘娘庙、青峰寺	著作类参考文献 [32]
		牛首山西方境与普光寺	著作类参考文献 [32]

本章其余图片均为作者摄。

4 固原市

	图片位置	图片名称	图片来源
1	开城遗址	开城遗址 1、开城遗址 2	http://blog.sina.com.cn/s/blog_51ec9abf0102wytd.html
7	火石寨石窟	火石寨石窟	zzjun72，百度图片

本章其余图片均为作者摄。

5 中卫市

	图片位置	图片名称	图片来源
1	中卫高庙	所有图片	徐雪健
6	天都山石窟	所有图片	著作类参考文献 [32]

本章其余图片均为作者摄。

后记

　　本书内容自 2016 年年初着手调研撰写以来，前后经历三年完成。本书基本古建点的选取原则为民国以前的中国传统建筑样式建筑（个别民国时期有地域传承代表性的也予以纳入），一般标准是全国重点文物保护单位和省（自治区）级文保单位，同时也考虑了调研和文字整理难度而有所侧重，并且参考了前人相关研究成果以及全国重点文物保护单位申报材料等。

　　本书写作期间，历经寒暑，四度驱车奔驰于甘宁大地，每次历时十余天的田野调查，让我们有幸与甘肃、宁夏两地的主要古建筑进行了直接接触。在现场调研工作中，我们也经历了很多困难和险阻，其实，现在来看，客观物质条件的困难是容易克服的，更值得我们期待的是，本书的古建筑知识普及与文化传承功能。不论是热心指路的村民，还是对建筑掌故如数家珍的看门人，都让我们深深体会到扎根于这片热土的人们那种生长于斯的自豪感。数千年来，正是经过这里一辈辈"平凡人"的生息不断、承继发扬，才积淀形成我们的民族精神，让中国巍然屹立于世界。

　　本书编著工作由众多参与者分工合作承担。总体架构编制、条目安排、基本文献材料由赵娜冬统一整理编制；各省、区、市概述内容编撰由段智钧承担；甘肃省主要地市的条目由郑丽夏汇编修订，段智钧、罗前也分担了部分工作；宁夏回族自治区主要地市的条目由段智钧编撰修订成文；朱仁杰承担了酒泉、嘉峪关、张掖、金昌等地市的基础文字编撰和主要地图绘图工作；张重瑱承担了平凉、庆阳等地市的基础文字编撰和主要地图绘图工作；张敬怡承担了天水、陇南等地市的基础文字编撰和主要地图绘图工作；郑丽夏承担了甘南、陇南、兰州等地市的基础文字编撰工作；其余地市条目的编撰主要由段智钧、赵娜冬承担。北京工业大学建筑与城市规划学院欧阳雨菲、纵旻清同学也曾在初期参加了一些地市的基础文字整理工作，罗前承担了省区级古建筑分布地图和大部分地市主要地图及详细区域地图的绘制及后期整理工作，现场调研和照片拍摄工作由赵娜冬、段智钧主要承担，北京工业大学建筑与城市规划学院李志昊同学也参加了天水部分地区的实地调研工作。全书的编撰工作得到清华大学王贵祥先生的督促和支持，致以诚挚敬意。感谢丛书编辑部工作人员的支持和帮助。